LOS ÁRABES EN AMÉRICA LATINA

LOS ÁRABES EN AMÉRICA LATINA

Historia de una emigración

por

ABDELUAHED AKMIR

(coord.)

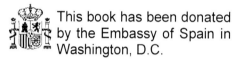

Siglo XXI

España
México
Argentina

Primera edición en castellano, octubre de 2009

© SIGLO XXI DE ESPAÑA EDITORES, S. A.
   Menéndez Pidal, 3 bis. 28036 Madrid
   www.sigloxxieditores.com

En coedición con
Casa Árabe e Instituto Internacional de Estudios
Árabes y del Mundo Musulmán
Alcalá, 62. 28009 Madrid
www.casaarabe.es

© Los autores

Diseño de la cubierta: simonpates**design**
Foto de cubierta: *Vendedor ambulante* (1902), Departamento
   de Documentos Fotográficos, Archivo General de la Nación, Argentina
DERECHOS RESERVADOS CONFORME A LA LEY

Impreso y hecho en España
Printed and made in Spain

ISBN: 978-84-323-1419-3
Depósito legal: M - 41686-2009

Fotocomposición: EFCA, S. A.
Impresión: Brosmac, S. L.
Pol. Ind. n.º 1, 28938 Móstoles (Madrid)

ÍNDICE

Nota de los editores:
Casa Árabe y Siglo XXI han mantenido la ortografía y las transcripciones del árabe que cada autor ha preferido utilizar en sus textos. Asimismo, debido al propio proceso de aculturación de los árabes en América Latina, es común que un mismo nombre o apellido árabe haya dado lugar a múltiples variantes ortográficas entre distintos países o incluso de una generación a otra.

LOS AUTORES

Abeluahed Akmir. Es catedrático de historia contemporánea en la Universidad Mohammed V-Agdal de Rabat, director del Centro de Estudios al-Ándalus y Diálogo de Civilizaciones desde 2001, miembro de la Asociación de Historiadores Marroquíes y experto de la UNESCO en materia de emigración. Obtuvo el Premio Abdelhamid Shuman de Humanidades (1998) y es autor, entre otras obras, de *Los marroquíes en África occidental* (1997), *Los árabes en Argentina* (2000) y *La emigración hacia la muerte* (2001).

Lorenzo Agar Corbinos. Es licenciado en sociología por la Universidad de Chile, cuenta con un Diploma de Estudios Avanzados por la Universidad París VIII (Francia) y con un posgrado en el campo del desarrollo urbano en la Pontificia Universidad Católica de Chile. Desde julio de 2005 es asesor del Ministerio de Salud en el campo de las migraciones y la salud. Es profesor adjunto de la Escuela de Salud Pública de la Facultad de Medicina de la Universidad de Chile.

Leyla Bartet. Estudió periodismo en las universidades de Estrasburgo, La Habana y San Marcos (Lima). También estudió sociología en la Sorbona. Ha estado, durante largos periodos, en Cuba, en Venezuela y en España y reside actualmente en París. Ha publicado *Memorias de cedro y olivo. La inmigración árabe al Perú* (1885-1985), un libro en el que rastrea la presencia levantina en Perú desde la colonia hasta la actualidad.

Farid Kahhat. Es doctor en ciencia política con especialización en relaciones internacionales por la Universidad de Texas en Austin. Profesor e investigador de la especialidad de ciencia política de la Pontificia Universidad Católica de Lima. Director de la Mención en relaciones internacionales dentro de esa especialidad. Columnista en temas internacionales de los diarios *El Comercio* (Lima) y *Reforma* (México).

Rigoberto Menéndez Paredes.   Doctor en ciencias históricas y desde 1989 dirige el Museo Casa de los Árabes, perteneciente a la Oficina del Historiador de la Ciudad de La Habana. En julio de 2008 se le entregó el Premio Catauro Cubano por su libro *Los árabes en Cuba*. Ha impartido numerosas conferencias sobre el perfil del arabismo y el orientalismo y ha publicado más de una docena de artículos sobre la impronta árabe en su país.

Roberto Marín Guzmán.   Doctor en historia del Medio Oriente y estudios islámicos por la Universidad de Texas en Austin. En 2006 recibió el Premio Nacional de Historia Aquileo J. Echeverría y actualmente es profesor de historia del Medio Oriente y Lengua Árabe en la Universidad de Costa Rica. Ha publicado artículos en revistas internacionales y entre sus libros destaca *A Century of Palestinian Immigration into Central America: a Study of Their Economic and Cultural Contributions.*

Silvia Montenegro.   Doctora en sociología por la Universidad Federal de Río de Janeiro e investigadora del CONICET (Consejo Nacional de Investigaciones Científicas y Técnicas) en Argentina. Es profesora en la Facultad de Humanidades y Artes de la Universidad Nacional de Rosario y dirige la carrera de sociología de la Universidad Nacional del Litoral. Es autora del libro *Triple frontera: globalización y construcción social del espacio,* escrito conjuntamente con Verónica Giménez Béliveau.

José Alberto Moreno Chávez.   Licenciado en relaciones internacionales por la Universidad Iberoamericana, maestro y doctorando en historia por El Colegio de México y *Fox International Fellow* en la Universidad de Yale. Es especialista en religión comparada, pensamiento político y modernidad en el islam y el catolicismo.

INTRODUCCIÓN

ABDELUAHED AKMIR *

A pesar de la importancia que tiene la presencia árabe en América Latina, los estudios realizados acerca del tema siguen siendo escasos. Los pocos trabajos que existen se limitan, según nuestros conocimientos, en cubrir determinados países, salvo un estudio editado por la UNESCO en
1997, y que abarca la presencia de las colonias árabes en catorce países
latinoamericanos[1]. Sin embargo, el dinamismo que caracteriza las comunidades árabes actualmente en América Latina, y los acontecimientos
que tuvieron lugar en su seno en los últimos años, convierten en necesidad la aparición de nuevos trabajos, tal como el editado en lengua árabe
en 2006 por el Centro de Estudios de la Unidad Árabe[2]. Por ello, en el
presente estudio, patrocinado por la Casa Árabe, intentaremos actuali-
zar lo mencionado en el libro que acabamos de citar, abordando los seis
países de América del Sur tratados en él, y añadiendo otros siete de América Central, con el fin de abarcar todo el continente latinoamericano.

En este capítulo introductorio, empezaremos por hablar de los factores que empujaron a los árabes a emigrar a América Latina, señalando
que son los mismos tanto para los sirios como para los libaneses o palestinos, ya que se trata de países con las mismas realidades políticas, económicas, sociales y culturales, durante la época de emigración. A continuación aludiremos de manera general al proceso de asentamiento una
vez en tierras de inmigración, resaltando cómo la integración social, la
aportación económica, la participación política y la fundación de asocia-

---

* Catedrático de historia contemporánea en la Universidad Mohammed V-Agdal,
director del Centro de Estudios al-Ándalus y Diálogo de Civilizaciones de Rabat.

[1] VV AA, *El Mundo Árabe y América Latina,* Raymundo Kabchi (coord.), Madrid,
UNESCO/Libertarias/Prodhufi, 1997, 470 pp.

[2] VV AA, *Al yaliát al arabía fi Amirika al Latiniya,* Abdeluahed Akmir (coord.),
Beirut, Markaz Dirásat al Wahda al Arabia, 2006, 358 pp.

ciones, no difiere de una región a otra. Mientras que en los capítulos que siguen, se procurará señalar las particularidades, realizando un estudio y un análisis minucioso de cada uno de los trece países en cuestión.

I. CAUSAS Y TRAMITACIONES DE LA EMIGRACIÓN ÁRABE A AMÉRICA LATINA

I.1. *Causas socioeconómicas*

La causa principal de la emigración se debe a la dura situación económica. Su comienzo coincidía con la decadencia de las tradicionales estructuras económicas del Imperio otomano del que dependían Siria, Líbano y Palestina, países de procedencia de la mayoría de árabes en América Latina. Dicha decadencia fue aprovechada por las potencias europeas para influir decisivamente en el control económico y político del Imperio, sobre todo al declararse en bancarrota en 1878, ante su incapacidad de devolver su deuda externa acumulada.

La aplicación de una política de austeridad por el Gobierno turco, agudizó la precaria situación económica de las provincias árabes, tanto en zonas urbanas como rurales. La economía en las ciudades se basaba sobre la artesanía y el comercio, la primera tenía poca importancia; se practicaba en pequeños talleres cuyo número de empleados raramente pasaba de cuatro. El comercio también se efectuaba de forma arcaica; el intercambio entre el campo y la ciudad se hacía mediante el trueque. No obstante, la falta de rutas comerciales adecuadas impedía la transacción entre las zonas lejanas.

En el campo, la economía aun se basaba sobre un sistema feudal, los pueblos y aldeas eran dirigidos por un jefe nombrado por la Sublime Puerta. Este jefe, un gran terrateniente, tenía a su alrededor, como subordinados inmediatos, a un grupo de «señores feudales» de menor importancia; en algunos casos eran funcionarios designados por el Gobierno turco, pero en la mayoría de los casos eran líderes religiosos, o bien miembros de las familias aristocráticas. La mayoría de la población vivía en una miseria absoluta, lo que la dejaba al amparo de estos «señores feudales».

El trabajo agrícola era primitivo; se usaban aún herramientas arcaicas como el arado tradicional arrastrado por animales. Además, eran frecuentes los ataques de la naturaleza: sequía, plagas de langostas y la filoxera que arruinaban la producción (como sucedió en 1890). El gran perjudicado era el pequeño agricultor que acudía, antes de cada campaña, al prestamista para poder comprar lo necesario. Los préstamos se hacían con un beneficio que superaba el 40%. Con frecuencia, toda la población agrícola acababa en manos de los grandes comerciantes y terratenientes, quienes manipulaban los precios de la producción sin ninguna intervención estatal.

Estas duras condiciones de vida obligaron a muchos a dirigir sus miradas hacia otras tierras que les fueran más propicias a sus anhelos de bienestar y seguridad en el futuro. Pequeños comerciantes, artesanos y agricultores inician el abandono de sus lugares de residencia en busca de horizontes más prometedores en países de ultramar.

Otras de las causas de la emigración la constituye el desordenado crecimiento demográfico en determinadas zonas. En Líbano, la densidad de población en 1880 superaba los 90 habitantes por km², pero la mayoría de la población se concentraba en el litoral, entre Sidon y Trípoli, al norte del país. El aumento de la densidad en esta zona se debe a los incidentes de 1860 que provocaron el éxodo de muchos cristianos hacia el norte del Líbano en busca de la protección de los franceses. La afluencia de gente aumentó la mano de obra campesina, y se produjo una devaluación de los jornales entre los agricultores.

La alta presión demográfica en Siria, Líbano y Palestina se explica también por la estructura patriarcal de la familia campesina y modesta, el número de brazos supone principalmente trabajo y seguridad económica, pero en los difíciles años de las postrimerías del siglo XIX, la tendencia demográfica ocasionó la problemática tensión entre producción y población.

Afif Tanus, en un estudio sobre la evolución de las aldeas en el Líbano[3], observó que el pueblo de Bishmizen se fundó en 1700 por el

---

[3] Afif Tanus, «Emigration, a Force of Social Change in an Arab Village», *Rural Sociology,* marzo, vol. 7, 1942. Cfr. Luis B. Compoy, «La inmigración libanesa a Argentina y Mendoza», ciclo de conferencias «La Unión Libanesa», Mendoza, 1974, inédito.

asentamiento de tres familias procedentes de otras zonas del país. Son éstas las que desarrollaron la vida social en las aldeas. Los sucesivos matrimonios y los nuevos vástagos hicieron crecer el pueblo, cuyo trazado urbanístico sigue el espontáneo agrupamiento de las casas en torno a la iglesia. Las familias pioneras ocuparon las tierras que necesitaban y durante los primeros 150 años, la relación entre la población y la tierra arroja un coeficiente bajo. Con las pautas que marcan los valores sociales asumidos, las familias proliferan. Los hijos, al margen del significado efectivo que pueden tener en la familia, representan sobre todo, una segunda aportación económica en el presente. El desarrollo de Bishmizen, hasta el año 1890, se explica por estas claves, pero las conductas inexorablemente alteran la relación población/fuente de riqueza, provocando el anquilosamiento y la ausencia de perspectivas de vida. Las nuevas generaciones vislumbran en la emigración la forma de romper el cerco.

CUADRO 1. *Aumento de la población de Bishmizen entre 1870-1909*

Año	Población
1870-1879	135
1880-1889	89
1890-1899	175
1900-1909	275

Fuente: Afif Tanus, «Emigration, a Force of Social Change in an Arab Village», *Rural Sociology,* marzo, vol. 7, 1942.

Como se puede observar, el crecimiento de la población en estas décadas es rápido y ayuda a la comprensión de los movimientos migratorios. El siguiente cuadro relaciona el tiempo, la población y el número de hogares, y pone de manifiesto la detención del crecimiento por efecto de la emigración.

CUADRO 2. *Hogares y población de Bishmizen 1750-1939*

Año	Hogares	Miembros/Hogar	Población
1750	18	6	108
1800	36	6	216
1850	121	6	726
1900	234	6	1.404
1939	203	5,7	10.218

Fuente: Afif Tanus, «Emigration, a Force of Social Change in an Arab Village», *Rural Sociology,* marzo, vol. 7, 1942.

I.2. *Causas religiosas*

La cuestión religiosa desempeñó una función importante en la migración. Cuando Ibrahim Pacha conquistó *Bilad Achám,* dictó algunas leyes beneficiosas por igual para musulmanes y cristianos, de forma que éstos podían participar en los consejos locales. Otra medida tomada por Ibrahim Pacha, fue la centralización del poder, lo que desminuyó la fuerza de los «señores feudales», en especial, de los drusos del Monte Líbano. Pero una vez retiradas las fuerzas egipcias, los incidentes entre musulmanes y cristianos fueron continuos y la tensión política degeneró en las matanzas de 1841 y 1845. Los jefes religiosos apoyaban las divergencias entre musulmanes y cristianos, incitándoles a la lucha. En 1854, un jefe religioso cristiano llamado Tanus Shahin acaudilló una rebelión contra los «señores feudales» drusos.

Estos motines tenían un componente social claro, puesto que expresaban el odio de los pequeños agricultores hacia los «señores feudales», quienes, en algunas ocasiones, llegaron a perder parte de sus tierras, por causas como el progresivo debilitamiento del feudalismo. Los más perjudicados en las revueltas fueron las familias aristócratas drusas del Monte Líbano como los Arsalán y los Yombalát. En las tierras de estas familias trabajaban agricultores maronitas, asirios, armenios y kurdos que huyendo del dominio turco, solían refugiarse en Monte Líbano. En 1860, los trágicos sucesos entre seguidores de distintas sectas, empujaron a numerosos cristianos de *Bilad Achám* a refugiarse en Monte Líbano. Todos estos disturbios crearon un ambiente de pánico entre los cristianos, seriamente amenazados en sus vidas y sus propiedades. Tras las matanzas de 1860, un buen número de comerciantes cristianos emigraron a Chipre, entonces colonia inglesa que disfrutaba de una cierta prosperidad económica. Otra corriente se dirigía a Egipto gobernada por los sucesores de Mohamed Ali, donde se habían llevado a cabo importantes reformas económicas y sociales, que permitieron a los cristianos libaneses, sirios y palestinos su establecimiento y participación activa en la economía del país.

En estas mismas fechas, los comerciantes sirios, libaneses y palestinos que habían estado en contacto con comerciantes extranjeros, fueron atraídos por las ganancias conseguidas por sus homólogos europeos. Muchos de ellos se dirigieron a las grandes ciudades de carácter comercial, como París y Manchester; donde obtuvieron un éxito indudable. Desde allí no les fue difícil hacerse una idea sobre las posibilidades del Nuevo Mundo para el desarrollo de sus actividades comerciales. Nessim Teubal, uno de los judíos sirios, que llegó a amasar una importante fortuna en el comercio de importación y exportación, tras su emigración a Argentina a finales del siglo XIX, señala:

A partir de 1880 se instalaron en Manchester muchos semitas de origen oriental que se ocupaban de efectuar exportaciones a sus países de origen. Marruecos, Egipto, Arabia, Siria, Líbano, Iraq, Irán y aun Turquía, Grecia y los Balcanes eran sus mercados. Esta colonia constituía una élite y socialmente eran todos amigos. Luego de 1910, llegaron nuevos exportadores igualmente semitas y de origen oriental, para atender a los mercados de América Latina. La comunidad de origen y de sangre los vinculó a la colonia ya existente y, socialmente, nos tratábamos todos dentro de la mejor amistad[4].

I.3. *Causas culturales*

Las razones culturales contribuyeron también en la aparición del fenómeno migratorio hacia los países de ultramar. A partir del primer cuarto del siglo XIX, las misiones extranjeras, sobre todo norteamericanas, se interesaron por *Bilad Achám,* estableciendo una misión reli-

---

[4] Nessim Teubal, *El inmigrante de Alepo a Buenos Aires,* Buenos Aires, 1935, p. 95.

giosa en Beirut en 1829. Dos años después, los franceses hicieron lo mismo en dicha ciudad. Independientemente de su papel predicador, culturalmente estas misiones mejoraron los métodos de enseñanza que eran arcaicos; enseñaban inglés y francés y tradujeron al árabe obras maestras de literatura francesa y anglosajona. En 1854, la misión americana envió a estudiantes árabes a cursar estudios de postgrado en teología y otras materias, a las universidades norteamericanas. La misma misión, mandó en 1864 a un grupo de jóvenes árabes a Nueva York para revisar una nueva traducción al árabe de la Biblia. En 1876 un libanés que desempeñaba el cargo de director de una de las escuelas americanas de Beirut, fue enviado con su familia a Nueva York para terminar sus estudios. Un cierto número de estos estudiantes prefirió permanecer definitivamente en EE UU, otros regresaron a sus países y se instalaron hasta en aldeas apartadas, consagrándose todos a la enseñanza con nuevos métodos. En el mismo periodo se fundaron en Beirut las dos universidades más renovadoras de Oriente Medio, la de San José, de sistema educativo francés, y la Americana. De ellas se graduó una élite intelectual modernista que participó en la creación de la prensa, y en la difusión de la cultura occidental.

El efecto propagandístico y difusor de estos intelectuales, y de algunos viajeros occidentales no se hizo esperar, contaban una y mil veces las «maravillas» de Occidente. Sus relatos eran respaldados por algunos ejemplos que la civilización occidental ofrecía ya en algunas grandes ciudades del Medio Oriente, como las exposiciones comerciales, la educación, y la tolerancia religiosa. Todo esto era un estímulo para anhelar aquel mundo, mitad fábula, que representaba América. Por el contrario, la vida en *Bilad Achám* era para sus habitantes un caminar entre sombras. Ofrecía otra imagen desesperanzada del futuro. El antes citado Nessim Teubal recuerda: «Todo me inducía a abandonar Alepo, la vida allí no tenía porvenir. No había un solo comercio que tuviera más de veinte personas empleadas. ¿Qué podía esperar?: privaciones, pobreza, mendicidad»[5].

---

[5] *Ibid.*, p. 71.

I.4. *Causas políticas*

El comienzo de la emigración árabe a América Latina, coincide con un cambio político de mucha significación dentro del Imperio otomano. En 1876 el «cheikh el Islam» (jefe supremo religioso) dicta un *fatua* (dictamen) mediante el cual, el califa Murad V, fue derrocado y sustituido por su hermano Abdul Hamid II. El nuevo califa acepta la reforma de la Constitución, adoptando como modelo la Constitución belga. Pero pronto queda de manifiesto su falta de buena voluntad. En abril de 1877, cuando las tropas rusas atacaron el Imperio, abolió el texto constitucional e impuso nuevas reformas que servirían principalmente, para centralizar su poder. Según estas reformas, el Imperio tendría que aplicar una política de panislamismo, otomanización y panturquismo.

Esta política absolutista fue la causa de que surgieran en *Bilad Achám* grupos activos de intelectuales que se interesaban por la situación política de sus países. Estos intelectuales eran de formación occidental, graduados en las Universidades San José y Americana como queda señalado, que se pusieron en contacto con intelectuales de formación tradicional, graduados de universidades como la cairota de Al Azhar. Todos ellos se propusieron acabar con el autoritarismo de Abdul Hamid II.

El triunfo de la revolución de «Los Jóvenes Turcos» en 1908, fue recibido con júbilo en *Bilad Achám.* Intelectuales y políticos árabes residentes en Estambul fundaron una organización llamada «La Fraternidad Árabe-Turca». Esta organización subrayó la necesidad de colaboración entre los nacionalistas árabes y «los jóvenes turcos». Su objetivo era conseguir del nuevo régimen amplias ventajas para las provincias árabes. No obstante, la realidad era otra, y el nuevo régimen resultó más opresor y sangriento que el anterior. Con el estallido de la Primera Guerra Mundial, Turquía se alinea junto con Alemania y Austria, lo que significaba la declaración de estado de guerra en las provincias árabes, donde el Gobierno otomano dictó duras medidas, entre las que podemos señalar entre otras: una mayor exigencia en la participación en el servicio militar obligatorio; la sustitución de tribunales civiles por tribunales militares; un mayor control sobre la prensa, la aplicación de una política económica restrictiva. Por rechazar estas medidas, numerosos intelectuales y nacionalistas árabes fueron ejecutados, otros no les quedaba más remedio que refugiarse en Egipto primero, y más tarde en Europa, EE UU, Brasil y Argentina, donde desempeñarían el papel de guía y orientador de la colonia árabe en estos países, tanto en la vida política como social, al mismo tiempo contribuirían en la creación de una de las corrientes literarias más renovadoras de la literatura árabe contemporánea: *adab al mahyar* (literatura de emigración)[6].

Mediante lo visto, nos damos cuenta que los factores culturales, religiosos o políticos no tuvieron el mismo impacto que el factor socioeconómico, sobre la emigración árabe a América Latina. *El efecto llamada,* que caracterizó esta emigración en todo el continente americano, es ante todo una consecuencia socioeconómica. Su importancia llegó a tal punto que permitió la reproducción del modelo de familia patriarcal, grupo religioso o tribu en la tierra de inmigración, ya que el pionero del grupo en emigrar, y una vez instalado, manda en busca de su esposa, hijos, familiares o amigos, animado por sus pequeños éxitos económicos, que contrastan con el desamparo y la miseria que se seguía viviendo en la patria lejana. El pionero necesitaba a su gente para ayudarle en tareas comerciales, pero al mismo tiempo, para suavizar su nostalgia, marginalidad y exclusión en un país extranjero. *El efecto llamada* fue a veces responsable de vaciar pueblos enteros en el país de origen. Es el caso del antes citado pueblo libanés de Beshmizen. Desde su creación en 1870 hasta 1900, su población se duplicó 13 veces, pero a partir de esta fecha, el número empezó a bajar como consecuencia de la emigración a América[7]. También es el caso de Fedara,

---

[6] Optaron sobre todo por los países de mayor afluencia de los inmigrantes árabes como EE UU, Brasil o Argentina. Jorge Saidah, en su monumental obra sobre la literatura de *al mahyar,* menciona a 85 de ellos en Brasil, 18 en Argentina, 3 en Venezuela, 2 en Ecuador, 2 en Uruguay, y 1 en Chile, México y Bolivia respectivamente. Véase Jorge Saidah, *Adabuna, wa udabauna fi al mahayer al amrikia,* Beirut, Dar El Ilm lil Malayin, 1964. Juan Yasser, uno de los representantes de esta corriente literaria en Argentina, la califica como «movimiento literario de singulares características, cuyo estilo, método y mística revolucionarían la temática de las letras de forma extraordinaria», véase Juan Yasser, «El movimiento literario americano árabe en América Latina», en *El Mundo Árabe y América Latina,* ob. cit., p. 332.

[7] A. Tanus, ob. cit.

una aldea de montañas en Siria; *El efecto llamada* fue responsable de vaciarla entre 1909 y 1926, para volver a fundarla a miles de kilómetros, en la Pampa argentina, con un nuevo nombre «la Pequeña Siria»[8].

1.5. *Tramitaciones del viaje*

Las agencias de viajes divulgaban deliberadamente datos sobre las riquezas del Nuevo Mundo. Entre ellas surgió una competencia sumergida y poco ética. Entre una agencia, un país americano y una determinada empresa que demandaba mano de obra, se urdía una red que atrapaba al que pensaba emigrar. Las autoridades locales daban plena libertad para actuar a las agencias de viajes; éstas debían convencer a los jóvenes para que emigraran, y recibían por su tarea una gratificación de manos de las propias agencias. Los más beneficiados en la tarea de «convencer para emigrar» eran los prestamistas, pues los intereses sacados del préstamo eran muy elevados, y, además, en el acuerdo para la concesión del empréstito entraba la hipoteca. Junto al prestamista aparece otro personaje, el «comisionista», figura de matices ilegales, pero muy eficaz en sus propósitos; ejercía funciones de verdadero «agente de emigración». Este personaje, en un principio, operaba en los puertos facilitando los trámites, impulsando y compulsando la decisión de partida, con una propaganda que disfrazaba la realidad; a cambio obtiene importantes comisiones y beneficios. La productividad de su trabajo le llevó a extender su actividad a pueblos del interior mediante una organizada red de intermediarios que desplegaba a su labor de captación entre los jóvenes. Si la persuasión normal no surtía los efectos deseados, se les llegaba a tratar de perezosos y cobardes para movilizar así su amor propio y conseguir su salida. El comisionista visitaba los pueblos dos veces al año: una en primavera para conseguir remesas de emigrantes a Estados Unidos o Canadá que llegaran en verano, otra en otoño para los que emigran a América del Sur y se previera su arribada en invierno, de modo que las fechas pre-

---

[8] Para más información, véase el capítulo 1.

feridas de los que partían eran en abril, después de la Semana Santa, o en el mes de septiembre, pasada la Fiesta de la Cruz[9].

Un viejo emigrante recuerda así el papel del comisionista:

Mi padre poseía un campo para cultivo y ganado, trabajando allí mi padre, mis hermanos y yo. Por aquel entonces la agricultura empezó a mejorar puesto que habían pasado los malos tiempos de la Primera Guerra Mundial que había traído hambre y enfermedades a Siria. Además, bajo el mandato francés pagábamos menos impuestos que en la época de los turcos. [...] Cuando venía al pueblo un comisionista, íbamos nosotros los jóvenes a encontrarlo para satisfacer nuestra curiosidad escuchando las extrañas historias sobre aquella lejana y maravillosa tierra que era América. Cada vez que venía uno de ellos, convencía a un grupo de jóvenes para emigrar. Yo empecé a pensar cada vez con más entusiasmo, que mi futuro estaba en esas maravillosas tierras, llenas de riqueza, de las que nos hablaban esos hombres. Llegó un momento en el que no pude resistir más ganas de emigrar, como el resto de los jóvenes de mi pueblo. Así, una vez que arreglé todos los tramites, me dije: «¡A América!»[10].

Queda claro, pues, que el papel del comisionista era convencer al mayor número de jóvenes de emigrar hacia las Américas. Los que carecían de los requisitos legales exigidos, o de suficiente dinero para pagar la comisión del corredor, embarcaban hasta alta mar en pequeñas falúas y allí eran recogidos por los grandes barcos que los transportaban. El precio del pasaje a América del Sur, antes de la Primera Guerra Mundial, oscilaba entre 12 y 16 libras otomanas, cuyo equivalente en dólares se situaba entre 42 y 56.

En relación con movimientos ilegales que rodeaban el fenómeno migratorio hay que destacar los intentos de normalización realizados después de la Primera Guerra Mundial, por el mandato francés en Siria y Líbano. Se dictaron varias disposiciones para frenar la acción especuladora de los comisionistas, pero todo esto tuvo poco efecto.

La buena suerte de los primeros emigrantes tuvo un eco múltiple en el país de origen. Las cartas unían al emigrado con sus familiares y amigos al otro lado del océano. Relataban aventuras, novedades y

---

[9] Taufik Daoun, *Dikra alhiyra,* São Paulo, 1945, p. 45.

[10] Testimonio oral. Entrevista del autor con el señor Habib Webe, Córdoba, 23 de septiembre de 1986.

detalles atrayentes que ilusionaban a los jóvenes y los lanzaban a la conquista de un porvenir mejor. Un pensamiento común bullía en la mente de muchos sirios, libaneses y palestinos: emigrar. «Sus cartas estaban leídas y releídas; palpadas y repalpadas, meditadas y comentadas por sus padres y sus amigos que vivían todavía en la miseria. Reuniones y veladas enteras estaban consagradas a charlar sobre América, en esas veladas, la imaginación inflamaba el entusiasmo. Finalmente, la nueva salida estaba decidida» [11].

Ramiz Chakra, ex presidente de FEARAB América, describe así el eco que dejó en Homs, ciudad de sus antepasados, el regreso de un primo de su abuelo de América en 1896:

La noticia de regreso de Chaker Chakra de América con una buena fortuna se había difundido con alborozo por todo su barrio. La gente más importante, entre ella las autoridades le habían preparado un gran recibimiento. Al llegar a su casa aturdido por aquel inesperado recibimiento, sus familiares bajaron su equipaje de la diligencia, entre el cual se encontraban dos cajas de dinero.

Mi padre que recordaba este hecho, me decía que cuando la gente vio esas dos cajas se quedó boquiabierta, pues creía que se trataba del dinero que Chaker había traído de América. La noticia se extendió por todo Homs, y no menos de trescientos jóvenes de la ciudad emigraron de inmediato rumbo al continente americano [12].

A nadie se le había pasado por la cabeza —según nuestro informador— que ese dinero no era de Chaker, sino de un prestamista de Beirut, que lo mandaba con su amigo «el afortunado emigrante», a su hermano que era también prestamista en Homs.

Las empresas más importantes de navegación eran francesas e italianas. Hasta el estallido de la Gran Guerra, la mayor de todas era *La Compagnie Française des Messageries Maritimes,* después de la guerra, las empresas inglesas y australianas entraron en competencia con las anteriores. Inicialmente, los viajes tuvieron una periodicidad mensual, pero con la reactivación migratoria las travesías llegaron a realizarse cada semana. Las compañías francesas hacían escala en Marsella, las

---

[11] Safa Elie, *L'Emigration libanaise,* Beirut, Catholique, 1960, p. 81.
[12] Testimonio oral, entrevista del autor con el señor Ramiz Chakra, Buenos Aires, 27 de noviembre de 1986.

italianas en Nápoles o Génova, las inglesas en Londres y las australianas en Trieste.

Mención especial hay que hacer al puerto de Beirut, por ser el mejor representante de la aventura que entrañaba la emigración de los árabes a América. Fue, sin duda, el puerto más importante del Medio Oriente; se construyó en 1887 como resultado de la prosperidad que conoció la ciudad en los años ochenta. En esta década se trazó la línea férrea que la unía con la llanura de Becaa, famosa por sus fértiles cosechas mediterráneas, que se exportaban a través de dicho puerto. La actividad constante y en aumento dio como resultado las obras de reestructuración y mejora en 1894. Los puertos de Trípoli, Constantinopla y Esmirna no alcanzaron nunca el esplendor del puerto de Beirut.

La peripecia del viaje comenzaba en algunos de estos puertos hasta Alejandría, primera escala del viaje que solía durar cinco días. Los hacían pequeños barcos, veleros muchos de ellos, que los pasajeros dieron en llamar *Dauara,* porque en el caso de corriente contraria volvían al mismo lugar del que zarpaban[13]. La segunda escala, de seis a ocho días de viaje, tenía lugar generalmente en Marsella, Génova o Nápoles, según fuera a conectar con empresas navieras francesas o italianas que en sus trasatlánticos llevaban al pasajero al destino supuestamente definitivo. Éste es el diseño del viaje que realizaba el emigrante que llevaba pagado su billete y contaba con expediente en regla. El emigrante que carecía de dinero para pagar el pasaje completo interrumpía el viaje al llegar a Grecia, España o Portugal, donde intentaba trabajar hasta contar con el importe restante. Los barcos que realizaban el transporte a los puntos del Norte del Mediterráneo carecían de lo imprescindible y proporcionaban sufrimientos inimaginables a los que los utilizaban. El relato de un emigrante que efectuó uno de estos viajes en verano evidencia en qué inhumanas condiciones debían realizarlos:

En el caso de subir a cubierta, el sol no podía resistirse por mucho tiempo, y la asfixia sobrevenía por falta de aire al cabo de permanecer durante algún tiempo en las bodegas. [...]. El barco que nos llevó a Marsella era modesto y teníamos la obligación de cumplir todas las órdenes que nos daban los marineros, [...] los comisionistas que habían tramitado nuestro pasaje nos dijeron

---

[13] T. Daoun, ob. cit., p. 41.

que estaban incluidos los gastos de la comida, pero una vez a bordo se nos informó que teníamos que pagarnos nuestra propia alimentación. La mayoría de nosotros había embarcado con algunos alimentos, pero a los pocos días del viaje se fueron consumiendo. El que tenía algún dinero lo compraba, pero la mayoría de nosotros no quería gastar el poco dinero que llevábamos. [...] Cuando el hambre se hizo insoportable acudimos a la cocina para coger comida, pero la dureza de los marineros nos arrojó con manguera chorros de agua caliente[14].

La llegada a los puertos del Norte del Mediterráneo no representaba un alivio. La escala era obligatoria para embarcar en los trasatlánticos y en el trasvase el emigrante era nuevamente «sacudido» por el comisionista, «hermano de sangre», que procuraba ocasionarle nueva merma en sus reservas. Le proporcionaba pensión para los días que durara la escala, le acompañaba a restaurantes adecuados, y le convencía para cambiar de vestuario, con pretexto de que resultaba extravagante y despertaba el desprecio de la gente; el nuevo vestuario se adquiría en tiendas de segunda mano, cerrando el ciclo de un verdadero asalto a la pobreza[15]. Tampoco se libraba el emigrante de la presión mental para comprometerse con las compañías a las que estaban ligados los comisionistas o para cambiar el rumbo de su destino. Las empresas que realizaban la ruta de Sudamérica tenían menos demanda que las que conducían a los EE UU y el comisionista iniciaba la tarea de convencer sobre la improcedencia de viajar a EE UU dadas las restricciones y vejaciones que sufrían los analfabetos y los que padecían tracoma. Los países latinoamericanos se describían como países idílicos; todo esto unido a la ignorancia e indefensión de los emigrantes producía el efecto deseado. Hubo casos de jóvenes que una vez en América tuvieron que desembarcar en países que no eran el lugar de destino, sea porque fueron engañados en el momento de su embarque, por corredores de compañías de navegación, sea porque les habían denegado el visado de entrada al país elegido. Hubo incluso casos de personas que se dirigían a Argentina o Brasil, pero que ter-

---

[14] Testimonio oral. Entrevista del autor con el señor Yussef Chalabi, Mendoza, 17 de noviembre de 1986.

[15] *Ibid.*

minaron su travesía en Senegal, Guinea u otras colonias de la llamada África Occidental Francesa [16].

La travesía desde los puertos del Mediterráneo norte hasta las Américas duraba alrededor de un mes. Una vez allí, empieza otra aventura, por ejemplo en el caso de Argentina, cuando los árabes obtuvieron el derecho a alojarse en el Hotel de Inmigrantes, no lo utilizaron plenamente, puesto que el hotel estaba bajo los auspicios y directrices de la Dirección General de Inmigración que redistribuía a los recién llegados hacia la explotación agrícola, mientras que la intención del árabe era ejercer el comercio ambulante como veremos más adelante. La renuncia al Hotel de Inmigrantes representaba la calle, con los riesgos de perder sus últimas reservas, o un hotel de ínfima categoría, uno de ellos recuerda: «cuando llegué al puerto de Buenos Aires puse mi cajón sobre mi hombro y seguía a un guía que prometió llevarme a un hotel barato. La habitación era sucia pero el precio era adecuado, a mí no me interesaba un lugar de lujo, sólo temía dormir a la intemperie para no perder los papeles y el poco dinero que llevaba» [17].

II. CARACTERÍSTICAS GENERALES DE LA PRESENCIA ÁRABE EN AMÉRICA LATINA

II.1. *Entre la emigración europea y la emigración árabe*

Las restricciones impuestas por determinados países latinoamericanos en contra de la entrada de emigrantes contribuyeron, en gran parte, a decidir el rumbo de flujos migratorios que recibió este continente desde la segunda mitad del siglo XIX. Los únicos exentos de dichas limitaciones eran los europeos. Según las leyes de migración latinoamericanas, sólo ellos estaban capacitados para contribuir al desarrollo anhelado. Los intelectuales latinoamericanos de la época defendieron

---

[16] Información confirmada al autor por algunos descendientes de inmigrantes libaneses en Senegal y Costa de Marfil.

[17] Testimonio oral. Entrevista del autor con el señor Elías Yaber, Buenos Aires, 27 de septiembre de 1986.

con ardor esta tesis. Juan Alberdi señala al respecto: «Europa nos ha traído la noción del orden, los principios de la civilización cristiana. La Europa pues nos ha traído la patria, si agregamos que nos trajo hasta la población que constituye el personal y cuerpo de la patria» [18].

En esas fechas, Europa atravesaba momentos políticos y económicos muy delicados, lo que contribuyó al notable incremento del número de emigrantes. En el aspecto político, los hechos más trascendentes fueron: la desaparición del Reino de Nápoles, las Guerras Carlistas en España, las revueltas de Alemania que ponían en peligro su unidad nacional, las sublevaciones de Hungría y de Polonia y las guerra austro-prusianas y franco-prusianas. Desde el punto de vista económico, como consecuencia de la Revolución Industrial, el número de parados en la Europa industrializada llegó a cifras desconocidas hasta entonces. Gran cantidad de los desocupados, tanto en las ciudades como en los campos, encontraron en la emigración una solución a sus miserias: América era la salvación. Las zonas europeas que no conocieron los desajustes de la Revolución Industrial, y sí los efectos del subdesarrollo y la pobreza, suministraron también cuotas elevadísimas de emigrantes; es el caso de Nápoles, Sicilia y Calabria en Italia o Andalucía y Galicia en España. Entre 1860 y 1910, el número de europeos, en su mayoría mediterráneos, que llegó a América Latina, superó los seis millones.

En contraste con los europeos, los emigrantes de otras procedencias fueron considerados de raza inferior. Se hizo todo lo posible para obstaculizar su llegada [19]. En algunos países se hablaba del peligro de mezclarse, mediante casamientos mixtos, con algunas minorías como la árabe o la china (ambas consideradas de raza amarilla) [20]. Se decía que el mestizaje puede producir deformaciones fisiológicas.

Las condiciones de vida de los chinos en Perú no diferían mucho de las de los esclavos durante la época colonial. Sus sufrimientos em-

---

[18] Juan Alberdi, *Bases y puntos de partida para la organización política de la República Argentina,* Buenos Aires, Biblioteca Argentina, 1915, p. 83.

[19] Entre las leyes que restringían la entrada de los no europeos, cabe mencionar la ley de 1848 en Perú; la de 1876 en Argentina; las de 1881, 1885, 1903 en Paraguay; la de 1906 en Honduras y las de 1927, 1929, 1932 y 1936 en México.

[20] Por considerarles de raza amarilla, se denegó en 1929 la entrada a Argentina a más de 1.200 árabes. *El Diario Sirio Libanés,* Buenos Aires, 17 de septiembre de 1929.

pezaban antes de llegar a la tierra prometida. En cuanto a los árabes, no eran aptos para el trabajo productivo. El informe del emisario del Gobierno argentino que visitó Oriente Medio después de la Primera Guerra Mundial dice:

He visitado Egipto, Palestina, Siria, Turquía y otros países de Oriente, el resultado de mi estudio y mi investigación es el siguiente: no conviene el aumento de las corrientes emigratorias de los países antes citados, porque su gente no puede acostumbrarse a los duros trabajos, de los cuales nosotros necesitamos inmigrantes. Las gentes de aquellos países son débiles, pertenecen a una raza de diferentes costumbres y creencias, no pueden someterse a trabajos agrícolas que son la fuente de nuestra riqueza y la causa principal que nos empuja a pedir emigrantes. Además la Gran Guerra ha dejado sus consecuencias en los países de Oriente, las enfermedades que se derribaron de la petrificación de los cuerpos que habían quedado sin enterrar ha influido en que el número de los que padecen tracoma y viruela es horroroso [21].

II.2. *Etapas de la emigración árabe a América Latina*

La documentación utilizada por Kahhat y Moreno [22] habla de un inmigrante «turco» en México en 1826, mientras que el censo de población que se organizó en Chile en 1854, confirma la presencia de «turcos» en el país ese mismo año. En ambos casos no tenemos la certeza de que se trata de inmigrantes árabes, aunque el apodo «turco» se ha asociado en toda América al inmigrante árabe [23]. Creemos, especialmente en el caso de México, que se trata de emigrantes europeos procedentes de la zona de los Balcanes, en aquel entonces, parte del Imperio Otomano. El estudio de Kahhat y Moreno hace referencia también a nombres árabes en los registros comerciales de la ciudad de México en 1842, pero sin pretender tampoco que se refería a inmigrantes árabes. A nuestro parecer, aquí se trata de mexicanos o de es-

---

[21] *El Misionero,* Órgano Oficial de la Misión Maronita en Argentina, Buenos Aires, 17 de agosto de 1928.

[22] Para más información, véase el capítulo 6.

[23] Como se señalará en varios apartados de este libro, los primeros árabes que llegaron a América eran identificados como «turcos», por proceder del Imperio otomano.

pañoles de genealogía morisca, pues se sabe que con la toma de Granada en 1492, y sobre todo después de 1609, numerosos moriscos expulsados de España llegaron, aunque de forma ilegal, a las Américas, especialmente a los virreinatos de Nueva España y Perú.

Partiendo de las diferentes fuentes que hemos manejado, creemos que la emigración árabe desde Siria, Líbano y Palestina hacia América Latina, salvo casos aislados[24], sólo empieza en la década de los sesenta del siglo XIX. Los censos de población, la comparación entre los diferentes registros de inmigración, los informes de las instituciones de las comunidades árabes en los países de inmigración y las entrevistas con viejos inmigrantes, realizadas por los periódicos árabes que se editaban en América Latina a comienzos del siglo XX, nos permiten elaborar dos cuadros aproximativos sobre los pioneros de la inmigración árabe en este continente[25].

Como se observará en los diferentes capítulos de este libro, las etapas en las que se divide la emigración árabe a América Latina no son las mismas para todos los países, en algunos son tres, mientras que en otros son cuatro. Tal división la determina la importancia cuantitativa de la emigración en un periodo concreto. Factores como la estabilidad política, el bienestar económico, las facilidades para la integración social, y sobre todo la existencia de leyes no restrictivas para la entrada de extranjeros, contribuyeron en gran parte, a que el emigrante optara por determinados países. A modo de ejemplo, la inestabilidad política que tuvo México durante la segunda década del siglo XX,

---

[24] Uno de los primeros en llegar a América fue Antoine Bachalani, de religión maronita, natural del pueblo de Bachalán en Líbano. En 1854 emigró a los Estados Unidos, se instaló primero en Nueva York, luego en Boston, donde trabajó como profesor de árabe en una escuela privada. Falleció en 1856 en Brooklyn, donde se conservó durante largo tiempo su sepulcro, según el redactor del periódico *Miraat al Garb,* que se editaba en Nueva York a comienzos del siglo XX. Véanse, Alejandro Shamun, *La colectividad siria en Argentina,* Buenos Aires, Assalam, 1910; Jorge Assaf, *Tarikh al muhayara a suria al lubnania,* núm. especial, 1943; Taufik Daoun, *Dikra al hiyra,* ob. cit.

[25] Nos hemos limitado a citar a los inmigrantes identificados con nombre y apellido, ya que hubo otros que llegaron probablemente antes, sin embargo, no hemos podido conseguir datos acerca de ellos. Alejandro Shamun, por ejemplo, asegura que conoció en Argentina a árabes que llegaron antes de 1868, pero no menciona sus nombres. Véase Alejandro Shamun, *La colectividad siria en Argentina,* ob. cit.

CUADRO 3. *Los primeros árabes en América Latina*

Nombre	Fecha de emigración	País de emigración	País de inmigración
Habib Nashbi............................	1870	?	Argentina
Hanna Jalil................................	1870	Palestina	México
Ilias Markas..............................	1870	Palestina	México
Yussef Yabur............................	1870	?	Cuba
Los hermanos Salaama............	1870	Palestina	Ecuador
Basil Hayaar.............................	1874	Palestina	Brasil
Yussuf Abú Fahd y sus hijos	1876	?	Uruguay
Alejandro Hadad.......................	1877	Siria	Cuba
Antún Farah	1879	?	Cuba
Yibraan Daiit	1880	Palestina	Chile
Isaak Lubía	1880	Palestina	Venezuela
Jorge Lubía..............................	1880	Palestina	Venezuela
Fadl Chakar	1880	Líbano	Colombia
Farid Chaaker	1880	Líbano	Colombia
Said Sahoria............................	1884	Palestina	Perú
Yad Alah Dikrat	1885	?	Honduras
Soliman Yasser	1885	?	Honduras
Boutros Suma	1887	Líbano	Costa Rica
Suzan Tajan.............................	1887	Líbano	Costa Rica
Costantin Erazza......................	1890	?	Paraguay
Yacub Al Makdisi	1890	Palestina	República Dominicana

consecuencia de la revolución de 1910, fue en gran parte el motivo para que muchos árabes que pensaban emigrar a este país, optaran por el vecino Estados Unidos, o por Venezuela que se había convertido en país de atracción después del descubrimiento de los yacimientos petrolíferos en 1917.

Independientemente de la división que se hace de las etapas de la emigración árabe a América Latina, hay unanimidad de que los mayores flujos de dicha emigración llegan en el primer tercio del siglo XX. Durante la década de los años veinte y según las palabras de Afif Tanus «prácticamente cada hogar de cada aldea de las montañas del Líbano, tenía uno o más de sus miembros que vivía de forma permanente en algún país de América»[26]. A partir de este momento, la inmigración árabe pierde su carácter de provisionalidad y echa raíces en América Latina; es entonces cuando aumentan los porcentajes femeninos y los varones empiezan a emigrar con sus familias. Como resultado de esto, el nacimiento de la primera generación de descendientes de árabes en América, que formará, a partir de los años treinta, el mayor porcentaje de los componentes de las comunidades árabes en varios países de América Latina.

CUADRO 4. *Número de árabes en América Latina durante el primer tercio del siglo XX*

País	Año	Número
México	1930	15.000
Brasil	1926	162.000
Venezuela	1926	3.282
Colombia........	1926	3.767
Ecuador	1926	1.060
Chile...............	1930	6.703
Argentina	1914	64.369
Cuba	1930	9.000

Fuente: Elaboración del autor. Fuentes varias.

El retroceso de la emigración en general hacia América Latina a partir de los años treinta del siglo XX, se debe a los efectos de la Gran Depresión mundial sobre las economías de varios países de la región, que sancionaron nuevas leyes restrictivas para la entrada de emigrantes incluso de origen europeo, y que se habían beneficiado hasta ese momento de muchas facilidades. Entre los países que aplicaron di-

---

[26] Citado por Ana Lilia Bertoni, *Los turcos en Argentina,* Buenos Aires, 1983, inédito.

cha política figura Argentina. El número de árabes que arribaron a suelo argentino, disminuyó de 4.704 en 1930 a sólo 306 en 1932, según los datos de la Dirección General de Inmigración, del mencionado país[27].

Las cifras de inmigrantes de diferentes procedencias volvieron a subir después de la Segunda Guerra Mundial, a consecuencia de la bonanza económica que tuvieron los países latinoamericanos exportadores de materias primas a Europa destruida por la guerra. Sin embargo, la llegada de árabes sólo tomaría cierta importancia en momentos de crisis políticas y económicas en sus países de origen (1948 y 1967 en Palestina, y 1975 en Líbano), y que les forzarían la salida hacia determinados países latinoamericanos.

En cuanto a los últimos años, salvo la región llamada «Triple Frontera» (zona limítrofe entre Brasil, Argentina y Paraguay), y la zona de libre comercio en Panamá, la emigración árabe a América Latina es casi inexistente, ya que este continente deja de ser aquel dorado de antaño. Las crisis económicas, en las que están sumergidos la mayoría de sus países, lo convierten en un continente de emigración y no de inmigración. Miles de jóvenes latinoamericanos abandonan sus países en busca de un futuro mejor en los Estados Unidos, Canadá, Europa o Australia.

Concluimos este apartado señalando la complejidad de evaluar cuantitativamente la emigración árabe a América Latina durante sus diferentes etapas. La falta de estadísticas fidedignas tanto en países de salida como de entrada, y de estudios estadísticos especializados, nos obliga a acudir a estimaciones que no siempre cumplen con el rigor científico deseado. Resulta sumamente difícil evaluar el peso cuantitativo de las comunidades árabes en diferentes países latinoamericanos, puesto que estas comunidades las forman hoy en día especialmente los descendientes, considerados ciudadanos latinoamericanos, sin vinculación jurídica alguna, con los países de sus antepasados.

---

[27] Elaboración del autor en base a los registros de la Dirección General de Inmigración en Argentina, años 1930, 1931, 1932.

II.3. *Los árabes en las economías latinoamericanas*

En la Feria Internacional de Chicago de 1851 participaron comerciantes de Belén, quienes expusieron artículos de artesanía de Tierra Santa. En la misma exposición participó un comerciante mexicano, quien se interesó por la artesanía palestina hasta tal punto que acordó con un comerciante palestino importar mercancía de Tierra Santa. El afortunado comerciante visitó México con artículos artesanales que les permitieron obtener una ganancia inesperada. Esto animó a otros comerciantes palestinos a hacer lo propio[28]. Este hecho quizá nos explica por qué los primeros árabes que ejercieron el comercio ambulante en América eran de Belén. Lo hicieron primero en EE UU y, más tarde, en México, Brasil y Argentina antes de dispersarse por el resto del continente americano.

La devoción de los latinoamericanos por todo lo que procedía de Tierra Santa fue la causa de tan buena acogida. Al principio, los artículos se limitaban a objetos de tradicional significación cristiana: crucifijos, rosarios, medallas, para ampliarse luego incluyendo frasqueras de agua con la etiqueta de «Agua del Santo Río Jordán», cajitas de «Tierra de la Tierra Santa», o la «Rosa del Embarazo». Más tarde, el mercader ambulante cambia su mercancía por otra de más fácil adquisición en tierra de inmigración; la mercería iba ocupando cada vez más espacio en su cajón, y muchos de ellos se fueron dedicando exclusivamente a ella.

De ello se desprende, pues, que incluso los que procedían de zonas rurales y eran agricultores optaron por la actividad comercial, ya que su oficio original exigía estancia de larga duración, capital para la adquisición de la tierra agrícola y familiarización con nuevas técnicas de labrar esta tierra. Ellos venían a *hacer la América,* concepto que significaba pasar una temporada que oscilaba entre seis meses y dos o tres años, para luego regresar con una fortuna, o al menos una cantidad de dinero que les permitiera pagar sus deudas, construir una casa o abrir un negocio en su pueblo o ciudad natal.

---

[28] Al Badawi Al Mulazam, *A-Natiquna bi dad fi Amirika al Yanubía,* Jordania, 1956, p. 107.

Su interés por la actividad comercial coincidió con la política agraria aplicada por la mayoría de los gobiernos latinoamericanos que pretendía fomentar la emigración de agricultores. A consecuencia de ello, los árabes fueron considerados como elemento obstaculizador para las políticas económicas de los mencionados gobiernos, cosa que afectaría negativamente su proceso de integración social, como veremos más adelante.

A excepción de la zona de Triple Frontera, el proceso económico árabe fue común en casi todos los países del continente. La peripecia económica comienza con el comercio ambulante, cuyo éxito determina el establecimiento comercial minorista primero, y desemboca en el comercio al por mayor y en la industria después.

De este modo, el comercio ambulante acabó siendo una pauta obligada de todo emigrante antes de alcanzar la consolidación económica. Por desconocer el país de inmigración, su lengua y sus costumbres, el recién llegado prefería quedarse en una primera etapa en zonas del litoral donde había embarcado, antes de trasladarse a ciudades del interior, y más tarde a zonas rurales. Allí obtendrá mucho éxito, sobre todo en aquellas donde no había llegado aún la economía monetaria. El trueque le proporcionaría importantes ganancias. Se beneficiaría en esto del gran interés de los campesinos por los productos manufacturados que, algunos de ellos, veían por primera vez. Dichas ganancias animaron a mercaderes árabes a abrir sus primeras tiendas en pueblos remotos habitados por indios, sin ningún contacto con la vida urbana.

Las primeras casas comerciales de capital árabe en América Latina aparecen en los años ochenta del siglo XIX. Pero su número se mantuvo muy modesto hasta comienzos del siglo XX, cuando se registró un notable aumento en sus cifras, especialmente en países que habían conocido hasta ese momento la llegada de importantes flujos migratorios procedentes de Medio Oriente, como Brasil y Argentina.

El censo industrial de la ciudad de São Paulo señala que esa ciudad contaba en 1907 con 320 tiendas de capital árabe[29]. Por su parte, el censo comercial que el periódico *Assalám* realizó en Argentina en

---

[29] Para más información, véase el capítulo 4.

1916, habla de 3.701 casas comerciales de capital árabe en la República Argentina [30]. Pero a cambio de estos dos casos, el número de tiendas de capital árabe seguía siendo modesto en la mayor parte de los países del continente. Montenegro dice al respecto que las tiendas de árabes sólo aparecen en Paraguay en los años treinta del siglo XX [31]. No descartamos la existencia de negocios árabes antes de esa fecha, pero debían de ser de escasa importancia y en número muy reducido.

Uno de los factores que contribuyeron al aumento de comercios de capital árabe en algunas regiones de América Latina es la conversión de su inmigración de provisional a permanente. Tras pasar un tiempo relativamente largo en el país austral, el inmigrante abandona definitivamente la idea de retorno. También contribuyó a este incremento el éxito logrado por los mercaderes ambulantes, que les permitió adquirir un local comercial como queda señalado, así como la generalización del *efecto llamada* que dio lugar a la llegada de parientes y amigos, cuya ayuda era básica para la prosperidad del negocio de la persona que les mandó llamar.

Después de la Primera Guerra Mundial, Europa empezó a exportar a los países latinoamericanos el capital que por una parte aceleró el desarrollo económico, y por otra supuso el derrumbamiento de las estructuras económicas tradicionales. Para mantener esta situación, y sin proyectos para industrializar el continente latinoamericano, sino al contrario, sostenerlo como rentable, el capital europeo ofrecía préstamos a los gobiernos sudamericanos con objetivo de asegurar el apoyo político a sus países; invertir en la construcción de puertos y ferrocarriles que contribuyeran a la ampliación de su comercio; aumentar el número de las grandes transacciones comerciales. Todo esto hace que las grandes ciudades iberoamericanas aparezcan como grandes mercados de los artículos europeos.

Los comerciantes árabes participaron de manera considerable en este cambio económico. Algunos de ellos, ya mayoristas, pudieron llegar hasta las fuentes de esta producción, convirtiéndose así en importadores. Las firmas de Buenos Aires, São Paulo o Santiago, enviaban

---

[30] Alejandro Shamun, *La Siria nueva. Guía del comercio sirio-libanés,* Buenos Aires, Assalám, 1917, p. 24.

[31] Para más información, véase el capítulo 5.

regularmente a sus agentes a las grandes ciudades europeas reputadas por su producción textil, especialidad de los árabes. El representante de una casa comercial de Buenos Aires en Manchester señala que exportaba anualmente mercancía por valor de medio millón de libras esterlinas, desde esta ciudad hacia Buenos Aires[32].

Paralelamente a la actividad comercial, se observa desde un periodo muy temprano el interés de algunos árabes por la industria. Se trata de personas que habían empezado también su trayectoria en el comercio, y que no tardarían en montar modestos talleres, que no diferían mucho de los que existían en sus países de origen. En 1885 un palestino de Belén, de la familia Sahoria, abre en Lima una fábrica de tejido de algodón. Es, sin lugar a dudas, una de las primeras de capital árabe en América Latina. Los Sahoria instalarían más tarde otros establecimientos de industria textil en Bolivia y Chile[33]. En 1898, un inmigrante sirio llamado Jorge Tahan montó en la ciudad de São Paulo una fábrica de diversos artículos de bronce (cubos, jarros, etc.). Su producción era conocida como «La Casa Boa». Más tarde amplió su industria con la fabricación de otros artículos (grifos, accesorios de ducha, manecillas de puertas, etc.), todo fabricado al estilo oriental. El éxito logrado gracias a lo exótico de su mercancía le indujo a contratar artesanos de su país[34]. En 1904, Ismael Tarbuch instaló un taller industrial árabe en Argentina. Se trataba de una fábrica de «borgol» (una especie de trigo para comida típicamente árabe)[35]. En 1907, el libanés Neme Yafet estableció una fábrica de algodón en la ciudad de São Paulo. En 1908, la familia Hirmas, que había emigrado a Chile en 1897, y durante diez años se había dedicado a actividades comerciales, montó una fábrica de tejidos en la ciudad de Santiago. En 1910, instaló en la misma ciudad otra fábrica dedicada a la producción de ropa interior[36].

De estos datos se desprende que se trata de modestas iniciativas individuales que no llegaron a ser importantes hasta el periodo posterior a la crisis económica mundial. Un ejemplo representativo es aquel

---

[32] Nessim Teubal, ob. cit., p. 96.
[33] Al Badawi Al Mulazam, ob. cit., p. 189.
[34] *Ibíd.,* p. 155.
[35] *Assalám,* Buenos Aires, 11 de febrero de 1904, sección publicidad.
[36] *Ibíd.,* p. 194.

de la familia Yafet, quien montó su primera fábrica en 1907, pero que no se consolidó en la materia hasta finales de la década de los años veinte, cuando fundó, en una zona de São Paulo, su propio polígono industrial[37]. En esos momentos, los industriales árabes se vieron beneficiados por las medidas tomadas por varios gobiernos latinoamericanos, que pretendían fomentar y proteger la industria nacional de la competencia de la industria extranjera.

Los industriales árabes se beneficiaron también de la estrecha colaboración que existía entre los diferentes componentes de su comunidad. La demanda estaba asegurada por sus conciudadanos, mayoristas, minoristas e incluso ambulantes que operaban en el sector. La tarea de coordinación entre todos estos grupos la llevaban a cabo las cámaras de comercio árabes, así como algunos bancos de capital árabe, existentes en países como Argentina, Brasil o México, como veremos más adelante.

Todo ello permitió a estos industriales extender su absoluto dominio sobre algunos sectores como el textil. Antes de la Segunda Guerra Mundial, sus fábricas producían en Brasil el 75% de artículos de seda y el 25% de artículos de algodón y lana[38]; en Chile, el 90% de artículos de seda, algodón y nylon[39]; en Argentina, el 50% de diferentes ramos de tejido[40].

Después de la Segunda Guerra Mundial se va a producir un cambio cualitativo en la industria de capital árabe en América Latina. El protagonista ya no es el inmigrante sino el descendiente, quien se preocupa por renovar la empresa familiar heredada, beneficiándose de su formación universitaria, muchas veces en disciplinas relacionadas con el campo industrial. Algunos industriales árabes de la nueva generación invirtieron en la industria semipesada y en el mundo de las finanzas, llegando a ser, en algunos casos, los principales accionistas de grandes bancos latinoamericanos.

---

[37] *Ibid.,* p. 150.

[38] *La Situación,* Órgano Oficial de la Cámara de Comercio Sirio-Libanesa en Argentina, Buenos Aires, septiembre, 1933, p. 33.

[39] *Ibid.,* marzo, 1940, p. 150.

[40] Informes de la Cámara de Comercio Sirio-Libanesa, años 1932, 1933, 1934.

II.4. *Los árabes en la dinámica social latinoamericana*

Por pertenecer a países de la misma región y de idéntica tradición cultural e histórica, el proceso de integración de los árabes en las sociedades latinoamericanas tuvo para todos las misma características, como hemos mencionado anteriormente. Revistió mayores dificultades que para los europeos, especialmente de cultura latina, favorecidos por identidades religiosas, lingüísticas y étnicas. Antes de la década de los años veinte del siglo pasado, fecha en la que se produce su despegue económico, los árabes vivían en una situación completamente marginal.

Ejercer el comercio ambulante, actividad poco apreciada tanto por las autoridades como por la sociedad, no cuidar mucho su aspecto físico y vivir en condiciones infrahumanas, son algunos elementos que contribuyeron a forjar una imagen negativa de estas comunidades. A consecuencia de ello, el término «turco» que se había utilizado a comienzos de su inmigración para identificarlos, por arribar a suelo americano con pasaporte turco, toma una connotación peyorativa; se convierte en sinónimo de rechazo y exclusión. Es verdad que los que fueron objeto del desprecio al principio son los mercaderes ambulantes, la clase más desamparada de la colonia árabe, pero esta connotación no tarda en generalizarse al resto de la comunidad, independientemente de su nivel cultural, económico, su categoría social o su creencia religiosa. Dicho desdén les llevó a aglutinarse en barrios propios, donde trataban de encontrar la seguridad y la identidad que las sociedades receptoras les negaban. De esta forma nació un nuevo tipo de guetos llamados «Barrio de los Turcos», especialmente en las grandes ciudades como São Paulo, Río de Janeiro, Santiago o Buenos Aires. Un periódico argentino de comienzos del siglo XX, describe así el Barrio de los Turcos de la capital argentina: «Todo un barrio de nuestra capital, en la calle de la Reconquista, de Charcas a Córdoba, casi no tiene otros pobladores que negociantes turcos (...) el barrio está sembrado de tiendas sobre la calle, donde se venden rosarios, imágenes santas, telas y artículos de librería. Uno o dos son de cierta importancia»[41].

---

[41] *Caras y Caretas* (revista), Buenos Aires, 2 de marzo de 1902.

En ocasiones, las mismas tiendas eran utilizadas como viviendas, en otras, se alquilaban casas que carecían de lo elemental. Un testimonio del mismo periodo señala: «Es frecuente ver junto al mostrador la cama del propietario en medio de esa pacotilla. Las casas habitadas por esa gente están generalmente en ruinas, sin ventilación, sin luz, de aspecto triste y sombrío, más parecen tabernas que habitaciones humanas»[42].

Las campañas de rechazo alimentadas por los medios de prensa, responsables administrativos y algunos intelectuales, oscilaban entre exigir su expulsión mediante manifestaciones callejeras (caso de Perú), sancionar nuevas leyes restrictivas que impedían su entrada al país (caso de Argentina), o denunciar el verdadero objetivo de su inmigración, que era «explotar los bienes del país» (caso de México, Chile y Paraguay).

El rechazo no tardó en afectar a los descendientes. Para algunos, el origen árabe se convirtió en una carga, ya que la sociedad los consideraba como miembros de una comunidad inferior. Con el fin de evitar tal prejuicio, optaron por limitar sus contactos con los componentes de su colectividad. Hubo entre ellos quien evitaba acompañar a sus padres por las calles cuando iban vestidos con ropa oriental[43]. Estos, por su parte, hicieron todo lo posible para facilitar la integración de sus hijos: no les dieron nombres árabes, no les enseñaron esta lengua y permitieron su conversión a la religión católica, al inscribirles en escuelas religiosas. Según Víctor Massuh[44]: «es una integración que se hizo a costa de la pérdida de la identidad. El esfuerzo fue tan intenso que no permitió que la identidad de los padres se prolongara en los hijos [...] no hay ningún rasgo fuerte de presencia árabe en la vida, las costumbres y los hábitos de los hijos de árabes [...] hubo una falta de deseo de nuestros padres de lograr una continuidad de su labor en América, o sea, hubo una especie de suicidio cultural»[45].

---

[42] Samuel Cache, *Les Logements ouvriers à Buenos Aires,* París, Steinheil, 1900, p. 86.

[43] Testimonio de algunos descendientes de árabes en Argentina. Fecha de recopilación 1986.

[44] Filósofo y diplomático argentino, algunas de sus obras son: *América como inteligencia y pasión; Diálogo de culturas; Sentido y fin de la historia; La Argentina como sentimiento; El llamado de la patria grande.*

[45] Testimonio oral. Entrevista del autor con Víctor Massuh. Buenos Aires, febrero de 1987, véase, Abdeluahed Akmir, *La inmigración árabe en Argentina,* tesis doctoral, Madrid, Universidad Complutense, 1991, pp. 691, 693.

Todas estas circunstancias contribuyeron a que los inmigrantes árabes y sus descendientes perdieran conciencia de su pasado glorioso, y de su pertenencia a una civilización milenaria. Aceptaron la falsa realidad impuesta por la sociedad, la de formar parte de una cultura inferior. La prensa y la producción literaria de los intelectuales miembros de la comunidad árabe no pudieron cambiar dicha realidad, ya que nunca llegaron a la sociedad, y ello por utilizar el árabe y no la lengua del país de inmigración[46]. Ni siquiera llegaron a los descendientes de árabes. El propio Víctor Massuh, hijo de uno de los escritores más consagrados de la literatura de *al mahyar* (Yebrán Massuh) reconoce:

De la labor intelectual de mi padre conocía a través de comentarios de amigos y no a través de textos directos. [...] Mi labor como intelectual en lengua española en el campo del pensamiento teórico se ha hecho sin tomarse en cuenta las raíces culturales de nuestros padres. Cuando tuve que aprender lenguas extranjeras para intensificar mis estudios en filosofía, elegí el alemán, el francés y el inglés, no elegí el árabe. Muy pocos hijos de árabes asumen su propia labor intelectual como una continuidad de la labor de los padres, por eso hay una ruptura. [...] Mi pasado, no es la historia de mis padres, ni de mis abuelos, mi pasado es una comunidad a la que yo pertenezco, cuando estudio mi pasado, estudio Alberdi, Echeverría y San Martín, las figuras de la historia argentina[47].

La imagen del árabe en América Latina mejorará paulatinamente, gracias a factores sociales, políticos y económicos:

— Socialmente, la graduación de los descendientes de árabes de la universidad y su incorporación a la vida profesional, como cuadros cualificados, permitió estrechar amistades con compañeros de trabajo, cosa que acababa a veces con enlaces matrimoniales. El porcentaje de los que se casaron fuera de la comunidad árabe aumentó de forma ostensible. Algunos universitarios de origen árabe contrajeron matrimonio con personas de la alta sociedad. Sin embargo, cabe señalar aquí, que hasta los años sesenta del

---

[46] Curiosamente la literatura de *al mahyar* que pasó totalmente desapercibida en las sociedades donde se produjo, tuvo un gran eco en el mundo árabe, como queda señalado.

[47] A. Akmir, ob. cit., p. 697.

siglo XX, la mayoría de los casamientos mixtos se efectuaban por parte de varones.

— Políticamente, la afiliación a partidos políticos reforzó el proceso de integración, sobre todo con la ocupación de descendientes de árabes de cargos de máxima responsabilidad política, como veremos más adelante, de manera que el origen árabe deja de ser un obstáculo para ganar votos y cosechar victorias electorales.

— El factor económico permite también mejorar la imagen del árabe. Los que lograron fortuna jugaron un papel importante a favor del desarrollo económico, y de la creación de puestos de trabajo, lo que dejaba sin fundamento la propaganda de otros tiempos, que pretendía que el objetivo del árabe era explotar los bienes del país y marcharse.

Todo lo antes señalado contribuyó positivamente para que el término «turco» perdiera su connotación peyorativa. Algunos descendientes —personajes públicos— lo adoptaron voluntariamente como apodo. El cambio de la imagen fue motivo para que algunos descendientes, sobre todo a partir de la tercera generación, se preocuparan más por la historia y la civilización árabes. Con el fin de recuperar la identidad perdida, empiezan a aprender árabe, a visitar tierras de sus antepasados, e incluso hubo entre ellos quien pretendía con la visita encontrar la futura esposa. Algunos artistas y literatos de origen árabe hicieron del recuerdo de un miembro de su comunidad, el protagonista de sus creaciones artísticas y sobre todo literarias[48]. Lo mismo pasó con grandes hombres de letras latinoamericanos, donde el inmigrante árabe, o su descendiente, es muchas veces símbolo de honestidad, laboriosidad e integración, o simplemente víctima de una injusticia social[49]. Esta es también la imagen que dan de él algunas telenovelas de gran audiencia[50].

---

[48] A modo de ejemplo citaremos a los argentinos, Juana Dib y Jorge Asis; a los brasileños, Yamil Mansur y Salomón Jorge; al chileno Mahfud Masis.

[49] Entre otros, cabe citar a los siguientes novelistas con sus respectivas obras: Gabriel García Márquez, *Crónica de una muerte anunciada;* Jorge Amado, *Gabriela, clavo y canela;* Miguel Ángel Asturias, *El señor Presidente;* Isabel Allende, *Cuentos de Eva Luna.*

[50] Entre ellas, la serie mexicana, Los Plateados, emitida en 2006 por varias cadenas de televisión en España y América Latina.

II.5. *Asociaciones árabes en América Latina*

II.5.1. De carácter social

Aparecieron desde los comienzos de la inmigración. Su fundación se debía en gran parte a la marginalidad vivida por algunos inmigrantes en diferentes países del continente. Según palabras de un viejo inmigrante: «Los paisanos necesitaban un lugar donde pasar su tiempo de ocio, puesto que estaban rechazados por la sociedad del café»[51]. Aglutinaban sobre todo a gente del mismo pueblo o ciudad, ya que la conciencia de pertenecer a un lugar determinado se reducía para la mayoría de esos pioneros, al ámbito de la ciudad o el pueblo natal. Entre las primeras entidades de esta índole fundadas por los árabe en América Latina, figuran La Asociación de la Juventud Homsiense, que vio la luz en Santiago de Chile en 1913, la Asociación Bardonense (*al Muntada al Barduni*) y el Club Zahle creados en São Paulo durante el primer cuarto del siglo XX y, la Asociación Akarense establecida en Buenos Aires en 1927.

Aparte de estas asociaciones regionales, se fundaron desde el comienzo, aunque en números muy limitados, asociaciones para reunir a personas pertenecientes al mismo país. Entre los primeros con estas características, figuran El Club Libanés que apareció en la ciudad argentina de San Juan en 1899, La Asociación Siria creada en Córdoba en 1907, La Asociación del Progreso Sirio fundada en La Habana en 1918, La Asociación Palestina y La Asociación Siria, instauradas en la misma ciudad en 1919 y 1920 respectivamente (de la fusión entre las tres nace en 1938 El Club Sirio-Libanés-Palestino).

Los modestos clubes de los primeros tiempos de inmigración, que tenían como objetivo paliar la situación de marginalidad y exclusión en la que se encontraban los inmigrantes árabes, se convirtieron a partir de los años treinta en instituciones respetadas, con proyección social y económica. Sus nuevos dirigentes, a tenor de su éxito económico, se erigen en representantes de sus paisanos ante las autoridades de los países de adopción, ejerciendo a la vez un control hegemónico entre su comunidad.

---

[51] Testimonio oral. Entrevista del autor con el señor Miguel Shahin, presidente del Club Libanés en Buenos Aires, Buenos Aires, octubre de 1986.

Las asociaciones que lograron tal desarrollo se mudaron a nuevas sedes con edificios de varias plantas, financiadas por los mencionados dirigentes y por otros miembros de la comunidad que amasaron importantes fortunas del comercio y de la industria. A partir de esos momentos, dichas asociaciones dejan de servir como lugar para aglutinar a los rechazados por la sociedad austral y empiezan a interesarse por actividades culturales, organizando veladas literarias que contaban con la participación de los literatos de *al mahyar*. Algunas se interesaron también por difundir la gastronomía árabe, como El Club Sirio-Libanés Honor y Patria que abrió sus puertas en 1932 en Buenos Aires. Sus banquetes contribuyeron a estrechar lazos de amistad entre los dirigentes de la comunidad árabe y altos mandos del Gobierno argentino, y de ellos nació la oportunidad que fue aprovechada para anular las leyes que restringían la entrada de árabes al país. Entre otras asociaciones sociales árabes, que lograron gran éxito durante la mencionada década, figuran El Club Árabe de Santiago, fundado el mismo año; El Club Libanés de Buenos Aires; y El Club Deportivo Sirio de São Paulo, creados ambos en 1936.

A pesar de que las discrepancias confesionales y regionales afectaban negativamente a las actividades de estas instituciones, sobre todo en momentos de tensión política en los países de origen, éstas no dejaron de jugar, hasta la década de los sesenta del siglo XX, un importante papel en la vida de las comunidades árabes, especialmente en conservar las costumbres y las tradiciones árabes. Pero con el paso del tiempo, estas instituciones empezaron a perder su importancia, al no renovar sus estructuras y acomodarlas a las necesidades de los descendientes, que ya son mayoría en la colonia árabe, como hemos señalado anteriormente. Varios de estos establecimientos tuvieron que desaparecer, mientras que otros siguen luchando hasta la actualidad por la permanencia, pero en realidad sólo viven del recuerdo de un pasado glorioso que un día tuvieron.

Al no responder a sus aspiraciones, las generaciones de ascendencia árabe, fundaron durante las últimas décadas, otras instituciones sociales que, respetando el carácter y el espíritu árabes, pusieron en marcha nuevas instalaciones de ocio.

Tanto las que renovaron sus estructuras, como las de reciente creación, abrieron sus puertas a los no árabes también, que pretendían beneficiarse de sus instalaciones para practicar deporte, degustar platos árabes o aprender danza oriental.

La mayoría de las asociaciones sociales árabes en América Latina están afiliadas a la Federación de Entidades Americano Árabes (FEARAB), o a la Unión Cultural Libanesa Mundial. Pese a las diferencias entre las dos entidades, que se deben en gran parte a sus opuestas visiones de la situación política en los países de origen, ambas juegan un papel positivo a favor de una mayor integración entre las distintas organizaciones árabes en el continente.

II.5.2. De carácter deportivo

Su objetivo inicial no difería mucho de las instituciones sociales. Pretendían abrirse a la sociedad austral y facilitar la integración de la comunidad árabe mediante actividades deportivas. Al igual que las asociaciones de carácter social, algunas de las deportivas adquirieron con el paso del tiempo gran prestigio. Cuatro de ellas merecen una mención especial: el Club Deportivo Palestino (sección de fútbol) en Chile; el Deportivo Club Sirio, el A.C. Monte Líbano (sección de baloncesto) en Brasil y El Deportivo Unión Árabe de Fútbol en Panamá.

El «Palestino» como se le conoce, nace en la ciudad de Santiago en 1920, «producto de la iniciativa de un grupo de inmigrantes radicados en Chile, quienes en homenaje a su lejana patria, decidieron fundar un club deportivo como una prolongación de sus raíces»[52]. En 1951 se convierte al profesionalismo. Se ha caracterizado por brindar un constante apoyo a la selección Palestina de fútbol, facilitando la participación de jugadores de dicha ascendencia, pertenecientes al primer equipo. Fue campeón de primera división chilena en 1955 y 1978, campeón de la Copa de Chile en 1975 y 1977, participó en la Copa Libertadores de América en 1976, 1978 y 1979 (en este último año llegó a semifinales). Mantiene hasta hoy día el récord de un equipo chileno invicto (44 partidos). La década de los años sesenta fue su época dorada. Se conocía en aquel entonces con el nombre del «Club

---

[52] <www.palestino.cl.>

de los Millonarios», por el apoyo económico que le prestaba la colonia palestina, el cual le permitió contar con los servicios de jugadores de gran fama. Actualmente, el club goza de la simpatía de miles de árabes en Palestina y en América Latina, por ser «el único equipo en el mundo que lleva el nombre de "palestino", participando en primera división del fútbol profesional». En su página web se identifica como «el encargado de representar el espíritu de una colectividad a través del fútbol»[53].

Trayectoria parecida tuvo, en el mundo del baloncesto, el Deportivo Club Sirio fundado en la ciudad de Sao Paulo el año 1918. Por falta de recursos, los fundadores tuvieron que conformarse en esos primeros tiempos con la tienda de un inmigrante como sede del club. El rápido ascenso económico de la colonia siria permite construir a partir de finales de los años cuarenta una majestuosa sede. En los años cincuenta, el «Sirio» como se le conoce, diversifica sus actividades deportivas: fútbol, tenis, natación y sobre todo baloncesto, deporte en el que alcanza metas inimaginables: campeón del «Sudamericano de Clubes» ocho veces (entre 1961 y 1984), y campeón del mundo de clubes (1979). La década de los años setenta fue, sin lugar a dudas, su época dorada. Contaba con los servicios de jugadores de la talla del mítico Oscar Schmidt[54]. Curiosamente, uno de los máximos rivales del «Sirio» en el campeonato brasileño durante la década siguiente fue A.C. Monte Líbano, club que se adjudicó el campeonato «Sudamericano de Clubes» dos veces consecutivas (1985-1986), aparte de jugar la final de la copa del mundo de clubes en 1985.

En Centroamérica, destaca la trayectoria del «Deportivo Unión Árabe de Fútbol», entidad considerada en la actualidad como uno de los principales clubes de fútbol profesional de primera división en Panamá.

---

[53] *Ibid.*

[54] Máximo anotador del baloncesto profesional de todos los tiempos. Se retiró en 2003 con 45 años, después de batir el récord histórico de puntos de Kareem Abdul-Jabbar con 49.703 canastas.

II.5.3. De carácter religioso

Tuvieron un papel muy activo durante el primer periodo migratorio. Su misión era conservar la identidad religiosa de los inmigrantes y orientarles en cuestiones confesionales. Por ser los pioneros que emigraron a América Latina de religión cristiana, las primeras entidades religiosas árabes eran de esta creencia. En 1897 se fundó la Iglesia Ortodoxa y en 1903 la Iglesia Maronita, ambas en São Paulo; en 1902 la Iglesia San Marón en Buenos Aires; en 1919 la Iglesia San Jorge en Santiago; en 1920 la Iglesia de los Protestantes Sirios en Río de Janeiro y en 1928 la Iglesia de los Católicos Melquitas en la misma ciudad; en 1922 la Iglesia de los Protestantes Sirios en Córdoba (Argentina); en 1924 La Misión Libanesa en Montevideo.

Los centros de culto musulmán aparecerán más tarde. En 1949 se inaugura la mezquita de Buenos Aires, mientras que en São Paulo, lugar donde se instaló la comunidad árabe de fe islámica más importante de América Latina, el proyecto de construcción de una mezquita vio la luz en 1938, no obstante la inauguración de la misma no se produjo hasta veinte años después.

Se reprocha a las asociaciones religiosas árabes de América Latina, especialmente durante los primeros tiempos de inmigración, el hecho de contribuir en alentar la tensión confesional entre los inmigrantes, tal como sucedió durante la Primera Guerra Mundial, cuando los inmigrantes maronitas mostraron su apoyo a los Aliados, especialmente a Francia, y los musulmanes al Imperio otomano, que apoyaba a Alemania. Sin embargo, en otras ocasiones, las mismas instituciones se aliaron, olvidando sus diferencias, para apoyar la causa palestina. En 1948 organizaron conjuntamente numerosos mítines, rechazando cualquier iniciativa de repartición de Palestina.

Paralelamente a los antiguos centros religiosos, se construyeron en las últimas décadas otros nuevos con el apoyo financiero de los países del Golfo o de algunos hombres de negocios de la comunidad árabe. Generalmente se trata de centros islámicos, ya que en el caso de las religiones cristianas, la construcción de entidades religiosas retrocedió con la desaparición de la generación de inmigrantes y la conversión de gran parte de los descendientes a la fe católica, mayoritaria en América Latina.

En la actualidad, la mayor presencia de las instituciones islámicas en América Latina está relacionada con la emigración reciente que tuvo lugar a lo largo de las cuatro últimas décadas en algunos países como Brasil, Argentina o Paraguay.

El seguimiento de la trayectoria de los centros islámicos en América Latina permite observar cierta evolución en la conciencia de los inmigrantes musulmanes. El sentimiento de pertenencia a un pueblo, una ciudad o incluso un país, deja lugar al sentimiento de pertenecer a una religión universal. Dicho sentimiento se vio reforzado sobre todo después de los atentados del 11 de septiembre. La afiliación a estas entidades religiosas no se reduce a árabes musulmanes, sino que atrae también a musulmanes latinoamericanos sin ascendencia árabe que se convirtieron al islam[55].

II.5.4. De carácter benéfico

Por carecer la mayoría de los recién llegados de recursos económicos y por fracasar algunos de ellos en salir de la situación de pobreza, motivo principal de su emigración, se fundaron asociaciones benéficas, por parte de sus conciudadanos, en diferentes países de América Latina. Dichos establecimientos eran dirigidos a menudo por mujeres de la comunidad. Los fondos recaudados servían también para ayudar a los damnificados, en países de origen, en momentos de catástrofes naturales: inundaciones, sequías, terremotos, etc.

Entre las primeras asociaciones que corresponden a estas características figuran la Asociación Benéfica Maronita creada en 1897 en São Paulo; la Asociación Benéfica Islámica en la misma ciudad en 1929; la Asociación la Promesa Nacional Libanesa en 1904 y la Asociación de Damas Libanesas en 1922 ambas en Montevideo; la Asociación Sirio-Ortodoxa de Ayuda Mutua en Buenos Aires en 1908; la Asociación Libanesa de Rosario en 1911; la Asociación la Unión Siria en Asunción en 1919; la Asociación Sirio-Libanesa de Ayuda Mutua de Santa Fe (Argentina) en 1924.

---

[55] Es el caso, por ejemplo, del actual imán del Centro Islámico de Ecuador, Juan (Yahya) Siervo.

Algunas de estas fundaciones llegaron a recaudar importantes donaciones que permitieron construir hospitales y centros de salud, y que prestaban sus servicios tanto a árabes como a otros. Entre los primeros centros sanitarios árabes, destacan el Hospital Sirio fundado en Santiago en 1913; el Hospital Sirio-Libanés creado en Buenos Aires en 1937; la Clínica Siria que vio luz en Campos do Jordão (Brasil) en 1949.

II.5.5. De carácter educativo

El objetivo de su creación era dar clases elementales de español a los recién llegados y de árabe clásico a los descendientes. Su fundación tuvo lugar especialmente en los países de mayores flujos migratorios. Entre las primeras aparecen la Escuela Libanesa en 1900; la Escuela Siria en 1902 ambas en Buenos Aires; la Escuela Flor de la Beneficencia en Río de Janeiro en 1907; La Escuela de Lengua Árabe de Santiago en 1917.

Si exceptuamos los primeros tiempos de emigración, las escuelas árabes en América Latina rara vez atrajeron a los hijos de inmigrantes, sea por falta de interés, sea porque a estos descendientes no les era fácil compaginar sus estudios en el sistema educativo del país de su nacimiento con las clases que impartían las escuelas árabes. Algunas familias árabes con poder económico contrataban a profesores de estas instituciones para dar clases particulares a sus hijos, pero incluso en este caso, aprender árabe no era considerado como algo necesario. Una argentina de ascendencia árabe, perteneciente a esta categoría social comenta respecto a su madre: «Ella llamaba a un profesor de árabe sólo para prestar un servicio a un pobre hombre de la colectividad. El árabe era, a los ojos de los argentinos, la lengua de los turcos. Valía más ignorarlo»[56].

El idioma árabe en este caso se convierte en un factor obstaculizador para una integración tan anhelada en la sociedad. La única excepción que se registra respecto al interés por el árabe es la de algunos musulmanes practicantes que asocian el cumplimiento de las obligaciones religiosas a la lengua, ya que la oración, uno de los cinco pilares del Islam, sólo se puede hacer en este idioma.

---

[56] Salim Abou, *Le Liban déraciné: immigré dans autre Amérique*, París, Plon, 1978, p. 358.

Debido a este desinterés, las escuelas de árabe desaparecieron paulatinamente. Sólo permanecieron las que adoptaron el sistema educativo público del país de inmigración, como el Colegio San Marón de Buenos Aires, que abrió sus puertas a los no descendientes de árabes también. Pero aquí la lengua árabe se imparte simplemente como una asignatura más. Entre las escuelas que sobrevivieron están aquellas que dependían de centros religiosos, en las cuales se impartían clases nocturnas a adultos, muchos de ellos sin ascendencia árabe.

En la actualidad, la difusión del árabe entre las futuras generaciones de esta ascendencia sólo está asegurada en la llamada zona de la Triple Frontera, de reciente inmigración árabe. Allí los musulmanes abrieron escuelas y centros religiosos que desempeñan un papel muy activo.

II.5.6. De carácter financiero

En ellas se distingue entre bancos, cámaras de comercio y empresas de seguro. Todas reflejan el éxito económico de los árabes en los lugares donde aparecieron. Los bancos jugaron un importante papel en el desarrollo económico de las comunidades árabes. Facilitaban créditos así como transferencias hacia los países de origen. En 1925 apareció en Buenos Aires el Banco Sirio Libanés del Río de la Plata, primera institución financiera de capital árabe en América Latina. Seis años más tarde, la familia Murad, de origen libanés, funda en México el Banco Murad[57], y en 1937 los árabes de Chile crean en Santiago y Valparaíso el Banco de Créditos y Inversiones. En Brasil, los Jafet también de origen libanés, fundan en 1943 en São Paulo Cruzeiro do Sul, institución financiera que tuvo un desarrollo impresionante, ya que en poco tiempo sus sucursales se extendieron por diferentes provincias del país. En la misma ciudad de São Paulo apareció otra entidad financiera de capital árabe, el Banco Mercantil de Créditos.

---

[57] Uno de los miembros de esa familia, Jorge Dipp Murad, es el fundador del prestigioso periódico mexicano *El Occidental* (Estado de Guadalajara) y de los Laboratorios Alfa, considerados entre los más importantes centros de industria farmacéutica en México. Falleció en 2007, a los 106 años. Véase *El Occidental,* «Condecoran a Jorge Dipp», 14 de marzo de 2007.

Con el paso del tiempo y la desaparición de la generación de los fundadores, estas entidades financieras corrieron la suerte del resto de instituciones árabes. En la actualidad los descendientes vuelven a apostar por la banca. Algunos llegaron a ser los principales accionistas de grandes entidades financieras, como el Banco del Caribe en Venezuela y el Banco Nacional de México. Pero a diferencia de aquellas que establecieron los inmigrantes, estas nuevas instituciones no se consideran entidades árabes, de modo que los miembros de esta comunidad no tienen en ellas ningún trato preferencial.

Respecto a las cámaras de comercio, su aparición se debió también al éxito económico de la comunidad árabe. Las más antiguas datan de los años veinte del siglo pasado, periodo en el que los árabes extendían su dominio sobre algunos sectores del comercio y la industria como queda señalado. En 1926 vio la luz la Cámara de Comercio Sirio-Palestina en Santiago, tres años después se crea la Cámara de Comercio Sirio-Libanesa de Buenos Aires, y en 1952 la Cámara de Comercio Sirio-Libanesa de São Paulo.

Desde su fundación, dichas cámaras tuvieron un importante rol en la cooperación económica entre comerciantes e industriales árabes de diferentes países de América Latina. También contribuyeron al establecimiento de fluidas relaciones comerciales entre el Mundo Árabe y América Latina. En la actualidad varias son las cámaras que desempeñan este papel. Entre ellas la Cámara de Comercio Argentino-Árabe; la Cámara de Comercio Árabe-Brasileña; la Cámara de Comercio Chileno-Árabe; la Cámara de Comercio Uruguayo-Árabe; la Cámara de Comercio Paraguayo-Árabe y la Cámara Árabe-Mexicana.

Respecto a las empresas de seguros, la primera de capital árabe en América Latina se instaló en São Paulo en 1926 y se denominó El Nuevo Mundo. En 1939 los árabes de Chile crearon su propia empresa de seguros, La Patria. Su fundación se debió en gran parte a una situación peculiar que vivieron los comerciantes árabes de este país. Se rumoreaba que provocaban intencionadamente incendios en sus locales comerciales, reclamando después elevadas sumas de dinero. A causa de ello, les resultaba cada vez más difícil contar con los servicios de empresas aseguradoras. En los años cincuenta del siglo pasado, entre las compañías que formaban el imperio económico del industrial argentino de origen árabe Jorge Antonio, figuraba una sociedad aseguradora con sede en Buenos Aires.

II.6. *La prensa árabe en América Latina*

Se puede considerar como fuente documental de gran importancia, ya que reflejaba los diferentes aspectos de la vida cotidiana de las comunidades árabes en los países donde fue editada. Sin embargo, existían dos tipos: la prensa de cierta profesionalidad, fundada en la mayoría de los casos por intelectuales y literatos de *al mahyar,* y la de poco nivel cultural, establecida por comerciantes con el apoyo de representantes de algunas sectas y confesiones religiosas. Esta contribuyó a veces a alentar el sectarismo y el fanatismo religioso entre los diferentes componentes de las colonias árabes.

La prensa árabe sólo prosperó en países donde hubo una colectividad cuantitativamente importante. Los primeros periódicos nacieron en Argentina, Brasil, y Chile. Entre 1897 y 1960 se editaron en Argentina no menos de 150 periódicos árabes; en Brasil el número superó los 140 entre 1898 y 1940. Pero la mayoría tenían corta vida. En algunos casos no se editaron más que dos o tres números. Sólo perduraron aquellos financiados por importantes grupos económicos y dirigidos por los literatos de *al mahyar.*

Además de describir la vida diaria de la colonia árabe, sobre todo sus éxitos políticos, económicos y sociales, esta prensa cubría minuciosamente los acontecimientos de la patria lejana. Sus fuentes de información, especialmente en momentos difíciles como la Primera Guerra Mundial, eran las correspondencias que recibían los inmigrantes de sus parientes y amigos, y los relatos de los recién llegados, pero algunos periódicos contaban también con corresponsales propios.

Los periódicos, así como las revistas, dirigidas por hombres de letras, solían tener una página literaria, dedicada especialmente a la poesía. Curiosamente algunos poemas de consagrados literatos de *al mahyar* nunca volvieron a publicarse, lo que hace de dichos periódicos fuente literaria de gran valor.

Algunos diarios árabes, sobre todo en Argentina y Brasil, tuvieron en los años treinta del siglo pasado una gran relevancia, de tal modo que se convirtieron en órgano oficial de la comunidad árabe. A modo de ejemplo, el *Diario Sirio-Libanés,* que llegó a ser portavoz de más de 150 asociaciones árabes de Argentina. Pero a partir de los años cuarenta, la prensa árabe en América Latina entra en su fase de decadencia. Si exceptuamos Brasil, donde se decretó en 1942 una ley que prohibía la publicación de prensa en lengua extranjera, la desaparición de la prensa árabe en América Latina se produjo de forma espontánea, como resultado de la desaparición de sus fundadores y el desinterés de los descendientes, que en su mayoría no sabían árabe clásico. A pesar de que algunos periódicos intentaron adaptarse a la nueva realidad, editando algunas de sus páginas en español (el *Diario Sirio-Libanés* y *Assalám* en Argentina), o editarse exclusivamente en español (*Mundo Árabe* y *Acheikh* en Chile; *La Patria* en Uruguay), no fue posible asegurar la continuidad. Durante los últimos años, reaparecieron viejos periódicos árabes, como, *al Gurbal* en México, *al Watan* en Buenos Aires, o *al Uruba* en São Paulo, pero sin llegar a publicarse con regularidad.

A parte de la prensa escrita, se fundaron emisoras de radio, algunas por los propios periódicos, como es el caso de la emisora del *Diario Sirio-Libanés* en Buenos Aires, que se emitía durante los años cincuenta del siglo XX. Otras cadenas de radio fueron creadas por las instituciones sociales de la comunidad, como Las Melodías del Sáhara fundada en Rosario (Argentina) en 1937, y La Radio Libanesa creada en Montevideo en 1940. Durante los últimos años aparecieron también nuevas emisoras como Patria Árabe y Raíces en Argentina; La Voz Árabe, El Mundo Árabe y Las Mil y Una Noches en Chile. Paralelamente a estas emisoras propiamente árabes, varias famosas cadenas de radio latinoamericanas, dedican un espacio especial a las comunidades árabes, tal es el caso de Radio México, que lleva emitiendo desde 1953 hasta la actualidad, un peculiar programa denominado *La Hora Libanesa.*

II.7. *Los árabes y el poder político en América Latina*

La participación activa de árabes en la vida política latinoamericana se produce como consecuencia de las primeras graduaciones universitarias. Los primeros universitarios de origen árabe fueron todos varones y gozaron de un notable prestigio social, tanto dentro de las sociedades latinoamericanas, como en el seno de su colectividad. En dichas sociedades los títulos universitarios eran muy considerados, lo que permitió a universitarios árabes entablar amistades y, en ocasiones, contraer matrimonio con las aristocracias locales. En la comunidad árabe, la graduación de un hijo era celebrada por todas sus instituciones. La prensa de la colonia publicaba la foto del graduado, elogiando su talento.

Algunos de estos profesionales van a dar el salto a la política, animados por todas estas circunstancias. Entre ellos se pueden distinguir tres grupos: el primero lo representan los que se afiliaron a partidos de derecha y centro. Pertenecían generalmente a familias adineradas y se beneficiaron de la fortuna familiar para satisfacer sus ambiciones políticas. El segundo lo representan los que militaban en partidos de izquierda. Su interés por la política comenzó cuando aún estudiaban en la universidad, donde se afiliaron a organizaciones estudiantiles. El tercero lo representan aquellos que llegaron a la política por vía militar, beneficiándose de los golpes de estado y de las dictaduras militares que rigieron el destino de América Latina durante varias décadas. Pertenecían en su mayoría, al igual que los representantes del primer grupo, a clases acomodadas, ya que el ingreso a academias militares en numerosos países de Iberoamérica era una opción selectiva, donde la fortuna y las relaciones sociales eran la llave que abría las puertas de estas academias.

II.7.1. La fortuna como camino del poder

La trayectoria política de los que se basaron en la fortuna familiar para llegar al poder sigue un orden progresivo: primero es la presencia en la vida pública local, más tarde en la provincial, y por último, se produce el salto cualitativo, insertándose en la política nacional.

Entre los primeros árabes que se beneficiaron de la fortuna familiar para ocupar cargos políticos figuran algunos miembros del antes citado clan de los Jafet en Brasil. Dueños de una de las más importantes fortunas del país, ocuparían desde los años cuarenta del siglo pasado cargos políticos relacionados con la economía. Uno de ellos, Ricardo Jafet fue nombrado sucesivamente presidente del Banco de Brasil y ministro de Hacienda, cargo que dejaría luego a Camilo Achkar, otro descendiente de árabes de la misma categoría social. En Chile, Carlos Masad, también de familia adinerada, fue designado durante la década de los años cuarenta presidente del Banco Central de Chile. En Argentina, pocos años después, Jorge Antonio, el hombre fuerte de la economía, fue designado por el general Perón consejero económico. Sus proyectos de industrializar el país y, sobre todo, su impresionante fortuna, encajaban con el famoso plan quinquenal del General, quien lo designó coordinador general del mencionado plan.

Sin alejarnos de Argentina, desde los comienzos del peronismo se observó una fuerte presencia de árabes, en su mayoría de grandes recursos económicos, en el Partido Justicialista fundado por Perón en 1947. El espectacular avance de la nueva formación política coincidía con una nueva etapa en la historia de la comunidad árabe, quien alcanzó en el mismo periodo un bienestar económico e una integración social. El peronismo ofrecía a los árabes una oportunidad histórica que supieron aprovechar. Ellos aspiraban a jugar un papel parecido a aquel desempeñado por los españoles e italianos treinta años atrás con el Partido Radical. El general Perón, en su diario de memorias, afirmó que la gran pasión de los árabes es la política[58].

La notable presencia árabe en la política argentina sigue hasta la actualidad tanto a nivel nacional como provincial. Tal como señala Montenegro, en una de las seis provincias del noroeste argentino, los descendientes de árabes ocuparon en los últimos años entre el 10 y el 35% de cargos políticos. Algunas familias árabes alternaron durante décadas los dos cargos más importantes de su provincia natal: el de gobernador y senador. Citamos a modo de ejemplo: los Saade en Catamarca, los Menem en La Rioja, y los Sabbag en Neuquén. En Brasil ocurre lo mismo: los descendientes de árabes tienen actualmente casi un cuarto de escaños en las dos cámaras del Congreso de la Nación, aparte de decenas de escaños en los parlamentos locales de las 27 provincias del país[59].

Pero la brillante participación de los árabes de familias acomodadas en la vida política no se ha limitado a países con importante pre-

---

[58] Según Perón: «el árabe tiene tres grandes pasiones: las mujeres, el juego y la política», véase, *Yo, Juan Domingo Perón. Relato autobiográfico,* Barcelona, Planeta, 1976.

[59] «Los árabes en la política brasileña», documental emitido por la cadena de televisión al-Yazira, 12 de julio de 2008.

sencia árabe como Brasil, Argentina o Chile, sino también a otros como Colombia, Venezuela y Ecuador. En la década de los años cuarenta, Rafael Turbay llega a la secretaría general del Partido Liberal (uno de los dos principales partidos de Colombia), pero contra todo pronóstico, pierde las elecciones presidenciales de 1944. En 1978, un pariente suyo, Julio César Turbay, obtiene la victoria en las elecciones presidenciales. Es el primer árabe que ocupa la jefatura de Estado en una república latinoamericana.

En Ecuador, a excepción del líder sindicalista Pedro Saad, de quien hablaremos más adelante, los árabes pertenecientes a familias con poder adquisitivo, ocuparon también desde la década de los años cuarenta cargos políticos de cierta relevancia, pero su verdadero salto al poder se produjo en los años sesenta con el multimillonario Asaad Bucaram. Este libanés de nacimiento, fundó en Ecuador un partido de tendencia populista, Concentración de Fuerzas Populares. Sus sucesivas victorias electorales le permitieron presidir el Parlamento ecuatoriano durante varias legislaturas. Pero sus aspiraciones de llegar a la jefatura de Estado se vieron siempre truncadas. Sus rivales políticos, ante un vacío constitucional, utilizaban su singular argumento: «Sólo puede ser presidente de Ecuador una persona nacida en el país».

Con el fallecimiento de Bucaram, el partido fundado por él entra en su fase de decadencia. Como alternativa, su sobrino Abdelah Bucaram crea una nueva formación política de tendencia parecida, el Partido Roldista Ecuatoriano que gana las elecciones de 1996. Su principal rival en la batalla presidencial fue otro descendiente de árabes, Jaime Nebout del Partido Social Cristiano.

Aparte de estas formaciones políticas, los árabes de familias adineradas están presentes en otras. En los años noventa del siglo pasado, la figura más representativa del Partido Conservador Ecuatoriano —fundado en 1883— es la de su presidente, Alberto Dahek, quien ocupó hasta 1995 la vicepresidencia de la República. Durante la misma década, el ex alcalde de Quito, Jamil Mahnad dirige el Partido Demócrata Cristiano, formación con la que ganó las elecciones presidenciales de 1998.

Llama la atención en la presencia árabe en la vida política de este pequeño país, el número de los candidatos de esta ascendencia a elecciones presidenciales en la última década (de los cuatro que se presentaron dos las ganaron: Bucaram y Mahnad). También es palpable la alta participación de la mujer. Aparte de Ilisa Bucaram, ex alcaldesa de Guayaquil (primera mujer ecuatoriana que ocupa este cargo), el Gobierno ecuatoriano contaba, hasta finales del 2006, con dos ministras de origen árabe: Ivón Aboud de Comercio Exterior y Gladis Juri de Turismo.

Sin llegar a la misma representatividad de Ecuador, algunos países del continente cuentan en estos últimos años con una marcada participación de la mujer árabe en la vida política. En Colombia, Zulema Hatim ocupó hasta el año 2005 el prestigioso cargo de Presidenta del Parlamento (es la primera vez, incluso en el Mundo Árabe, que una mujer de esta ascendencia asume tal responsabilidad). La familia Hatim posee un gran arraigo político en la provincia de Córdoba; el padre Francisco Hatim, fue senador de la misma y presidente del Senado. Los Hatim tienen también ramificaciones políticas en la vecina Venezuela. Durante dos mandatos consecutivos, otra mujer, Nur Hatim, fue elegida diputada por la provincia de Falcón, el mismo escaño que ocuparía más tarde su sobrino Duglas Hatim, del partido Acción Democrática.

En Salvador, el periodista y empresario Antonio Saca, militante del partido conservador Alianza Republicana Nacionalista, ganó las elecciones presidenciales en 2004. Su programa electoral se basó sobre un plan de gobierno denominado «País Seguro» que pretendía combatir la delincuencia. Pero su victoria electoral se debió, en gran parte, al apoyo prestado por la administración Bush, quien consideraba a este palestino de origen, su hombre preferido en El Salvador.

En Honduras, el empresario conservador, Carlos Roberto Flores Facusse, del Partido Liberal, gana las elecciones presidenciales de 1998. Fue el primer descendiente de árabes investido presidente de una república centroamericana.

II.7.2. Los árabes de la clase media: de la universidad
         a los partidos de izquierda

Los políticos de ascendencia árabe de este grupo rompen la imagen generalizada sobre el prototipo del político árabe en América Latina, la del hombre adinerado, militante de un partido conservador. El ciudadano medio en el continente latinoamericano rara vez relaciona al árabe con partidos de izquierda y menos aún con movimientos sindicalistas ya que los inmigrantes de dicha minoría étnica nunca formaron parte de la clase obrera, porque su principal actividad fue el comercio.

La realidad es otra: los descendientes de árabes tuvieron una marcada presencia tanto en los partidos de izquierda como en las centrales obreras. Desde los años cuarenta del siglo pasado, destacan figuras de origen árabe en la izquierda latinoamericana, donde les tocaba luchar, al igual que el resto de políticos de la misma ideología, contra la feroz dictadura militar implantada en varios países del continente. Muchos de ellos fueron reprimidos, exiliados y desaparecidos[60].

Socialmente, los árabes militantes de partidos de izquierda y de movimientos sindicalistas pertenecen a la clase media. Su trayectoria política empieza, como queda señalado, en la universidad dentro de las organizaciones estudiantiles, antes de afiliarse a un partido político o a un movimiento obrero. Nos limitamos a citar algunos casos que consideramos representativos, ya que para arrojar luz de forma detallada sobre los árabes en la izquierda latinoamericana hace falta un estudio aparte.

Hasta el estallido de la Primera Guerra Mundial, las dos únicas corrientes que marcan la escena política en América Latina son la liberal y la conservadora. Pero a partir de esa fecha, y con la llegada de grandes flujos migratorios, especialmente de Europa, aparecen en la escena otras dos nuevas corrientes, la fascista y la comunista. La primera encuentra adictos entre los miembros de la oligarquía tradicional y los militares afines a ella, mientras que la segunda los halla en la universidad entre estudiantes y profesores, y en las fábricas entre la clase obrera. Los primeros partidos comunistas vieron la luz en Argentina, Brasil, Bolivia (1921), Chile, México (1922), Cuba (1925) y Ecuador (1928).

Desde la década de los años cuarenta, los árabes tienen una destacada participación en los partidos comunistas implantados en Améri-

---

[60] El autor de este capítulo introductorio guarda un lejano recuerdo de una charla en Buenos Aires con una de las madres de la Plaza de Mayo, de origen árabe, que «esperaba la vuelta algún día de su hijo desaparecido».

ca Latina. En 1941 el joven Fernando Nadra, de 21 años, es designado secretario general de la Federación Estudiantil Argentina. Tras graduarse de la Universidad de Córdoba, se afilia al Partido Comunista, en el que llega a ser uno de los máximos dirigentes hasta su muerte en 1995.

En Bolivia, donde la presencia árabe no fue notoria desde el punto de vista cuantitativo, destaca la figura de Juan Lechin, quien empieza su vida laboral como simple minero en los años treinta, antes de destacar como líder sindicalista. En 1944 funda la Federación Sindical de Trabajadores Mineros de Bolivia y, más tarde, la Central Obrera Boliviana, el sindicato más importante del país durante varias décadas. Junto con otros líderes de izquierda, Lechin puso las bases de un nuevo partido político, El Movimiento Nacional Revolucionario, formación que revindica en 1952 la llamada Revolución Nacional. El triunfo de tal reivindicación convierte a Lechin en el hombre fuerte de la nueva era. Declina la Presidencia de la República y opta por el poderoso Ministerio de Minas y Petróleo. Representando el ala más izquierdista del gobierno revolucionario se enfrenta con otros miembros del Gobierno. En 1960 es designado vicepresidente de la República, pero sus discrepancias con el presidente llevan al país a una guerra civil. Los militares aprovechan la ocasión y perpetran un golpe de Estado que interrumpe el proceso democrático. Lechin, junto con otros líderes políticos, fue arrestado y más tarde expulsado de Bolivia. Su popularidad entre la clase obrera boliviana no ha mermado: en el exilio seguía siendo su ídolo.

En 1971 vuelve al país donde fue elegido presidente de la Asamblea Popular, un congreso revolucionario creado por el general reformista Juan José Torres. Volvió a polarizar la situación política al intentar crear un gobierno paralelo apoyado en sindicatos y asambleas populares. De nuevo un golpe de Estado le obliga a abandonar el país. Sólo regresa con la vuelta de la democracia en 1978, para presidir la Central Obrera Boliviana (COB). En 1980 fue candidato presidencial del Partido Revolucionario de Izquierda Nacionalista, pero una vez más los militares intervienen mediante otra sublevación, forzándole a abandonar Bolivia por tercera vez.

En Cuba, otro árabe de segunda generación triunfa en las filas de izquierda. Alfredo Yabur Maaluf. Al igual que Fernando Nadra, destaca en los años cuarenta como líder estudiantil. Se hizo famoso desde aquel entonces por sus ataques a la dictadura de Fulgencio Batista. Cuando se gradúa como abogado, centra su labor en la defensa de los presos políticos y de los miserables agricultores sometidos a una explotación sin piedad por parte de los grandes terratenientes. En 1959, tras el triunfo de la revolución, Fidel Castro lo designa ministro de Justicia. Le tocaba tomar dos de las decisiones más radicales del gobierno revolucionario: cambiar el sistema judicial considerado reaccionario por otro revolucionario, y sancionar una nueva ley para juzgar a los hombres de Batista, acusado de reprimir y torturar a presos políticos.

El «abogado de la revolución» como se le denominaba, ocupó la mencionada cartera hasta su fallecimiento en 1973. Su figura, símbolo de la «revolución judicial», había alcanzado gran popularidad. Durante sus funerales, su capilla ardiente fue expuesta en la Plaza de la Revolución. Era el primer hombre de la nueva era que recibía ese honor.

En Ecuador, desde los años cuarenta del siglo pasado, destaca en el Partido Comunista la figura de Pedro Saad. Elegido senador, asume la presidencia de su partido durante casi tres décadas (1952-1980). Más tarde, Pedro Saad (hijo) desempeñaría en el seno del partido Izquierda Democrática una labor parecida a la que tuvo su padre dentro del Partido Comunista. Pedro Saad ocupó varios cargos relevantes, entre los cuales, los de ministro de Comunicación, y consejero del presidente de la república.

De los años cuarenta data también la militancia de árabes en la izquierda venezolana. Uno de los pioneros es Jorge Dáger. Cofundador del partido Acción Democrática en 1946, gana el mismo año su primer escaño de diputado. A raíz del golpe de Estado militar de Pérez Jiménez, Dáger fue detenido y más tarde forzado al exilio. En 1958, tras la reinstauración del régimen democrático, vuelve al país donde fue elegido de nuevo diputado. Su formación política pacta una coalición de gobierno multicolor, que incluye a partidos de izquierda y derecha. No convencido de tal alianza, preside una corriente revolucionaria en el seno de su partido, creando junto con otros dirigentes, el Movimiento de Izquierda Revolucionaria. La nueva formación no tarda en inclinarse hacia la extrema izquierda. En desacuerdo con esta nueva tendencia, se retira del partido, fundando otro nuevo, Fuerza

Democrática Popular, que no tarda en convertirse en la tercera fuerza política del país. En 1969 Dáger es elegido presidente del Parlamento, cargo que compaginaría el año siguiente con aquel de presidente del Parlamento Latinoamericano. En 1973, se perfila como candidato del partido para las elecciones presidenciales, pero un pacto con el Partido Social Cristiano, para presentar candidato común, le lleva a retirar su candidatura. Cuando se aleja de la política activa, su hijo Douglas Felipe Dáger toma el relevo. A sus 24 años gana su primer escaño. Era el diputado más joven del parlamento venezolano.

En Nicaragua, la presencia de los árabes en la izquierda tuvo una resonancia sin precedentes con la Revolución Sandinista de 1979. Aparte de Musa Hassan, miembro del Comité Revolucionario, tres políticos del mismo origen, ocuparon carteras ministeriales en el Gobierno de Ortega: Carlos Zarruk de Defensa, Jacobo Frech de Salud Pública, y Jemes Zablah de Economía[61].

Las décadas de los años setenta y los ochenta están marcadas por un cierto retroceso en la presencia árabe en los partidos de izquierda, a consecuencia del dominio de dictaduras militares en América Latina. En los años noventa, y a pesar de la desaparición de los regímenes dictatoriales, la izquierda comunista y socialista en Iberoamérica no pasaba por sus mejores momentos, debido a la crisis general que vivía el comunismo tras la caída del muro de Berlín.

En los últimos años, los partidos de izquierda experimentan un claro avance en varios países del continente, algunos incluso se alzan con el poder como es el caso de Brasil, Uruguay, Venezuela, Chile y Bolivia. Este clima propicio permite a algunos viejos políticos árabes volver a la escena. Entre otros, destaca la figura de Shafiq Handal que hasta su repentina muerte en 2006 fue uno de los históricos líderes de la izquierda salvadoreña.

Al igual que la mayoría de los descendientes de árabes antes citados, Handal empieza su trayectoria política en la universidad en 1949, cuando funda una organización estudiantil llamada la Alianza de la Juventud Demócrata Cristiana, cuya lucha permitió una cierta autonomía para la universidad salvadoreña desde 1950, el mismo año

---

[61] Para más información, véase el capítulo 8.

en el que Handal fue expulsado del país. En su exilio chileno, integra otro movimiento estudiantil, y paralelamente se afilia al Partido Comunista Chileno. En 1957 regresa a El Salvador, para ser elegido, a sus 26 años, secretario general del Comité del Partido Comunista en San Salvador. Tres años más tarde fue apresado, y de nuevo se exilió, esta vez a Nicaragua. Al volver a El Salvador, y estar plenamente convencido de que la manipulación y el fraude impedirían para siempre la llegada del proletariado al poder, decide fundar la Escuela Militar del Frente Unido de Acción Revolucionaria, brazo armado del Partido Comunista Salvadoreño.

En 1973, año de la desaparición de su ídolo, Salvador Allende, asumió la responsabilidad de Secretario General del Partido Comunista Salvadoreño, cargo que desempeñaría durante más de veinte años.

«El comandante Simón», como se le llamaba, figuraba entre los cinco miembros de la Comandancia General que dirigió la guerra revolucionaria del FMLN «Frente Farabundo Martí para la Liberación Nacional» desde 1981 hasta1992. Cuando esa formación pasó al trabajo constitucional, Handal, fue designado coordinador general, y presidente de su grupo en el parlamento salvadoreño.

En 2004, tras ganar las elecciones primarias, su formación política lo presentó como candidato para las elecciones presidenciales, de las que los sondeos lo daban como favorito. Curiosamente, su rival en las mismas es un pariente suyo, también de ascendencia palestina, Antonio Saca.

Para impedir su llegada al poder, la administración Bush utilizó todos los medios posibles. La campaña en su contra fue denunciada por diversas fuentes, incluido un grupo de congresistas estadounidenses, quienes enviaron una carta a la administración Bush protestando por su injerencia en el proceso electoral salvadoreño. La campaña «sucia», como se denominó, dio la victoria a Saca. Tras analizar los resultados, Handal publicó un comunicado, en el que consideraba «ilegal e ilegítimo», el triunfo de Saca.

Sin llegar al carisma de Handal, en Chile, Sergio Bitar, es también una referencia para la izquierda comunista latinoamericana. Desde su muy temprana juventud empezó su militancia en organizaciones marxistas que operaban dentro de la universidad. No tardaría en llamar la atención de Salvador Allende, quien lo designa en 1971, a sus 31 años, consejero personal. Cuando Allende lanza su proyecto de nacionalizar los recursos naturales, medida que choca con los intereses de los EE UU en Chile, Bitar fue nombrado titular del delicado y trascendental Ministerio de Minas.

Tras el golpe de Estado del 11 de septiembre de 1973 fue detenido. Tuvo que pasar más de un año en la cárcel antes de tomar el camino del exilio. Una vez reestablecido el régimen democrático, vuelve a Chile, donde contribuye a la creación de una nueva formación política El Partido por la Democracia, entidad de la que ocuparía la Secretaría general durante ocho años (1992-2000). Con el triunfo socialista en las elecciones de 2002 fue designado ministro de Educación y Enseñanza, responsabilidad que dejaría voluntariamente en 2005 para prestar apoyo a la candidata socialista Michelle Bachelet en la campaña electoral que concluyó con su victoria en las elecciones de abril de 2006.

II.7.3. Militares de origen árabe en cargos de responsabilidad

Para muchos militares latinoamericanos, la carrera militar era el camino más fácil para llegar al poder. Por formar parte de los diferentes cuerpos del ejército, los árabes asumieron responsabilidades políticas durante las feroces dictaduras militares que conoció el continente.

Curiosamente, el interés de esta minoría por la vida militar no empieza con los descendientes, sino con los propios inmigrantes. Algunos de éstos integraron ejércitos revolucionarios desde su llegada al Nuevo Mundo. En Cuba hubo casos de árabes que lucharon por la independencia de este país a finales del siglo XIX, lo que les permitió desempeñar cargos de cierta responsabilidad militar, tal es el caso del teniente coronel Arturo Aulet Aimerich, el comandante Elías Tuma o el capitán Francisco Aulet Serrano [62]. En Venezuela se registraron también casos de inmigrantes árabes en el ejército revolucionario desde comienzos del siglo XX. El más famoso es Elías Dáger (padre del antes

---

[62] Mayda Jiménez García, «La inmigración árabe en Cuba», en *El Mundo Árabe y América Latina,* ob. cit., p. 321.

citado Jorge Dáger), quien alcanzó el grado de coronel en las tropas revolucionarias que luchaba contra la dictadura de Juan Vicente. En México, tal como señala el estudio de Moreno y Kahaat, algunos dirigentes de la revolución mexicana de 1910 eran árabes, entre ellos destaca Félix Fayad.

Sin embargo, la presencia árabe en las instituciones militares latinoamericanas en este periodo es sólo simbólica. La participación activa empieza con los descendientes, a partir de los años treinta del siglo veinte, cuando se gradúan en las academias militares. Algunos de esos jóvenes oficiales, alcanzan hacia mediados de los años cuarenta altos cargos militares, lo que les permite asumir responsabilidad política cuando se producen los golpes de Estado, frecuentes en esa época, en diferentes países del continente. En 1945, con su implicación en el golpe de Estado que derroca al general Medina Angarita, Antonio Juri fue designado jefe supremo de la Marina Venezolana. Diez años más tarde, y con la aprobación de su proyecto sobre la renovación de la marina venezolana, asciende al grado de almirante, antes de ser nombrado inspector general del Ejército Venezolano[63].

En 1955, otro militar de origen árabe, el brigadier Ramón Abraham, participa en la sublevación militar que derrocó al general Perón en Argentina. El jefe de los golpistas, el general Eugenio Aramburu lo designa ministro de Aeronáutica. En el mismo país, dos décadas después, los árabes participan en el golpe de Estado que puso fin al Gobierno constitucional de María Estela de Perón. Entre los miembros de la Junta Militar golpista, figuraba el general Llamil Restom, quien ocupó la cartera de Trabajo y más tarde de Interior y fue designado también comandante en jefe adjunto del Ejército Argentino[64]. Hasta comienzos de la década de los años noventa, las amenazas de golpes de Estado persistían en Argentina. Al igual que otros militares argentinos, algunos hijos de árabes seguían creyendo que el camino más corto

---

[63] Oubeid Sami, *Al yalia al arabia fi Venezuela,* Beirut, Dar al Kitab al Alami, 1992, p. 80.

[64] Sin rechazar su responsabilidad en la interrupción del proceso democrático, Restom se siente orgulloso de ser el ministro que veló por la organización de las elecciones que devolvieron el poder a las instituciones democráticas. Entrevista con el autor, Buenos Aires, enero de 1986, Akmir, ob. cit., p. 661.

para alcanzar el poder era el militar. Uno de ellos es el polémico coronel Mohamed Alí Seineldín. En 1990 encabeza una intentona fallida que representó un verdadero peligro para el gobierno constitucional de otro descendiente de árabes, Carlos Menem. Seineldín gozaba de cierta popularidad entre un sector del ejército argentino. También cosechaba simpatía entre un sector de ciudadanos que recuerda, probablemente con cierta exageración, su brillante actuación en el Ejército del Aire durante la Guerra de las Malvinas. Para dicho sector, «el turco Seineldín» era «el héroe de las Malvinas». Desde la cárcel continuó con sus ilusiones políticas y fundó con otro militar de origen árabe, el capitán Gustavo Breide Obeid, el denominado Movimiento por la Identidad Nacional e Integración Iberoamericana. Las ambiciones de este último superaban lo que se podía alcanzar desde una celda. Cuando abandona la cárcel en 1997, crea una nueva formación política, el Partido Popular de Reconstrucción. Intenta aprovechar la aguda crisis política, económica y social que vivía el país, y la impopularidad de los principales partidos políticos, para presentarse a las elecciones presidenciales de 2003, pero no logra más que un puñado de votos de algunos nostálgicos de la etapa militar. Su discurso ultranacionalista no hacía más que recordar al electorado argentino aquella sombría fase de su historia, en la que los militares gobernaron el país con mano de hierro.

II.7.4. Los políticos de origen árabe y el interés por los países de sus antepasados

Independientemente de sus tendencias ideológicas, los descendientes de árabes muestran poca preocupación por las cuestiones políticas de la tierra de sus antepasados. Concentran todo su interés en la política de sus países de nacimiento. Sin denegar su propio origen, del que muchos se sienten orgullosos, confiesan que lo que sucede en Oriente Medio, es cosa de «otros». Un político argentino de origen sirio subraya: «Soy árabe pero no soy sirio, o sea, mi nacionalidad no es siria sino argentina [...] aquello origina un vínculo de afecto, recuerdo y respeto a un origen del que no se reniega, pero no la nacionalidad, por eso yo no puedo asumir la responsabilidad de un país al que no pertenezco»[65]. Tal postura no es siempre comprendida por algunos sectores de la comunidad, especialmente los inmigrantes.

La excepción la encontramos entre algunos descendientes de palestinos, que muestran un apoyo incondicional a la tierra de sus ancestros, sobre todo en países como Chile, Perú, Nicaragua, Honduras y Ecuador. En estos países, la juventud de ascendencia palestina se organiza en apoyo a la causa palestina. En Chile los universitarios de este origen fundaron el año 2000 la denominada Unión General de Estudiantes Palestinos. Cabe recordar aquí que la comunidad palestina de Chile, es la segunda más importante del país después de la española, tanto a nivel cuantitativo como económico. Los palestinos de Chile representan también la colonia más numerosa de este origen que vive fuera del Mundo Árabe. Ellos consideran que el apoyo a la causa palestina no se debe reducir a aspectos políticos y materiales, sino que ha de abarcar también aspectos culturales, artísticos y deportivos[66]. En este sentido, el antes citado Club Deportivo Palestino se ha convertido en símbolo de su lucha: su camiseta es una reproducción de la bandera palestina, que suele ondear en las gradas durante las competiciones en las que participa.

Pero independientemente de su grado de preocupación por las causas políticas de los países de sus antepasados, los árabes, votan en general a candidatos de su mismo origen, sin dar mayor importancia a su color político. Los consideran como «orgullo de la comunidad». Uno de ellos que votó a Menem en 1989 dice: «Estábamos todos entusiasmados por llegar a tan prestigiosa posición en Argentina, por tener como presidente de la república a uno de nosotros, de nuestro origen, que nos conoce»[67].

---

[65] Entrevista del autor con Salim Amado, ex diputado del Partido Radical, ex rector de la Universidad de Salta (Argentina), diciembre de 1986.

[66] Al-Yazira, serie documental «Los árabes de América Latina», capítulo emitido el 9 de septiembre de 2005.

[67] *Ibíd.,* emitido el 5 de abril de 2006.

II.8. *La imagen de los árabes en América Latina antes y después del 11 de septiembre*

La independencia de Siria y Líbano en los años cuarenta del siglo pasado y el establecimiento de relaciones diplomáticas con algunos países latinoamericanos contribuyeron a mejorar la imagen del árabe. También contribuyó a mejorar esta imagen la simpatía con el indefenso pueblo palestino tras la ocupación de sus territorios. Además de abrir embajadas, Siria y Líbano designaron a inmigrantes árabes o sus descendientes, cónsules honorarios, a veces en pequeñas ciudades. Su papel consistía en estrechar lazos entre la comunidad árabe y sus países de origen, así como en difundir una imagen positiva sobre el Mundo Árabe, su cultura y su civilización.

Desde los años cincuenta, y por la efervescencia política que vivía Medio Oriente (Guerra de Suez en 1956), aumenta el interés del ciudadano latinoamericano por el Mundo Árabe. En países como Argentina, Brasil o Chile, la figura del carismático y populista líder egipcio Gamal Abdel Nasser, cofundador de la Organización de Países no Alineados, no pasaba desapercibida. Su clamoroso discurso nacionalista árabe se asemejaba al discurso de algunos líderes populistas latinoamericanos [68]. Otro de los acontecimientos de Medio Oriente que cambiaron la percepción que tenían los latinoamericanos de los árabes fue la Guerra de 1973. La victoria de Egipto y Siria, y sobre todo la crisis del petróleo, consecuencia de esta guerra, hicieron comprender que los árabes, cuando actúan como bloque, influyen sobre la economía mundial.

Pero si algunos acontecimientos de Medio Oriente afectaron positivamente la imagen del árabe en América Latina, otros tuvieron resultados adversos. La conquista iraquí de Kuwait en 1991, y la simpatía mostrada por algunos inmigrantes a favor de Saddam Hussein, tuvieron sus consecuencias negativas. El primer lustro de los años noventa del siglo pasado conoció también dos trágicos atentados que afectaron a la imagen de los árabes en las sociedades latinoamericanas. El primero tuvo

---

[68] Tuvimos el gusto de conocer a ciudadanos latinoamericanos sin ninguna ascendencia árabe que bautizaron a sus hijos con nombres de Gamal y de Nasser.

lugar en 1992, fue contra la embajada israelí en Buenos Aires y dejó un saldo de una decena de muertos. El segundo se produjo dos años más tarde en la misma capital argentina, que dejó también varias víctimas mortales, el objetivo esta vez era la Asociación Mutual Israelita. Se sospechaba que ambos atentados fueron perpetrados por organizaciones terroristas de tendencia islamista radical. Su eco repercutió en toda América Latina, sobre todo en países donde hay una fuerte influencia de los EE UU e Israel. Montenegro, en su estudio sobre los árabes de Paraguay, señala que los efectos negativos de los atentados sobre los árabes eran mayores en este país que en la propia capital argentina. Resurge la vieja tensión entre los árabes y los judíos de América Latina, lo que crea un ambiente parecido a aquel de 1948, cuando cada grupo presionaba a los gobiernos de los países donde vivía para votar en la Asamblea General de Naciones Unidas a favor del país con que simpatizaba. Un judío moderado de origen árabe describe así el ambiente creado por los atentados: «Los dos atentados afectaron mucho a los judíos árabes. Sintieron amargura. Algunos de ellos incluso tuvieron sentimientos contradictorios: las víctima son sus correligionarios, mientras se sospecha que los culpables son de su propia etnia, o sea, árabes».

Con todo esto, las repercusiones de la Primera Guerra del Golfo y los atentados de Buenos Aires sobre la imagen de los árabes de América Latina son limitadas si se comparan con las del 11 de septiembre, especialmente en países como Argentina, Brasil, Paraguay y Panamá, que recibieron durante las últimas décadas importantes flujos migratorios de árabes musulmanes procedentes de Siria, Palestina y, sobre todo, de Líbano. La presión ejercida por los Estados Unidos sobre algunos gobiernos de América Latina, y la propaganda de algunos influyentes medios de comunicación, contribuyeron a que el acoso a algunos árabes llegara a grados no conocidos hasta ese momento. Llevar barba o velo era a veces suficiente para convertirse en sospechoso. Algunos inmigrantes incluso fueron acusados de financiar acciones terroristas, y por ello fueron arrestados, aunque luego absueltos por falta de pruebas. Uno de los árabes de Panamá que sufrieron esta suerte, comenta: «Tras desposeerme de mi tarjeta de identidad, me detuvieron, me hicieron un interrogatorio de una hora, preguntándome cosas banales: ¿cuál es tu religión?, ¿con quién rezas?, ¿con quién te reúnes?, ¿cuál es tu relación con la comunidad islámica en tu país de origen?, y otras preguntas parecidas. [...] Me he dado cuenta luego de que este tipo de preguntas no es un invento panameño, sino que son inspiradas desde fuera»[69].

Todos los indicios confirman que la presión ejercida por EE UU sobre los gobiernos de Argentina, Brasil, Paraguay y Panamá para aumentar su control sobre los árabes de la Triple Frontera y los de la zona de Libre Comercio en Panamá, no se debe solamente a razones de seguridad, sino también a intereses económicos de los EE UU en estas regiones, donde los árabes poseen un fuerte poder económico[70].

Sin embargo, los atentados del 11 de septiembre que afectaron negativamente a la imagen de los árabes en algunos países latinoamericanos, son los mismos que contribuyeron a que algunos árabes, incluso no musulmanes, descubrieran su propia identidad. La reacción del «otro» que se dejaba convencer de lo que se dice de ellos, les hizo sentir más que nunca que son diferentes.

El rechazo hacia los árabes resurge pues de nuevo, pero a diferencia de lo que sucedía durante los primeros tiempos de inmigración, el motivo esta vez no es racial sino confesional. Con todo esto, los efectos del 11 de septiembre son mucho menores en América Latina que en otras partes de Occidente, probablemente, por tratarse de un continente donde *se rompen los clichés* que se les otorgan a los árabes en el resto del mundo[71].

BIBLIOGRAFÍA

ABOU, Salim, *Le Liban déraciné: immigré dans autre Amérique,* París, Plon, 1978.
AKMIR, Abdeluahed, *La inmigración árabe en Argentina: 1880-1980,* tesis doctoral, Madrid, Universidad Complutense, 1991.

---

[69] Al-Yazira, capítulo emitido el 20 de diciembre de 2005, ob. cit.

[70] BBC Mundo.com, *Se ha estigmatizado mucho a los árabes,* entrevista con Ricardo López Dusil, 18 de marzo de 2005.

[71] Gema Martín Muñoz, ciclo cultural «La contribución de los árabes a las identidades iberoamericanas», Río de Janeiro, 12 de noviembre de 2008. Véase www.soitu.es, «Foro destaca la contribución de los árabes al desarrollo de América Latina».

AL MULATAM, Al Badawi, *A-Natiquna bi dad fi Amirika al Yanubía,* Jordania, s.e., 1956.

ALBERDI, Juan, *Bases y puntos de partida para la organización política de la República Argentina,* Buenos Aires, Biblioteca Argentina, 1915.

ASSAF, Jorge, *Tarikh al muhayara a suria al lubnania,* núm. especial, 1943.

BERTONI, Ana Lilia, *Los turcos en Argentina,* Buenos Aires, 1983 (inédito).

CACHE, Samuel, *Les logements ouvriers à Buenos Aires,* París, Steinheil, 1900.

COMPOY, Luis B., «La inmigración libanesa a Argentina y Mendoza», ciclo de conferencias «La Unión Libanesa», Mendoza, 1974 (inédito).

DAOUN, Taufik, *Dikra alhiyra,* São Paulo, s.e., 1945.

ELIE, Safa, *L'Emigration libanaise,* Beirut, Catholique, 1960.

MASSUH, Víctor, *América como inteligencia y pasión,* Buenos Aires, Tezontle, 1955.

—, *Argentina como sentimiento,* Buenos Aires, Sudamericana, 1983.

—, *El llamado de la patria grande,* Buenos Aires, Sudamericana, 1983.

PERÓN, Juan Domingo, *Yo, Juan Domingo Perón. Relato autobiográfico,* Barcelona, Planeta, 1976.

SAIDAH, Jorge, *Adabuna, wa udabauna fi al mahayer al amrikia,* Beirut, Dar al Ilm lil Malayin, 1964.

SAMI, Oubeid, *Al yalia al arabia fi Venezuela,* Beirut, Dar al Kitab al Alami, 1992.

SHAMUN, Alejandro, *La colectividad siria en Argentina,* Buenos Aires, Assalam, 1910.

—, *La Siria nueva. Guía del comercio sirio-otomano,* Buenos Aires, Assalám, 1917.

TANUS, Afif, «Emigration, a Force of Social Change in an Arab Village», *Rural Sociology,* marzo, vol. 7, 1942.

TEUBAL, Nessim, *El inmigrante de Alepo a Buenos Aires,* Buenos Aires, s.e., 1935.

VV AA, *El Mundo Árabe y América Latina,* Raymundo Kabchi (coord.), Madrid, UNESCO/Libertarias/Prodhufi, 1997, 470 pp.

—, *Al Yaliát al arabía fi Amirika al Latiniya,* Abdeluahed Akmir (coord.), Beirut, Markaz Dirásat al Wahda al Arabia, 2006, 358 pp.

OTRAS FUENTES

Assalám (diario), Buenos Aires, 11 de febrero de 1904, sección publicidad.

BBC Mundo.com, «Se ha estigmatizado mucho a los árabes», entrevista con Ricardo López Dusil, 18 de marzo de 2005.

Caras y Caretas (revista), Buenos Aires, 2 de marzo de 1902.

Documental al-Yazira, «Los árabes de America Latina», varios capítulos, 2005-2006.

Documental al-Yazira, «Los árabes en la política brasileña», 12 de julio de 2008.

El Diario Sirio Libanés, Buenos Aires, 17 de septiembre de 1929.

La Situación (Órgano oficial de la Cámara de Comercio Sirio-Libanesa en Argentina), Buenos Aires, septiembre de 1933.

El Misionero (Órgano oficial de la Misión Maronita en Argentina), Buenos Aires, 17 de agosto de 1928.

www.palestino.cl.

1. PANORAMA SOBRE LA INMIGRACIÓN ÁRABE EN ARGENTINA

Silvia Montenegro *

INTRODUCCIÓN

Como bien señalara E. Balibar[1] la «forma nación», desde sus comienzos, tiende a propulsar la subordinación de la existencia de los individuos de todas las clases a su estatus de ciudadanos de un Estado-nación. Sin embargo, estos procesos no siguen igual lineamiento y se ajustan a modelos de nación diversos formulados desde las élites de cada caso en cuestión. El objetivo de «producir un pueblo» o hacer a un pueblo producirse a sí mismo continuamente, como comunidad nacional, envuelve un sinnúmero de conflictos. ¿Qué atributos son elegidos y cuáles dejados de lado en los diversos modelos que deben, ante todo, subsumir la diversidad a ese todo más abarcador? ¿Qué imágenes se exaltan para dar cuenta del éxito efectivo de la construcción de una nación? Éstas son algunas de las preguntas que han intentando esclarecer los estudios migratorios en Argentina.

I. PARTICULARIDADES DEL FENÓMENO MIGRATORIO EN ARGENTINA

A diferencia de países *con* inmigración, tales como Alemania, Francia o México, Argentina es un país *de* inmigración; en este sentido,

---

* Doctora en Sociología, investigadora del Consejo Nacional de Investigaciones Científicas y Técnicas, CONICET, Argentina.

[1] E. Balibar, «The Nation Form: History and Ideology», *Race, Nation, Class. Ambigous Identities*, Londres, Verso, 1991.

sólo es comparable a naciones como Australia, Canadá o Estados Unidos. La inmigración ha sido constitutiva de la actual sociedad argentina y es parte integral de un proyecto de construcción nacional concebido en el siglo pasado[2]. Esta peculiaridad ha sido el punto de partida de los estudios migratorios que analizaron, de manera diversa, los procesos de «asimilación», «integración» y «discriminación» de los contingentes migratorios en el territorio nacional y el aporte cultural que estos hicieron a la configuración de una compleja «identidad nacional» siempre polémica, reinventada y diversamente imaginada.

La promoción de la inmigración formó parte de la propia Constitución argentina de 1853 y fue uno de los objetivos más claros de la dirigencia nacional de la época. No obstante, distintas leyes fueron modelando los flujos migratorios. En 1870 se efectivizaron proyectos que otorgaban beneficios para inmigrantes del norte y del centro de Europa, a partir de 1876 fue sancionada la Ley de Inmigración y Colonización que intentaba delimitar jurídicamente cuál era el perfil deseado del inmigrante, el cual preferentemente debía tener procedencia ultramarina. La mencionada ley, en su artículo 12, definía al inmigrante como: «Todo extranjero jornalero, artesano, industrial, agricultor o profesor que siendo menor de 60 años y acreditando su moralidad y sus aptitudes llegase a la República para establecerse en ella, en buques de vapor o vela, pagando pasaje en segunda o tercera clase o teniendo el viaje pagado por cuenta de la Nación, de las Provincias o de las empresas particulares promotoras de la inmigración y colonización».

De esta manera entre 1876 y 1927 la distribución de la inmigración de ultramar en Argentina presentaba los siguientes porcentajes: italianos, 46,21%; españoles, 33,88%; franceses 3,51%; rusos 3,1%; resto 14,29%[3]. Es en la categoría «resto», que a veces aparece denominada también como «otros» donde debemos contar a los inmigrantes árabes.

---

[2] E. Oteiza, *Inmigración y discriminación. Políticas y discursos*, Buenos Aires, Trama, 2000, p. 8.

[3] F. Devoto, *Movimientos migratorios: historiografía y problemas*, Buenos Aires, Centro Editor de América Latina, 1992, p. 90.

Análisis recientes han revelado los problemas que se presentan al intentar sistematizar el material cuantitativo sobre migración a la Argentina y al Cono Sur, detectando graves errores y falencias en el uso de las fuentes de algunos investigadores dedicados al tema [4]. El hecho de transcribir fuentes sin realizar un análisis crítico, la falta de referencia de éstas y la mezcla de pautas serían algunos de los problemas recurrentes a la hora de sistematizar la información numérica respecto a la inmigración. Al mismo tiempo, el propio registro de la inmigración fue realizado de manera tal que se ha hecho difícil contar con material cuantitativo de calidad. Por ejemplo, los inmigrantes arribados en forma indirecta no fueron debidamente registrados hasta que a partir de determinado momento se fiscalizaron los puertos y se mejoró la información de distintas formas, esto ocurrió a partir de 1920 cuando se intensifica el control con una nueva ley de inmigración. Por entonces se elaboran cuestionarios para conocer el tipo de intencionalidad del inmigrante y si su arribo se había realizado por vía ultramar o fluvial. No obstante, hubo poco interés por registrar los procesos de emigración, hecho que dificultó la calidad de los datos cuantitativos referidos al saldo neto.

La constatación de la procedencia europea del grueso de los inmigrantes estimuló el desarrollo de estudios migratorios que tomaron como núcleo central el estudio de las corrientes españolas, italianas y francesas, analizando las formas de asociacionismo, las distintas olas migratorias y la inserción sociopolítica de los inmigrantes y sus descendientes. En ese contexto el estudio de la corriente migratoria árabe recibió una atención limitada hasta entrada la década de 1980. La problemática en torno a las fuentes y la escasa documentación existente, donde los árabes eran muchas veces contabilizados como «otros», dificultó aun más el desarrollo de esos estudios. Los primeros censos nacionales nos revelan cifras aproximadas respecto a la presencia extranjera en el país, con el problema que el rubro «otras nacionalidades» no permite conocer el origen de un alto porcentaje de inmigrantes, entre los que se encuentran los árabes.

---

[4] H. Asdrúbal y otros, «Registros del movimiento migratorio», *Inmigración y estadísticas en el Cono Sur de América,* OEA Instituto Panamericano de Geografía e Historia, vol. 6, 1990.

CUADRO 1. *Población de Argentina en 1914*

Nacionalidad	Cifras
Italianos	929.863
Españoles	829.701
Uruguayos	86.428
Franceses	79.491
Ingleses	27.692
Alemanes	26.995
Otras nacionalidades	377.782
Población total extranjera....	2.357.952
Población total del país	7.885.237

Fuente: III Censo Nacional de la República Argentina, 1914.

Si tomamos las cifras relativas a la inmigración árabe en particular, podemos ver cómo ésta se incrementa entre el II y III Censo Nacional.

La historiografía sobre migraciones en la Argentina estuvo marcada por abordajes que, en algunos casos, impulsaron la imagen de la nación como conformada por un «crisol de razas». Estudios más actuales fueron críticos respecto de este enfoque y se interesaron en remarcar el pluralismo cultural representado por los diversos contingentes que contribuyeron a formar el país. Esta última perspecti-

CUADRO 2. *Población árabe en Argentina*

Nacionalidad	II Censo (1895)	III Censo (1914)
Turcos/otomanos	876	64.369
Egipcios	35	130
Marroquíes	75	802
Argelinos	35	125

Nota: Obsérvese que según los registros de los juzgados federales en 1915 sólo se habían naturalizado 23 marroquíes y 79 «turcos».
Fuente: II y III Censos Nacionales de la República Argentina, 1895 y 1914.

va partió del estudio de los grupos migratorios pero para exceder esa problemática y aproximarse a temas más globales[5]. La inmigración árabe ocupa un capítulo reducido de los estudios migratorios, sobre todo si la comparamos con la atención dedicada al estudio de las corrientes migratorias europeas; no obstante, el tema ha sido tratado a través de un cierto consenso que intentaremos describir a continuación.

En general, el estudio de inmigración árabe se circunscribe a los grupos de origen sirio o libanés y aquellos contingentes que, a principios de siglo, provenían del Imperio «turco». En términos generales los trabajos muestran el proceso de «asimilación efectiva» en una inserción ascendente en la sociedad nacional. Por lo general se destaca la presencia de estos inmigrantes en las áreas urbanas y su itinerario ocupacional, desde la humilde posición de vendedores ambulantes (profesión que en su mayoría ejercen a principios de siglo) hasta tornarse comerciantes establecidos que, paulatinamente y a través de las generaciones, pierden su lengua de origen. Se enfatiza cómo, gradualmente, la acción de estos individuos sobrepasa los límites del asociacinismo etnocultural. Se destaca muchas veces la «flexibilidad» que estos inmigrantes habrían tenido para adentrarse en los aspectos de la cultura vernácula, toman mate[6], aprenden la lengua quichua[7] en Santiago del Estero y se «asimilan» a partir de las segundas generaciones que ya ocupan puestos políticos en la sociedad nacional. Finalmente, la «asimilación» deviene en la «integración» y tiene como consecuencia el futuro de una sociedad culturalmente homogénea[8].

Ciertamente, la inmigración árabe a Argentina ha devenido en un proceso de exitosa integración. Individuos de ascendencia árabe se han destacado en el quehacer político, cultural e industrial de Argen-

---

[5] F. Devoto, ob. cit., p. 37.

[6] Infusión característica de Argentina, Uruguay y sur de Brasil que se bebe colectivamente en vasija ahuecada donde se vierte la llamada yerba mate con agua caliente, es comúnmente asociada a la cultura gaucha aunque su origen es indígena.

[7] Lengua indígena, el quichua santiagueño constituye una de las dos variedades dialectales quechuas que aún se hablan en el noroeste de la Argentina.

[8] Para un tratamiento actual y riguroso de los conceptos de «asimilación», «integración», etc. véase G. Malgesini y C. Giménez, *Guía de conceptos sobre migraciones, racismo e interculturalidad*, Madrid, Libros de la Catarata, 2000.

tina. No obstante, la apariencia de una comunidad portadora de una etnicidad fija, que se va degradando en la nueva tierra, pierde sustento frente a los diversos modos de autopresentación y de reconocimiento de los grupos en el marco de un análisis más cuidadoso en torno a la reinvención de atributos y la continua negociación y manipulación de los discursos indentitarios.

Actualmente, algunos trabajos en el área de los estudios migratorios parecen orientarse en una dimensión renovada. Un ejemplo en ese sentido son los trabajos de Jozami[9], quien destaca la necesidad de estudiar los inmigrantes sirios libanes en el marco de sus diferentes identidades religiosas. En esos estudios se postula una cierta integración diferencial de aquellos sirios, libaneses, iraquíes y palestinos emigrados a Argentina a partir del siglo XIX, de religion ortodoxa, maronita, melkita, caldea y protestante, en comparación con los grupos de religión musulmana, de una «integración más compleja». Sin embargo, a partir de una «casi integración total» de los hijos de estos inmigrantes, con la consiguiente pérdida de la lengua árabe, la adopción del catolicismo romano, los casamientos mixtos, la asistencia a la escuela pública, estos estudios señalan que la impronta de origen árabe se fue diluyendo en la sociedad argentina de base multiétnica.

En la Argentina actual existe una pluralidad de resignificaciones de lo que implica autodefinirse como «árabe», así como una diversidad de discursos de identidad que aparecen ahora alineando los grupos y asociaciones al influjo de los conflictos internacionales que hoy presionan al mundo árabe. Se trata de una comunidad no homogénea sobre la cual existe una pluralidad de discursos, organizaciones políticas y religiosas que se insertan en el interior de las identidades árabes. Analizaremos en primer lugar los motivos que llevaron a un gran contingente de árabes a emigrar a Argentina. Posteriormente analizaremos la distribución espacial de los árabes en el país, atendiendo luego al estudio de las distintas organizaciones y asociaciones que los inmigrantes forjaron, así como a su paulatina inserción política y económica.

---

[9] G. Jozami, «Identidad religiosa e integración cultural en cristianos sirios y libaneses en Argentina 1890-1990», *Estudios Migratorios Latinoamericanos*, año 9, núm. 26, 1994, p. 112.

II. LOS INMIGRANTES ÁRABES: DEL EXOTISMO A LA INSERCIÓN

Al igual que en otros países de América Latina, los inmigrantes provenientes del Imperio Otomano fueron conocidos en Argentina como «turcos», término con el cual la sociedad local imprimió un carácter homogéneo a los inmigrantes árabes. Como demuestran algunos estudios, hacia 1889 los argentinos parecen haber descubierto a los «turcos» en el escenario multicultural de una Argentina marcada por la fuerte presencia de inmigrantes extranjeros. En esa fecha arriban más de 2.000 árabes, dentro de un contingente de más de 300.000 extranjeros. La percepción de la sociedad receptora los considera un grupo exótico asociado con la venta ambulante de distintas mercancías.

Es en ese momento que la imaginación respecto al «inmigrante ideal» choca con la realidad de la inmigración masiva. Los diarios de la época critican las políticas migratorias por considerarlas poco selectivas resaltando que en el país eran necesarios trabajadores rurales y no comerciantes itinerantes que, preponderantemente, se afincan en las zonas urbanas. El sostenido aumento de la llegada de árabes queda demostrado por la transformación numérica que se registra en el transcurso de menos de dos décadas. Mientras en 1895 éstos eran sólo 870 contra 1.000.0000 de extranjeros; en 1910 ya eran 60.000 en todo el país [10].

La legislación migratoria fue, hasta entrada la década de 1920, renuente respecto a la colectividad árabe, a diferencia de otros inmigrantes a éstos no se les permitió alojarse en el Hotel de Inmigrantes, punto al que llegaban los inmigrantes de ultramar en la ciudad de Buenos Aires. Incluso en aquella época existieron tentativas reales de restringir la inmigración de individuos provenientes de Medio Oriente.

La denominación «turco» se consagró desde comienzos del siglo XX, permaneció en la literatura costumbrista y hasta hoy es posible encontrarla en la tradición oral [11]. La zona en la que se afincaron ini-

---

[10] L. Bertoni, «De Turquía a Buenos Aires. Una colectividad nueva a fines del siglo XIX», *Estudios Migratorios Latinoamericanos*, año 9, núm. 26, 1994.

[11] En Argentina, en el uso popular, es frecuente que a alguien con apellido de origen árabe, aun cuando se trate de tercera generación nacida en el país, se lo llame con el término «turco» o «turquito» seguido de su apellido. Cabe indicar que el uso actual no tiene significado peyorativo.

cialmente los inmigrantes árabes, por ejemplo, en Buenos Aires, fue conocida como «barrio de los turcos».

Sólo recientemente algunas investigaciones han señalado lo inconducente de reproducir en los estudios la carátula popular «turcos» para designar a los inmigrantes árabes. En primer lugar, esta categoría siempre fue rechazada por los propios árabes, al mismo tiempo contribuyó muy poco a distinguir los diversos orígenes de los inmigrantes, superponiéndose indistintamente categorías de designación como blancos o caucásicos, árabes, turcos, mediorientales, armenios, musulmanes, drusos, etc. Aunque incansablemente los propios inmigrantes señalaron que los turcos no son árabes, que los armenios no son turcos o que no todos los árabes son musulmanes, algunos aceptaron llamarse a sí mismos «otomanos», aunque también armenios y judíos arribaron al país con pasaporte otomano, este término también favoreció la percepción unificada de la sociedad receptora. Así, es importante recordar que «turco» no es un término de autoadscripción sino una calificación externa y «otomanos» una categoría derivada del pasaporte que portaban los inmigrantes, poco indicativa de las diferencias culturales entre éstos. El término «turcos» tiene también el problema de subsumir bajo una misma rúbrica grupos provenientes de regiones en conflicto y de diferentes tradiciones culturales y etnoreligiosas[12].

III. LOS MOTIVOS DE LA EMIGRACIÓN Y LAS DIFERENTES SOCIEDADES DE ORIGEN

Siguiendo la periodización construida por Bestene[13], podemos decir que es hacia 1860 que sirios y libaneses empiezan a emigrar, distribuyéndose en distintos países de América, tales como Estados Unidos, Brasil, Argentina y Chile. Las causas de la emigración remiten a los contextos históricos de diversos momentos:

---

[12] Al respecto véase, I. Klich y J. Lesser, «"Turco" Immigrants in Latin America», *The Americas*, núm. 53:1, julio, 1996, pp. 1-14.

[13] J. Bestene, «La inmigración sirio-libanesa en la Argentina. Una aproximación», *Estudios Migratorios Latinoamericanos*, núm. 9, agosto, 1998, pp. 239-267.

— En el periodo que va desde 1860 hasta 1918-1920 se registra un crecimiento demográfico en Medio Oriente, especialmente en el Líbano, donde el desarrollo de ciertos aspectos del capitalismo provocó mejoras en medios de transporte y una incipiente industrialización que perjudicó a artesanos comerciantes. De acuerdo a la interpretación consagrada por los historiadores, la situación política en este periodo está marcada por la persecución que ejerce el Imperio otomano sobre las minorías cristianas (ortodoxas, maronitas, melquitas), en esta etapa se produce una emigración ilegal, pues existen restricciones para salir del Imperio.

— En 1911, la guerra de Trípoli empuja a la emigración a hombres, antes de hacer el servicio militar. En ese momento el aumento de la población acentúa el problema de las tierras. Para ese entonces ya comienzan a accionarse las «redes migratorias» y los individuos emigrados «llaman» a sus parientes a los nuevos destinos de emigración. En el prolongado periodo que va desde 1818-1920 hasta 1945 se suceden problemas económicos como la falta de trabajo y el exceso de población. Siria y Líbano son dominios franceses y emigran musulmanes y drusos no favorecidos por las políticas coloniales.

— Entre 1945 y 1974 las corrientes provenientes de Siria y Líbano se mantienen estables, aunque con la guerra civil del Líbano la emigración vuelve a aumentar, estabilizándose nuevamente.

— En 1947 los censos registraban que en la República Argentina se habían radicado 32.789 sirios y 13.505 libaneses, ya en 1960 el número de sirios ascendía a 23.334 y los individuos provenientes del Líbano llegaban a 13.028. También se registraban 68 iraquíes, 1.086 palestinos y, en el poco claro, rubro «Arabia» se contabilizaban 4.640 individuos.

La concentración espacial siguió, en los orígenes de la inmigración, los lineamientos del resto de los inmigrantes, es decir, en la actual Capital Federal, Buenos Aires y Santa Fe, dado que en un 72% los árabes se insertaban en áreas urbanas.

Los lugares de origen eran diversos y entre los inmigrantes árabes se registraban individuos provenientes de Damasco, Alepo, Homs,

Hama, Beirut, Trípoli, Haifa, Antioquía, aldeas de Siria, que era provincia del Imperio turco, de Palestina, Líbano y Jordania. Libaneses de Ras Baalbek y Douma. Sirios de Iabroud, Kara, Maloulo, Sadad y Damasco.

En cuanto a las profesiones, en un 86% se declaraban comerciantes al ingresar en Argentina, lo cual parece haber sido una estrategia común frente a las autoridades migratorias. La homogeneidad ocupacional, comerciantes y tenderos, provocó luego una homogeneidad en la distribución espacial. Si bien en 1917 ya se registraban 143 importantes negocios establecidos, de cada uno de ellos dependía un conjunto de vendedores ambulantes que comerciaban tejidos, telas, artículos de mercería, zapatos y productos de almacén. El desarrollo de las redes ferroviarias en el país favoreció el traslado de estos inmigrantes que ofrecían sus productos o se establecían en las poblaciones a lo largo del trazado ferroviario. Esta acción comercial favoreció la distribución de los árabes alrededor de todo el país.

Según Hassam Ammar de la Sociedad Al Yamaie de la ciudad de Santa Fe [14], la primera caravana migratoria a Argentina puede ubicarse entre 1875 y 1890, la segunda de 1890 a 1900 y la tercera de 1900 a 1914, cuando se inicia la Primera Guerra Mundial, y la cuarta se produce entre 1920 y 1932, fecha en que se detiene el torrente migratorio más relevante. Algunos países de América Latina promovieron directamente la migración. Según Ammar, en Argentina el tendido del ferrocarril inglés de principios de siglo precisaba de mano de obra, por lo cual algunos inmigrantes trabajaron en el tendido empleándose como peones pero comenzando a desarrollar la venta ambulante.

IV. LA RELIGIOSIDAD DE LOS INMIGRANTES

Suele destacarse la preponderancia cristiana de los inmigrantes árabes, no obstante en el momento de su llegada la pertenencia religiosa de los recién llegados era variada, así lo demuestran las pocas estadísticas disponibles.

---

[14] En entrevista, *Revista Árabe*, año 3, núm. 3, 2001.

CUADRO 3. *Religiones de inmigrantes de lengua árabe, 1882-1925*

Religión	Total
Bautista.........................	1
Persa	1
Budista	2
Mosaica	6
Adventista.....................	7
Drusa	8
Ortodoxa-Moscú............	11
Luterana	12
Gregoriana....................	31
Greco-católica	34
Armenia	37
Reformista	54
Acatólica.......................	85
Greco-oriental...............	101
Evangélica.....................	161
Ninguna	194
Griega...........................	251
Greco-ortodoxa	253
Turca.............................	366
Maronita........................	421
Hebrea...........................	566
Árabe.............................	643
Judía.............................	651
Cristiana	892
Protestante....................	1613
Otomana........................	2.172
Israelita.........................	2.743
Desconocida	4.731
Musulmana	6.066
Mahometana..................	8.696
Varios............................	9.726
Católica	12.610
TOTAL............................	32.328

Fuente: Base de datos del Centro de Estudios Migratorios Latinoamericanos (CEMLA)[15].

---

[15] G. Jozami, ob. cit., 1994.

El cuadro anterior muestra las graves deficiencias de la documentación sobre la religiosidad de los inmigrantes, el criterio de clasificación dispone apartados como «mahometanos», «musulmanes» como calificaciones diferentes, e incluso considera las categorías «otomana», «turca» y «árabe» como si tratase de adscripciones religiosas. En la actualidad, como veremos más adelante en este trabajo, es muy difícil definir en términos numéricos la afiliación religiosa de los descendientes de la inmigración árabe.

V. LA PRENSA Y LOS MEDIOS DE COMUNICACIÓN ÁRABES EN ARGENTINA

El desarrollo de la prensa árabe en Argentina ha sido prolífico. En las primeras décadas del siglo XX había decenas de publicaciones de la comunidad. La primera fue el periódico *Assaeka* fundado por los misioneros maronitas en 1898, en el mismo año se funda el periódico *Sada al Yanub* (Eco del Sur) que duró aproximadamente un año. En 1902, Wadi Shamun crea el diario *Al Salam*. En la década de los años veinte existían también algunos periódicos en el interior, espacialmente en Córdoba y Tucumán.

En 1929 se funda el *Diario Sirio Libanés,* con un tirada superior a los 30.000 ejemplares. Los otros diarios y revistas también de importancia fueron: *Al- Istiklal,* de Emin Arslan; *Almimbar,* de Pedro Zain y Jacobo Gattas; *Al-Mursal,* de los misioneros maronitas; *Al Iflah,* de George Sawaya; *Azzaman,* de Miguel Samra; *Revista Oriental,* de Moisés Azize; *Gaceta Árabe,* de Elías Amar; *Unión Libanesa,* de José Busander.

Sin duda, en Argentina la prensa árabe se había desarrollado en una medida sólo comparable a Brasil e incluso a los medios de prensa existentes en las comunidades árabes de Europa. También existieron varios programas de radio como *La Hora Siria,* en 1935 y la *Voz Árabe* de 1940. En 1957 hacen su aparición dos nuevos programas: *Mundo Árabe* y *Patria Árabe.* Desde entonces varias emisoras del interior del país transmiten programas radiales de las comunidades árabes locales, hecho que persiste hasta la actualidad [16]. Algunos individuos de la co-

---

[16] E. Azize, «Los árabes en la cultura nacional», *Todo es Historia,* núm. 412, noviembre, 2001.

lectividad cumplieron un papel destacado en la difusión de la cultura árabe, a través de la música, la literatura y el teatro.

Actualmente existen diversas publicaciones como *Al-watan, Realidad y reflexión* de la Asociación Amigos del Islam, *Naschra* de la Asociación Sirio-Libanesa, *Alta política* del Observatorio Digital de Relaciones Internacionales y *Revista Árabe* de la provincia de Santa Fe. No obstante, predominan actualmente los programas de radio dispersos en todo el país, en provincias como Buenos Aires[17]; en Santa Fe, Mendoza, Misiones, Córdoba, Santiago del Estero, La Rioja, Entre Ríos y Neuquén[18].

VI. DISTRIBUCIÓN GEOGRÁFICA DE LOS INMIGRANTES ÁRABES

Popularmente suele sostenerse que la concentración de árabes en la República Argentina se ha dado en el noroeste del país y en la ciudad de Buenos Aires. Algunos autores relativizaron tal idea, arraigada en el sentido común de los argentinos, demostrando que fue sólo el 20% de los inmigrantes los que se asentaron en la región del noroeste argentino. En efecto, la colectividad árabe tuvo una distribución espacial en todo el país, pero en provincias del nordeste como Santiago del Estero, Catamarca y La Rioja su presencia fue visible debido a que no se trataba de un destino tradicional de asentamiento de otras colectividades, dado que la corriente migratoria europea se localizaba masivamente en la llamada Pampa Húmeda[19].

---

[17] Entre los que podemos citar: *Patria Árabe, Al-annur de la mezquita At-tauhid, Orígenes, Sabah l'kheir ia watani, Al-quiblah, Mundo árabe, El pulso libanés, Salam, Historia y cultura de los pueblos árabes, La hora de la unión árabe, La voz de los árabes, El mundo árabe y su gente, Brisa de Medio Oriente, Líbano verde.*

[18] En la provincia de Santa Fe, *Herencia árabe, Luz de Medio Oriente, Raíces árabes;* en Mendoza, *La voz de Siria;* en Misiones, *La Meca;* en Córdoba, *Ecos de oriente, Mundo árabe, El ojo de horus;* Provincia de Catamarca, *Vientos de Oriente;* Provincia de Santiago del Estero, *Arabesk;* Provincia de La Rioja, *La voz de los árabes, La voz del Islam, Programa árabe;* en Entre Ríos, *Raíces árabes;* Provincia de Neuquén, *Atardecer en Medio Oriente.*

[19] G. Jozami, «Aspectos demográficos y comportamiento espacial de los migrantes árabes en el NOA», *Estudios Migratorios de América Latina,* núm. 2, abril, 1987, pp. 57-90.

Aun cuando es sabido que los árabes se distribuyeron por toda la extensión del territorio nacional es posible reconocer provincias donde la inmigración árabe fue más fuerte y la presencia de instituciones que los nuclearon persisten hasta nuestros días, tomaremos a modo de ejemplo, los casos más sobresalientes: Córdoba, Santiago del Estero, Santa Fe y Buenos Aires. Destacaremos también la particularidad de un enclave, «La Angelita» en la llanura pampeana, donde existe un pueblo totalmente compuesto por inmigrantes y sus descendientes.

VI.1. *Los árabes en Córdoba*

Existen algunos trabajos de investigación histórica al respecto de la inmigración árabe en esa provincia y en éstos basaremos parte de este apartado [20]. La presencia árabe en la ciudad capital de la mencionada provincia data de 1885, momento en el que ya un puñado de inmigrantes se localizaban en el centro, en las cercanías de los mercados, donde desarrollaban su actividad comercial. En 1915 estos inmigrantes se diversifican en otros barrios. Así, sirios, libaneses, palestinos y «turcos» se localizan también en el sector noreste de la ciudad. En un 80% se dedican al comercio: son vendedores ambulantes, mercachifles, algunos estables y otros que se adentran para comerciar en zonas rurales y marginales. El resto trabaja como cocheros, empleados y jornaleros. El número de tiendas estables comienza a aumentar y algunas ya incluyen anexos como tejidos, confección, sedería y almacén. Algunos comerciantes consiguieron comprar la propiedad de los locales y en Córdoba, en general, principalmente los inmigrantes sirios y libaneses alcanzaron prosperidad económica a través del comercio. Las redes migratorias permitieron que en esta provincia los comerciantes más estabilizados comenzaran a traer a sus parientes que mediante el préstamo de pequeños capitales fueron iniciando microemprendimientos comerciales, con el paso del tiempo esto favoreció la diversificación profesional. En lo que hace a las redes se reconocen tres ramificacio-

---

[20] M. A. Flores, *La integración social de los inmigrantes. Los llamados turcos en la ciudad de Córdoba 1890-1930,* Córdoba, Centro de Estudios Históricos, 1996.

nes, los sirios llegan a Córdoba a traves de tres cadenas: 1) desde Kara, localidad agrícola, en este caso el motivo de la emigración estaría vinculado a conflictos religiosos; 2) libaneses de Douma, llegan huyendo de la pobreza; 3) en tanto inmigrantes provenientes de Bajar arriban impulsados por motivos económicos.

Así, en las primeras décadas del siglo XX, en Córdoba, las profesiones por nacionalidad podían agruparse de la siguiente forma:

CUADRO 4. *Profesiones de inmigrantes árabes en Córdoba* (en porcentajes)

Nacionalidad	Comerciantes	Cocheros	Jornaleros	Empleados	Otras ocupaciones
Sirios	84,1	5,12	3,94	2,44	4,4
Libaneses	78,77	4,26	4,96	4	8,8
Palestinos......	61,54		1	1 1	15,38 (carpinteros) (educadores) 20,08 (otras)
Turcos	76,19			7,14	7,14 (zapateros) 4,76 (sastres) 4,77 (otras)

Fuente: M. A. Flores, *La integración social de los inmigrantes. Los llamados turcos en la ciudad de Córdoba 1890-1930,* Córdoba, Centro de Estudios Históricos, 1996.

En cuanto a la religión de los inmigrantes, cabe señalar que los estudios migratorios, en general, han afirmado que la inmigración árabe ha sido preponderamente cristiana y que la religión musulmana era seguida por una pequeña minoría de los inmigrantes. No obstante, poco se ha tenido en cuenta este aspecto y menos aún la diversidad religiosa de la comunidad árabe. El caso de Córdoba permite analizar este aspecto con mayor cuidado.

A principios del siglo XX, encontrábamos representadas en Córdoba tres grandes corrientes religiosas: cristianos (católicos apostólicos romanos, ortodoxos, sirianos ortodoxos); musulmanes y judíos.

Los individuos de esas diversas pertenencias religiosas crearon en la ciudad las asociaciones religiosas que datan de principios de siglo, tal es el caso del Centro Ortodoxo, fundado en 1918, y la Unión y Fraternidad Siriana Ortodoxa, organizada en 1933.

Por su parte, los árabes musulmanes fundan la Sociedad de Socorros Mutuos y la Ayuda Social Árabe Musulmana de Córdoba, en 1928. Los árabes judíos provenían ancestralmente del contingente expulsado de la península ibérica hacia 1492 que fuera a Grecia, Turquía, Marruecos y Siria, de donde emigraron siglos después a Argentina. Estos contingentes fundaron en Córdoba, en 1910, la Sociedad Israelita Beneficiente Sefardí y la Sociedad Chebet Ahim en 1914. En 1921 crean la Sociedad Israelita Sefer Talmud Torá y en 1923 la Sociedad Israelita Sefardí. En lo que respecta al Islam también existe hoy en Córdoba una filial de la Asamblea Mundial de Jóvenes Musulmanes (WAMY: World Assembly of Muslim Youth) y la Sociedad Árabe Musulmana de Córdoba.

Entre los árabes que arribaron a Córdoba a principios de siglo existía un alto padrón de endogamia (49,69%), pero los padrones de exogamia se incrementaron en ese mismo momento hasta alcanzar el 50,31% cuando los hombres comenzaron a contraer matrimonio con mujeres argentinas, españolas, italianas, francesas y de otras nacionalidades. Como demuestran algunas investigaciones, el hecho de provenir en conjunto del Imperio otomano no creaba entre los árabes un tipo de identidad social, más bien deben tenerse en cuenta las diferencias religiosas, de origen nacional, cultural, los diversos niveles de educación, etc. Así, la integración devendría a través de las generaciones ya nacidas en Argentina.

Hoy en día, Córdoba cuenta con más de 14 instituciones fundadas por los inmigrantes árabes, entre asociaciones religiosas y civiles. En el interior de la provincia se destaca la sociedad sirio-libanesa, la Fraternidad y la Mutual Árabe vinculada a dicha sociedad, en la ciudad de San Francisco. Si bien esa pequeña ciudad tiene una población mayoritariamente piamontesa (90%), la colectividad árabe, preponderantemente de origen libanés, se nuclea en torno a esa asociación refundada y refuncionalizada a partir de 1986. Desde allí se impulsa un programa radial de difusión de la cultura árabe y la institución también se dedica a la enseñanza del folclore, la lengua y la literatura.

La Mutual Árabe se especializa en la actividad inmobiliaria, realizando planes de viviendas para los descendientes de la colectividad. En el nuevo barrio se encuentra también la Plaza de los Árabes, con las banderas de Argentina, Siria y el Líbano, mediante ella la colectividad ha construido un espacio de la memoria como recordatorio de la presencia árabe en la zona. La sociedad sirio-libanesa La Fraternidad fue fundada en 1930, sin embargo, desde la década de los años sesenta su actividad fue escasa, hasta que en 1986 un grupo de descendientes decide reoganizar la asociación. Desde ese momento hasta la actualidad, la Mutual Árabe ha crecido hasta tener más de 2.500 socios activos y adherentes que obtienen servicios de turismo, de salud, emergencias médicas, tarjetas de crédito, favoreciendo también el desarrollo económico de pequeñas empresas.

En cuanto a la revitalización de las asociaciones religiosas cabe mencionar el papel de la Sociedad Árabe Musulmana y de quien fuera su director, el Sheij Mounif Hassan El Sukaria, nacido en el Líbano. El Sukaria tuvo una relevante participación en la formación del Movimiento Interreligioso de Córdoba, instando al diálogo ecuménico entre la Iglesia católica, la comunidad judía e islámica, formando parte del COMIPAZ, Comité Interreligioso por la Paz, una organización no gubernamental (ONG) que tiene como centro de sus objetivos promover el diálogo interreligioso a nivel mundial.

VI.2. *Los árabes en Santiago del Estero*

Santiago del Estero se divide administrativamente en 27 departamentos. Limita al norte con las provincias de Salta y Chaco; al este, con Santa Fe y Chaco; al sur con la provincia de Córdoba; y al oeste, con Tucumán y Catamarca. La provincia actualmente cuenta con 800.000 habitantes y su ciudad capital también se denomina Santiago del Estero.

Los inmigrantes árabes radicados en la provincia de Santiago del Estero provenían mayoritariamente de la región de Hama. Desde su llegada se dedicaron al comercio de telas, elementos de costura, constituyendo el nexo para el abastecimiento de familias que residían en los suburbios e incluso en las zonas rurales donde estos árabes desarrollaron una red comercial antes inexistente. Ya en 1928 comienzan a participar en política, sobre todo los comerciantes ya instalados en locales estables. En aquel momento, un inmigrante libanés es elegido diputado provincial y promueve a miembros de su comunidad para ocupar roles políticos, con el correr de las décadas la participación política se incrementa, incluso en 1958 algunos magistrados son inmigrantes de esa nacionalidad. En Santiago del Estero la identidad de los árabes parece haberse construido exaltando esos éxitos individuales como patrimonio de toda la comunidad, hecho que también tuvo repercusiones en la manera en que la sociedad receptora comenzó a ver a los inmigrantes. En efecto, la sociedad local, revestía características especiales que favorecieron la inserción y el ascenso social de los árabes, dado que hasta 1900 se trataba de una sociedad tradicional con una fuerte población rural y una pequeña clase media. Como puede comprobarse a través de algunos estudios sobre la inmigración árabe en Santiago del Estero[21], los árabes se insertaron en la línea baja de los sectores medios y comenzaron desde allí una acumulación de capital y participación política, viéndose también favorecidos por la baja inmigración de otros extranjeros, a diferencia de regiones como Santa Fe y Buenos Aires donde afrontaban la competencia laboral de otros inmigrantes.

Entre las primeras instituciones de Santiago del Estero deben mencionarse el Centro Hamanuense (inmigrantes de Hama) y La Unión Muhardahiat (inmigrantes de Muhardi) y en 1914 la fundación de la Iglesia Católica San Jorge. En 1931 se crea la Sociedad Sirio-libanesa de Santiago del Estero. Aún cuando ya en la segunda generación los inmigrantes practicamente abandonan su lengua de origen, la identidad árabe continúa presente a través de la comida típica y algunas costumbres tradicionales. Más allá de la conservación de estos rasgos culturales, en Santiago del Estero la inserción en la vida social local de los inmigrantes y sus descendientes fue muy fuerte.

La ola migratoria de árabes en Santiago del Estero se intensificó entre los años 1919-1930. Si bien como fue mencionado anteriormen-

---

[21] Nos basamos aquí en el trabajo de A. Tasso, «Migración e identidad social. Una comunidad de inmigrantes en Santiago del Estero», *Estudios Migratorios de América Latina,* núm. 6-7, agosto-diciembre, 1987, pp. 321-336.

te, el III Censo Nacional de 1914 refería la presencia de 1.748 «otomanos», la concentración espacial se produjo en las provincias de Buenos Aires y Santa Fe que reunían el 80% de los inmigrantes; estando el restante 20% radicado en el noroeste y el nordeste del país.

Según Alberto Tasso [22], hacia 1930 los árabes representaban el 3% del total de la población de la provincia. En su trabajo referido a los inmigrantes sirios y libaneses a la provincia, ese autor señala que los primeros inmigrantes fueron libaneses radicados en la ciudad capital y en Loreto aun antes de 1900. Tan sólo una década después llegarían los sirios, estableciéndose en áreas cercanas al Ferrocarril Manuel Belgrano, éstos se internaban en localidades del interior de la provincia a través de la venta de productos textiles importados de diversos países. Hacia la década de los años treinta predominaban, sin embargo, los comercios establecidos. A partir de la década de los treinta y cuarenta la acumulación de capital permitió en Santiago del Estero que los miembros de la colectividad árabe realicen inversiones inmobiliarias.

El estudio de Tasso sobre los sirios y libaneses en Santiago del Estero, revela que en las primeras décadas del siglo existía una cierta discriminación frente a los inmigrantes árabes, la cual se manifestaba en la forma en que éstos eran retratados en la literatura local, donde ciertos autores alertaban ante la mezcla perniciosa que podía darse entre los inmigrantes árabes y los criollos. Así, en diarios de la década de los años veinte y en libros de la década de los treinta, algunos historiadores locales criticaron la *excesiva adaptabilidad de los inmigrantes árabes,* su escaso gusto por las actividades agrícolas, valoradas como eje de la construcción económica de la nación. La temprana participación política de miembros de la colectividad posibilitó difundir una autoimagen que intentó contradecir los estereotipos creados por la sociedad local, mostrando que estos individuos no sólo tenían presencia en el llamado «barrio turco» de Santiago del Estero sino en toda la vida de esa sociedad civil. En los últimos años, en la mencionada provincia, entre un 10 y 35% de las figuras relevantes de la acción política está compuesta por descendientes de inmigrantes sirios y libaneses.

---

[22] A. Tasso, *Aventura, trabajo y poder. Sirios y libaneses en Santiago del Estero 1880-1980,* Buenos Aires, Ediciones Índice, 1989.

VI.3. *Los árabes en Santa Fe*

La provincia de Santa Fe cuenta con tres millones de habitantes, sus ciudades más importantes son Rosario y la capital provincial, Santa Fe de la Vera Cruz. En esta provincia existe una importante colectividad árabe, situada desde la segunda década del siglo XX.

La ciudad capital, denominada también Santa Fe, posee algunas de las más viejas instituciones del asociacionismo árabe de la provincia, tal es el caso de la antigua Sociedad Unión Sirio Libaneses de Socorros Mutuos, hoy conocida como Club Sirio Libanés. La institución fue fundada el 17 de marzo de 1924 por 17 inmigrantes y pronto se constituyó en una de las principales de la ciudad, llegando a contar con más de 500 asociados. Actualmente su actividad parece reducida a la difusión cultural, ofreciéndose cursos de cocina árabe, idiomas y danzas.

Recién en 1956 se funda en la ciudad el Centro Social Sirio Casa Árabe, sobre la base de la disolución del Círculo Unión Árabe. Esta institución, a diferencia de la anterior, si bien no tiene carácter confesional, ha nucleado históricamente a los inmigrantes de religión musulmana, aunque no en forma excluyente.

Rosario es la ciudad más grande de la provincia de Santa Fe y la segunda en importancia del país, su población asciende a 1.200.000 habitantes. La Sociedad Libanesa de Rosario se fundó en la segunda década del siglo XX, a través de la acción de dos inmigrantes: Camilo Baclini y Nasif Haiek, quienes convocaron a la colectividad para reunirse en 1928. Estos individuos, que provenían de la localidad Jetín El Maitein, a 35 km de Beirut, llegaron a Rosario en 1911, fueron vendedores en pueblos cercanos y realizaron trabajos de jardinería, hasta que en la década de los años veinte se establecieron en comercios estables en el centro de la ciudad, los cuales existen en la actualidad. Careciendo de una sede social, las primeras reuniones se realizaron en un hotel céntrico y, posteriormente, en un teatro. Al recaudar algunos fondos, logran comprar una propiedad en la calle San Juan y luego una más amplia en calle Dorrego (centro de la ciudad). En la década de los cincuenta se adquiere la sede actual.

Por otro lado, los sirios también se organizaron en Rosario en sociedades, como la Sociedad Juventud Árabe, creada también en 1928, la cual se destacó principalmente en el quehacer cultural. La entidad fue fundada por Sobji Gulam, proveniente de Alepo. La historia de Gulam muestra el itinerario de algunos sirios que llegaron a Argentina. Según Gulam [23], que pertenecía a una familia adinerada de Alepo, en los comienzos de la Primera Guerra Mundial, los obispos en Siria aconsejaban a las familias adineradas emigrar al Líbano, donde había más seguridad para las familias cristianas. Hacia 1915 su familia se refugia en un convento en el Líbano y diez años después él emigra a Argentina. Una vez en la ciudad de Rosario junto a otros connacionales reunidos en torno a la Sociedad Juventud Árabe, forman una biblioteca y un famoso grupo teatral en la ciudad. Hacia 1928 era común la representación de obras teatrales en el idioma árabe realizadas en los principales teatros de la ciudad.

En 1946 se funda en Rosario el Club Social Argentino Sirio, cuya sede se encuentra a 100 metros de la de la Sociedad Libanesa. En el interior de la provincia de Santa Fe existen otras instituciones; en la pequeña ciudad de San Cristóbal, por ejemplo, la Sociedad Libanesa aún perdura desde que fuera inaugurada en 1921. En Reconquista, departamento General Obligado, la Sociedad Sirio Libanesa de Socorros Mutuos existe desde 1924 hasta el presente.

VI.4.   *Los árabes en la llanura pampeña*

En la provincia de Buenos Aires, a 360 kilómetros de la capital del país, se sitúa la localidad de La Angelita, popularmente conocida como la «Pequeña Siria», este pueblo de 400 habitantes está exclusivamente formado por inmigrantes sirios y sus descendientes, todos profesan la religión musulmana. En 1909 llegaron a la localidad dos árabes musulmanes que poblaron el paraje accionando una red migratoria que trajo hacia 1926 a los ancestros de los actuales habitantes. En el pueblo se encuentra la Sociedad Árabe Islámica Alauita de Beneficiencia, donde se enseña la lengua árabe, cursos de religión y a la cual se vincula también el grupo de danzas folclóricas árabes «Paz y Esperanza». La institución es un viejo almacén con un tinglado y una

---

[23] «En reportaje», *Revista Árabe,* año 2, núm. 2, 2000, p. 28.

cocina donde se faenan las carnes con cortes especiales para asegurar la comida *halal* de los habitantes. Un local contiguo es sede para los casamientos y las fiestas religiosas, existe también un local donde se realiza el velatorio de los muertos. En la localidad el Canal 2 de Siria es el de mayor audiencia. El *sheik* del pueblo se encarga de la enseñanza y transmisión de la religión para los musulmanes de La Angelita y para aquellos que viven en la vecina localidad de Ascensión. El *sheik* llegó al paraje en 1928 originario de una aldea de montaña en Siria, llamada Fedara, de donde proviene el grueso de estos inmigrantes. En principio, estos musulmanes arrendaron tierras de una de las mayores estancias de la zona, posteriormente, fueron comprando algunas tierras y enviaron a sus hijos a la escuela pública ubicada en la misma estancia y donada por la entonces propietaria, María de Unzué de Alvear. Sin duda, la peculiaridad de esta pequeña población que mantiene las costumbres, la religión y la lengua de origen obecede al relativo aislamiento respecto a los centros urbanos de mayor importancia y a la acción de algunos pobladores que enfatizaron la conservación de las costumbres al mismo tiempo que educaban a sus descendientes en la lengua española y en la enseñanza impartida por la escuela nacional.

VI.5. *Los árabes en Buenos Aires*

Referirse a la inmigración árabe en Buenos Aires lleva a considerar a las principales instituciones fruto del asociacionismo árabe, algunas de las cuales están entre las más antiguas e importantes de América Latina. En lo que hace a la organización de los primeros clubes y asociaciones en Buenos Aires el papel público de algunos inmigrantes parece haber sido importante, entre éstos, según algunos trabajos históricos, se destacaba Moisés José Azize [24]. Azize fue el fundador en

---

[24] Moisés José Azize nació en Hama, Siria, en 1892, y falleció en Argentina en 1973, fue fundador de importantes instituciones árabes: Banco Sirio Libanés del Río de la Plata, Patronato Sirio Libanés de Protección al Inmigrante, *Diario Sirio Libanés, Revista Oriental,* Cámara de Comercio Sirio Libanesa, revista *La Situación,* Club Honor y Patria, Colegio Sirio Libanés, Círculo de Confraternidad Interamericana, All People's

1925 del Banco Sirio Libanés del Río de la Plata, primer banco de nombre árabe que disponía en sus estatutos destinar parte de los ingresos a obras de beneficencia. A través de esa disposición se pretendía dar solución al problema crediticio de los inmigrantes árabes que precisaban capitales para afianzarse económicamente, la puesta en funcionamiento del banco significó una transformación importante en las posibilidades de prosperidad de los inmigrantes ya que la mayoría de las instituciones crediticias eran hostiles al préstamo de capitales a los árabes recién llegados. El mismo Azize funda también en 1928 el Patronato Sirio Libanés de Protección al Inmigrante, dándole la presidencia honoraria al entonces presidente de la nación, Hipólito Irigoyen, en una estrategia tendiente a facilitar la solución de los problemas de documentación y residencia de numerosos inmigrantes. Desde el Patronato se ejercieron presiones políticas para que el Estado nacional y la Dirección Nacional de Migración reformulase mediante un informe su política por entonces discriminatoria hacia la colectividad árabe. La acción del Patronato fue políticamente eficaz pues en poco tiempo se logró que la Dirección de Migraciones emitiese una resolución, la N 5675/75, que señalaba: «Destacar a la consideración pública el aporte migratorio de los pueblos de lengua árabe en la formación del pueblo argentino, especialmente su integración con la Nación misma, en todos sus valores morales, espirituales y materiales»[25].

Los árabes no sólo se nuclearon a partir de sus origenes nacionales sino también en instituciones de tipo confesional. A finales del siglo XIX la Misión Maronita llegaba a Argentina, el colegio de la institución se funda tempranamente en 1902, cumpliendo un papel destacado en la perpetuación de la lengua árabe. Uno de los sacerdotes maronitas traduce a la lengua árabe las leyes argentinas referidas a la inmigración, facilitando su difusión a través de la comunidad. En 1927 se construye el Colegio Sirio Libanés junto a la Iglesia Católica Apostólica Ortodoxa de Antioquía, este establecimiento incorpora a

---

Association filial Argentina, Instituto Cultural Argentino Hispano Árabe, Centro de los Amanuenses en la Argentina y Servicios Médicos Sirio Libaneses, véase, *Todo es Historia,* año XXXV, núm. 412, noviembre, 2001, p. 12.

[25] *Ibíd.,* p. 8.

la enseñanza el idioma árabe y cursos de historia árabe. En síntesis, los árabes cristianos se agruparon en iglesias como la Iglesia Católica Ortodoxa del Patriarcado de Antioquía, con su catedral San Jorge en la Avenida Scalabrini Ortiz, de liturgia bizantina en lengua árabe. La Iglesia San Marón es el nucleo de culto de la comunidad maronita de Buenos Aires. También cabe mencionar la Iglesia Siriana Ortodoxa. Por su parte los árabes musulmanes fundan en la misma década el Centro Islámico Argentino.

Evidentemente, las primeras instituciones se fundan en el momento en que los primeros inmigrantes llegan a Argentina y hoy en día en la provincia de Buenos Aires existen más de cincuenta. Sin embargo, es posible detectar el surgimiento de nuevas instituciones, todas ellas posteriores a la década de los años setenta, fruto de una especie de reavivamiento actual de la valorización de las raíces árabes y religiosas de los inmigrantes.

VII. NUEVAS INSTITUCIONES ÁRABES EN ARGENTINA

Como afirmáramos, es posible observar que en Argentina luego de más de un siglo de las comunidades árabes ya no pueden considerarse como enclaves etnoculturales. De hecho, las instituciones originadas con la primera ola de inmigrantes ya no cumplen un papel aglutinador, más bien se han transformado en clubes sociales donde el público en general puede congregarse con fines tales como aprender danzas, degustar comida étnica, realizar deportes o estudiar el idioma. Algunas instituciones se fueron resquebrajando a medida que la pertenencia religiosa de los individuos se fue tornando importante, es decir, si bien a principios de siglo era posible que árabes musulmanes se asocien con árabes cristianos en una sociedad libanesa, desde hace unas décadas, las diferencias religiosas fueron más nítidas y conflictivas hacia el interior de esas instituciones y los musulmanes, por ejemplo, fundaron sus mezquitas o renovaron sus centros religiosos.

Lo antes afirmado muestra las transformaciones de las instituciones, ya que en las últimas décadas se han creado nuevas que en algunos casos apelan a una identidad árabe general, sin distinción de nacionalidad de origen o a una identidad religiosa particular. En este último caso los descendientes de inmigrantes se relacionan con conversos argentinos a partir de lealtades religiosas. Es posible considerar que estas nuevas instituciones representan el futuro de las formas representativas de una comunidad casi por completo asimilada.

VII.1. *La Federación de Entidades Árabes de Argentina*

Una de las principales instituciones del asociacionismo árabe en Argentina es la Federación de Entidades Árabes, creada en 1972. La historia de esta institución debe comprenderse en relación con algunas instancias de reunión internacionales de la comunidad árabe. En 1965 se realiza en Damasco, Siria, el Congreso de Inmigrantes de Ultramar, donde se toma la iniciativa de organizar las federaciones árabes por países. En 1972 se funda la Federación de Entidades Argentino Árabes y se convoca al Primer Congreso Panamericano Árabe en la ciudad de Buenos Aires, con delegados por países, creándose entonces, ya en 1973, la institución madre: Federación de Entidades Americano Árabes (FEARAB América), la cual desde entonces celebra congresos panamericanos bianuales.

Los objetivos de la institución han estado centrados en estrechar las relaciones entre los países americanos y árabes a través de las comunidades de origen árabe de cada país, integradas en sus respectivas FEARAB nacionales de América, por medio de las siguientes metas:

— Desarrollar recíprocamente la cultura de ambos pueblos y estudiar la influencia natural e histórica de la civilización árabe a través de la península ibérica hasta la formación cultural latinoamericana.
— Estimular por todos los medios hábiles el encuentro de intereses culturales y económicos entre los países americanos y árabes.
— Propiciar el intercambio humano desde los países americanos a los árabes y de estos a los países americanos, por medio de programas culturales, científicos, deportivos o turísticos.
— Actuar públicamente y por todos los medios de difusión, en defensa de las justas causas históricas de los países americanos y árabes y de sus respectivos pueblos.

— Incentivar actividades de grupo juveniles para promover un intercambio estudiantil a través de becas recíprocas de países americanos y árabes, proyectando acuerdos internacionales de difusión cultural, científica, profesional, artística y deportiva.

La FEARAB es actualmente una institución muy activa con claras posiciones respecto a los conflictos del país y en lo que se refiere a los conflictos internacionales del mundo árabe.

Para conocer la actualidad de las relaciones entre Argentina y el mundo árabe, entrevistamos a algunos diplomáticos de carrera[26] quienes manifestaron que Argentina establece nuevas relaciones con el mundo árabe a partir de la primera Guerra del Golfo. Como es sabido, en 1990 Argentina participa con el envío de tropas en la coalición internacional que se enfrenta a la ocupación de Kuwait por parte de Irak. Esto abre luego perspectivas comerciales con Kuwait, las cuales, si bien existían, se incrementan a partir de ese momento. Antes de ese proceso había relaciones diplomáticas con el país, las cuales se llevaban a cabo a través del embajador argentino en Arabia Saudita, concurrente en Kuwait y del embajador de Kuwait en Washington. Luego de la Guerra del Golfo las relaciones con Irak se resintieron y Argentina entregó las instalaciones de su embajada en Bagdad abriendo una sede diplomática en Kuwait.

Los rubros comerciales fundamentales entre Argentina y los países árabes son los *commodities,* éstos tienen peso preponderante en las exportaciones argentinas al Medio Oriente, existen también algunos proyectos de empresas argentinas en la región del golfo, Arabia Saudita, Kuwait y Emiratos Árabes. Los diplomáticos entrevistados relatan que existe un desequilibrio en la balanza comercial dado que son muy pocas las importaciones que Argentina realiza de los países árabes. En lo que se refiere al intercambio cultural, se han realizado convenios vi-

---

[26] Entre ellos, a Antonio Isso, entonces ministro plenipotenciario, diplomático de carrera, con 24 años de trayectoria en el Departamento de Medio Oriente, prestando servicios en Irak, Egipto, Jordania y Kuwait, sirviendo además en misiones diplomáticas en la mayoría de los países de Medio Oriente. Como embajador argentino se desempeñó en la década de los años noventa en Irak, pasando luego de la Guerra del Golfo a hacerse cargo de la Embajada de Argentina en Kuwait, inaugurada en 1993.

gentes entre universidades argentinas y universidades de Egipto, como la Universidad de El Cairo.

Otras fuentes diplomáticas nos informan que entre los países árabes el conocimiento sobre Argentina es desigual. Egipto, Siria y el Líbano serían aquellos donde existe un conocimiento más fluido sobre Argentina, en los dos últimos casos a partir de los lazos familiares de los inmigrantes.

VII.2. *Congreso de Juventudes Árabe-Argentinas*

La FEARAB promueve también la reunión de los hijos y nietos de inmigrantes árabes en Argentina. Para tal fin se ha creado el I Congreso de la Juventud Argentino Árabe, iniciativa que congrega a más de 400 jóvenes de todo el país, descendientes de padres y abuelos inmigrantes. Se busca acercar a los jóvenes descendientes a sus raíces culturales, promoviendo las relaciones entre éstos y los representantes y líderes culturales de la comunidad.

VII.3. *Fundación Los Cedros*

La entidad fue constituida en 1976 e inscrita como institución de bien público, sus objetivos son desarrollar la docencia médica y rescatar el patrimonio cultural y científico del Mundo Árabe y de la Cuenca del Mediterráneo en general, y del Líbano en particular. La entidad publica revistas como la llamada *NAO, Revista de Cultura del Mediterráneo* y los cuadernos del mismo nombre, al mismo tiempo suscribe convenios con universidades y centros del Mundo Árabe.

VII.4. *Otras instituciones del Islam*

Los estudios migratorios insisten en enfatizar que sólo una pequeña porción de los inmigrantes árabes a Argentina fueron de fe musulmana. Esta aseveración se basa en la afirmación de que la política otomana persiguió principalmente a los árabes cristianos, los cuales estuvieron más dispuestos a emigrar[27]. Sin embargo, esta es una historia controvertida ya que no es posible situar con claridad la pertenencia religiosa de numerosos inmigrantes, muchos de los cuales pueden haberse presentado como cristianos, a conciencia de la preferencia de Argentina por los inmigrantes de esa religión. En la segunda década del siglo XX el cónsul otomano en la República Argentina afirmaba que de todos los súbditos del imperio arribados un 15% era musulmán. En la comunidad maronita de la época se afirmaba que el porcentaje de musulmanes ascendía a un 30%[28].

Actualmente, el número de musulmanes es objeto de controversias, si consultamos a las propias instituciones religiosas, es posible observar que éstas citan una cifra elevada. La Oficina Islámica para América Latina afirma que la mayoría de los musulmanes llegados con la ola migratoria se asimilaron a la cultura argentina debido a una escasa preparación cultural y a los casamientos mixtos con criollos. Si bien estos inmigrantes lograron la estabilidad económica y social dejaron de lado en su mayoría el aspecto religioso. La institución sostiene que de esta forma los hijos de los inmigrantes heredaron en muchos casos riqueza económica pero no la religión de sus padres. De esta forma la segunda generación habría desdibujado aun más la pertenencia islámica de los inmigrantes, dado que los primeros no transmitieron el conocimiento religioso ni en lengua árabe ni en español. Así se explica el hecho de que muchos individuos *absorbidos por el entorno* hayan incluso cambiado su religión. No se trata de afirmar que los árabes inmigrantes musulmanes fueron pocos, sino que escasos fueron los que preservaron su religion en la sociedad receptora. Se privilegió el asociacionismo por país de origen y sólo posteriormente el religioso. Según las publicaciones de la Oficina Islámica para América Latina el número de musulmanes en la actual Argentina asciende a 700.000 fieles, de los cuales viven en la ciudad de Buenos Aires y sus alrededores, unos 160.000.

Otras instituciones musulmanas como el Centro de Altos Estudios Islámicos se refieren a 450.000 para todo el país y algunos estu-

---

[27] G. Dalmazzo y H. Francisco, «Los credos de los turcos», *Todo es Historia,* núm. 412, noviembre, 2001.

[28] En A. Akmir, citado por P. Brieger y H. Herszkowich, *La comunidad musulmana en la Argentina,* 2002.

dios señalan que éstos no superan los 50.000. En el Centro Islámico de la República Argentina [29] se afirma que en Buenos Aires y sus alrededores existen: 500 familias sunnitas; 400 familias alauitas; 200 familias shiitas; 50 drusas; 50 personas sufíes de la comunidad Yerrahiyyah; 70 personas sufíes de la comunidad Naqshbandiyyah.

Según esos cálculos la comunidad musulmana de Buenos Aires no pasaría de 5.000 individuos. Sin embargo, si bien en las mezquitas de Buenos Aires concurren a rezar los viernes no más de 400 individuos, de ello no puede deducirse una cifra exacta de fieles.

VII.4.1. Las mezquitas

Más allá de la controversia e inexactitud de las cifras, debe señalarse que en la ciudad de Buenos Aires existen importantes instituciones no todas directamente derivadas de la primera inmigración de árabes musulmanes:

— Asociación La Unión Islámica Alauita de Beneficiencia; Asociación Islámica Alauita de Befeneficiencia; Asociación Pan Alauita Islámica.
— Mezquita de la calle Alberti, en el barrio de San Cristóbal, enclavada en una zona donde tradicionalmente se agruparon sirios y libaneses.
— Mezquita Al-Ahmed, en el barrio San Cristóbal.
— Mezquita At-Tauhid, en el barrio de Flores.
— Centro Cultural Islámico Custodio de las dos Sagradas Mezquitas Rey Fahd, en el barrio de Palermo.

Los alauitas, casi todos originarios de Siria, fundaron en Buenos Aires tres importantes instituciones que hasta hoy continúan nucleando: la Asociación Unión Alauita fue fundada en noviembre de 1936, mientras que la Asociación Islámica Alauita de Beneficiencia en la localidad de José Ingenieros fue fundada en el año 1943. Por último se

---

[29] Según entrevista al profesor del Centro Islámico de la República Argentina, *ibid.*

creó la Asociación Pan Alauita Islámica. Como es sabido se trata de musulmanes imamitas seguidores del imán Ali Ibn Abi Taleb y los 12 de su descendencia, adhieren a la escuela doctrinaria Al-Yafariah.

La mezquita Al-Ahmed pertenece al Centro Islámico de la República Argentina, y fue fundada en 1986, aunque el centro data de la época de la migración masiva. La llamada At-Tauhid pertenece a la rama shiita del islamismo y fue fundada en 1983, mientras que la mezquita Rey Fahd se inauguró en el año 2000.

Cabe destacar la nueva mezquita Rey Fahd enclavada en el exclusivo barrio de Palermo, que fue construida por la Embajada de Arabia Saudita e inaugurada en el año 2001. Los terrenos pertenecían a la municipalidad de la ciudad de Buenos Aires y fueron donados a la embajada en 1995 por el entonces presidente de la nación, Carlos Saúl Menem, en una decisión no exenta de controversia dada la cuantiosa valía del terreno, valorado en veinte millones de dólares. El imponente predio fue construido según los planos de un arquitecto árabe y cuenta con una gran mezquita, un centro cultural, biblioteca, museo, salas de conferencias y dos colegios, junto a una gran extensión de parque con áreas destinadas a actividades deportivas, así como alojamiento para miembros de la comunidad musulmana en tránsito. Allí se imparte la religión a través de profesores que dictan cursos de religión en árabe, con traducción al español.

VII.4.2. Oficina Islámica para América Latina

Esta institución fue creada en 1992 a partir de la decisión de interrelacionar a los musulmanes de la República Argentina. La entidad intenta representar la voz de los musulmanes a nivel nacional y de Latinoamérica. Para ello se entablan relaciones con organizaciones islámicas y con el de la República Argentina. La entidad prevee establecer colaboración con las representaciones diplomáticas de países de mayoría musulmana acreditados en Argentina y promover temas de interés de la comunidad musulmana. La referencia a los principios islámicos es otra de las premisas de la organización que realiza pronunciamientos públicos resaltando los valores éticos del Islam como guía social y moral. El discurso de la institución exalta la necesidad de mantener viva *la verdadera identidad islámica,* entendiendo que los musulmanes deben tener presencia activa en todos los sectores de la sociedad donde desarrollan su actividad: cortes, municipios, directorios, u organismos gubernamentales. Entre las principales actividades pueden mencionarse: establecer relaciones con los nuevos musulmanes, con el gobierno nacional; representar a Argentina y Latinoamérica en eventos internacionales; realizar acuerdos con países y organizaciones islámicas en el área educativa, cultural y religiosa; promover actividades durante el mes de Ramadán.

La iniciativa de la Oficina Islámica ha sido importante si consideramos que se trata de una posición crítica del repliegue de las comunidades musulmanas, instando a promover la inclusión de nuevos conversos y las relaciones con la Ummah en general.

VIII.   ÁRABES Y JUDÍOS EN ARGENTINA: PASADO Y PRESENTE

La historia de las relaciones entre árabes y judíos en la República Argentina fue un tema desconocido hasta hace poco tiempo. Abordar el tema en perspectiva histórica permite conocer los aspectos cambiantes de esta relación, tan vulnerable a la repercusión local de los conflictos internacionales. Puede decirse que tras la Segunda Guerra Mundial, y a partir de las posiciones asumidas por ambas comunidades frente a la creación del Estado de Israel, el escenario de las relaciones entre la comunidad árabe y judía se modificó de forma drástica. Abdeluahed Akmir[30] señala que no sólo en Argentina sino también en otros países de América Latina el conflicto tuvo repercusiones importantes. Como demuestran los estudios de Akmir, el conflicto árabe-israelí si bien surge después de la Primera Guerra Mundial no se erige en obstáculo de las relaciones entre árabes y judíos en Argentina hasta 1947, cuando las comunidades en suelo local asumen posiciones activas frente al voto en las Naciones Unidas a respecto del reparto de

---

[30] A. Akmir, «Los inmigrantes árabes frente al conflicto árabe-israelí», en *La inmigración árabe en Argentina: 1880-1980,* tesis doctoral, Madrid, Universidad Complutense, 1990, pp. 458-477.

Palestina. Anteriormente, es posible constatar que los judíos eran miembros de las instituciones de la colectividad árabe y formaban sociedades comerciales con los sirios libaneses de otras religiones, siendo incluso miembros de la Cámara de Comercio Sirio-libanesa, del Banco Sirio-libanés y socios del Club Honor y Patria. De este modo, luego de la Segunda Guerra Mundial, los inmigrantes nacionalistas árabes y los militantes del Partido Nacionalista Sirio habrían sido los primeros en manifestar la hostilidad contra los judíos por medio de la existente prensa árabe. Hacia 1946 el *Diario Sirio-libanés,* auspiciando una fuerza de apoyo de Palestina y con el objetivo de influir en el gobierno local para la votación en las Naciones Unidas, impulsó un llamamiento a la comunidad de judíos sirio-libaneses instándolos a tomar una postura condenatoria frente al sionismo, siendo que lejos de alcanzar su objetivo el momento marcaría un cambio en las relaciones con los judíos que acabarían apoyando la formación del Estado de Israel. De este modo, la comunidad judía se retiraría de las instituciones sociales con participación de árabes, iniciando una acción propagandística a favor del Estado de Israel en la Argentina. Este hecho habría provocado una serie de conflictos, registrándose en Buenos Aires choques sangrientos entre ambos grupos, manifestaciones y explosiones en instituciones judías y de la comunidad libanesa. Pero la diplomacia judía en Argentina habría actuado de forma eficaz y anterior a las demandas de la comunidad árabe para asegurarse o bien el voto a favor o bien la abstención del Gobierno, como finalmente sucedió, en la votación por la división de Palestina en las Naciones Unidas [31].

Anteriormente, como señalan otros estudios históricos [32], algunos sectores sionistas habrían intentado crear en el país un asentamiento palestino. En efecto, según Klich, en la década de los años treinta los sionistas laboristas así como los británicos al mando de Palestina habrían considerado la posibilidad de realizar un intercambio de población con la República Argentina, hacia donde llegarían árabes palestinos y saldrían judíos argentinos. Klich resalta algunos aspectos que, en el marco del

---

[31] Para un estudio detallado de estos episodios consultar Akmir, *ibid.,* pp. 458 y ss.

[32] I. Klich, «The Chimera of Palestinian Resettlement in Argentina in the Early Aftermath of the First Arab-israeli War and other Similary Fantastic Notions», *The Americas,* núm. 53:1, julio, 1996, pp. 15-43.

proceso migratorio a América Latina, alentaron esa idea, el interés israelí por Argentina estaría basado en tres premisas fundamentales:

1. Hacia la década de los años cuarenta Argentina era ya, y por largo tiempo, un destino favorito de araboparlantes.
2. El gobierno de Juan Domingo Perón era visto como amigable con los estados árabes y al mismo tiempo cultivaba relaciones amistosas con Israel, especialmente después del primer tiempo del establecimiento del Estado de Israel.
3. Durante el primer año del electo Perón, Santiago Peralta estuvo a cargo de la política de inmigracion, queriendo promover la venida de «campesinos» del Medio Oriente.

Según el autor citado, diplomáticos israelíes habrían evaluado las posibilidades de promover la emigración de árabes al Plata, para lo cual se habrían trasladado a América del Sur en diciembre de 1948. La delegación que incluía al futuro presidente del Estado de Israel, Yitzhak Navon, tenía instrucciones de analizar las posibilidades de asentamiento de refugiados palestinos, en particular entre las vastas tierras de la República Argentina. La identidad de tales refugiados no estaba especificada, pero en la Argentina de la época era ya explícita la preferencia por inmigrantes cristianos, hecho que finalmente dejó sin efecto el proyecto de promover la llegada de palestinos.

El caso de Argentina ilustra en forma particular la interferencia de los conflictos internacionales en las relaciones locales entabladas por las comunidades de inmigrantes. Otros sucesos, esta vez locales, también han influido en las relaciones entre árabes y judíos. Tal es el caso de los dos atentados a la comunidad judía en Argentina y la posición esgrimida por algunas entidades o representantes de la instituciones judías. El 17 de marzo de 1992 una carga explosiva voló la sede de la Embajada de Israel en Argentina, reduciendo el edificio a escombros y arrojando un saldo de 22 muertos y 200 heridos, entre los que se contaban los miembros del cuerpo diplomático. El atentado nunca fue esclarecido. El 18 de julio de 1994 otro atentado terrorista fue perpetrado contra la comunidad judía, esta vez se trató de la voladura de la sede de la Asociación Mutual Israelita, hecho en el que murieron 85 personas y más de 200 resultaron heridas de gravedad. Ninguno de los hechos pudo ser esclarecido. La importante comunidad judía de Argentina ha reclamado de forma permanente el esclarecimiento de estos atentados dado que se descubieron graves irregularidades en las investigaciones, como la «compra» de testimonios, etc. La indagación giró en torno a la hipótesis de la autoría de una organización internacional y una conexión local, de esta última se encontraron algunas pruebas.

En esta última década tanto los medios de comunicación como los jueces de la corte a cargo del proceso de investigación de ambos atentados afirmaron que el segundo de éstos, el de la sede de la AMIA, había sido autoría del Hezbollah y que el partido libanés había actuado a través del agregado cultural de la Embajada de Irán en Argentina, Moshen Rabbani, quien se desempeñaba como imán de la mezquita At-Tauhid de la comunidad shiita de Buenos Aires. Alternativamente se habló de la existencia de una «pista» iraní, siria, libanesa, etc., de esta forma se intentaron tejer asociaciones con los «árabes» o con los «musulmanes». La acusación generó el repudio de varias comunidades, sobre todo las religiosas. El agregado cultural de la Embajada de Irán en Argentina, Rabbani, abandonó el país dado que las relaciones diplomáticas se redujeron a su mínima expresión y fue pedida su captura internacional por el juez de la causa. El entonces imán de la mezquita At-Tauhid, el converso Abdul Karim Paz, defendió a Rabbani y denunció una campaña de discriminación hacia toda la comunidad musulmana y también hacia los árabes. Sus apariciones públicas en programas de televisión, radios, charlas en universidades, etc. buscaron esclarecer sobre la necesaria desviculación de estos hechos y la comunidad musulmana de Argentina, otorgando a las asociaciones una visibilidad pública antes inusitada. En esa coyuntura se reavivaron los discursos y las tomas de posición al respecto de las relaciones en general entre árabes y judíos, un tema antes lejano en la arena de la política local. Varios debates comenzaron a suscitarse en la prensa argentina y se publicaron diversos libros y artículos sobre el tema. En publicaciones de los órganos de prensa de la Juventud Sionista de Argentina[33] se proponía a la comunidad musulmana que sea autocrítica de sus propios líderes dado que se afirmaba que los jefes religiosos musulmanes

---

[33] D. Malamed, «Éxodo en democracia: el sionismo y la tierra prometida», *Magshimón,* núm. 21, 2004.

de Argentina estaban vinculados a los atentados acontecidos en el país. Las comunidades musulmanas respondieron reiterando su repudio a ambos atentados y afirmando que quienes los perpetraron eran *enemigos del Islam*. No obstante, algunos líderes religiosos sufrieron amenazas y una bomba de alcance menor estalló en enero de 2001 en la mezquita At-Tauhid, mientras otras organizaciones denunciaron recibir amenazas telefónicas reiteradas. Actualmente, aunque se reconoce que las investigaciones de esa causa siguieron caminos sinuosos, la polémica parece estar diluida reapareciendo esporádicamente de acuerdo a las novedades sobre la causa o los pronunciamientos públicos de entidades de la comunidad judía.

Para concluir podemos señalar que este trabajo tuvo el objeto de presentar un panorama preliminar de las comunidades árabes en Argentina, cuya especificidad precisa ser abordada caso a caso teniendo en cuenta los distintos espacios de inserción tanto histórica como contemporáneamente. Desde los comienzos de la inmigración el discurso de las élites nacionales enfatizó el modelo de crisol de razas, definiendo estrategias educaciones que tenían por objetivo la homogenización y la difusión de las particularidades étnicas, lingüísticas y culturales. Es evidente que en la Argentina contemporánea, tal vez más que en otros países de América Latina, la integración de la gran masa de inmigrantes provenientes de Europa y del Mundo Árabe ha sido lograda. Muchas costumbres, instituciones y rasgos culturales se han «diluido» en este proceso de asimilación. La ascensión social, económica y la inserción política tornó a los inmigrantes árabes partícipes importantes de la política local y de las problemáticas propias del país. En los últimos años las formas de asociacionismo originales entraron en un proceso de decadencia, pues la referencia a un país de origen ya no atrae a los descendientes de tercera o hasta cuarta generación. Nuevas instituciones están dando lugar a la reorganización de la identidad étnica, ahora mucho más referida a la categoría más abarcadora de *ser árabes* o pertenecer a una minoría religiosa y no tanto a la particularidad otrora importante de ser sirios o libaneses.

Sin duda asistimos a una revitalización de la identidad árabe en Argentina, donde se organizan nuevas formas de congregar a los descendientes, tales como los recientemente creados Congresos de las Juventudes Árabes de Argentina. De esta forma las comunidades locales se configuran de manera cambiante, también bajo el influjo de los conflictos internacionales y los conflictos locales con otras comunidades. Si bien en la Argentina de las últimas décadas han ocurrido acontecimientos que suscitaron acusaciones y tensiones entre las comunidades árabes y judías, esto no generó conflictos más allá de coyunturas y pronunciamientos particulares.

BIBLIOGRAFÍA

AKMIR, A., «Los inmigrantes árabes frente al conflicto árabe-israelí», en *La inmigración árabe en Argentina: 1880-1980,* tesis doctoral, Madrid, Universidad Complutense de Madrid, 1990, pp. 458-477.

ASDRÚBAL, H. y otros, «Registros del movimiento migratorio», *Inmigración y estadísticas en el Cono Sur de América,* OEA Instituto Panamericano de Geografía e Historia, vol. 6, 1990.

AZIZE, E., «Los árabes en la cultura nacional», *Todo es Historia,* núm. 412, noviembre, 2001.

BALIBAR, E., «The Nation Form: History and Ideology», *Race, Nation, Class. Ambigous Identities,* Londres, Verso, 1991.

BERTONI, L., «De Turquía a Buenos Aires. Una colectividad nueva a fines del siglo XIX», *Estudios Migratorios Latinoamericanos,* año 9, núm. 26, 1994.

BESTENE, J., «La inmigración sirio-libanesa en la Argentina. Una aproximación», *Estudios Migratorios Latinoamericanos,* núm. 9, agosto, 1998, pp. 239-267.

—, «Realidades y estereotipos: los turcos en el teatro argentino», *Estudios Migratorios Latinoamericanos,* año 9, núm. 26, 1994.

—, «Dos imágenes del inmigrante árabe: Juan A. Alsina y Santiago Peralta», *Estudios Migratorios Latinoamericanos,* año 12, núm. 36, 1997, pp. 281-303.

BRIEGER, P. y HERSZKOWICH, H., *La comunidad musulmana en la Argentina,* 2002.

DALMAZZO, G. y FRANCISCO, H., «Los credos de los turcos», *Todo es Historia,* núm. 412, noviembre, 2001.

DEVOTO, F., *Movimientos migratorios: historiografía y problemas,* Buenos Aires, Centro Editor de América Latina, 1992.

FLORES, M. A., *La integración social de los inmigrantes. Los llamados turcos en la ciudad de Córdoba 1890-1930,* Córdoba, Centro de Estudios Históricos, 1996.

JOZAMI, G., «The Manifestation of Islam in Argentina», *The Americas,* núm. 53:1, julio, 1996, pp. 67-85.

—, «Aspectos demográficos y comportamiento espacial de los migrantes árabes en el NOA», *Estudios Migratorios de América Latina,* núm. 2, abril, 1987, pp. 57-90.

—, «El retorno de los turcos en la argentina de los 90», en Ignacio Klich y Mario Rapoport (eds.), *Discriminación y racismo en América Latina,* Buenos Aires, Nuevo Hacer, Grupo Editor Latinoamericano, 1997, pp. 77-89.

—, «Identidad religiosa e integración cultural en cristianos sirios y libaneses en Argentina 1890-1990», *Estudios Migratorios Latinoamericanos,* año 9, núm. 26, 1994.

KLICH, I., «The Chimera of Palestinian Resettlement in Argentina in the Early Aftermath of the First Arab-israeli War and other Similary Fantastic Notions», *The Americas,* núm. 53:1, julio, 1996 pp. 15-43.

— y LESSER, J., «"Turco" Inmigrants in Latin America», *The Americas,* núm. 53:1, julio, 1996, pp. 1-14.

MALGESINI, G. y GIMÉNEZ, C., *Guía de conceptos sobre migraciones, racismo e interculturalidad,* Madrid, Libros de la Catarata, 2000.

MONTENEGRO, S., «Los laberintos de la "identidad": viejos problemas y nuevas definiciones en teoría social», *Revista Culturas,* Facultad de Humanidades y Ciencias, UNL, núm. 4, 2003, pp. 32-47.

OTEIZA, E., *Inmigración y discriminación. Políticas y discursos,* Buenos Aires, Trama, 2000.

TASSO, A., «Migración e identidad social. Una comunidad de inmigrantes en Santiago del Estero», *Estudios Migratorios de América Latina,* núm. 6-7, agosto-diciembre, 1987, pp. 321-336.

— *Aventura, trabajo y poder. Sirios y libaneses en Santiago del Estero 1880-1980,* Buenos Aires, Ediciones Índice, 1989.

OTRAS FUENTES

Revista Árabe, año 2, núm. 2, 2000/año 3, núm. 3, 2001.

Yobe, Alba, «Instituciones árabes», Origen e identidad de los santafesinos, suplemento núm. 25, *El Litoral,* 2003.

—, «Personalidades de ascendencia árabe», Origen e identidad de los santafesinos, suplemento núm. 26, *El Litoral,* 2003.

2. INMIGRANTES Y DESCENDIENTES DE ÁRABES EN CHILE: ADAPTACIÓN SOCIAL *

Lorenzo Agar Corbinos **

INTRODUCCIÓN

El presente estudio ilustra el proceso de adaptación y posterior integración en las distintas esferas de la sociedad chilena, de los inmigrantes árabes y sus descendientes. El proceso migratorio se ha dado en un contexto socioeconómico e histórico particular donde confluyen las circunstancias objetivas del Medio Oriente y de América Latina, así como todos aquellos otros factores de índole más bien subjetiva y que guardan relación con las percepciones y decisiones individuales que llevan a algunas personas a tomar la decisión de emigrar a tierras lejanas territorialmente y extrañas culturalmente. Además, interesa mostrar las diferentes fases de la inmigración árabe y el gradual proceso de adaptación a la nueva realidad de vida.

El periodo de inmigración se da fundamentalmente durante los primeros cuarenta años del siglo XX. A pesar de que los inmigrantes árabes provenían de ciudades distintas y se diferenciaban en palestinos, sirios y libaneses, en función de la nomenclatura geopolítica moderna; las semejanzas de los inmigrantes árabes son muy significativas al momento de la conformación de una identidad como grupo. El proceso de arribo e integración conjunta de distintas nacionalidades del Medio Oriente tendrá consecuencias importantes en la percepción como grupo y comunidad no sólo por parte de la sociedad receptora

---

* Este estudio contó con el patrocinio de la Fundación Belén 2000. Se ha realizado en colaboración con Nicole Saffie Guevara, Tamara Cerda Ojeda y Claudia Gutiérrez Villegas.
** Sociólogo, Universidad París VIII.

—la sociedad chilena—, sino también por parte de las personas que formarán parte de este grupo, ya sea en calidad de inmigrantes o descendientes.

Se dará cuenta también de algunas diferencias existentes al interior del grupo de los inmigrantes árabes, las que trascienden hasta el día de hoy. Estas diferencias están especialmente relacionadas con el comportamiento urbano-rural de los inmigrantes, las cuales se deben básicamente a la estructura territorial de los lugares de procedencia. La elección de localidades para iniciar un nuevo modo de vida está estrechamente relacionada con el medio espacial que tuvo el inmigrante en el país de origen. Se buscarán también las causas de la asociación del inmigrante árabe con el comercio y el rubro textil en el imaginario colectivo de la sociedad receptora.

Para la sociedad chilena, el árabe y su descendiente supone una analogía con el ámbito comercial o textil, por lo cual se buscará comprobar dicha hipótesis con la ayuda de textos históricos, libros y artículos de referencia, nuevos datos investigados específicamente para este trabajo y encuestas realizadas a académicos y estudiantes de la Universidad de Chile de origen árabe, así como a empresarios de ese mismo origen. Estrechamente relacionado con ello, se hará además mención a la contribución del grupo en estudio en el desarrollo económico de Chile.

En el desarrollo industrial chileno se percibe un aporte significativo del inmigrante árabe o sus descendientes, lo que se refleja en algunos rubros empresariales específicos, donde ha mostrado tener una mayor participación.

Todas las etapas mencionadas se referirán al contexto latinoamericano y específicamente chileno, para poder llegar de esta forma a un mejor entendimiento del proceso de integración de los árabes en el país. Además se da cuenta de los cambios sufridos en las empresas de árabes y sus descendientes, que se observan desde hace veinte años. Para efecto de esta investigación, se realizó un estudio sobre la transformación en la conformación de las empresas árabes en Chile, al comparar su composición a comienzos de los años ochenta con la actual.

A pesar de existir un peso mayor en el desarrollo económico durante algunas décadas, lo cual significa una integración creciente a este determinado ámbito, las empresas pertenecientes a árabes o sus descendientes han sufrido —como producto de la integración al ámbito económico de la sociedad chilena— al igual que el resto de la economía chilena, el efecto de las transformaciones producidas en la estructura económica a través de una política de apertura «hacia fuera» desde los años ochenta.

Con base en un cuestionario elaborado para el presente estudio [1] y otras fuentes secundarias, se describirá el comportamiento espacial y económico, y los valores de las nuevas generaciones descendientes de árabes. Particularmente se mostrarán las diferencias entre los académicos y empresarios, que si bien pertenecen a una misma generación, presentan comportamientos y valores distintos. En el caso de los estudiantes, que forman parte de otra generación de descendientes y con un mayor componente de mestizaje, interesará evidenciar las diferencias con las generaciones mayores y más homogéneas desde la perspectiva étnica. También podremos ver algunas diferencias y semejanzas entre palestinos, sirios y libaneses.

El documento se articula en cinco apartados: en el primero se exponen las principales políticas migratorias en Chile; en el segundo se exponen las fases más identificadas del proceso de inmigración árabe en Chile, con énfasis en aquella ocurrida los primeros cuarenta años del siglo XX, mostrando un conjunto de similitudes y diferencias al interior de los movimientos migratorios, finalizando con la caracterización sociodemográfica del perfil del inmigrante árabe; en el tercero se revisan algunos aspectos relativos al proceso de integración social de la comunidad árabe en Chile, los prejuicios y la discriminación como obstaculizadores de la integración; el proceso de reacomodo y conservación de costumbres y tradiciones en la sociedad receptora y algunos aspectos que dan cuenta de la integración de la comunidad árabe. En el mismo capítulo se buscan las causas de la asociación del inmigrante árabe con el comercio y el rubro textil en el imaginario colectivo de la sociedad receptora, y por último en el cuarto apartado se presenta un breve esbozo de las nuevas generaciones de descendientes de árabes nacidos en Chile y el proceso de creciente integración que han experimentado a través del tiempo.

---

[1] Véase Anexo metodológico.

I. POLÍTICAS MIGRATORIAS EN CHILE

La inmigración se constituyó en Chile como fuente de preocupación desde los comienzos de su vida republicana, aunque en atención a las implicaciones en materia de mestizaje dicha preocupación tuvo un rasgo selectivo desde el comienzo[2]. La colonización española no implementó de manera plena el sistema capitalista emergente, sino más bien una economía semifeudal, con la presencia de la hacienda como núcleo de la producción. El Estado chileno buscaba, al igual que en otras naciones de América, las fórmulas para lograr el progreso en la racionalidad y ciencia europea[3]. La inmigración proveniente de Europa se constituyó en un vehículo para la introducción de su cultura y su población pudo gozar del beneplácito de los nacientes gobiernos americanos.

Las políticas migratorias en Chile tienen su origen pocos años después de la independencia[4], oficialmente en abril de 1824. El objetivo de dichas políticas fue poblar el territorio e impulsar el desarrollo económico nacional. A partir de ese año y durante todo el siglo XIX, la inmigración es promovida de manera oficial. Según el historiador Sergio Villalobos, «el país tenía necesidad de extranjeros, ellos dinamizaban la economía: introduciendo nuevas técnicas y herramientas, nuevas ideas en los negocios y trabajos: también traían nuevos conceptos para un ambiente ávido de saber moderno. No había contradicción entre su presencia y el destino del país»[5].

El Estado de Chile propició durante el siglo XIX la llegada de personas de diferentes países europeos, a través de la contratación de profesionales en algunas empresas o universidades para que contribuyeran al progreso económico, científico y técnico de la nación en for-

---

[2] Ya en 1811, José Miguel Carrera propuso reclutar colonos irlandeses para que cooperaran en la defensa de la causa de la independencia de Chile.

[3] Jorge Larraín, *Modernidad, razón e identidad en América Latina,* Santiago de Chile, Andrés Bello, 1996, p. 145.

[4] Chile consigue su soberanía nacional en 1818.

[5] Lorenzo Agar, *El comportamiento urbano de los migrantes árabes en Chile y Santiago,* tesis para optar al grado de magíster en Planificación del Desarrollo Urbano y Regional, Instituto de Estudios Urbanos, Universidad Católica, 1982, p. 64.

mación. Esto dio origen a una política inmigratoria que privilegiara la incorporación de mano de obra, que contribuyera de manera efectiva al progreso de Chile. Esto significaba que los inmigrantes debían colonizar territorios atrasados explotando las riquezas, vale decir, potenciando la agricultura, la pesca, la minería, entre otras actividades. Existía necesidad de contar con individuos capaces de incorporar un valor agregado a la economía nacional, y a enriquecer y racionalizar aquellas áreas ya existentes.

El Estado se propuso, pues, un plan modernizador para lograr el nivel de desarrollo de los países industrializados. En términos demográficos se consideró la necesidad de una inmigración selectiva de población de origen europeo (de Europa Central fundamentalmente) la cual, de acuerdo a los patrones culturales chilenos dominantes, se convertiría en el parámetro del desarrollo y la cultura.

Hacia fines del siglo XIX, estas características se asociaban a personas de origen europeo, estableciéndose una diferenciación al interior de este grupo entre europeos y el resto de los inmigrantes. Esto se vio reflejado en una promoción diferencial de la inmigración europea propuesta oficialmente por Benjamín Vicuña Mackenna[6]. Su clasificación de los inmigrantes europeos, recomendada a la Cámara de Representantes, establece la clasificación preferencial de modo siguiente: en un primer lugar, se ubicaban alemanes, italianos y suizos, seguido por el grupo conformado por irlandeses, escoceses e ingleses. En tercer lugar estaban los franceses, y en el último lugar, los españoles[7].

El más conocido caso de política de inmigración en Chile es la promoción de la colonización alemana desde 1845 en el sur. Aunque Alemania aún mostraba en términos políticos rezagos feudales, se encontraba económica y científicamente en un momento de auge, por lo que desarrollo moderno y alemanes constituían sinónimos inconfundibles para la naciente república chilena. Frente a esto, el Estado pro-

---

[6] B. Vicuña Mackenna, *Bases del informe presentado al Supremo Gobierno sobre la inmigración extranjera por la Comisión especial nombrada con ese objeto,* Santiago, Imprenta Nacional, 1865, p. 145.

[7] Myriam Olguín y Patricia Peña, *La inmigración árabe en Chile,* Santiago, Chile, Instituto Chileno-Árabe de Cultura, 1990, p. 219.

pició iniciativas concretas que significaron la colonización de la zona de Valdivia, Osorno y Llanquihue por parte de ciudadanos de origen alemán.

El espíritu de dicha política fue el alcanzar niveles de desarrollo similares a Alemania en el siglo XVIII y comienzos del XIX, donde experimentó profundos cambios en el plano económico e intelectual. La ubicación de «colonos» en territorios específicos obedecía a una estrategia económica y sociocultural, tendiente a estimular el desarrollo agroindustrial en Chile, intentando también impregnar a los chilenos con su ética del trabajo.

La propuesta consistió en convertir extensos territorios silvestres en campos aptos para la agricultura, a cambio de la consignación de éstos a nombre de los inmigrantes. El Estado chileno apostó a una contribución alemana para lograr el progreso del país y la incorporación de nuevos atributos a la población chilena, a través del ejemplo de estos inmigrantes. Los extranjeros europeos fueron invitados a trabajar en el país, situación opuesta a lo que pasó con los inmigrantes árabes, quienes no contaron con fomento oficial.

Chile, a diferencia de otros países americanos como Estados Unidos, Brasil y Cuba, recibió un número pequeño de inmigrantes. Por ejemplo, entre 1895 y 1940, es el año 1907 el cual exhibe la mayor proporción de ciudadanos extranjeros en el país, llegando ésta a un 4,1% con relación al total nacional[8].

Uno de los elementos comunes que se observa en la llegada de los árabes a Chile es la naturaleza que le subyace. La inmigración se produce de manera inorgánica, fundamentalmente porque no existió una política que promoviera, estructurara o definiera el proceso de llegada, asentamiento e integración de los inmigrantes árabes, como ocurrió con los alemanes.

Los inmigrantes árabes no contaron con ofertas concretas para su asentamiento en el país, faltando las facilidades para empezar a desenvolverse. Esto significó no sólo la ausencia de herramientas de trabajo disponibles y/o con medios que permitiesen iniciar una labor, sino también la nula o poca existencia de mecanismos de concesión para hacer uso de áreas específicas donde establecerse. Ésta fue

---

[8] *Ibid.*, p. 73.

una de las razones por lo que resultaba compleja una inserción basada en los principios y orientaciones basadas en las políticas migratorias del país.

II. CARACTERÍSTICAS DE LA INMIGRACIÓN ÁRABE EN CHILE

II.1. *Primeros registros de llegada*

El proceso de migración árabe actuó dentro de un contexto bien determinado, siguiendo un comportamiento espacial generalizado en la época, orientado hacia áreas poco pobladas y en donde la inmigración estuvo, por lo general, motivada por el propósito de contribuir al desarrollo económico de los países receptores[9].

Dada la inexistencia de fuentes oficiales de registros, resulta difícil conocer la cifra exacta de inmigrantes árabes ingresados a Chile[10]. Se estima que durante 1885 y 1940 —años que se consideran como fechas extremas en el flujo de la inmigración árabe a Chile— llegaron entre 8.000 y 10.000 personas de la zona del Levante al país[11].

Ya a partir del censo de 1854 aparecen dos habitantes cuyos orígenes se mencionan como «turco»; y en 1865 y 1875, se mencionan tres más. Luego, en la década de 1880 llegaron los primeros «turcos» de los que se tiene la certeza de ser árabes. El primero fue un palestino, llegado en 1881, acerca de cuya identidad no hay consenso.

El año 1885 se contabiliza como fecha de iniciación de la inmigración árabe, existiendo según el censo 29 personas de aquella procedencia. En 1888 arribaron los primeros de los cuales se posee su identidad: Abraham Saffe, sirio, y Santiago Beiruti, libanés. Existe una alta

---

[9] Lorenzo Agar y Antonia Rebolledo, «La inmigración árabe en Chile: los caminos de la integración», *El Mundo Árabe y América Latina,* Ediciones UNESCO/Libertarias/Prodhufi, mayo, 1997, p. 285.

[10] El uso de pasaporte turco y la falta de una política inmigratoria dirigida a éstos constituye uno de los factores de desconocimiento de una cifra exacta de inmigrantes árabes de aquella época. Hoy contamos con los Censos de Población y Vivienda.

[11] Agar y Rebolledo, ob. cit., p. 287.

probabilidad de que estas 29 personas fuesen árabes levantinos o habitantes de los Balcanes, debido a que, por un lado, los inmigrantes de estos lugares que ingresaban al país lo hacían con el pasaporte del Imperio otomano y, por otro, por una generalmente baja presencia de turcos de Turquía, apareciendo el primer habitante turco recién en 1909. Es posible pensar que las primeras hipótesis mencionadas son confirmadas por los datos censales más tardíos[12].

En tanto, en el censo de 1895 aparece el esfuerzo inicial de mayor diferenciación entre los inmigrantes árabes, es decir, a partir de ese momento la presencia de árabes es registrada como tal. Su clasificación ocurre según su «país» de procedencia: «Turquía europea», «Turquía asiática», «Egipto» y «de Arabia». En el censo de 1920, por primera vez y, coincidiendo con el término del dominio turco en la zona en estudio aparecieron, además de turcos y árabes, sirios, palestinos y libaneses. Para este último año existe un registro de 2.383 inmigrantes con la siguiente distribución: palestinos, 1.164; sirios, 1.204; libaneses, 15; turcos, 1.282; y «árabes», 1.849[13]. «Es en el censo de 1930 donde se observa el mayor número de inmigrantes árabes inscritos: 6.703 personas»[14].

Estos inmigrantes no poseían la calificación laboral que habrían pretendido las autoridades. Formaban parte de aquellos grupos étnicos de procedencia no europea que causaban cierto recelo. Además, llegaron a establecerse en el momento en que las políticas de apoyo estatal a la inmigración habían cesado[15].

A partir de 1907 el interés oficial o estatal por el fenómeno migratorio disminuye considerablemente, siendo precisamente en esa época cuando la inmigración árabe alcanza su mayor apogeo. Por ello no contaron con la protección gubernamental, ni con la asignación de terrenos, ni alcanzaron la condición de colonizadores; en suma, no tuvieron ningún tipo de garantía ni promesa por parte del Gobierno.

---

[12] Olguín y Peña, ob. cit., pp. 69-70.
[13] *Ibíd.,* pp. 70-71.
[14] Agar y Rebolledo, ob. cit., p. 287.
[15] *Ibíd.,* p. 286.

II.2. *Fases de la inmigración árabe en Chile*

Es posible señalar que la inmigración árabe en Chile contempló al menos tres etapas, las cuales coinciden con una serie de cambios políticos, económicos y socioculturales. La primera comprende los años 1900 a 1914, época que coincide con el apogeo del salitre. La segunda etapa se enmarcó entre los años 1920 y 1940, un periodo de decadencia del salitre, de la crisis económica mundial y del incipiente proceso de desarrollo de la industrialización con sustitución de importaciones. El flujo de inmigración árabe ya se encontraba en disminución. Por último, de 1940 en adelante, caracterizado por un declive de la inmigración árabe.

II.2.1. Primera fase migratoria: 1900-1914

Esta fase abarca el mayor flujo de inmigración, ya que durante estos años arriba el 51% del total de población árabe inmigrante [16]. La extensión de esta etapa comprende distintas épocas de mayor volumen de inmigración según el país de procedencia.

Para el grupo de inmigrantes libaneses, la fase de mayor ingreso se encuentra en el periodo de 1910 a 1913, correspondiendo al 60% del total de población inmigrante de este origen. Entre 1905 y 1914 llega el 56% de los inmigrantes palestinos; y entre 1909 y 1915, un 27% de sirios [17]. Es decir, independientemente del país de origen, la época de mayor arribo se sitúa en los años previos a la Primera Guerra Mundial.

II.2.2. Segunda fase migratoria: 1920-1940

Con una oligarquía de carácter europeo y un bajo nivel de educación en los sectores populares, entre 1920 hasta mediados de los años cincuenta, corresponde al dinamismo inusitado de la participación política y

---

[16] Ahmad Hassan Mattar (recopilador), *Guía social de la colonia árabe en Chile (Siria-palestina-libanesa)*, Santiago, 1941.

[17] *Ibíd.*

corporativa de las capas medias dirigidas a lograr la conquista de determinadas demandas, que favorecieran su desarrollo y movilidad social[18]. El presidente Arturo Alessandri Palma, junto a la Alianza Liberal, encabeza a mediados de los años veinte el Programa de Reformas. Los inmigrantes árabes vivirían ese proceso de transformaciones políticas, económicas y sociales, asociadas también a una progresiva urbanización, llegando a incorporarse plenamente al proceso de ascenso económico social, recorriendo en no más de un siglo todo el espectro social de Chile, lo cual le otorga un singular arraigo a esta tierra toda vez que ha conocido la miseria y la riqueza, la marginación y la aceptación social, llegando a componer parte relevante de la clase media chilena ilustrada.

La *Guía social de la colonia árabe*[19], realizada en 1940, registró un total de 2.994 familias árabes (aproximadamente 15.000 personas). Un 85% eran inmigrantes y 15% descendientes[20]. Actualmente, existe muy escasa población nacida en los países árabes, siendo en su mayoría nacidos en Chile. Sobre la base de la información que arroja la Encuesta de la Población de Origen Árabe, realizada durante el primer semestre del 2001 (EPOA, 2001), el 34% corresponde a la primera generación de nacidos en Chile, el 48% a la segunda y el 18% a una tercera generación[21].

De las 2.994 familias inmigrantes árabes registradas en la Guía de 1941[22], la población procedente de Palestina representaba un 51%; los sirios un 30% y libaneses, un 19%. Las ciudades de origen que marcan una clara predominancia son Homs —con prácticamente la mitad de los inmigrantes sirios—, y Bet-Yala y Belén, con un 70% de los inmigrantes palestinos. El registro abarcó un gran número de residentes árabes y proporciona varios antecedentes útiles para estudiar la inmigración. Ahora bien, las respuestas y clasificación corresponden en su amplia mayoría a hombres jefes de hogar o solos.

---

[18] César Cerda, *Historia y desarrollo de la clase media en Chile,* Santiago, Chile, Ediciones UTEM, 1998, p. 88.

[19] *Guía social,* ob. cit.

[20] Los datos que se entregan para 1941 aparecen en forma primaria en Ahmad Hassan Mattar. El autor de este trabajo es responsable de las tabulaciones realizadas sobre la base del catastro citado, p. 287.

[21] Véase Anexo, cuadro 7.

[22] *Guía social,* ob. cit.

II.2.3. Tercera fase o declinación de la inmigración

De los grupos migratorios mencionados, después de 1930 se tiene una disminución de la inmigración siria y libanesa, lo que va en directa relación con los sucesos en los países de origen. La caída del Imperio otomano, el mandato de Francia y el proceso de independencia mejoraron las condiciones de la población cristiana, mitigando el impulso emigratorio. Al contrario, en el caso de los inmigrantes palestinos, recrudece uno de los factores expulsivos en el lugar de origen, al progresar la implantación judía en el área[23].

La inmigración árabe encuentra su punto más alto de desarrollo durante la primera fase, que abarcó el periodo 1850 a 1920. Básicamente, se concentra durante los primeros cuarenta años del siglo XX, aunque hay registros de su presencia en fechas anteriores a ésta. No obstante, «hasta 1930, esta corriente migratoria se mantiene masivamente, pero comienza a declinar hacia 1940 para ser prácticamente inexistente después de 1960»[24].

Según el Censo de Población de Chile de 1930, se registraron poco más de 6.000 habitantes de origen árabe en el país, aunque no hay precisión si éstos nacieron en Chile o en Medio Oriente. En la época entre guerras se mantiene aún un desplazamiento significativo, el cual inicia su declinación a partir de la década de los treinta, para prácticamente desaparecer como fenómeno social luego de iniciada la Segunda Guerra Mundial.

III. SIMILITUDES Y DIFERENCIAS AL INTERIOR DE LOS MOVIMIENTOS MIGRATORIOS

Es posible afirmar que existen algunos elementos comunes al interior de la corriente migratoria árabe. En primer lugar, se enmarca en la gran época de desplazamiento humano hacia el continente

---

[23] L. Agar, *El comportamiento urbano...,* ob. cit., p. 46.
[24] *Ibid.,* p. 78.

americano. El periodo en que ocurre el movimiento migratorio hacia Chile, comprende los años entre 1885 y 1940, siendo el periodo principal de su llegada entre 1900 y 1930. Esto significa que se inicia en el momento en que el país aún vive bajo los gobiernos de una oligarquía agraria, pero se percibe al mismo tiempo transformaciones en capas más bajas, lo cual se traduce finalmente en intentos modernizadores políticos y económicos en la última de estas décadas.

En segundo lugar, el movimiento migratorio árabe está estrechamente relacionado con los hitos históricos en la región de origen. La distinción entre mayores y menores épocas de afluencia confirma la correspondencia existente entre factores expulsivos similares que derivan, en gran medida, de la hegemonía del Imperio otomano en la península árabe y de una coherente política discriminatoria hacia los creyentes cristianos. Sin embargo, cuando se inicia, existe en el país receptor una demanda de inmigrantes, no obstante sus esfuerzos estuvieron orientados a incorporar personas de origen europeo. Al contrario, el cese de la inmigración se debería fundamentalmente a que Líbano y Siria obtuvieran su independencia nacional, mitigándose los factores expulsivos.

Otras características que cabe destacar del desplazamiento árabe a Chile son, por un lado, la modalidad que asume la corriente dando origen a la migración en cadena; y por otro lado, el comportamiento que asume en relación con la distribución territorial.

III.1. *La migración en cadena*

La inmigración árabe se reproduce a través de una inmigración en cadena. En general, los habitantes toman la decisión de abandonar sus tierras cuando un pariente de la misma aldea-ciudad ya había realizado el trámite, llamándolo a tomar el mismo rumbo y del cual se sabía, que ya se había instalado en este país [25]. Los migrantes «tenían familia

---

[25] Sergio Medina, *Identidad cultural y desarrollo local en las Comunidades agrícolas de la IV Región: Provincia de Choapa,* tesis, Santiago, Chile, Departamento de Antropología Universidad de Chile, 1995, p. 66.

o conocidos en Chile, por lo cual, la migración de un grupo familiar se fue dando paulatinamente, hasta completarse en el país»[26].

La inmigración en cadena ayudó a que el inmigrante árabe estuviese en contacto con sus coterráneos, lo que le permitió conservar parte de su estilo de vida de una manera importante. Psicológicamente, constituye una gran compensación a las pérdidas sufridas como consecuencia del acto migratorio[27].

Gran parte de los inmigrantes árabes tiene el mismo lugar como procedencia, lo cual muestra que la migración en cadena es mayormente de tipo familiar. Su origen de aldeas o ciudades bien determinadas, las cuales se constituyen en mayor grado en base a la estructura familiar, se proyecta también en el proceso migratorio. De este modo se demuestra la centralidad de la familia árabe, con el fin de conservar la unidad familiar, incluso fuera del lugar de origen. La familia árabe no se reduce solamente a la pareja y los hijos, sino que incluye también a abuelos, hermanos y demás parientes. Además de ser el principal agente socializador, es también la más influyente. La decisión de emigrar es parte de ello, que se entiende como una lealtad con los miembros de la familia[28].

III.2. *Ciudades de origen*

La inmigración palestina proviene principalmente de la ciudad de Beit Yala (36%), seguida por Belén con un 35%. En cuanto a las personas originarias de Siria, la mayoría de ellos proviene de la ciudad de Homs (46%), siendo la segunda localidad en importancia Safita aunque con un 9%[29]. En estos casos, se desprende con mayor claridad el concepto de inmigración en cadena, ya que las personas provienen en

---

[26] Daniela Lahsen Aboid, *Construcción de una nueva identidad chilena-palestina,* tesis para optar al grado de Licenciada en Historia, Santiago, Chile, Escuela de Historia, Universidad Finis Terrae, 2001.

[27] María Teresa Daher, *Exploración psico-social de la inmigración libanesa en Chile,* tesis para optar al grado de Psicólogo, Santiago, Chile, Universidad Católica de Chile, 1986, pp. 82-83.

[28] *Ibid.,* p. 54.

[29] L. Agar, *El comportamiento urbano...,* ob. cit., p. 12.

mayor grado de determinadas aldeas y ciudades, las cuales están conformadas por ciertas familias. Sin embargo, los inmigrantes de el Líbano no muestran la misma tendencia, ya que presentan una alta dispersión en cuanto a la zona de origen, donde ninguna muestra primacía tal como se aprecia en el caso de Palestina y Siria.

Este surgimiento desde determinados lugares, se reflejará no sólo en su forma y lugares de asentamiento por parte de los recién llegados a lo largo de Chile y de Santiago, sino también en el modo, temporal y social, de inserción social de los inmigrantes y descendientes de árabes.

Al revisar los resultados de la EPOA 2001, que identifica el origen árabe de la población encuestada según la tierra de nacimiento de sus ancestros, se aprecia que el 62% de los encuestados es de origen palestino, el 25% sirio, el 4% libanés y el 9% tiene ascendencia árabe combinada[30].

III.3. *Ruta del emigrante*

En los puertos europeos de parada se embarcaba una gran cantidad de personas de origen europeo meridional, los cuales viajaban con el mismo propósito y destino. Éste era el primer contacto de los viajeros árabes con la cultura occidental. La impresión era similar para todos los viajeros árabes: la vestimenta, los edificios, los carruajes, etc., cosas hasta ese momento desconocidas que daban una idea de las costumbres occidentales[31].

El puerto de destino era Buenos Aires, Argentina, aunque varios desembarcaban en Río de Janeiro, la primera parada en el continente. En muchos casos, después de los pioneros, se tenía un contacto con algún pariente o coterráneo en Argentina, donde podían hospedarse durante algunos días para seguir el trayecto hacia Mendoza[32].

---

[30] Véase Anexo, cuadro 9.

[31] Sergio Medina, *Identidad cultural y desarrollo local en las comunidades agrícolas de la IV Región: Provincia de Choapa,* tesis, Santiago, Chile, Departamento de Antropología Universidad de Chile, 1995, pp. 87-88.

[32] Lamentablemente no existe referencia precisa sobre el medio utilizado para atravesar la pampa argentina, para llegar a dicha ciudad.

Desde este punto se dispone de más información: se emprende el cruce de la cordillera de los Andes a lomo de mula, guiado por baqueanos. A partir de 1908 el ferrocarril se acerca más hacia la cordillera, y en 1912 se aproxima hasta la estación de Las Cuevas que permitía cruzar el túnel, descendiendo en Chile en la estación de Caracoles. Desde ahí los viajeros iniciaban el último trecho hasta Juncal, también a lomo de mula. En este sitio abordaban el Trasandino chileno[33].

La travesía a lomo de mula era en sí toda una aventura. La cordillera de los Andes se caracteriza por ser extendida, alta, inclemente en el invierno, con deshielos impresionantes en primavera y peligrosos desfiladeros. Los viajeros dependían de la experiencia del arriero, quien —en cuatro días— los llevaba a los Andes, donde esperaba un amigo o un pariente, para viajar finalmente al destino final. Pero recordemos que, especialmente para los primeros inmigrantes, el trayecto se seguía de forma solitaria hasta llegar a su destino final.

IV. INTEGRACIÓN SOCIAL Y TERRITORIAL DE LA COMUNIDAD ÁRABE

IV.1. *Perfil del emigrante árabe*

IV.1.1. Familia patriarcal y comunidad árabe

El papel de las relaciones familiares en la cultura árabe resulta un factor fundamental, especialmente en la determinación de los elementos de atracción de su emigración hacia las zonas de destino y, en particular, Chile[34]. La centralidad de la familia árabe en la estructura social se percibe como altamente diferente respecto de la concepción de familia en la sociedad chilena, con roles masculinos y femeninos marcadamente diferenciados.

La relevancia del parentesco y el alto sentido de la familia que los representa, importa también en el momento de emigrar, lo cual se

---

[33] Sergio Medina, ob. cit., pp. 89-90.
[34] Lorenzo Agar, *El comportamiento urbano...*, op. cit., p. 23.

confirma tanto a través de la *Guía social* (1941)[35] como de la EPOA (2001), cuyos entrevistados junto con declarar ampliamente su situación de casados[36], mantienen férreos lazos con sus grupos de pares. Esto se advierte para los árabes de Palestina y Siria, cuyos inmigrantes provienen principalmente de determinadas ciudades o aldeas; sin embargo, la emigración libanesa ocurre desde lugares de origen con mayor dispersión.

Los lazos de parentesco y la procedencia de las mismas aldeas-ciudades influyen no sólo en la conformación de la migración en cadena, sino también en la forma en que sucederá el asentamiento espacial a lo largo de Chile, como también en su capital, Santiago. Así, «la férrea unidad de la familia árabe y el sentimiento de lealtad hacia los miembros de su misma comunidad de origen, así como el precedente encontrado acerca la segregación espacial por comunidades religiosas en los lugares de origen, constituyen variables explicativas de comportamiento espacial y socioeconómico seguido por los inmigrantes árabes en el proceso de integración en la sociedad chilena»[37].

IV.1.2. Los inmigrantes árabes en Chile

A la luz de la *Guía social,* se pueden establecer ciertos antecedentes para concluir el perfil representativo del inmigrante árabe en Chile: principalmente se trataba de hombres, de los cuales un 67% fluctuaba entre los 10 y 30 años de edad. La mayoría eran solteros al momento ingresar al país. Se trataba principalmente de personas jóvenes que llegaron sin una profesión ni educación formal para instalarse laboralmente[38].

---

[35] *Guía social,* ob. cit.

[36] Un 61% de académicos y un 87% de profesionales/empresarios de origen árabe manifestaron estar casados. Es interesante ver las diferencias de estas cifras a la luz de las edades de estos grupos de entrevistados. En el primero de los casos la proporción de separados llega a casi un cuarto del grupo, mientras que al interior de los profesionales/empresarios (con una edad media de 54 años) sólo un 10,5% declara estar separado, EPOA, 2001.

[37] L. Agar, *El comportamiento urbano...,* ob. cit., p. 25.

[38] Sergio Medina, ob. cit., pp. 79-81.

Además, los identifica su común carácter emprendedor y su disconformidad con las condiciones de vida de la aldea. Hay un fuerte compromiso afectivo hacia los grupos de pertenencia, con una alta religiosidad y sentido de la familia. El sentido de la lealtad y el honor se mantienen generación tras generación, lo que refleja un marcado respeto por la tradición. Al interior de la familia las cualidades más potenciadas resultan ser la responsabilidad y el trabajo duro [39]. Incluso, en una encuesta realizada en el Colegio Árabe en 2006 [40], los jóvenes consultados también consideraron —en un 81%— que la responsabilidad es la principal cualidad que debe alentarse a la familia; le siguen la tolerancia, con un 41% y el trabajo duro, 39%.

Dejar la tierra no implicaba necesariamente un corte con los lazos afectivos con aquellos que decidieron permanecer [41]. De hecho, en gran medida, emigran para preservar su estilo de vida o para huir de los cambios que se estaban produciendo en la región en aquella época y reproducir sus tradicionales pautas culturales.

La mujer árabe asume un papel fundamental en la reproducción social, sin participar directamente en la acción de emigrar. En este sentido, se incorpora en el proceso de inmigración una vez que los varones se han «adelantado» en el proceso de salida desde el lugar de origen. La literatura señala que la inmigración femenina árabe, si bien fue esencialmente en cadena, se caracterizó por ser de naturaleza dependiente [42]. Su llegada ocurre sólo cuando su marido o padre ya cuenta con las condiciones mínimas para instalarse junto a su familia, para lo cual le ha enviado los medios para que realice el viaje.

---

[39] Más de un 60% de los entrevistados señaló a la responsabilidad como un valor fundamental. El trabajo duro fue mencionado en un 36% por los estudiantes, un 22% de los empresarios y un 15% de los académicos, EPOA, 2001. Véase Anexo, cuadro 20.

[40] En octubre de 2006 se entrevistaron a 43 estudiantes de tercero y cuarto medio del Colegio Árabe de Santiago, en el marco del proyecto «Diálogo intercultural de jóvenes de origen árabe y judío en Chile», patrocinado por Fundación Ford y auspiciado por Fundación Ideas —www.dialogochile.cl—. Cabe aclarar que este escrito ha sido revisado en 2007 para efectos de publicación en español. Por esta razón hemos incorporado algunos nuevos antecedentes.

[41] M. T. Daher, ob. cit., pp. 55-61.

[42] Marcela Zedán, *La presencia de la mujer árabe en Chile,* Santiago, Chile, Centro de Estudios Árabes, Universidad de Chile, 1994, p. 4.

Es preciso señalar que, al momento de ingresar, sólo un 9,4% de las personas estaban casadas[43]. Esto permite suponer, en primer lugar, que las mujeres ingresaron principalmente por decisión del padre de emigrar, formando de este modo parte de una comitiva familiar. En segundo lugar, la mujer fue llamada para casarse en estas nuevas tierras o que el inmigrante volvía a su aldea para buscar una esposa.

Con el paso del tiempo y gracias al ahorro, los inmigrantes árabes realizan su primer anhelo de reunir a su familia. La aspiración fundamental fue juntar el dinero necesario para tener la oportunidad de traer a los suyos y/o volver con éxito a su comunidad de origen[44]. Su trabajo requirió de ayuda de alguna persona de confianza, por lo cual recurrieron a los lazos familiares para superar en conjunto dicho obstáculo. En la tienda trabajaban indistintamente el marido con la esposa y los hijos, existiendo a menudo también otro familiar cercano.

IV.2. *Chile: la sociedad receptora*

La política inmigratoria por parte del Estado favoreció la llegada de inmigrantes de Europa central, sea por la historia de su desarrollo técnico o por sus rasgos étnicos[45]. Inicialmente se elaboró una clasificación de los países europeos, elaborado por el destacado intelectual de aquella época, Benjamín Vicuña Mackenna. Las personas que acudían al llamado de la inmigración, debían cumplir con un conjunto de condiciones para su selección, debiendo tener en su haber una actividad reconocida como empresario, técnico, obrero o agricultor, que ameritase las concesiones prometidas[46]. Esto obedecía al estilo que tomó la modernización del país, por lo cual «no toda la recepción del racionalismo y empirismo europeos tenían connotaciones racistas. En muchos de los sectores intelectuales, el racionalismo significó solamente el

---

[43] Olguín y Peña, ob. cit., p. 79.
[44] Aboid, ob. cit., p. 93.
[45] Agar y Rebolledo, ob. cit., p. 287.
[46] Antonia Rebolledo, «La turcofobia. Discriminación antiárabe en Chile, 1900-1950», *Revista Historia,* vol. 28, 1994, pp. 249-272.

deseo de modernizar, el énfasis en la importancia de la ciencia y la fe en la educación»[47].

Según D. Lahsen, todos los inmigrantes árabes tuvieron conciencia de que habían elegido un país igualmente subdesarrollado que su ciudad natal. Es por ello, que el hecho de sentirse tratados como personas de inferior categoría, por un pueblo al cual en ningún caso consideraba de mejor nivel social y cultural, los llevó en parte a replegarse, agrupándose en un determinado sector de la ciudad[48].

Las autoras A. Rebolledo y D. Lahsen, coinciden en plantear que los árabes estuvieron más expuestos a críticas y difamación, como resultado de haber sido identificados como grupos étnicos inferiores según la jerarquía establecida. Las denuncias hechas a través de la prensa y medios intelectuales utilizaron argumentos peyorativos para menospreciar a los árabes[49].

No obstante, existieron algunas condiciones favorables para los inmigrantes árabes al llegar a Chile, como la posibilidad de instalarse en el país y tener acceso a la educación para los hijos, como también a la libertad de realizar cualquier actividad económica que quisieran emprender.

En términos generales, el proceso de integración de los árabes se puede dividir esencialmente en dos: social y económico, aunque ambos están estrechamente relacionados. En este apartado, se enfocará el primero de ellos. Siguiendo a Daher, cabe preguntarse si existió un choque cultural entre el grupo de inmigrantes árabes y el grupo receptor, por cuanto se ha visto que este factor es determinante en el nivel de aculturación de los inmigrantes y, en consecuencia, en su integración total a la nueva sociedad. Por lo tanto, para concretar la existencia de un choque cultural necesariamente se debe considerar el entorno en que se desarrolla la relación intergrupal, el tiempo (entendido como época), y las categorías valóricas y normativas de los grupos de interacción.

---

[47] Aboid, ob. cit.
[48] *Ibid.*
[49] *Ibid.*

IV.2.1. Prejuicio y discriminación

La formación de prejuicios es un modo de simplificar la visión del mundo, basada en generalizaciones de información imperfecta o incompleta, es decir, en la formación de estereotipos. La gente asigna atributos que son consistentes con sus creencias y prejuicios. El análisis del comportamiento y las creencias del otro grupo se realiza desde la propia perspectiva y se olvida que la otra cultura mantiene en sus bases otros valores principales. El grupo receptor percibió al grupo inmigrante desde su posición, valorizándolos desde los propios patrones y criterios normativos teniendo como consecuencia un desprecio hacia el grupo acogido.

La ocupación en tareas de comercio a pequeña escala de la mayoría de los primeros inmigrantes árabes, alimentó prejuicios respecto a su imagen, tiñendo así su identidad social, debido a una percepción negativa y despectiva por parte de la sociedad receptora chilena. Inicialmente, no se valoraba la proliferación de intermediarios entre productores y consumidores, papel que asumieron los comerciantes árabes en un primer momento. Por esta razón, a pesar de la existencia de factores culturales comunes entre ambos grupos —como la religión— la relación entre ambos no fue positiva en un comienzo.

Existen antecedentes suficientes en la literatura migratoria sobre la comunidad árabe en Chile que muestran cómo los inmigrantes árabes fueron percibidos y valorados desfavorablemente por los miembros de la sociedad chilena. Esta actitud negativa se basaba en prejuicios o juicios emocionales sin mayores fundamentos en la realidad de los pueblos árabes, algunos de los cuales llegaron a proyectarse también a sus descendientes[50].

A su llegada, los primeros inmigrantes vivían en sectores muy modestos, por lo que aquello que afectaba a los árabes, le afectaba también a toda la población que habitaba en dichos lugares. Sin embargo, la discriminación se refleja de un modo particular, toda vez que repre-

---

[50] M. T. Daher, ob. cit., pp. 79-82.

sentan una etnia distinta, con un claro sentido del ahorro (lo cual se expresaba en gastos exclusivos para la alimentación y el pago del alquiler), dedicación sin pausa al trabajo, iniciativa emprendedora e integración familiar a la actividad laboral. Todo esto se vio reflejado en una discriminación bajo distintas formas.

Por otra parte, los primeros inmigrantes ingresaron al país con el pasaporte del Imperio otomano. Los chilenos, al igual que en otros países de América Latina, ignoraban las diferencias nacionales e histórico-culturales de Oriente Medio, por lo cual comenzaron a llamarlos «turcos», como decía en su pasaporte. Esto obviamente no agradaba a quienes habían sufrido precisamente la dominación y persecución imperial. Y como es bien sabido, los apodos quedan y se reproducen sólo en la medida que producen molestia en quien lo recibe. De ahí seguramente que se mantuvo como una forma de molestar a los inmigrantes y descendientes.

Según los datos de la EPOA 2001[51], al preguntar si se han sentido integrados o discriminados en la sociedad chilena, las respuestas muestran un progresivo sentimiento de integración. En el grupo de académicos, un 85% se siente integrado y un 15% se ha sentido discriminado. En el caso de los empresarios, el sentimiento de integración disminuye a un 81% y el de discriminación aumenta a un 19%[52]. Al 81% pertenecientes a este último grupo le decían «turco» en el colegio, de los cuales, al 55% le molestaba, pero le era indiferente a un 39%, y un 6% consideraba que era con cariño[53]. En el caso de los académicos, un 43% se mostraba molesto con el apodo y el 57% indiferente.

En el caso de los estudiantes, el 93% se ha sentido integrado y sólo el 7% se ha sentido discriminado. En el 36% de los casos les decían «turco» en el colegio. Al 71% de los casos esto le era indiferente, pero al restante 29% esto le molestaba[54]. En el caso de la encuesta en el Colegio Árabe, el 69,8% de los encuestados manifestó que nunca se ha sentido discriminado; un 23% dice haberse sentido discriminado

---

[51] Véase Anexo metodológico.
[52] Véase Anexo, cuadro 14.
[53] *Ibid.*, cuadro 15.1.
[54] *Ibid.*, cuadros 14, 15.1 y 15.2.

en algunas ocasiones, y sólo un 4% afirma haberse sentido discriminado muchas veces.

Se observa durante los estudios con relación al tema, que dicho apelativo se usaba especial y frecuentemente en el colegio, uno de los primeros espacios de socialización formal, pero no se limitaban a éste. La hostilidad hacia el árabe se manifestó en burlas y molestias, y algunas veces en el desprecio de su aspecto, su forma de hablar y de su forma de vivir[55].

Según Daher los informantes también admitieron que a los individuos de origen árabe, cualesquiera que fuesen sus atributos personales, se les vedaba el ingreso a la clase alta. Agregaron que uno de los clubes tradicionales, otrora un baluarte aristocrático, perdió esa distinción porque, debido a la necesidad de mantener una sede suntuosa en el centro de la capital, había admitido en el cuadro de socios a unos «turcos muy ricos». La discriminación practicada contra las familias de origen árabe, entre los cuales se encuentran algunas de las mayores fortunas de Chile, parece comprobar que la clase social y económica está lejos de significar una misma cosa en América Latina[56].

Otro ejemplo constituye el conservador diario *El Mercurio,* que se refería peyorativamente a los árabes y otras personas que no procedían del mundo occidental. Ello se debía especialmente a que éstos llegaban casi con lo puesto y que se dedicaban exclusivamente al trabajo. Esto produjo una actitud de rechazo inicial por parte de la sociedad chilena.

Lo cierto es que, en aquellos años, la clase alta y dominante en Chile se caracterizaba por un poder no compartido, manteniendo además del monopolio económico y político, el de la prensa y de la intelectualidad. El mismo Benjamín Vicuña Mackenna, que elaboró el listado de jerarquía para la inmigración según país europeo, cuenta con ascendencia irlandesa, lo que constituye una importante variable explicativa al momento de entender las razones para ubicar la promoción de las personas con tal origen en un segundo lugar.

Joaquín Edwards Bello expresa, en 1935, su consternación ya que según él, la inmigración de «árabes, sirios y judíos» había producido

---

[55] M. T. Daher, ob. cit., p. 5.

[56] L. Agar, *El comportamiento urbano...,* ob. cit., p. 76.

que el chileno de los barrios de Recoleta, San Pablo y San Diego mostraba un color más oscuro[57].

Los intelectuales del inicio del siglo XX y representantes paradigmáticos de la clase oligárquica, los cuales se habían manifestado con relación a la inmigración árabe de manera despectiva, no sólo expresan su discriminación y racismo para con el árabe; en el ámbito de sus descalificaciones, se encuentran todos los grupos que carecen de un origen centroeuropeo como los indígenas, pobres, extranjeros eslavos y los orientales, por mencionar sólo a algunos[58].

De este modo, la expresión discriminatoria, que obviamente debe ser condenada, significaría adoptar la misma actitud, si no se entiende el contexto en que ésta se expresa. Se exterioriza a través de un menosprecio y una intolerancia de vivir con grupos distintos: cada grupo —no inmigrante— del país receptor adopta, imita y reconstruye la discriminación desde su propia posición. Así se entiende, que al momento de convivir con los sectores pobres, éstos también expresan su descalificación hacia los árabes y sus descendientes.

Es necesario mencionar que nunca hubo campañas para expulsarlos del país. La existencia, si bien en una proporción baja, de matrimonios mixtos a comienzos de la inmigración, deja entrever que en Chile también hubo formas de aceptación. Por tanto, hablar de xenofobia sólo referida a los árabes es impreciso. Ésta se visualiza como parte de un conjunto de expresiones xenófobas. Es decir, si en Chile alguien se expresa de manera negativa hacia el árabe o un

---

[57] Esto último habla del desconocimiento que tenía aquel intelectual, no sólo sobre la conformación de la inmigración árabe, sino también del «color» de las clases populares, ya que en América Latina, desde el tiempo de la colonia, la estructura social exhibe que las clases sociales generalmente están relacionados con rasgos étnicos distintos. En general, los rasgos más nórdicos suelen asociarse a los estratos socioeconómicos altos; mientras que los rasgos indígenas o negros se asocian a los estratos socioeconómicos más bajos, véase A. Rebolledo, «La turcofobia...», art. cit., p. 107.

[58] Es interesante señalar que los resultados de las encuestas sobre «intolerancia y discriminación» de los años 1997 y 2000, respectivamente siguen dando cuenta de una preocupación, desconocimiento y discriminación hacia grupos étnicos distintos, no sólo en el grupo socioeconómico alto sino también en los estratos medios y bajos, «Intolerancia y discriminación. Informe y análisis», Santiago de Chile, Fundación Ideas, 1997 y 2000.

inmigrante, en general también lo hará en relación hacia otro grupo minoritario.

Los acontecimientos de rechazo a los cuales fueron sujetos los árabes y sus descendientes muestran que aunque hubo discriminación, esta forma de parte de una expresión, en general común en Chile, hacia grupos étnicos que no comparten características muy apreciadas por la clase dominante, la cual se acentúa cuando «invaden» su espacio económico.

IV.2.2. Percepción del inmigrante árabe en Chile

El proceso de integración resume un conjunto de factores, asociados tanto con la zona de origen y la zona de destino, mediada por todas aquellas otras variables inherentes al proceso mismo migratorio.

Los inmigrantes árabes llegan desde Líbano, Palestina y Siria. La percepción que tiene la sociedad receptora es uniforme, lo cual se debe fundamentalmente al desconocimiento de la cultura árabe: «Se categorizó como pertenecientes a una misma cultura a todos los inmigrantes provenientes de diferentes países y culturas del Medio Oriente» [59]. La coincidencia de la llegada de inmigrantes árabes desde distintas zonas geográficas repercutió hondamente en su formación como grupo, y también en la forma que la sociedad chilena los recibió.

Al llegar, el inmigrante árabe se encuentra con un paisaje y clima similar al de los países árabes, «el paisaje era, tal vez, una de las pocas semejanzas que los inmigrantes podían encontrar con su tierra natal» [60].

Según E. Chahuán, los parecidos no se limitaban sólo a este ámbito: «la incorporación gradual, aunque generalmente rápida de los árabes al medio ambiente criollo, sólo puede explicarse por las semejanzas de estilos de vida. El árabe que se establece en Chile, no lo hace en calidad de emigrante exótico, sino que puede considerar su nuevo ho-

---

[59] M. T. Daher, ob. cit., p. 71.
[60] A. Rebolledo, «La turcofobia...», ob. cit., p. 121.

gar como propio ya que en nuestro país encontrará profundas raíces arábigas»[61].

Por tanto, hay ciertos ámbitos que demuestran tener una mayor distancia con la estructura de los países árabes, como las instituciones políticas y las económicas. Sin embargo, la presencia de más de 700 años de presencia arábigo-musulmana dejó un legado cultural de valor incalculable y que se reflejó también en el continente dominado por la Corona española.

IV.2.3. El credo religioso como elemento común

En la *Guía social* se omiten referencias sobre el credo de los migrantes. Sin embargo, en varios estudios se hace mención a aquella característica. Se ha señalado que los inmigrantes profesan mayoritariamente la religión cristiana o la religión católica ortodoxa y, en menor medida, la católica romana. En la EPOA 2001, cuando se consulta sobre la religión, un 69% declaró ser católico y un 14% ortodoxo. Resulta interesante constatar que el 24% de los académicos declaró «no tener», lo que seguramente significa que no practica, no cree o no se siente representado por la institución religiosa. También resulta destacable el 6% de los alumnos que declara tener otra religión, sin especificar. En el caso de los empresarios es donde se puede observar la mayor proporción de ortodoxos con un 22%[62] del total de empresarios encuestados[63].

En algunos barrios de Santiago, especialmente aquellos que son identificados con habitantes de origen árabe, se erigen tempranamente iglesias católicas ortodoxas, lo que habla del tipo y el papel que cumple la religiosidad en los inmigrantes.

---

[61] Eugenio Chahúan, «Presencia árabe en Chile», *Revista Chilena de Humanidades,* núm. 4, Santiago, Chile, Facultad de Filosofía Humanidades y Educación, Universidad de Chile, Alfabeta Impresores, 1983, pp. 41-42.

[62] Véase Anexo, cuadro 4.

[63] En la encuesta realizada en el Colegio Árabe en 2006, el 46% de los estudiantes consultados se definió como católico, el 35% como ortodoxo, el 7% de otra religión y sólo un 2% afirma ser musulmán. Por otra parte, el 10% dijo no tener ninguna religión.

El credo religioso fue uno de los elementos facilitadores del proceso de integración. La existencia de una común religión es una variable muy importante para determinar si hubo choque cultural entre árabes y los habitantes del país de adopción. Sin embargo, el choque cultural se produce cuando la distancia cultural entre los grupos en interacción es muy marcada, es decir, cuando no existe una comunión en los valores básicos de los grupos. Entonces, chilenos y árabes cristianos (miembros mayoritarios en ambos grupos) debieron vivir de acuerdo a estos valores medulares y, en consecuencia, no habría choque entre los valores básicos respectivos de los grupos[64].

A pesar de tener la religión como un valor basal se aprecia distancias mayores con las instituciones políticas y económicas. Éstas se perciben ampliamente debido a que en el país de origen, la aldea se constituía como base de la vida en comunidad. Además de la religión, a la cual se le concede no sólo un rol intercomunicador con la sociedad receptora, sino también valores comunes, se hace esencial mantener algunos rasgos esenciales de identidad. La migración en cadena ayudó a que los árabes mantuvieran en el país receptor un contacto con sus coterráneos y conservar, en cierta medida, su estilo de vida[65]. El desafío para el inmigrante consistió en combinar sus tradiciones con las nuevas normas de conductas que le permitiesen una interacción con los nacionales.

IV.3. *Resocialización y acomodación*

Según Daher, el proceso de integración requirió instancias de resocialización y acomodación: «El sujeto debe aprender y adquirir nuevas pautas culturales, que suceden cuando el inmigrante no hace suyos los nuevos rasgos culturales y, sin embargo, se integra ocupacionalmente a la sociedad receptora. En este caso, se habla de acomodación. Una persona o un grupo de individuos provenientes de otra cultura pueden vivir junto a los miembros de la sociedad receptora, pero conser-

---

[64] M. T. Daher, ob. cit., pp. 67-68.
[65] *Ibid.,* pp. 82-83.

vando entre ellos relaciones de externalidad, vale decir, sus interrelaciones estarán regidas más por normas y leyes que por contactos íntimos» [66].

Las redes de solidaridad familiar juegan un papel fundamental en el proceso de integración: para un inmigrante o un núcleo familiar, el alojamiento una vez arribado a Chile era una preocupación prioritaria. Aquellos que contaban con familiares o amigos residentes, generalmente eran acogidos por éstos mientras se establecían o bien los orientaban hacia dónde dirigirse.

La protección y el apoyo de parientes y coterráneos se mantenían constantes para los inmigrantes, según las tradiciones árabes a medida que se venían incorporando. De esta forma, «la ayuda mutua se tornaba indispensable al momento de ingresar y se otorgaba incluso, sólo por hecho de ser árabe; así, todos se iban integrando unos tras otros, viviendo incluso en las mismas calles» [67].

A. Rebolledo, haciendo referencia a una entrevista, lo resume así: «Conocieron a un compatriota llamado Ibchara Barcuch [...] era oriundo de Beit Yala y sabía suficientemente el español como para hacerse entender, e hizo que sus compatriotas aprendieran un reducido, aunque imprescindible vocabulario para entenderse con la gente, haciéndoles repetir una y otra vez. Asimismo les habló de las costumbres de los habitantes, de su modo de vida y de la mejor forma en que debían tratarlos y entenderse con ellos» [68].

El proceso de integración fue diferente para hombres y mujeres, dada la férrea estructura patriarcal de las familias. En la esfera de lo privado, las mujeres ocupaban un papel fundamental en el mantenimiento de las condiciones de vida. En el espacio más público, los hombres logran una interacción con la sociedad receptora a partir del ejercicio laboral. Así, «la ocupación es una variable muy importante en el proceso de aprendizaje de nuevas pautas de comportamiento (...) las ocupaciones que requieren un mayor contacto interpersonal, facilitan el proceso de aculturación» [69].

---

[66] *Ibid.,* pp. 28-29.
[67] A. Rebolledo, ob. cit., p. 136.
[68] *Ibid.,* pp. 137-138.
[69] M. T. Daher, ob. cit., p. 22.

El desconocimiento del idioma fue un factor obstaculizador de la integración, en especial para las mujeres: «Una de las primeras dificultades que enfrentó el recién llegado fue el desconocimiento del idioma, lo que dificultó su integración a la nueva realidad. Aquellos que llegaron avanzado este siglo, salvaron en gran parte la dificultad idiomática, gracias a la presencia de paisanos que algo lo pronunciaban»[70].

Recién llegados, la dedicación prioritaria de los inmigrantes era el trabajo: «Lo ganado era, casi en su integridad, ahorrado a fin de llegar a concretar sus sueños: establecerse, enviar a buscar a la familia o retornar a su patria enriquecido. Sus gastos eran escasos: arriendo y comida. Ni pensar en comprar ropa y otros prescindibles»[71].

La centralidad del trabajo al interior de la comunidad árabe, contribuyó al proceso de integración en la medida que su interacción con el medio se sometía a la regulación normativa por parte de la sociedad receptora. La internalización de pautas y patrones normativos se conjuga con la tradición y en especial, por la alta valoración. Por lo tanto, desde un primer momento los inmigrantes muestran la necesidad de comunicarse con la sociedad de destino para subsistir, pero al mismo tiempo, intentan mantener aquellas formas de vida marcadas por la tradición.

IV.4. *Matrimonios*

IV.4.1. Endogamia *versus* exogamia

A pesar de la dispersión territorial y el principal perfil del inmigrante —hombre joven soltero—, la celebración de matrimonios exogámicos fue en un comienzo relativamente baja: entre 1910 y 1919, sólo el 11,6% de los matrimonios eran mixtos, es decir, aquellos en que uno de los cónyuges es de origen árabe. En tanto, en la época comprendida entre 1920 y 1929, estos tipos de matrimonios aumentan a un 16,3%[72].

---

[70] Medina, ob. cit., p. 91.
[71] *Ibid.,* p. 93.
[72] Zedán, ob. cit., p. 6.

En los años de mayor afluencia árabe al país, existía una alta preferencia por matrimonios endogámicos, es decir, ambas parejas del matrimonio son de origen árabe. En otros términos, significa que cerca de un 90% de los hombres solteros llegados a Chile se decide a contraer nupcias con una mujer del mismo origen. La conformación de la familia árabe con esta lógica aseguró la transmisión de hábitos y costumbres, y contribuyó a la preservación de la identidad árabe y su estilo de vida.

En sus primeros tiempos, el árabe tendió a casarse dentro de la misma colonia —endógamo— ya que por diversas circunstancias no se relacionaba con chilenos: poco dominio del idioma, desconfianza mutua y, tal vez, lo más importante, porque no concebía la idea de casarse con alguien que no fuese de su patria, más aún, de su aldea y cuya familia no se conociese [...]. En los consejos de familia, se proponían al joven las probables candidatas. En el caso de no aceptar ninguna, los medios para encontrarlas no eran muchos... Uno de ellos, consistía en asistir a las actividades de la comunidad árabe, donde concurrían los muchachos y muchachas casaderos. Una costumbre propagada en toda América era aquella en que los jóvenes en edad de merecer, iban a los puertos cuando recalaban barcos que traían entre sus pasajeros familias árabes, que contaban entre su prole a muchachas. Entre éstas, se podía encontrar a la futura compañera. Cuando ninguna de estas vías daba resultado, aún quedaba la posibilidad de viajar al lugar de origen, en busca de una esposa[73].

La mayor cantidad de matrimonios endogámicos obedece también al deseo de unirse a una persona con la cual se comparten raíces legendarias, costumbres y de la cual se tiene conocimiento sobre su historia familiar. Esto es significativo desde el punto de vista del inmigrante árabe, por cuanto asegura la reproducción social e intergeneracional de su propia comunidad. A través de los matrimonios endogámicos se mantiene la tradición de los países de origen.

En la elección y aprobación de la futura esposa interviene la opinión favorable de todos los parientes, los cuales implican a las personas mucho más allá del denominado núcleo familiar. Estos consejos de familia, de ser posible, congregaban no solamente a los padres, sino también a tíos, tías, hermanos y parientes lejanos que estuviesen en Chile.

---

[73] Olguín y Peña, ob. cit., pp. 100-101.

A diferencia de las costumbres de Chile de aquella época, se puede afirmar que aunque el matrimonio en la sociedad receptora también es una decisión de máxima importancia, especialmente en las clases media y alta, en última instancia sólo dispone la máxima autoridad familiar, representada por el padre de la novia, sobre este asunto.

El comportamiento en cuanto a los tipos de matrimonios de las minorías étnicas es una variable fundamental para indicar los procesos de integración y asimilación de ésta a la sociedad receptora[74]. La paradoja del emigrante árabe radica en que, aun teniendo el anhelo y la voluntad de asentarse en un país distinto al cual se procede, persiste en él un esfuerzo de mantener las tradiciones, lo cual revela también la dificultad de las personas para abandonar repentinamente aquella condición de profundas raíces históricas.

La EPOA 2001 nos entrega valiosa información sobre la población de origen árabe según tipo de mestizaje. De las encuestas se desprende que en el caso de los palestinos, que son la amplia mayoría, un 38% son mezcla con no/árabe y un 62% tiene ambos padres palestinos. En el caso de los sirios, un 50% son mezcla con no/árabes, en tanto en el restante 50%, ambos padres son sirios.

De la información recogida en el cuadro 10, se puede destacar que el grupo mayoritario está marcado por ambos padres palestinos con un 39%. No obstante, al contrastar los grupos «académicos» y «empresarios» se manifiestan distinciones interesantes: en el primero, es mayoría con un 35% «ambos palestinos»; esta opción aumenta considerablemente a un 58% en el grupo «empresarios». En el grupo «estudiantes» prevalece ahora el mestizaje palestino/otro con un 49%[75].

IV.4.2. Género e integración

Los primeros inmigrantes vivieron en los lugares más marginales de las ciudades, experimentando un fuerte choque cultural al percibir

---

[74] Zedán, ob. cit., p. 5.
[75] En el caso de la encuesta en el Colegio Árabe, el 53,3% de los encuestados tiene sus dos padres de origen árabe, mientras que en el 42,4% de los casos los jóvenes tienen un solo progenitor con este origen.

una nueva relación de género. Si bien los hombres y las mujeres chilenos mantenían relaciones desiguales de poder al interior de la relación de pareja, las mujeres de los sectores marginales fueron percibidas por los inmigrantes de manera muy diferente en relación con el comportamiento de la mujer árabe. La desconfianza experimentada por el árabe frente a las chilenas se debía a que en dichos sectores se podía observar una mayor «liberalidad» de las mujeres y un comportamiento marital muy ajeno al que estaban acostumbrados[76].

Con todo, hubo también matrimonios mixtos, los que tienden a aumentar con el avance del tiempo. Las diferencias religiosas no constituían necesariamente un impedimento para casarse. Al igual que en los otros países latinoamericanos, los chilenos ejercen la fe católica romana; mientras que los inmigrantes árabes que llegan al país suelen practicar la religión ortodoxa. Así, ambos eran de fe cristiana, habiendo una congruencia en los valores primordiales que deben regir en una familia[77].

Resulta interesante señalar que, al examinar la importancia que le asigna un grupo de hombres y mujeres de origen árabe, aún exista una alta valoración por la endogamia, situación que se reduce en grupos más jóvenes, como es el caso de los estudiantes[78]. Sin embargo, al observar esta situación al interior de grupos de un mismo sexo y ocupación se ven algunas diferencias significativas. En el caso de los académicos y empresarios existe una alta proporción de mujeres que está a favor de que el cónyuge de su descendencia sea de origen árabe. Esto se revierte entre las estudiantes, para quienes el origen no resulta ser un requisito indispensable a la hora de optar por un esposo o pareja[79]. Es posible afirmar que las mujeres de mayor edad tienden a apoyar en mayor proporción la endogamia, situación que si bien varía según etapa generacional, aún podría aparecer con más fuerza con relación a los hombres.

---

[76] Medina, ob. cit., p. 100.
[77] *Ibíd.,* p. 101.
[78] La edad promedio es de 22 años, EPOA, 2001.
[79] Véase Anexo, cuadro 4.

IV.4.3. Exogamia: un indicador de integración

Un indicador esencial para hablar de proceso de integración social de los inmigrantes en la sociedad receptora es el grado de mestizaje en el matrimonio. Implica una forma de transmisión de pautas de comportamientos, hábitos y costumbres hacia la generación siguiente. En el periodo inicial de la inmigración árabe, la mayor parte de los matrimonios eran de tipo endogámico, lo cual puede explicarse por el peso de la cultura y la idea, aún no resuelta, de un retorno a sus aldeas y ciudades.

En matrimonios formados por árabes, y con relación a las costumbres y la cultura, se indica que hay una «tendencia a adoptar costumbres chilenas para realizar la integración y la convivencia entre ellos y la sociedad a la cual pertenecen, pero el análisis de las respuestas llevan (sólo) a la palabra adaptación y no-adaptación, porque las costumbres árabes siguen conservadas, por lo general, entre los entrevistados»[80].

El lento, pero constante incremento de matrimonios mixtos a través de las décadas muestra que, a grandes rasgos, el comportamiento del inmigrante árabe tiende a ser conservador, es decir, existe un intento de mantener las tradiciones y costumbres a través de la elección de una pareja de los mismos orígenes.

La conformación de matrimonios mixtos, según las fechas de celebración, se puede ver en el gráfico de la página siguiente.

Entre 1910 y 1969, se aprecia un gradual aumento relativo de los matrimonios mixtos, es decir, con una pareja perteneciente a la sociedad receptora. En un inicio, en la época de mayor afluencia y que abarca los años entre 1910 y 1919, éstos constituyen un 12% del total de matrimonios celebrados, en los cuales participan árabes. En tanto, en la última década, comprendida entre 1960 y 1969, se tiene un 53% de matrimonios mixtos. Esto indica una progresiva integración social de los árabes a la sociedad receptora[81].

---

[80] Ximena Tapia, *La sobrevivencia de la tradición emigrante entre los chilenos de ascendencia árabe. Un estudio exploratorio y clasificatorio,* Centro de Estudios Árabes, Universidad de Chile, 1982, p. 118.

[81] El tamaño familiar observado a partir del número de hijos promedio tenido resulta ser un elemento que ha tendido a ser preservado al menos por las generaciones

Matrimonios mixtos (árabe-chileno) según fecha de celebración. 1910-1969 (en %)

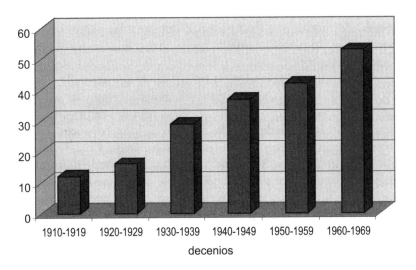

Fuente: Guía social (1941).

Esto demuestra, que en un principio sólo un reducido número «desafiaba a sus paisanos, transgrediendo la norma tácita, pero rigurosa, de no casarse con una persona ajena a la comunidad árabe»[82]. No obstante, tiene que recordarse que hay tendencia a casarse con las personas que más se conoce y congenia, y en el caso de los árabes, cuando se le conoce su historia familiar y que además fuera aprobada por la parentela.

Con el cese de la inmigración masiva hacia 1940, las personas en edad de casarse, muchos de ellos ya descendientes de primera generación, contraerán matrimonio con no árabes. Por esta vía, se co-

---

mayores. La EPOA 2001 señaló que el número de hijos del grupo «académicos» y del grupo «empresarios» es bastante disímil. En el primer caso, un 25% no tiene hijos, un 16% tiene uno o dos hijos; un 59% tiene más de tres hijos. En el segundo grupo un 25% tiene uno o dos y un 75% tiene más de tres hijos.

[82] Véase Anexo, cuadro 19.2.

mienza a aceptar crecientemente la forma de vida de las personas que integran a la sociedad chilena. Al mismo tiempo, la idea del retorno comienza a esfumarse. También se inicia un proceso de creciente aceptación mutua, que se debe especialmente a las pautas de comportamiento adquiridas y asimiladas del grupo de inmigrantes de la sociedad receptora.

Hoy en día, de acuerdo a la información que arroja la EPOA 2001, un 44% de los encuestados (académicos y empresarios) dice que sí es importante que el cónyuge de sus hijos sea de origen árabe. Respecto del cónyuge de sus hijos un 76% de los académicos señalaron que no era importante que fuese de origen árabe. Un 24% indicó que sí era importante. Mostrando una clara diferencia, el grupo de empresarios señaló en un 45% que no era importante que el futuro cónyuge de sus hijos fuese de origen árabe y un 55% que sí lo era. Los motivos principales que expresaron tienen que ver con la mantención de las tradiciones y por compartir una historia en común.

En el caso de los estudiantes, al consultárseles sobre su futuro cónyuge, el 87% piensa que no es importante que sea de origen árabe. Del 13% restante que cree que sí lo es, la razón tiene que ver con la importancia de mantener las tradiciones[83].

IV.5. *Tradición, resocialización y participación*

Al término de la denominada segunda fase de inmigración, Chile ha incorporado la obligatoriedad de la educación primaria. En el transcurso del término de la segunda fase y hasta el inicio de la tercera etapa —periodo que se prolongará hasta 1973— se observa una ampliación de la clase media, gracias al activo papel que le cupo al Estado. Las instituciones educacionales y el proceso de urbanización, factores claves del ascenso de la clase media chilena, son válidos también para los inmigrantes y descendientes árabes; estos últimos adquieren una socialización y adquisición de valores y pautas similares a los chilenos.

---

[83] En la encuesta que se realizó en el Colegio Árabe, por su parte, el 90,7% de los consultados estaba de acuerdo con el matrimonio de miembros de la comunidad árabe con personas de otro origen, mientras sólo un 9,3% opinaba lo contrario.

En un principio, la mayoría de los migrantes árabes llegó con la idea de un pronto retorno a sus tierras natales. Por eso, el oficio elegido por la mayor parte de ellos obedeció al poco grado de arraigo a la tierra, cosa muy importante para aquella gente que anhelaba volver a su patria lo antes posible. La comunidad árabe mostró preocupación por tal situación. En un diario árabe publicado en Santiago se promueve combatir el fanatismo religioso, atacar la falta de solidaridad e «incultura» de algunos inmigrantes, y promover la integración. Benedicto Chuaqui en su novela histórica *Memorias de un emigrante,* dice al respecto: «Insistí en la conveniencia de adaptarse a los usos y costumbres del país que nos albergaba, a fin de no desentonar dentro de la sociedad en que llegábamos a vivir»[84].

Esta necesidad de integración ha deteriorado el uso del idioma originario, especialmente en los descendientes. Según la EPOA 2001, el conocimiento del idioma árabe es muy precario en todos los grupos encuestados. Se aprecia un mayor conocimiento del idioma en los académicos y disminuye fuertemente en los estudiantes, lo cual puede ser explicado por su generación y grado de mestizaje[85]. Al consultar por la *preservación del idioma* al interior de los hogares, se observa que un 26% de los académicos, un 15% de los estudiantes y un 22% de los empresarios señaló que al interior de su familia se mantenía el idioma árabe[86].

Para facilitar el proceso de inmersión en la sociedad chilena, un conjunto no menor de personas cambió su nombre y apellido de bautizo. Este hecho también indica el comportamiento de la sociedad receptora hacia el inmigrante: el cambio de nombre favorece una comunicación más fluida entre los distintos grupos, donde los prejuicios hacia los árabes tienden a desaparecer, facilitando de este modo las relaciones comerciales.

Una vez en Chile, el árabe tradujo o transformó su nombre a lo que más parecía en español, y muchas veces, también su apellido. Con el cambio de estos últimos, nacieron los Campos, Flores, Martínez, Pinto, García, Díaz y Tapia árabes. Con la transformación de los nom-

---

[84] Rebolledo, ob. cit., p. 123.
[85] Véase Anexo, cuadro 5.
[86] Véase Anexo, cuadro 12.

bres, los Issa derivaron en Salvador, los Hanna, en Juan; los Mamad, en Manuel; los Jalil en Julio y otros[87].

IV.5.1. Socialización y descendencia árabe

El grupo árabe ya no está formado principalmente por los inmigrantes, dada la notable reducción de la inmigración a partir de la tercera fase histórica señalada en el apartado II. Son los descendientes quienes forman parte fundamental de la comunidad árabe en Chile y quienes han adquirido una socialización secundaria del país receptor[88]. El cambio en la proporción de la participación de inmigrantes y sus descendientes queda en evidencia cuando se observa que, según datos de la *Guía social de la colonia árabe* de 1941, un 85% de los árabes eran inmigrantes y 15% descendientes[89]. En 1970, esta proporción prácticamente se revierte, pues el 14% son inmigrantes y el 86% descendientes[90].

Según los datos de la EPOA 2001, un 34% corresponden a descendientes de primera generación; un 48% de segunda y un 18% de tercera generación. En el grupo «académicos» y «empresarios», que tienen un promedio de edad de 51 y 54 años respectivamente, predominan nítidamente las personas de primera y segunda generación nacidas en Chile. Caso contrario ocurre con el grupo «estudiantes», donde el promedio de edad es de 23 años. En este caso, predominan los de segunda y tercera generación, y sólo un 5% es de la primera generación[91].

---

[87] Medina, ob. cit., pp. 101-102.

[88] La socialización primaria se refiere a la incorporación de normas y pautas de conductas según la familia, en tanto, la socialización secundaria se refiere a la adquisición de éstas esencialmente a través de las instituciones educacionales.

[89] Agar, ob. cit., p. 74.

[90] *Ibid.,* p. 75.

[91] Este antecedente es muy relevante para analizar las similitudes y las diferencias en las respuestas toda vez que dan cuenta de dos tipos de comparaciones: entre académicos y empresarios quienes son de una misma generación más con actividades distintas; y entre estos grupos con respecto de los estudiantes, quienes muestran una distancia generacional relevante respecto de los inmigrantes, véase Anexo, cuadro 7.

Respecto de la ascendencia es posible apreciar, considerando a todos los encuestados, que el 26% tiene ascendencia árabe por vía paterna y el 13% por línea materna. Un mayoritario 61% presentó una ascendencia por ambas vías. Al hacer la distinción por grupo de población se notan diferencias significativas: en el caso de los «académicos», un 53% muestra ascendencia por ambas partes, mientras que en el caso de los «empresarios», esta proporción aumenta a un 86%. Podría especularse, abriendo nuevas líneas de investigación, acerca de la influencia de la ascendencia por parte de madre y madre de origen árabe, de los «empresarios» y su dedicación a actividades económicas típicamente derivadas de la inserción de los inmigrantes árabes en Chile. O, viéndolo desde otro ángulo, podría existir una relación entre la ascendencia mixta en la preferencia por una actividad profesional ligada al ámbito académico o, en términos más amplios, a la actividad profesional liberal.

Muy distinto resulta lo observado para los «estudiantes». Predomina la ascendencia por vía paterna en un 51%, luego la materna con un 21% y finalmente la doble ascendencia, con un 28%. De esto se desprende muy claramente el proceso de integración, a través de los matrimonios mixtos, que ha ocurrido con las generaciones más jóvenes, representados por estos estudiantes[92].

Dichas cifras tienen estrecha relación con el aumento de la proporción de matrimonios mixtos. El proceso de integración a Chile ocurre mientras se acentúa la relación comunicadora con el medio, en la mayoría de los casos, por parte de los descendientes. Ya no sólo hay una regulación de la interacción con el medio a través de las pautas normativas que se refieren a lo laboral, sino también una incorporación en los valores en las personas que están en congruencia con el medio receptor.

En relación con la mantención de las costumbres y tradiciones con los ancestros, es posible afirmar una amplia valoración por esto, lo que se traduce en la generación o conservación de instancias en las cuales se reproducen las prácticas o usos más tradicionales. La preser-

---

[92] Véase Anexo, cuadro 8. En cuanto a la encuesta en el Colegio Árabe, de los jóvenes encuestados el 90,1% tiene origen árabe por línea paterna y el 65,1% por vía materna.

vación de la comida tradicional árabe al interior de la familia, la música a modo de ejemplo, constituyen un indicador de preservación de las costumbres más mantenidas. Un 91% de los académicos, un 90% de los estudiantes y un 95% de los empresarios declaró mantener dichas costumbres. Con respecto a la música árabe, un 59% de los académicos, un 56% de los estudiantes y un 72% de los empresarios declaró que al interior de su familia se mantenía la música tradicional[93].

IV.5.2. Participación política

A fines de los años veinte, Chile dio inicio a una de las más importantes transformaciones en la educación. Se implementó la obligatoriedad de la escolaridad básica, a la cual se adscriben los descendientes de árabes. La ampliación de la cobertura educacional se constituye en un factor primordial del proceso de integración de los árabes y sus descendientes, que más tarde daría origen a una integración a una de las dimensiones más significativas de la esfera pública de la sociedad chilena: la participación política.

La participación activa de la población árabe en la vida nacional ha sido una constante desde mediados del siglo XX. No es la excepción en la actual vida política nacional. De los 342 alcaldes actuales 12 tienen ascendencia árabe (3,5%).

En dos comunas caracterizadas por una importante presencia de población árabe han sido elegidos alcaldes de ese origen: Ñuñoa y Estación Central. También se ha elegido un alcalde de origen árabe en Calera, tradicional ciudad de presencia palestina.

Asimismo, se puede apreciar, que de la totalidad de la nómina de descendientes de árabes, se tiene que en ninguna de ellos —salvo las dos comunas de Santiago—, corresponde a las capitales de las provincias, sino a ciudades medianas[94]. Esto está en estrecha correspon-

---

[93] Véase Anexo, cuadros 12 y 13. Respecto a los estudiantes consultados en la encuesta en el Colegio Árabe, el 51,2% afirmó practicar siempre sus tradiciones (comida, religión, música e idioma), el 44,2% sólo a veces, y sólo un 4,6% nunca o rara vez.

[94] Éstas son: Calera, Llay Llay, Putaendo, San Felipe, Estación Central, La Florida, María Pinto, Ñuñoa, Machalí, Cauquenes, Cabrero y Chile Chico.

dencia con la forma de asentamiento propia a los primeros inmigrantes árabes.

Desde la perspectiva de la descripción política de los alcaldes, se aprecia que nueve se inscriben en la Alianza por Chile (derecha) y sólo tres forman parte de la coalición gobernante (centro izquierda y democracia cristiana).

En cuanto a la Cámara de Representantes, que en Chile se constituye por la Cámara Baja, correspondiente a la Cámara de Diputados, y la Cámara Alta, conformada por el Senado, hay dos representantes en cada una. Todos ellos forman parte de la coalición gobernante.

Por último, dentro de la política, habrá que mencionar también algunos convenios establecidos por parte de los estados, entre países árabes y Chile. En 1945 se establecieron relaciones diplomáticas con el Líbano y con Siria, el 28 de junio y el 22 de octubre, respectivamente. Con el primero además existe un Tratado de Paz y Amistad, oficialmente promulgado el 24 de diciembre de 1951. Con Siria existe un convenio comercial, oficializado el 19 de agosto de 1992 y un Tratado de Cooperación de Agricultura, el cual, sin embargo, no compromete a los estados.

Con respecto a Palestina, existe un reconocimiento de la Organización para la Liberación de Palestina (OLP) desde el 7 de septiembre de 1993, de modo prerrogativa, y que sufrió una pequeña modificación el 18 de marzo de 1994. Con dicho grupo también se estableció un Memorando sobre Entendimiento de Cooperación Científica, Técnica y Cultural desde el 20 de mayo de 1997.

IV.6. *Localización territorial de la comunidad árabe*

En términos generales, las condiciones de vida iniciales del árabe fueron humildes. Albergaron en piezas de los conventillos o cités, la forma más común de convivencia entre los sectores pobres del país. Estos lugares, se distinguen por su alto grado de hacinamiento, lo que originaba una convivencia entre cuatro, seis e incluso más habitantes en un cuarto. El mismo espacio, si no se tomaba pensión, se convertía en cocina durante el día, mezclándose una diversidad de olores [95].

---

[95] Medina, ob. cit., p. 92.

IV.6.1. Distribución territorial

La orientación territorial de los inmigrantes y descendientes árabes siguió una tendencia clásica de las migraciones a grandes distancias. El cambio drástico en la forma de vida condujo a los inmigrantes a concentrarse en zonas geográficas específicas. La forma de migración en cadena, sumada a la necesidad de agruparse para lograr un mejor desempeño en las labores comerciales, provocó una acentuada concentración territorial. La idea de recrear la aldea árabe puede también ayudar a explicar la forma de asentamiento de los inmigrantes pioneros.

Chile se caracterizó, antes del comienzo del desarrollo industrial y a diferencia de otras naciones latinoamericanas, donde existía una elevada concentración en las grandes ciudades sin integración en una red urbana, por presentar una urbanización muy temprana y poco concentrada de sus ciudades. En 1907, poco más del 10% de la población total residía en Santiago. En 1930 la concentración en Santiago aumentó a un 16% [96]. Entre el Censo de Población de 1992 y los datos preliminares del último Censo (2002) la proporción de población que se concentraba en la región metropolitana pasó de un 39,4% a un 40,1%.

La dispersión o concentración de la población árabe en el país varía de acuerdo al lugar de origen de los inmigrantes. Este hecho resulta muy importante si consideramos las particularidades de cada grupo migratorio árabe, esto es, palestinos, sirios y libaneses.

Los primeros inmigrantes se ubican en barrios de la periferia pobre y viven en casas de escaso valor. Se agrupan por lo general en función de las relaciones de parentesco. Poco a poco se dio inicio a la concentración de familias en calles específicas. El asentamiento en barrios marginales de la ciudad era común y se explicaba para no incurrir en gastos innecesarios —comportamiento que se explica por una voluntad de sacrificio inicial para hacer venir y juntar a la familia— que pudiese significar aún un mayor deterioro de las condiciones de vida [97].

---

[96] L. Agar, *El comportamiento urbano...*, ob. cit., p. 81.
[97] Medina, ob. cit., p. 92.

A diferencia de los países occidentales, en las aldeas y ciudades árabes, los barrios remiten a las familias, que tienen especial importancia en el momento para establecer relaciones de confianza. Los vecindarios o barrios eran homogéneos con respecto a la religión, al origen nacional y, en cierta medida, a la ocupación y los ingresos. Allí, el individuo tenía íntimos y perdurables vínculos de parentesco, credo y vocación. La ciudad del Medio Oriente consistía en una aglomeración de comunidades autónomas donde se cultivaba sentimientos de lealtad hacia la misma ciudad. Existía por cierto una lealtad a la familia y la comunidad religiosa[98].

Dicha forma de asentamiento, que remite al concepto de la aldea de los países de origen, se proyecta también en el asentamiento espacial en la ciudad principal del país receptor, que ocurre ya a un nivel mucho mayor, como se podrá observar a través de las cifras respectivas. Así se toma como herramienta de ayuda las relaciones de parentesco, las cuales se convierten en ventajas al momento de establecerse y al emprender actividades comerciales en un país desconocido, donde la cooperación entre las personas se hace indispensable.

Del total de familias censadas en la *Guía social* de 1941, se aprecia la siguiente concentración por grupos en Santiago: palestinos, 36%; sirios, 57% y libaneses, 25%. Además se aprecia un orden decreciente de localización en Santiago por grupo migratorio, según la existencia de uno o varios puntos importantes de expulsión.

El mayor porcentaje de familias árabes que viven en Santiago, en relación al total nacional del grupo migratorio, proviene de Siria (57%). Del total de inmigrantes sirios, el 46% procede de un sólo pueblo, Homs, que además tiene características urbanas más acentuadas que los demás puntos importantes de expulsión[99].

Las principales ciudades de las cuales provienen los inmigrantes árabes son Belén, Beit Yala para los palestinos y Homs para los sirios.

---

[98] L. Agar, *El comportamiento...*, ob. cit., pp. 23-25.

[99] En tanto, la ciudad siria de Homs, mostraba como actividad principal «los trabajos textiles con telares muy primitivos. Esta artesanía de algodón y la seda estaba organizada de forma parecida a la Europea de la Edad Media, con el comerciante que proporciona la materia prima y compra el producto acabado del artesano», véase Rebolledo, ob. cit., p. 52.

En tanto, las personas que vienen desde el Líbano, muestran una dispersión tanto en los lugares de origen como de llegada en Chile[100].

Un 40% de las familias árabes se encuentran asentadas en Santiago en el año 1941. Tres son los barrios contiguos donde se concentran: Recoleta, en un 26%; San Pablo, 16% y Santiago Centro, un 11%. Los palestinos se localizan en Recoleta en un 37%, siendo el grupo migratorio que muestra la mayor concentración en un barrio específico en Santiago. Estos barrios llegan a identificarse con el inmigrante y sus descendientes debido a su importante presencia en la zona[101].

El barrio con mayor importancia es el ubicado en el área Mapocho-norte de Santiago, que comprendía Patronato, Independencia, Recoleta y alrededores. Con la llegada de los árabes a este sector no sólo afloró el comercio, sino también se iniciaron los primeros talleres textiles. Incluso hasta hoy mismo el barrio Patronato es identificado con los árabes y el comercio[102].

Dentro del grupo de palestinos, se puede distinguir la localización según la ciudad de proveniencia. Son las familias originarias tanto de Beit Yala como de Belén, las cuales se localizan mayoritariamente en el área de Recoleta. En cuanto a los sirios, aquellos que provienen de Homs son quienes se ubican mayoritariamente en Recoleta[103].

Las familias descendientes de árabes se localizan en Ñuñoa en un porcentaje (16%) mucho mayor que los inmigrantes, lo cual muestra la movilidad espacial hacia sectores de la ciudad de mayor nivel social en aquella época, evidenciando la relación entre la categoría generacional y el proceso de integración social[104].

Lo anterior se ve reflejado en el año 1970, al observar una movilización hacia el Oriente de la capital, congruente con el movimiento de las clases más acomodadas. Es decir, aunque aun hay una presencia mayoritaria en el Centro de Santiago, se tiende a abandonar los sectores de menores ingresos en los cuales se avecindaron los inmigrantes al momento de llegar, para dar paso a una localización más acomodada.

---

[100] L. Agar, *El comportamiento...*, ob. cit., p. 12.
[101] *Ibíd.*, p. 12.
[102] *Ibíd.*, p. 122.
[103] L. Agar, *El comportamiento...*, ob. cit., p. 128.
[104] *Ibíd.*, p. 129.

Los datos reflejan un cambio a través de un mejoramiento de las condiciones de vida durante los años[105].

Los inmigrantes que provenían de localidades urbanas del Medio Oriente, en Chile también se radicaban preferentemente en ciudades. De la misma manera, si las personas habían vivido en lugares rurales, generalmente elegían pueblos o ciudades pequeñas para asentarse.

Por ejemplo, en el caso de Santiago, vivía en 1940 un 58 % de los sirios; de éstos, un 46 % proviene de la ciudad de Homs. De la misma forma, el 36 % de los palestinos residentes hasta entonces en el país se ubica en la capital. Acá un 70 % son originarios de las ciudades de Belén y Beit-Yala. Mientras, que en el caso de los libaneses, se ubica un 25 % en Santiago, siendo sus lugares de origen mucho más diversos. «A diferencia de sirios y palestinos, los libaneses no provienen de ciertos pueblos o ciudades determinadas, en Chile hay muchos lugares, donde se dedicaban a labores agrícolas o al cultivo del tabaco y la seda natural»[106].

Esta dispersión de la población árabe que no se concentra en Santiago y que, recordemos, llega mayoritariamente entre 1900 y 1930, puede deberse en parte a las características del desarrollo urbano de Chile. Como veíamos anteriormente, Chile tuvo una urbanización muy temprana de sus ciudades y un bajo nivel de concentración, lo cual abre la posibilidad a la comunidad árabe de instalarse en diversos núcleos urbanos a través de todo el territorio nacional[107].

La actividad comercial ambulatoria, que exigía la incursión en territorios para lograr alcanzar localidades adentradas, constituye otra variable fundamental al momento de explicar el modo de localización al país. Logrado una cierta clientela de aquellos pueblos, se puede suponer, que la instalación en localidades medianas responde a la necesidad de lograr reunir aquella clientela en un lugar que permitiese el acceso recurrente. Además, la instalación en una segunda etapa se caracterizó por la diversidad de artículos ofrecidos[108]. Con ello, mostraron «así su completa capacidad de integración, toda vez que la vida en

---

[105] *Ibid.*, p. 131.

[106] Andrés Sanfuentes, *La influencia de los árabes en el desarrollo económico de Chile*, tesis, Santiago, Chile, Departamento de Ciencias Económicas e Ingeniería Comercial, Universidad de Chile, 1964, p. 53.

[107] L. Agar, *El comportamiento...*, ob. cit., p. 97.

[108] *Ibid.*, pp. 97-99.

pequeños pueblos, el mundo rural e incluso, algunas características del clima, eran parte de la experiencia del inmigrante»[109].

Asimismo, se puede afirmar que los árabes se encontraban repartidos a lo largo de todo el país, aún en las localidades más pequeñas y apartadas. Así, «había, al año 1940, por lo menos dos familias o más, de árabes y generalmente, eran de la misma nacionalidad, reafirmando lo que hemos anotado, respecto a la presencia de familias o amigos como factor de atracción. Por tanto, los árabes propendieron a agruparse en Chile, de acuerdo a su país y, aun más, de su aldea o ciudad de origen. Por ejemplo, a Chile llegaron y se establecieron 10 sirios provenientes de Alepo. Los 10 estaban asentados en Antuco»[110].

IV.6.2. Conformación de una comunidad

El concepto de aldea, pueblo o ciudad, y sobre todo, los lazos de parentesco y unidad familiar tienen una especial importancia[111]. El vecindario o barrio árabe es homogéneo con respecto a la religión, al origen nacional y, en cierta medida, a la ocupación y los ingresos; en tanto, en Chile, y específicamente en Santiago, los barrios o mejor dicho las comunas, se estructuran fundamentalmente en torno según estas dos últimas variables. La ciudad del Cercano Oriente consistía en una aglomeración de comunidades autónomas donde no se cultivaba sentimiento alguno de lealtad hacia la misma ciudad. Existía, por cierto, lealtad a la familia y la comunidad religiosa[112].

Los migrantes buscan la cercanía de sus coterráneos en vecinos de orígenes similares, para aminorar los efectos del desarraigo y poder compartir el tiempo libre y laboral con los paisanos[113]. La concentra-

---

[109] Medina, ob. cit., pp. 96-97.

[110] Fernando Lolas, «Jornadas de cultura árabe», en *Anales de la Universidad de Chile,* sexta serie, núm. 4, Universidad de Chile, 1996, p. 99.

[111] Rebolledo, ob. cit., p. 38

[112] L. Agar, ob. cit., pp. 24-25.

[113] Quienes han tenido las condiciones viajaron a su tierra de origen, sea para buscar esposo/a o para mantener los lazos. Los datos de la EPOA, 2001 señalan que un 35% de los académicos y empresarios encuestados han visitado los países árabes, siendo Palestina y Siria los lugares más frecuentados.

ción espacial en barrios bien específicos muestra la habitual forma de inserción de los primeros inmigrantes.

La concentración en un barrio particular —Patronato sector Mapocho Norte de Santiago— se justifica por la necesidad de aunar fuerzas en un medio desconocido y a veces hostil. También es una forma de integración social, toda vez que facilitó el progreso económico y, en consecuencia, cooperó en la futura integración social, incluso en un desplazamiento y dispersión espacial acorde con las pautas de la población chilena.

Puede observarse que con el paso de los años se diluye la concentración en determinados barrios, indicador de una integración progresiva, especialmente por parte de los descendientes. Según la información obtenida a través de la EPOA 2001, la actual distribución espacial de la población árabe se concentra fuertemente en el sector de Santiago Oriente (comunas de Lo Barnechea, Vitacura, Las Condes y Providencia), con un 56% del total. Destaca el 66% del grupo «empresarios». En las comunas consideradas típicamente de clase media (La Reina y Ñuñoa) vive un 15%. El 29% de la restante población consultada vive en otras comunas. En el resto de las comunas de la RM vive un 14,5% de la población árabe, destacando el grupo «estudiantes» con un 28,3%. Fuera de la RM vive un 10,5%, destacando nítidamente el grupo «empresarios» [114].

Las características comunes fomentan un sentido de pertenencia de las personas de distintos lugares o países que permiten distinguirse del medio local. Por eso, la identificación no se limita a la procedencia de sus países —que llegaron a independizarse después del significativo flujo de inmigración— sino que un sentimiento de pertenencia a una comunidad árabe como tal. Hay prácticas culturales que permiten la identificación y procesos colectivos que recrean la distinción de ser en un conjunto en un grupo distinto, independientemente si se es de Palestina, Siria o el Líbano [115].

Los propios inmigrantes árabes llegan a identificarse con una comunidad o identidad árabe, más allá de una referencia específica a los lugares de origen. El concepto de comunidad evoca, primeramente, a

---

[114] Véase Anexo, cuadro 3.
[115] Daher, ob. cit., p. 57.

un sentimiento de pertenencia de distintos individuos a una agrupación social o territorial, económica o política, que posee algo en común, que los identifique y los «vincule» [116]. Tal es el caso de los árabes, al encontrarse con similares características a pesar de su heterogeneidad nacional. Al hablar de comunidad, se habla también de experiencias significativas compartidas para el colectivo social, de surgimiento de hechos sociales relevantes tanto para el individuo como para el grupo humano del que forma parte. Además debe haber una referencia a la diferenciación con respecto al resto, como también mecanismos sociales que permitan su reproducción [117].

Entendemos por identidad a «una cualidad o conjunto de cualidades con las que una persona o grupo se ven íntimamente conectados» [118]. En este sentido resulta necesario identificar algunos elementos comunes al interior de la comunidad árabe, que le sean propios.

Un 65% del total de encuestados se reconoce como «chileno/árabe» (EPOA, 2001). Un 13% como «árabe/chileno» y un 12% como «chileno» a secas. El 9% restante anota «otro». La opción «chileno/árabe» muestra, por un lado, el reconocimiento a la adscripción a lo chileno y, por otro, un reconocimiento de la identidad árabe como parte integrante de su ser. Se aprecia diferencias entre los grupos encuestados. En el caso de los académicos un 79% anotó la alternativa «chileno/árabe»; entre los empresarios este porcentaje fue de un 65% y en el caso de los estudiantes disminuye esta cifra a un 51% [119].

La EPOA 2001 muestra que un 90% de los encuestados se identifica con la causa palestina. Entre los académicos este porcentaje es de un 91%, entre los empresarios de un 92% y en los estudiantes un 85% [120].

En el caso de los inmigrantes árabes, el vínculo principal que los une son los lazos familiares además de una común historia territorial,

---

[116] F. Lolas, ob. cit., p. 99.

[117] Medina, ob. cit., pp. 24-42.

[118] Larraín, ob. cit., p. 23.

[119] Véase Anexo, cuadro 18. En el caso de los jóvenes del Colegio Árabe encuestados, el 34,9% se identifica sólo como árabe y el 62,8% como chileno-árabe.

[120] Véase Anexo, cuadro 17.

social, política y religiosa. Existen, pues, similares características a pesar de provenir de distintas «naciones». Comparten rasgos culturales comunes a lo que se suman otras propiedades que se deben a su proceso de inmigración e integración que permiten hablar de una comunidad árabe en Chile. La EPOA 2001, muestra que la población de origen árabe se junta con otros descendientes de árabes, mostrando un alto espíritu de grupo. En los académicos, el 82%, en los empresarios un 92% y un 87% de los estudiantes [121].

Aún existe una alta valoración por el origen árabe. La EPOA 2001, respecto de la influencia de la ascendencia árabe en la vida profesional de los académicos y empresarios, éstos indicaron lo siguiente: un 32% de los académicos señaló que ser árabe influyó de manera positiva en su vida profesional, en el 3% influyó de manera negativa y un 65% de los casos declaró que no hubo influencia. En el caso de los empresarios, la situación es muy distinta, pues un elevado 67% señaló que ser descendiente de árabe influyó de manera positiva en su vida empresarial, en un 30% no influyó y en un 3% la influencia se realizó de manera negativa [122]. En el caso de los estudiantes, éstos responden en función del futuro profesional y señalan, en un 59% que ser descendiente de árabe influirá positivamente en su vida profesional y un 41% que no influirá. Ninguno opina que podrá influir en forma negativa [123].

IV.7. *Actividad económica árabe y su impacto en la economía chilena*

Uno de los factores que obstaculizaron inicialmente el proceso de integración social de los inmigrantes, fue su vinculación a la principal actividad económica desarrollada: el comercio. Junto con cuestionárseles el aporte que hacían al desarrollo de la economía nacional, se puso en duda la modalidad de obtención del prestigio social, comparándose siempre con el aporte de los inmigrantes europeos.

---

[121] *Ibid.,* cuadro 11.
[122] *Ibid.,* cuadro 16.1.
[123] *Ibid.,* cuadro 16.2.

IV.7.1. Trabajo: el comercio como vehículo de sobrevivencia
e integración

Los primeros días fueron indispensables para familiarizarse con el entorno, así como para adquirir algunas nociones básicas del idioma español a través del aprendizaje de un vocabulario mínimo pero imprescindible, como también de las costumbres del ambiente que los recibía; en esto el apoyo de otro paisano era de suma importancia [124].

El inmigrante árabe necesitaba adquirir normas de interacción social. Debido a la actividad laboral elegida, era habitual que los inmigrantes llegasen a relacionarse rápidamente con el medio chileno: «A pesar de desconocer el idioma y las costumbres, se dedicaron a la tarea de contactarse directamente con los miembros de la comunidad receptora para ofrecer y negociar sus mercancías» [125]. Dicha tarea requería también la exploración territorial, a medida que efectúan las incursiones en zonas remotas, aquello no sólo les permite conocer las formas de vida de los chilenos, sino también nociones fundamentales del castellano, lo cual refleja sus esfuerzos en espacio y tiempo en el oficio elegido por la gran mayoría de los inmigrantes.

Otra hipótesis señala que la elección del comercio como principal actividad económica, se debió a que éste no requería necesariamente de una comunicación fluida. Bastaban unas pocas palabras y el resto lo hacía el lenguaje universal de las señas [126].

La principal relación del inmigrante masculino adulto con la sociedad receptora fue de orden comercial, esto es, la atención del negocio con sus clientes respectivos. Las mujeres, una vez ingresadas a Chile, participaban en la dependencia establecida por el marido; además de relacionarse con la clientela de manera profesional, debían atender los quehaceres domésticos. De esta forma, el rol comunicador con la sociedad receptora, fuera de los términos comerciales, recae en los hijos de los inmigrantes. Así, el niño descendiente de árabe «va a tener que comportarse según las expectativas de sus familiares, como tam-

---

[124] Rebolledo, ob. cit., p. 137.
[125] Daher, ob. cit., p. 70.
[126] Medina, ob. cit., p. 91.

bién adoptar su comportamiento de acuerdo a las expectativas de los grupos a los cuales va ingresando, como el colegio, los amigos del barrio, entre otros» [127].

Al interior de la familia árabe se espera que el descendiente haga suyos también los valores sociales y las normas de conducta del país de sus padres o abuelos. Para la comunidad árabe y sus descendientes, se torna fundamental conjugar la integración a Chile con la preservación de su cultura. El respeto por la tradición significa la valoración de la historia. A nuestro juicio, la unidad familiar juega un papel central del exitoso proceso de integración a Chile de la comunidad árabe.

IV.7.2. Las primeras actividades económicas

La principal actividad del inmigrante al llegar consistía en ser buhonero [128]. Generalmente, esta actividad debía emprenderse inmediatamente, por el agotamiento de los pocos recursos que traía el inmigrante. Además se caracteriza por ser tradicional en varios países árabes. También, como se ha señalado, tal actividad, de tráfico ambulatorio, no ataba al hombre a la tierra, fundamental para las personas que esperan retornar lo más pronto posible a su tierra [129].

Por otro lado, dicha forma de laborar se podía emprender a pesar de las carencias del idioma español. También existía una cierta forma de reproducir el trabajo de los primeros por parte de los segundos inmigrantes, debido a la transmisión de los conocimientos adquiridos para hacer negocios en Chile. Esto es, conocer el cliente, sus preferencias y el territorio en que debe desenvolverse el comerciante. De este modo, los árabes que se van sumando llegan a involucrarse en dicha actividad para sobrevivir en el ambiente chileno.

El apoyo de familiares ya instalados previamente resultaba fundamental para el comienzo de la actividad laboral. Los inmigrantes carecían de un oficio especializado y se encontraban en una etapa de adaptación a la nueva sociedad. Así, «fue este virtual desarraigo dentro de

---

[127] Daher, ob. cit., p. 87.
[128] Comerciante informal.
[129] Daher, ob. cit., p. 57.

la sociedad chilena el que, en parte, les indujo a dedicarse a una actividad independiente, sin exigencia de vinculaciones»[130].

Las siempre nuevas rutas permitían no involucrarse en el terreno del paisano que los ayuda y acoge, respetándolo de este modo para comenzar una clientela propia. Esto está estrechamente relacionado con la dispersión a localidades urbanas pequeñas, que posibilitan llegar a puntos lejanos para vender la mercancía puerta a puerta. El itinerario formado, a través del acceso a zonas lejanas, que significaba internarse a diario por caminos rurales a valles cercanos y lejanos, se recorría generalmente en compañía de otro buhonero.

Un relato describe al buhonero de la siguiente manera: «Con sus canastos desbordando de las más heterogéneas mercancías —pañuelos, medias, espejos, horquillas, carretas de hilo, jabones, imperdibles, botones, miriñaques y peinetas—, constituían una figura demasiado pintoresca para que pasaran inadvertidos. Recorrían las calles voceando sus productos en rudimentario español con el conocido pregón de "cosa tenda", o sea, cosas de tienda»[131]. Y otro inmigrante decía: «salvo raras excepciones todos comenzamos con un canasto o una maleta, muchos calzando ojotas o alpargatas para ganarnos los primeros pesos. Kilómetros y kilómetros en los caminos o en las ciudades ofreciendo telas y ropa hecha»[132].

Aunque algunos pocos inmigrantes árabes tenían tales ahorros como para iniciarse con una tienda, la generalidad muestra que debió acumular sus ahorros a través del comercio ambulante. Ellos fueron una minoría pues el grueso de los inmigrantes tenía solo lo indispensable para subsistir un corto tiempo. No hay que olvidar que venían a América en busca de mejores expectativas económicas.

La tienda constituía generalmente el segundo paso, el cual significaba, haber ahorrado y al mismo tiempo tener ya una clientela por su historia de la actividad reciente. De este modo, su dedicación al trabajo toma ribetes distintos, ya que su concentración en un espacio determinado requiere dirigir su atención y dedicación de modo característico.

---

[130] Rebolledo, ob. cit., p. 139.
[131] Olguín y Peña, ob. cit., pp. 140-141.
[132] Rebolledo, ob. cit., p. 141.

Un ejemplo lo constituye un apartado de una novela, la cual es citada por Olguín: «Usted se habrá fijado en los turcos... Abren temprano. Cierran cuando no pasa un alma. Si nadie entra, permanecen inmóviles. Así ahorran energía y ropa. Viven en caserones. ¿Cuántos habitan en el mismo? ¿Sólo dios sabe? ¿Los ha visto entrar? Son como hormigas. A la vuelta de unos años abren su fábrica y siguen igual: la misma ropa, la misma cara, el mismo paso. Sólo por lo que existe dentro de su fábrica uno comprende que son ricos» [133].

Queda claro en este párrafo su dedicación al trabajo, su sentido de ahorro y la forma de convivencia familiar.

IV.7.3. La industria textil

Los inmigrantes árabes y la primera generación de descendientes ha sido un grupo que se ha identificado principalmente con la actividad comercial y con la creación de industrias en el rubro textil. Tanto en el sector industria como en el sector comercio, la población árabe se especializa en textiles [134].

Un ejemplo lo constituye la ciudad siria de Homs. La principal ocupación de los habitantes de dicha ciudad consistía en los trabajos textiles basado en telares muy primitivos. Esta artesanía del algodón y la seda estaba organizada en forma parecida a la europea de la Edad Media, con el comerciante explotado que proporciona la materia prima y compra el producto acabado al artesano [135].

El trabajo fabril textil se concentra básicamente en el algodón. Su dedicación especial de la tela es especialmente notoria hasta los años ochenta, cuando se da inicio a su importación. Debido a la competencia en el mercado nacional, estas telas nuevas responden a un material mucho más diverso que el algodón.

Anteriormente, ya se había mencionado que en el barrio Patronato empezaron los primeros talleres textiles. El capital reunido y obtenido gracias a la actividad de comerciante permitió a varios inmigran-

---

[133] Medina, ob. cit., p. 95.
[134] L. Agar, *El comportamiento...,* ob. cit., p. 137.
[135] Sanfuentes, ob. cit., p. 52.

tes dedicarse primero a la instalación de talleres textiles, que en algunos casos llegaron a expandirse hasta la conformación de industrias. La actividad económica de los inmigrantes y descendientes se concentra en la comuna de Recoleta, con importante predominio en la actividad ligada al vestuario y la confección [136].

IV.7.4. Panorama actual

El periodo comprendido entre los años 1930 y 1952 mostró cambios importantes en las fuerzas que tradicionalmente habían causado el crecimiento de los sectores más importantes de la economía chilena.

En la manufactura hubo un cambio desde la protección limitada hacia un proteccionismo pleno e incondicional, desde un grado considerable de libertad de empresa hacia una participación activa del Estado. Un elemento decisivo en el desarrollo económico de Chile entre 1930 y 1952, aparte del crecimiento de la manufactura y la mecanización de la agricultura, fue la importancia creciente de los sectores de servicios, como el comercio, transportes, almacenaje y comunicaciones, servicios propiamente tales y otras actividades no claramente especificadas. El papel trascendental del Estado chileno en el desarrollo económico en el periodo de 1950 a 1973, fijó el contexto en el cual el aporte de la comunidad árabe a la economía chilena fue más significativo [137].

Los árabes, en relación a otras colectividades extranjeras, como la española o alemana, se destacaron por ser el grupo que al llegar a Chile tenía potencialmente menos posibilidades de prosperar, debido a factores tales como la ausencia de capital, la falta de instrucción formal y el desconocimiento del idioma. Sin embargo, dentro de un plazo menor (20 a 30 años) alcanzaron posiciones que los hicieron sobresalir en el ámbito económico.

Las condiciones del contexto nacional, en el cual fueron suprimidos los derechos de importación de maquinaria, permitió crear pe-

---

[136] El 36% de la población árabe dedicada a «vestuario» se concentraba en Recoleta y un 30% en San Pablo. El 45% dedicado a «confecciones» se ubicaba en Recoleta. Un 48% dedicado a «paquetería» en San Pablo.

[137] César Cerda, *Historia y desarrollo...,* ob. cit., pp. 128-130.

CUADRO 1. *Población árabe y no árabe en confecciones y textiles (1982-2000)*

Población	1982 (a)						2000 (b)					
	Confec-ciones		Textiles		Total		Confec-ciones		Textiles		Total	
Árabe..................	34	23	24	48	58	30	59	33	72	36	131	34
No árabe	112	77	26	52	138	70	121	67	130	64	251	66
TOTAL..................	146	100	50	100	196	100	180	100	202	100	382	100

Fuente: (a). L. Agar, *El comportamiento urbano de los migrantes árabes en Chile y en Santiago,* 1982, a partir de Guía telefónica de 1981-1982.
(b). A partir del Directorio Industrial de Chile, Federación Gremial de la Industria, 1999/2000, 7.ª ed.

queñas, medianas y grandes industrias: Sumar, Yarur, Hirmas, Comandari y otras, desde los años treinta en adelante. La activa participación de los árabes y sus descendientes, desde aquella época, se muestra a través de la creación de empresas privadas, especialmente dedicadas al rubro textil[138].

Con el propósito de establecer una relación entre la población árabe[139] y no árabe, se realizó un estudio que muestra la evolución de ambos grupos de población en el rubro textil y confecciones. Los datos de 1981 y 2000, si bien corresponden a bases de datos diferentes, nos permiten observar adecuadamente la evolución en esta actividad económica de la población árabe y no árabe.

El cuadro anterior muestra que a inicios de los años ochenta, un 23% de las empresas que se dedican al rubro de las confecciones tienen un propietario de origen árabe. En tanto, su participación en el

---

[138] Los datos del Censo de 1970 evidencian una marcada tendencia hacia el trabajo independiente o con «dependientes» familiares. En el sector comercio, el 63% son empresarios y trabajadores independientes, mientras que el 16% indica que son trabajadores familiares (4, p. 120).

[139] Cuando se habla de población árabe se incluye indistintamente a los inmigrantes y descendientes ya sea por línea materna, paterna o ambas.

rubro textil aumenta a un 48%. En el proceso de industrialización de los años cincuenta, denominado «hacia adentro», el carácter emprendedor de la población árabe contribuyó de manera significativa al progreso de Chile. Las empresas con propietarios árabes tuvieron una activa participación en el desarrollo industrial del país. En los años ochenta, se inicia un proceso de reestructuración de la economía colocando énfasis en la exportación de recursos naturales y en la importación de productos terminados, lo cual claramente afecta a la actividad característica de la población árabe.

Veinte años después, a inicios del siglo XXI, el proceso en el cual están inmersas las sociedades latinoamericanas, y de los cuales Chile no escapa, se refleja también en las empresas de origen árabe: esto es, la bajada del dólar y la competencia con las telas del mercado asiático, provoca una rápida reorientación de las empresas textiles hacia la confección, ya que ello permitía economizar los elevados costos de la mano de obra chilena, comparada con la asiática. Esto afecta preponderantemente a la fabricación de telas que es reemplazada por importación de telas desde Asia.

Así, para el año 2000 se tiene la siguiente situación: la confección y los textiles mantienen una similar participación, alrededor de un tercio del mercado. En confecciones, la población árabe aumenta su participación a un 33% del total, en tanto, en el rubro textil disminuye a un 36%, respecto del comienzo del inicio del decenio de los años ochenta.

La participación de la población árabe aumenta significativamente en el rubro confección después de veinte años (10 puntos porcentuales). En tanto, el número de empresas referidas al rubro textil, disminuye su participación (12 puntos porcentuales), abarcando ya no la mitad, como a principios de los ochenta, sino el tercio del mercado textil a inicios del nuevo milenio.

La ubicación espacial de las empresas con población árabe se mantiene aún en la comuna de Recoleta. El siguiente cuadro muestra la localización por comuna de las 479 empresas con población árabe vigente en la guía de la Sociedad de Fomento Fabril (SOFOFA) de Chile.

El 23% de las empresas se ubica en la comuna que tradicionalmente se ha asociado con la inmigración árabe. Si sólo se consideran

CUADRO 2. *Localización de la empresa según comuna*

COMUNA	N	%
Recoleta...................	110	23
Santiago...................	102	21
Macul	50	10
Ñuñoa	25	5
Independencia.........	21	4
Providencia	18	4
Las Condes	13	3
San Joaquín.............	13	3
San Miguel..............	13	3
resto R.M.................	56	12
resto de Chile *	58	12
TOTAL	479	100

* De la 1ª a la 10ª región.
Fuente: Elaboración propia partir del Directorio Industrial de Chile, Federación Gremial de la Industria, 1999/2000, 7.ª ed.

las 421 empresas de la Región Metropolitana, la proporción aumenta a un 26%.

Un caso excepcional es la de una élite proveniente de las más grandes industrias, que invirtió el excedente creado principalmente en la banca, lo que posibilitó su incorporación en el mundo financiero.

Varios son los ejemplos que evidencian el inmenso progreso de la población árabe. En el lapso de un siglo se advierte una escalada impresionante: su llegada, en términos precarios con dedicación al comercio; luego, la creación de pequeñas, medianas o grandes industrias; enseguida, su participación financiera interna y su posterior expansión al resto de América Latina. Por tal motivo, existe en estos grupos un igual comportamiento acorde con el comportamiento de las esferas altas de la economía internacional.

V. INTEGRACIÓN Y DESCENDENCIA

La Encuesta a la Población de Origen Árabe (EPOA, 2001) nos ha entregado valiosa información sobre este grupo poblacional, la cual hemos integrado a lo largo del estudio presentado. De un total de 137 encuestas respondidas por personas de origen árabe, éstas se distribuyeron en tres grupos de población: académicos de la Universidad de Chile (34), empresarios (64) y estudiantes de la Universidad de Chile (39) [140]. Estas respuestas equivalen a un 14,7% del total de casos posibles (931).

La distribución por grupo es la siguiente: respondieron la encuesta 34 académicos de origen árabe la Universidad de Chile de un total de 91 (37,4%); 64 empresarios de origen árabe de un total de 479 (13,4%) con registro en el directorio 1999-2000 de la SOFOFA; y 39 estudiantes de origen árabe de la Universidad de Chile de un total de 361 (10,8%).

De las 137 personas que respondieron la encuesta no hay inmigrantes. Un 34% son descendientes de la primera generación, un 48% de la segunda generación y un 18% de tercera generación. En el grupo «académicos» y «empresarios», que tienen un promedio de edad de 51 y 54 años respectivamente, predominan las personas de primera y segunda generación. Caso contrario ocurre con el grupo «estudiantes», donde el promedio de edad es de 23 años. En este caso predominan los de segunda y tercera generación y sólo un 5% es de la primera generación. Este antecedente es muy relevante para analizar las similitudes y las diferencias en las respuestas toda vez que dan cuenta de dos tipos de comparaciones: entre académicos y empresarios quienes son de una misma generación aunque con actividades distintas; y entre estos grupos con respecto de los estudiantes, quienes muestran una distancia generacional relevante respecto de los inmigrantes.

Respecto de la distribución por sexo según grupos de población encuestados, se aprecia la siguiente situación: un 72% son hombres y un 28% son mujeres. Existen diferencias importantes entre los distin-

---

[140] Para mayores detalles véase el Anexo metodológico.

tos grupos encuestados. En los «académicos», el 65% son hombres y el 35% son mujeres. En los «empresarios», el 89% son hombres y sólo un 11% son mujeres. Fuerte diferencia se aprecia respecto del grupo «estudiantes», donde existe una distribución por sexo equilibrada, siendo incluso superior en mujeres, con un 51% frente a un 49% de hombres. Estas cifras del grupo generacional más joven muestra una impronta muy similar a la población nacional, donde la presencia profesional de las mujeres cobra auge día a día. Es también un síntoma de integración de la población árabe en el medio nacional, coherente con los antecedentes históricos presentados en capítulos anteriores.

Se puede destacar sobre la identidad cultural que un 65% de los encuestados se reconoce como «chileno/árabe». También puede apreciarse que esta alternativa disminuye cuando se analizan las respuestas de los estudiantes que pertenecen a una generación más joven y por lo tanto más integrada. Puede esto también apreciarse en la diferencia sobre la consideración de la elección del cónyuge (académicos y empresarios) frente a la opinión de los estudiantes. Éstos otorgan mucho menos importancia a que su futuro cónyuge sea de origen árabe.

La nueva generación, representada por los estudiantes, ha sentido menos discriminación si bien se aprecia aún un cierto sentimiento de discriminación cuyo análisis escapa a los fines de este estudio.

La influencia de la ascendencia árabe en la vida profesional de la población de origen árabe se aprecia como importante. También aquí hemos notado diferencias entre el grupo académicos y empresarios, y frente a los más jóvenes. En los estudiantes se apreció una tendencia a sentir con menos fuerza la influencia del origen árabe en su carrera profesional.

Uno de los aspectos a nuestro juicio más interesantes que se revelan de la EPOA 2001, es la relación de aquellas cualidades que se deben alentar en la familia. Los resultados por grupo muestran lo siguiente para las primeras frecuencias: La «responsabilidad» es la más indicada con un 62% en los académicos, un 63% en los empresarios y un 64% en los estudiantes. En segundo lugar aparecen las diferencias entre los grupos de estudio encuestados. Para los académicos aparece la «tolerancia» como el segundo factor más mencionado (35%). Luego aparece la «determinación» y la «independencia» con un 24%. El «trabajo duro» y «no ser egoísta» aparecen con un 15% de las menciones. En el grupo de empresarios, el segundo lugar lo ocupa la «fe religiosa» con un 28%. Debe destacarse, que este factor sólo es mencionado por los empresarios y, además, en un claro segundo lugar. Luego mencionan el «trabajo duro» con un 22%, la «obediencia» con un 19% y el «desarrollo y bienestar económico» con un 14%. En el caso de los estudiantes, que, recordemos, es la generación más joven y que aún no ha formado familia en su gran mayoría, aparece en segundo lugar el «trabajo duro» con un 36%, seguido de la «tolerancia» con un 28%, la «independencia» con 26% y en quinto lugar la «imaginación» con un 18% [141].

Los resultados muestran semejanzas en cuanto a destacar la responsabilidad como el valor principal en los tres grupos de población de origen árabe. Sin embargo, aparecen diferencias valóricas importantes en el resto de las preferencias entre los diferentes grupos.

CONCLUSIÓN

A la luz del presente estudio se ha podido constatar el inmenso aporte de la inmigración árabe en Chile tanto en el desarrollo económico como en el ámbito cultural. Los descendientes se han integrado plenamente en la sociedad chilena y este proceso se ha intensificado con el paso de las generaciones nacidas en Chile.

Como se ha visto, el proceso migratorio árabe se produjo en Chile en un momento en que se priorizaba a otras nacionalidades y, además, se inicia cuando empieza a mitigarse la inmigración europea la cual había contado con un impulso oficial. La inmigración árabe se produce, entonces, en forma desarticulada y espontánea lo que obligó a una mayor cohesión del grupo y un deseo de integración a la sociedad chilena que fue transmitido a las generaciones venideras.

La mayoría de la población de origen árabe tiene un mismo lugar de procedencia y se estructuran en torno a la familia, cuya centralidad e importancia se refleja hasta nuestros días. Es claramente el agente

---

[141] Véase Anexo, cuadro 20.

socializador por excelencia y su influencia alcanza a una familia de carácter extendido.

Las redes de solidaridad familiar juegan un papel fundamental en el proceso de integración de los inmigrantes y los primeros descendientes quienes eran acogidos por la familia o amistades mientras iniciaban el camino de la incorporación laboral y social.

La información recogida por la EPOA 2001 muestra con claridad que la cultura árabe ya ha pasado a ser parte integrante de la cultura chilena. Sin duda la ha enriquecido y, con el invaluable aporte de los descendientes ha conseguido una lograda fusión de culturas, identidad, conservación y cambio.

BIBLIOGRAFÍA

Agar, Lorenzo, *El comportamiento urbano de los migrantes árabes en Chile y en Santiago,* tesis para optar al grado de magíster en Planificación del Desarrollo Urbano y Regional, Instituto de Estudios Urbanos, Universidad Católica, 1982.

— (coord.), Encuesta a la Población de Origen Árabe (EPOA), 2001.

— y Rebolledo, Antonia, «La inmigración árabe en Chile: los caminos de la integración», *El Mundo Árabe y América Latina,* Madrid, UNESCO/Libertaria/Proudhufi, 1997.

Cerda, César, *Historia y desarrollo de la clase media en Chile,* Santiago, Chile, UTEM, 1998.

Chahúan, Eugenio, «Presencia árabe en Chile», *Revista Chilena de Humanidades,* núm. 4, Santiago, Chile, Facultad de Filosofía Humanidades y Educación, Universidad de Chile, Alfabeta Impresores, 1983.

Daher, María Teresa, *Exploración psico-social de la inmigración libanesa en Chile,* tesis para optar al grado de Psicólogo, Santiago, Chile, Universidad Católica de Chile, 1986.

Directorio Industrial de Chile, Federación Gremial de la Industria, 1999/2000, 7.ª ed.

Encuestas sobre intolerancia y discriminación. Informe y análisis, Santiago de Chile, Fundación Ideas, 1997 y 2000.

Lahsen Aboid, Daniela, *Construcción de una nueva identidad chilena-palestina,* tesis para optar al grado de Licenciada en Historia, Santiago, Chile, Escuela de Historia, Universidad Finis Terrae, 2001.

Larraín, Jorge, *Modernidad, razón e identidad en América Latina,* Santiago de Chile, Andrés Bello, 1996.

Lolas, Fernando, «Jornadas de cultura árabe», en *Anales de la Universidad de Chile,* sexta serie, núm. 4, Universidad de Chile, 1996.

Mattar Hassan, Ahmad (recopilador), *Guía social de la colonia árabe en Chile (siria-palestina-libanesa),* Santiago, 1941.

Medina, Sergio, *Identidad cultural y desarrollo local en las comunidades agrícolas de la IV Región: Provincia de Choapa,* tesis, Santiago, Chile, Departamento de Antropología Universidad de Chile, 1995.

Olguín, Myriam y Peña, Patricia, *La inmigración árabe en Chile,* Santiago, Chile, Instituto Chileno-Árabe de Cultura, 1990.

Palacios, Nicolás, *Raza chilena. Libro escrito por un chileno para los chilenos,* Santiago, Chile, Editorial Chilena, 1918, 2ª ed.

Rebolledo, Antonia, *La integración de los árabes en la vida nacional: los sirios en Santiago,* tesis de grado, Santiago, Chile, Instituto de Historia, Pontificia Universidad Católica, 1991.

—, «La turcofobia. Discriminación antiárabe en Chile, 1900-1950», *Revista Historia,* vol. 28, 1994, pp. 249-272.

Sanfuentes, Andrés, *La influencia de los árabes en el desarrollo económico de Chile,* tesis, Santiago, Chile, Departamento de Ciencias Económicas e Ingeniería Comercial, Universidad de Chile, 1964.

Sociedad de Fomento Fabril, *Directorio industrial de Chile 1999-2000,* Santiago, Chile, Ediciones ITV Editores, 1999, 7ª ed.

Tapia, Ximena, *La sobrevivencia de la tradición emigrante entre los chilenos de ascendencia árabe. Un estudio exploratorio y clasificatorio,* Santiago, Chile, Centro de Estudios Árabes, Universidad de Chile, 1982.

Vallin, Jacques, *La demografía,* Santiago, Centro Latinoamericano de Demografía, 1994.

Vicuña Mackenna, B., *Bases del informe presentado al Supremo Gobierno sobre la inmigración extranjera por la Comisión especial nombrada con ese objeto,* Santiago, Imprenta Nacional, 1865.

Zedán, Marcela, *La presencia de la mujer árabe en Chile,* Santiago, Chile, Centro de Estudios Árabes, Universidad de Chile, 1994.

ANEXO I
ENCUESTA A POBLACIÓN DE ORIGEN ÁRABE
(EPOA), 2001

OBJETIVO

La Encuesta a Población de Origen Árabe, realizada durante el año 2001, estuvo orientada a identificar alguno de los principales atributos sociales, demográficos, y culturales de una muestra de descendientes de inmigrantes árabes en Chile con el objeto de aportar elementos a la caracterización de la población descendiente.

IDENTIFICACIÓN DEL UNIVERSO DE LA MUESTRA

El universo de referencia es la población descendiente de inmigrantes árabes en Chile. Se escogió una muestra intencionada de académicos y estudiantes de la Universidad de Chile y de empresarios con ascendencia árabe.

— Académicos: Se identificaron en los registros de la Universidad de Chile 60 académicos de origen árabe. La encuesta fue respondida por 34 académicos que corresponde a un 56,7%.
Número de casos por facultades: Arquitectura y Urbanismo (1), Ciencias Físicas y Matemáticas (1), Química y Farmacia (4), Ciencias Sociales (3), Derecho (1), Filosofía y Humanidades (4), Medicina (16), Ciencias Económicas y Administrativas (1), Instituto de Nutrición (3).
Un 91,2% de los académicos entrevistados se tituló en la Universidad de Chile y el restante en la Pontificia Universidad Católica de Chile.
Un 38,2% tiene postítulo, un 47% magíster, un 31,3% doctorado.

— Estudiantes: Se identificaron 361 estudiantes de la Universidad de Chile * de origen árabe. Las entrevistas fueron respondidas por un total de 39 estudiantes lo que corresponde a un 10,8% de los estudiantes de origen árabe de la universidad.

Número de casos por facultades: Arquitectura y Urbanismo (2), Artes (2), Ciencias Físicas y Matemáticas (5), Ciencias Forestales (1), Ciencias Química y Farmacia (4), Ciencias Sociales (3), Derecho (8), Filosofía (1), Medicina (6), Odontología (1), Ciencias Económicas y Administrativas (3), Escuela de Gobierno y Gestión Pública (3).

— Empresarios: De un total de 479 empresas registradas en SOFOFA, 64 empresarios árabes respondieron la entrevista. Un 53,1% de los empresarios entrevistados es gerente general de la empresa, un 18,8% es dueño de ésta, un 6,3% es socio y un 21,9% tiene otro cargo. En un 50% de los casos pertenece a la mediana empresa (11 y 50 trabajadores), un 31,3% a la gran empresa (más de 50 trabajadores) y en un 18,8% de los casos a la pequeña empresa (1 a 10 trabajadores).

PROCEDIMIENTO METODOLÓGICO

Se enviaron un total de 300 encuestas autoaplicables vía correo certificado y se realizó seguimiento telefónico.

PROCESAMIENTO DE LA INFORMACIÓN

Los datos fueron procesados mediante el programa estadístico SPSS/Win 10.

---

* Los estudiantes de pregrado son 22.829.

ANEXO II
RESULTADOS DE LA EPOA, 2001

CUADRO 1. *Distribución por sexo de los grupos de origen árabe*

Sexo	Académicos		Empresarios		Estudiantes		TOTAL	
	N	%	N	%	N	%	N	%
Masculino.....................	22	65	57	89	19	49	98	72
Femenino	12	35	7	11	20	51	39	28
TOTAL	34	100	64	100	39	100	137	100

CUADRO 2. *Número de hijos de académicos y empresarios de origen árabe*

Nº Hijos/as	Académicos		Empresarios		TOTAL	
	N	%	N	%	N	%
No tiene hijos	8	25	0	0	8	8
1 a 2 hijos	5	16	15	25	20	21
3 y más hijos................	21	59	49	75	70	71
TOTAL	34	100	64	100	98	100

CUADRO 3. *Lugar de residencia de los grupos de origen árabe*

Ubicación	Académicos		Empresarios		Estudiantes		TOTAL	
	N	%	N	%	N	%	N	%
Santiago Oriente *........	22	65	42	66	13	33	77	56
Santiago Medio **	9	26	2	3	10	26	21	15
Otras ***	3	9	20	31	16	41	39	29
TOTAL	34	100	64	100	39	100	137	100

* Santiago Oriente: compuesto por las comunas de Lo Barnechea, Vitacura, Las Condes, Providencia.
** Santiago Media: compuesto por las comunas de La Reina y Ñuñoa.
*** Otras: compuestas por restantes comunas de Región Metropolitana y restantes comunas de Chile.

CUADRO 4. *Religión según grupo de origen árabe*

	Académicos		Empresarios		Estudiantes		TOTAL	
	N	%	N	%	N	%	N	%
Católica A. R. *............	22	65	45	70	28	72	95	69
Católica ortodoxa	4	12	14	22	1	2	19	14
Otro..............................	0	0	3	5	5	13	8	6
No tiene	8	23	2	3	5	13	15	11
TOTAL	34	100	64	100	39	100	137	100

* Católica apostólica romana.

CUADRO 5. *Conocimiento de la lengua árabe en académicos y estudiantes de origen árabe*

	Académicos		Estudiantes		TOTAL	
	N	%	N	%	N	%
Sin conocimiento	23	68	36	92	59	82
Regular	9	26	3	8	12	16
Bien...........................	1	3	0	0	1	1
Muy bien....................	1	3	0	0	1	1
TOTAL	34	100	39	100	73	100

CUADRO 6.1. *Visita de los lugares de procedencia de los ascendientes de académicos y empresarios de origen árabe*

	Académicos		Empresarios		TOTAL	
	N	%	N	%	N	%
Sí..................................	13	38	21	33	34	35
No	21	62	43	67	64	65
TOTAL	34	100	64	100	98	100

CUADRO 6.2. *Visita de los lugares de procedencia de los ascendientes de académicos y empresarios de origen árabe* (viene del cuadro anterior)

	Académicos		Empresarios		TOTAL	
	N	%	N	%	N	%
Palestina	6	46	15	71	21	62
Siria.............................	4	31	2	10	6	18
Otros	3	23	4	19	7	20
TOTAL	13	100	21	100	34	100

CUADRO 7. *Población de origen árabe por grupos según orden de residencia*

Generación	Académicos		Empresarios		Estudiantes		TOTAL	
	N	%	N	%	N	%	N	%
Primera.........................	14	41	31	48	2	5	47	34
Segunda	18	53	31	48	17	44	66	48
Tercera	2	6	2	3	20	51	24	18
TOTAL	34	100	64	100	39	100	137	100

CUADRO 8. *Población de origen árabe por grupos según línea de descendencia*

Grupo línea	Académicos		Empresarios		Estudiantes		TOTAL	
	N	%	N	%	N	%	N	%
Paterna	9	26	7	11	20	51	36	26
Materna........................	7	21	2	3	8	21	17	13
Ambas..........................	18	53	55	86	11	28	84	61
TOTAL	34	100	64	100	39	100	137	100

CUADRO 9. *Población de origen árabe por grupos según tierra ancestral*

Grupo origen	Académicos		Empresarios		Estudiantes		TOTAL	
	N	%	N	%	N	%	N	%
Palestino	19	56	43	67	23	59	85	62
Sirio..............................	11	32	12	19	11	28	34	25
Libanés	3	9	0	0	2	5	5	4
Mezcla árabe...............	1	3	9	14	3	8	13	9
TOTAL	34	100	64	100	39	100	137	100

CUADRO 10. *Población de origen árabe por grupos según tipo de mestizaje*

Grupo origen	Académicos		Empresarios		Estudiantes		TOTAL	
	N	%	N	%	N	%	N	%
Palestino/otro	7	21	6	9	19	49	32	23
Sirio/otro	6	18	3	5	8	20	17	12
Libanés/otro	3	9	0	0	1	3	4	3
Ambos palestinos	12	35	37	58	4	10	53	39
Ambos sirios	5	15	9	14	3	8	17	12
Ambos libaneses	0	0	0	0	1	2	1	1
Difer. árabes	1	3	9	14	3	8	13	10
TOTAL	34	100	64	100	39	100	137	100

CUADRO 11. *Reunión con otros descendientes de árabes por grupos de origen árabe*

	Académicos		Empresarios		Estudiantes		TOTAL	
	N	%	N	%	N	%	N	%
Se junta con otros árabes	28	82	59	92	34	87	121	88
No se junta con otros árabes	6	18	5	8	5	13	16	12
TOTAL	34	100	64	100	39	100	137	100

CUADRO 12. *Preservación de la lengua árabe al interior de las familias según grupos de origen árabe*

	Académicos		Empresarios		Estudiantes		TOTAL	
	N	%	N	%	N	%	N	%
Mantiene lengua árabe en la familia..................	9	26	14	22	6	15	29	21
No mantiene la lengua árabe en la familia........	25	74	50	78	33	85	108	79
TOTAL	34	100	64	100	39	100	137	100

CUADRO 13. *Preservación de música, comida y lengua árabes al interior de la familia según grupo de origen*

	Académicos		Empresarios		Estudiantes		TOTAL	
	N	%	N	%	N	%	N	%
Música	20	59	46	72	22	56	88	92
Comida	31	91	61	95	35	90	127	62
Lengua........................	9	27	14	22	6	15	29	21

CUADRO 14. *Sentimiento de discriminación por ser de origen árabe según grupos*

	Académicos		Empresarios		Estudiantes		TOTAL	
	N	%	N	%	N	%	N	%
No ha sentido discriminación..............	29	85	52	81	36	92	117	85
Sí ha sentido discriminación..............	5	15	12	19	3	8	20	15
TOTAL	34	100	64	100	39	100	137	100

CUADRO 15.1. *Apodo de «turco» en el colegio según grupos de origen árabe*

	Académicos		Empresarios		Estudiantes		TOTAL	
	N	%	N	%	N	%	N	%
No	13	38	13	19	25	64	51	37
Sí	21	62	51	81	14	36	86	63
TOTAL	34	100	64	100	39	100	137	100

CUADRO 15.2. *Sentimiento de molestia por el apodo de «turco» según grupo de origen árabe* (viene del cuadro anterior)

	Académicos		Empresarios		Estudiantes		TOTAL	
	N	%	N	%	N	%	N	%
Sí, me molestaba	9	43	28	55	4	29	41	48
Indiferente	12	57	20	39	10	71	42	49
Era con cariño	0	0	3	6	0	0	3	3
TOTAL	21	100	51	100	14	100	86	100

CUADRO 16.1. *Percepción de influencia de ascendencia árabe durante la vida profesional de académicos y empresarios de origen árabe*

	Académicos		Empresarios		TOTAL	
	N	%	N	%	N	%
Influencia positiva	11	32	43	67	54	55
Influencia negativa	1	3	2	3	3	3
No influyó	22	65	19	30	41	42
TOTAL	34	100	64	100	98	100

CUADRO 16.2. *Percepción de influencia de ascendencia árabe en futura vida profesional de los estudiantes de origen árabe*

	N	%
Positiva.........................	23	59
Negativa......................	0	0
No influirá....................	16	41
TOTAL	39	100

CUADRO 17. *Sentimiento con respecto a la causa palestina*

	Académicos		Empresarios		Estudiantes		TOTAL	
	N	%	N	%	N	%	N	%
Me identifico con ella	31	91	59	92	33	85	123	90
No me identifico con ella	1	3	1	2	2	5	4	3
Me es indiferente	2	6	4	6	4	10	10	7
TOTAL..........................	34	100	64	100	39	100	137	100

CUADRO 18. *Sentimiento de identidad cultural según grupos de origen árabe*

	Académicos		Empresarios		Estudiantes		TOTAL	
	N	%	N	%	N	%	N	%
Chileno.........................	4	12	3	5	9	23	16	12
Chileno/árabe	27	79	42	65	20	51	89	65
Árabe/chileno..............	0	0	12	19	6	15	18	13
Árabe	1	3	1	2	0	0	2	1
Otro	2	6	6	9	4	11	12	9
TOTAL	34	100	64	100	39	100	137	100

CUADRO 19.1. *Importancia de tener hijos casados con cónyuge de origen árabe en académicos y empresarios*

	Académicos		Empresarios		TOTAL	
	N	%	N	%	N	%
Sí, es importante..........	8	24	35	55	43	44
No, no es importante ...	26	76	29	45	55	56
TOTAL	34	100	64	100	98	100

CUADRO 19.2. *Importancia de tener un futuro cónyuge árabe en estudiantes*

	Estudiantes	
	N	%
Sí, es importante..........	5	13
No, no es importante ...	34	87
TOTAL	39	100

CUADRO 19.3. *Importancia de tener un futuro cónyuge de origen árabe por sexo* (en porcentaje)

	Hombres		Mujeres	
	Sí	No	Sí	No
Académicos/as............	18	82	25	75
Empresarios/as............	55	45	60	40
Estudiantes..................	0,5	95,5	10	90

CUADRO 20. *Cualidades importantes de alentar en la familia* (selección de tres alternativas)

	Académicos	Empresarios	Estudiantes
	%	%	%
Imaginación......................................	21	11	18
Obediencia.......................................	0	19	8
Política...	3	3	5
Ahorro..	9	9	13
Determinación..................................	24	13	5
Tolerancia..	35	14	28
Fe religiosa......................................	15	28	15
Independencia..................................	24	11	26
Trabajo duro....................................	15	22	36
No ser egoísta.................................	15	3	8
Amigos...	9	6	5
Responsabilidad...............................	62	63	64
Respeto por la autoridad.................	6	5	8
Desarrollo y bienestar económico ...	6	14	18

3. LA INMIGRACIÓN ÁRABE EN PERÚ

Leyla Bartet *

I. PRIMERA ETAPA INMIGRATORIA:
FINES DEL SIGLO XIX-PRIMERA GUERRA MUNDIAL

Las fechas de llegada de los primeros inmigrantes árabes al Perú varían según las fuentes. Kaldone G. Nweihed, sostiene que desde la década de los años ochenta del siglo XIX, existían grandes núcleos de inmigración árabe en la costa del Pacífico: «De los árabes palestinos que se afincaron en Chile a partir de 1880, un contingente prefirió seguir hasta el Perú (Said Sahurriyeh, de Belén, fue el primero en 1884). Es muy probable que un desgaje de este grupo haya formado el primer grupo en el Ecuador»[1].

La versión de Kaldone sostiene que Saíd Sahurriyeh habría llegado por vía marítima tras una escala en Valparaíso. Vale la pena recordar que el Canal de Panamá se termina de construir en 1903 (aunque entra en funcionamiento efectivo en 1911) por lo que el arribo a las costas de Pacífico se hacía por vía marítima, desembarcando en Montevideo y atravesando el territorio argentino o, en su lugar, bordeando la costa y cruzando el Cabo de Hornos. Algunos autores[2] se refieren también a la posibilidad de desembarco en Panamá, atravesando a

---

* Socióloga hispano-peruana.

[1] Kaldone G. Nweihed, «La emigración de sirios, libaneses y palestinos a Venezuela, Colombia y Ecuador: balance cultural de una relación sostenida durante diez años», en *El Mundo Árabe y América Latina,* Madrid, UNESCO, 1997, pp. 235-282.

[2] Véase Denys Cuche, «L'immigration libanaise au Pérou: une immigration ignorée», *Journal de la Société des Américaniste,* núm. 83, 1997; «Un siècle d'immigration palestinienne au Pérou, la construction d'une etnicité spécifique», *Revue Européenne des Migrations Internationales,* núm. 17, 2001; Benjamín Jarufe Zedán, «Los primeros inmigrantes árabes en Perú», *Revista de Club Árabe-Palestino,* Lima, 1989.

lomo de mula el istmo, del Atlántico hasta el Pacífico, para luego embarcarse desde el primer puerto hacia otros destinos: Guayaquil, la costa norte del Perú o Mollendo en Arequipa.

Por otra parte, uno de los informantes entrevistados para este trabajo aseguró que su padre Yadallah Rabí y su tío Said llegaron a Huancavelica, Perú, luego de cruzar Argentina y Bolivia, entre mayo y junio de 1896. Es decir, diez años más tarde que la fecha indicada por Kaldone. Hay referencias también de un Said instalado en las primeras décadas del siglo XX en Arequipa que más tarde se desplazaría a Chile. Cuche, citando a Flores Galindo[3], asegura que de la veintena de compañías comerciales establecidas en Arequipa entre 1880 y 1920, cinco son palestinas y estas son, por orden de creación, las siguientes: Said e hijos (1887), Farah y Said (1904), Jorge Majluf Hnos. (1910), Abugattas Hnos. (1911), Salomón Hnos.(1911). Según Cuche, uno de los primeros inmigrantes palestinos establecidos en el Perú es Issa Said quien llega al país en 1885 (un año después de la fecha señalada por Khaldone) aunque su sociedad de *import-export* sólo habría de crearse en 1914. Entre tanto, asistido por sus hijos habría extendido sus negocios hacia La Paz (Bolivia) donde abre una fábrica de tejidos de algodón en 1912. El pionero Said establecerá más tarde (1935) un floreciente comercio en Santiago de Chile y terminará trasladándose de manera definitiva al vecino país[4]. Entre los primeros en instalarse en el Perú puede citarse también a Salah Elías Eresi quien siendo de origen sirio habría llegado al puerto arequipeño de Mollendo, con pasaporte turco, en 1890.

Otra versión de la llegada inicial de inmigrantes árabes al Perú es aquella de Juan Sakhala Elías quien dice lo siguiente: «La tradición consigna como sus primeros inmigrantes a Butrus y Khalil Mikhael, naturales de Palestina, en el año 1888. Ellos se dedicaban al comercio. Los peruanos les compraban rosarios y artículos religiosos traídos de Belén»[5].

---

[3] Galindo Flores, *Oligarquía y capital nacional en el sur peruano (1870-1930)*, Lima, PUC, 1977.

[4] Al respecto, un artículo de la revista *Amanecer,* órgano del Club Unión Árabe-palestino (núm. 19, 1999) sostiene que el éxito económico de los Said en Chile ha sido tal que figura entre los grupos más ricos del mundo, según la revista *Forbes.*

[5] Juan Sakhala Elías, *Árabes en América,* Valparaíso, CEICA, 1997.

Entre los primeros palestinos que se instalan en los Andes peruanos figuran también los hermanos Salomón. Estos forman parte de aquellos que se benefician de la construcción del ferrocarril de Huaqui a Sicuani. Según uno de sus descendientes, el profesor César Salomón, su bisabuelo José abre, en 1898, la firma comercial José Salomón y hermanos y asegura que en 1907 existían ya nueve establecimientos palestinos en la ciudad[6].

Uno de los informantes consultados para este estudio, Hammah Kahhat, asegura que un tío suyo habría llegado a Ayacucho en 1895, proveniente de Beit Yala, siendo el fundador del linaje Kahhat en el Perú[7], que cuenta con unas mil doscientas personas, entre primera, segunda y tercera generación.

Todos estos datos confirman, pues, la fecha de llegada de los primeros palestinos entre 1885 y 1890. Si se compara el número de familias que llega entonces, con aquellas que se instalan en países vecinos como Chile o Argentina, se constata un número considerablemente inferior. Sakhala Elías afirma que no más de ochenta familias, casi en su totalidad palestinas, se establecen en esta primera etapa en el Perú.

En relación a la colonia sirio-libanesa, mucho menos importante numéricamente que la palestina, existe aun menos información acerca de las fechas iniciales de llegada. Al respecto, Cuche sostiene lo siguiente: «Otra vía de penetración de los turcos era el río Amazonas que los inmigrantes remontaban hasta Iquitos desde el Brasil. En este país la primera oleada de inmigrantes libaneses se instala precisamente en la Amazonía entre 1890 y 1990, inicialmente como pequeños agricultores y poco después como pequeños comerciantes. Seguramente son atraídos (hacia Loreto) por el *boom* del caucho (1850-1920) que para esas fechas está en su apogeo»[8]. El autor cita a Jorge Basadre, refiriéndose a la bonanza y prosperidad de Iquitos: «Llegaban aventureros de todas partes ávidos de acción y de riquezas. Iqui-

---

[6] César Salomón, «A cien años de la inmigración árabe-palestina al Perú», *Amanecer*.

[7] El informante llegó al Perú con pasaporte británico lo que explica que el fonema /k/ figure escrito como /q/. Su hermano Walid lleva en cambio documentos donde el patronímico se escribe con k.

[8] D. Cuche, ob. cit.

tos se convierte en una ciudad populosa y activa donde se hablaban todas las lenguas».

Por otra parte, Elie Safa, en el capítulo referido a la llegada de libaneses a América del Sur[9], comenta la importancia de los núcleos que, habiendo llegado a Brasil, se desplazan luego hacia Bolivia. Aunque no menciona explícitamente el Perú, la lógica induce a pensar que habida cuenta la feliz situación económica que vivía entonces el oriente peruano, hayan salido con dirección a Iquitos desde el puerto de Belem do Pará, en uno de los numerosos transportes fluviales que efectuaban regularmente ese tramo. De hecho, la información sobre la inmigración sirio-libanesa a Brasil confirma estas hipótesis. Neuza Neif Nabhan afirma lo siguiente: «Esos inmigrantes, andariegos infatigables, atravesaron el Brasil en todas direcciones, vendiendo sus mercancías de norte a sur. En el camino recorrido seguían, para las rutas de viaje, el curso del río deteniéndose en las ciudades de las orillas»[10] y cita el puerto de Belem y el amazónico de Manaus como los puntos centrales de estos periplos. Insiste también en el hecho que sirios y libaneses buscaban permanentemente nuevos mercados para sus productos. Todo lo cual lleva a considerar como imposible que estos audaces comerciantes no hubieran aprovechado la bonanza económica de Iquitos hacia fines del siglo XIX para sentar allí las bases de una floreciente retaguardia comercial.

La llegada de sirios y libaneses a la Amazonía peruana parece obvia sin que existan, sin embargo, datos o fechas precisas al respecto. Diversos testimonios confirman, por ejemplo, la presencia de sirio-libaneses en Iquitos pero sin mayores contactos con el resto de la población árabe del país. Algunos informantes se refieren a libaneses que habrían establecido empresas madereras pero sin precisiones. El hecho de que los centros asociativos árabes se hayan encontrado esencialmente en Lima no ha favorecido la comunicación con aquellos que se encontraban en un lugar alejado y bastante aislado como podía serlo la Amazonía a fines de siglo pasado e inicios del presente. A esto se agrega que casi todos ingresan al país con documentos de identidad

---

[9] Elie Safa, *L'Émigration libanaise,* Beirut, Université de Saint Joseph, 1960.

[10] Neuza Neif Nabhan, «La comunidad árabe en Brasil: tradición y cambio», en *El Mundo Árabe y América Latina,* ob. cit.

expedidos o por Turquía —si la llegada ocurre antes de la disolución del Imperio otomano— o por Francia (en el caso sirio-libanés bajo mandato) o por Inglaterra en el caso palestino. En otros términos, las indicaciones de los censos nacionales o regionales durante todos esos años no ayudan a esclarecer la situación.

Estas variaciones en la información, tanto relativa a las fechas de llegada de los primeros inmigrantes como a su ubicación en las diversas ciudades del país, puede deberse al carácter irregular de esta inmigración. Los primeros árabes no llegaron contratados ni «enganchados». Se trató de decisiones individuales que, en el caso de los palestinos se convirtieron más adelante en inmigraciones en cadena a partir de lazos de parentesco o de amistad. Aun así, uno de nuestros informantes palestinos dice no conocer con exactitud el número de compatriotas que llegaron a los Andes vía Bolivia o Arequipa porque no siempre se registraban. Tuvieron hijos con mujeres de la región pero sólo algunos de estos descendientes fueron declarados y llevan el nombre paterno.

I.1. *Los pioneros: los primeros pasos palestinos en el Perú*

Todo parece indicar que los primeros inmigrantes árabes llegan al Perú sin que este hubiera sido su propósito al dejar su tierra. Por lo demás, salvo en el caso preciso de los contratos establecidos por Brasil —a partir de la visita al Líbano del emperador Don Pedro II y de sus ministros en 1878 para facilitar la llegada de agricultores—, los levantinos vienen a «hacer la América» sin que las fronteras continentales les queden claras[11]. La presencia de muchos de estos primeros inmigrantes en el Perú es fruto del azar y no de una elección deliberada. Prueba de ello es que ninguno llega directamente a nuestras costas, hecho significativo más allá de las dificultades de comunicación de la época.

El levantino abandonaba los problemas económicos y la incertidumbre política del decadente Imperio otomano persiguiendo un sueño: aquel de conseguir tierras más promisorias donde trabajar y

---

[11] *Ibid.*

enriquecerse para regresar luego al país de origen. Se perfilaban más como trabajadores «golondrinos» (trabajar unos meses o años y volver). Salían del actual puerto de Haifa (Jaffa) hacia Marsella o Génova en los numerosos barcos europeos que cruzaban el Atlántico y recién aquí tomaban conciencia de la inmensidad del continente y de sus fronteras. Así, muchos informantes aseguran que sus antepasados llegan al Perú empujados por las circunstancias. Varios de ellos desconocían incluso la existencia de un país que llevara ese nombre y, todos tenían la intención de regresar a su tierra a la brevedad posible.

Uno de los entrevistados cuenta que sus antepasados naufragaron frente a las costas de Montevideo, tratando de llegar a Argentina. Iniciaron luego la penetración del vecino país aprovechando la existencia de líneas ferroviarias de Buenos Aires a Santa Fe y Córdoba. Después habrían de desplazarse hacia Bolivia y cruzarían el lago Titicaca para continuar hasta el Cuzco. Otro cuenta un periplo semejante, cruzando el norte de Argentina para instalarse finalmente en Huancavelica, aprovechando la construcción, en 1892, del ferrocarril de La Paz a Huaqui. Un tercero, de llegada algo más tardía (1912) cuenta una proeza al límite de lo verosímil: Cuando se anunciaba ya la Primera Guerra Mundial, el abuelo del entrevistado decide evitarle a su padre los riesgos y violencias de la misma. Con sólo 11 o 12 años de edad, lo envía donde un tío, también palestino de Beit Yala establecido en Chala, un pueblito al sur del Lima. Su imagen del país es tan vaga y remota que imagina las distancias muy cortas y el adolescente se encuentra en el puerto del Callao, sin hablar castellano y esperando a un tío que finalmente no aparece. Se las arregla para averiguar que en el centro de Lima existen tiendas cuyos propietarios son árabes y hacia allá se dirige. Encuentra el almacén de Salvador Mahruf, le cuenta su historia y se queda trabajando con el paisano.

Todos los testimonios coinciden, pues, en que los primeros inmigrantes desconocen las divisiones políticas y la geografía del continente. No optan por el Perú. Llegan aquí empujados por circunstancias imprevistas.

Respecto a los esquemas migratorios seguidos por estos pioneros árabes, en el Perú se evidencian características semejantes a las que se presentan en otros países del continente. Desde su llegada a un puerto sudamericano, el inmigrante procura obtener cierta autonomía financiera practicando el pequeño comercio itinerante. A pesar de ser en su mayoría de origen campesino, estos primeros levantinos vienen de países de una rica tradición comercial, tradición que se patentiza en las estrategias de venta y comercialización puesta en práctica. Concientes de que la competencia entre unos y otros les sería fatal, se dividen el territorio con inteligencia y penetran progresivamente en el continente dirigiéndose a puntos cada vez más alejados del puerto de desembarco.

Los que llegan a tierras argentinas no dudan en adentrarse profundamente en el territorio, primero hacia Córdoba y Santa Fe, gracias al ferrocarril que unía estas provincias a la capital federal. Luego continuarían hacia Mendoza y las provincias del noroeste del país. En 1895, el 28% de los levantinos instalados en Argentina se encuentran ya en las provincias del norte: Tucumán, Santiago del Estero, Catamarca, Salta, La Rioja y Jujuy. Estos primeros inmigrantes que empiezan a llegar a la Argentina hacia fines de la década de 1860 —como los que llegaron al Perú años más tarde— no tenían intenciones de permanecer mucho tiempo en América[12].

I.1.1. La opción del comercio itinerante

Una hipótesis que explica su transformación de campesinos en comerciantes podría ser que trabajar la tierra no les resultaba rentable en el corto plazo. Como simple peón ganaba muy poco, la compra de tierras era onerosa y complicada y en el Perú no había tierras agrícolas a las que se pudiera acceder, salvo en zonas aisladas de la Amazonía. Pero tal vez la razón más poderosa fuera finalmente que la agricultura implicaba la dedicación, el sedentarismo, la permanencia, objetivo que no encajaba con el propósito de retorno.

La elección del sector comercial como área de actividad inicial no es, por otra parte, una exclusividad de los inmigrantes árabes. El dina-

---

[12] Entre seis meses y tres años, según señala Abdeluahed Akmir, «La inmigración árabe en Argentina», en *El Mundo Árabe y América Latina,* ob. cit. Es decir, el tiempo suficiente como para acumular el dinero que les hacía falta para pagar sus deudas en el país de origen y comprar una casa o abrir un negocio que les permitiera vivir.

mismo que cobró la actividad comercial en el Perú durante la segunda mitad del siglo XIX y principios del XX, tuvo como protagonistas a ciudadanos extranjeros. Al respecto Jorge Basadre sostiene lo siguiente: «Fueron extranjeros los impulsores de nuestro comercio. Ingleses, franceses principalmente y, en menor escala, italianos y alemanes ocuparon una labor que los criollos desdeñaron»[13].

En el desarrollo y construcción del mercado interno los comerciantes árabes juegan un papel fundamental. «Siguiendo una milenaria tradición que empalmaba con las necesidades de un mercado en crecimiento (los) inmigrantes árabes incursionaron con fuerza en el comercio de telas confecciones y posteriormente, textiles», dice el sociólogo Ramón Ponce y cita en su apoyo a un descendiente de inmigrantes árabes:

Cuando mi abuelo llega al Perú en 1890, comienza a comercializar tejidos, llevándolos a las minas en burro. Rápidamente progresa e instala el primer comercio dedicado a la venta de telas; después de no haber tenido ningún punto fijo, establece en Arequipa en sociedad con la familia Majluf una tienda que hasta hace muy poco ha estado operativa [bajo la razón social de Abugattás Hnos.]. Lo que comercializaba a fines del siglo pasado eran básicamente telas importadas de Europa, telas brillantes, de mucho colorido, utilizadas por las campesinas para hacer sus polleras. Adicionalmente vendía telas que producían tejedurías muy antiguas en Arequipa, entre las que estaba Lanificio.

Así, los inmigrantes árabes que llegan al Perú por los Andes del sur lo hacen en un periplo que se explica por la búsqueda de nuevos mercados. Estos pioneros no dudan en cruzar la cordillera hacia Chile (o en fijar residencia cerca de algún paso fronterizo, lo que permitía el ir de un país al otro con la mercadería) o en adentrarse hacia Bolivia. De allí, el paso al Perú era lógico.

En efecto, instalándose por lo general en poblados próximos a las vías de comunicación más importantes, se encontraban en una situación estratégica para informarse sobre la situación económica y la evolución de los mercados en la región. De este modo debieron saber que en el úl-

---

[13] Jorge Basadre, *Historia de la República del Perú (1822-1933),* Lima, Universitaria, 1983.

timo cuarto del siglo XIX el sur andino en el Perú gozaba de una prosperidad económica considerable gracias al comercio de la lana de alpaca.

El éxito comercial de los primeros inmigrantes palestinos se explica por una serie de factores. A la situación de bonanza que vivía el sur peruano, se agrega el hecho de que cubren un mercado hasta entonces desprovisto de actividad. Es cierto que ya entonces otros inmigrantes extranjeros se dedicaban al pequeño comercio, pero no de manera ambulante y no aún en las ciudades andinas donde inician su trabajo los árabes. Los comerciantes italianos y, hacia fines de siglo, los tenderos chinos que no llegan como 1928 *enganchados,* trabajan en la costa, especialmente en Lima. Además, como bien señala Cuche[14], todos los palestinos que llegan al Perú provienen de la región de Belén, Beit-Yala y Beit Sahur, zona de turismo y peregrinaje tradicional desde inicios del siglo XIX. Esto había generado un comercio activo de artículos religiosos fabricados por artesanos locales. Así, aunque en su mayoría, estos primeros migrantes son campesinos desplazados, conocían bien y convivían con una actividad comercial importante.

En el comercio, los palestinos habrán de reproducir en el Perú una organización y una ética tradicionales. Esta actividad laboral contribuye al mantenimiento de la estructura patriarcal y de solidaridad familiar. Si un ambulante necesita ayuda para cubrir su mercado, llama a un hermano o a un primo o, en última instancia, a un compatriota para que lo asista. Si ya tiene un local y abre una sucursal en otra ciudad, la confiará a un hijo o a un sobrino. Es el jefe de familia quien controla la red migratoria y el que decide, en última instancia, quién debe venir de Palestina al Perú para incorporarse a la empresa. Los límites entre la vida privada y la vida profesional son casi invisibles. Buena parte de los entrevistados narra una existencia al comienzo muy difícil, viviendo en espacios reducidos, a pesar del número elevado de hijos que las antiguas familias palestinas solían tener (alrededor de diez). Lugar de trabajo y lugar de residencia pueden confundirse lo que permite extremar los horarios de atención al público.

Aquellos que en un inicio los peruanos llamábamos *turcos,* traen consigo nuevos métodos de comercio. En el Medio Oriente la tienda es un espacio de sociabilidad donde uno se comunica con el vecino, es

---

[14] D. Cuche, ob. cit.

un lugar de encuentro fundamental. Esto explica la importancia acordada al regateo, especialidad levantina que tanto trabajo le cuesta comprender al turista europeo, aún hoy. Indicar un sobreprecio inicial por la mercancía es una manera de abrir las puertas a la negociación, a la recíproca concesión, al juego de convencimientos mutuos hasta alcanzar el justo precio.

Al mismo tiempo, estos comerciantes no dudaban en acordar facilidades de pago a quienes no podían abonar la totalidad de su consumo y esto era en general bien visto por la población local. Uno de los informantes, descendiente de José Abusada quien llega al Perú en 1911, refiere el estilo de trabajo de su padre en el puerto de Mollendo:

A mi padre lo querían mucho. Era muy amigo de los estibadores del puerto, de los pescadores. Mi padre tenía una tienda bastante grande y a todos les daba crédito para que pagaran poco a poco. Llevaban [artículos] para sus esposas, para sus hijos en el inicio del colegio, compraban los uniformes [escolares]. Les daba crédito a todos sin distinción y ellos pagaban cada quince días o cada mes. Les abría cuentas y casi la mayoría de los mollendinos tenía una cuenta abierta en el almacén de mi padre.

En los países árabes, en general, el comercio fue históricamente una actividad muy bien considerada, libre de la valoración negativa que le adjudica el Occidente católico. Es percibido como una función social esencial de mediación y por ello el pequeño comercio no está nunca en manos de extranjeros. Se concibe como un servicio, lo que explica la actitud del vendedor: siempre disponible y amable con los clientes. Se trata de una actitud que coincide en algunos puntos con la existente en el pequeño comercio peruano, donde la técnica del regateo también es usual.

A esta actitud fundamental se agrega la política de precios bajos practicada por los comerciantes palestinos que, insertados en empresas de corte familiar y reduciendo los costos al mínimo eran capaces de vender a precios más bajos que otros competidores. Cuche cita, por ejemplo, la publicidad de la tienda de Jorge Elías Sabag en el Cuzco (1928): «La divisa de la casa es vender mucho y ganar poco» [15]. La

---

[15] *Ibid.*

venta a domicilio y la renovación constante de la mercancía completa-
ban el cuadro del comerciante palestino de los inicios. Este estilo de
trabajo fue muy bien acogido en el país. Prueba de ello es el comentario que Enrique Centurión Herrera hace de la colonia árabe, elogiando su contribución al desarrollo del país y a la democratización del
consumo gracias a lo que llama «su cultura comercial»[16]. Centurión
Herrera cita varios ejemplos: la tienda «La estrella de Belén» de los
hermanos Moisés y Abraham Kajatt quienes habiendo llegado al país
en 1904, poseen en el momento de la elaboración de esta obra varios
negocios en el país:

Los señores Kajatt llegaron al Perú en 1904 y se establecieron en el departamento de Ayacucho, fundando un establecimiento que llenó una necesidad
en esta región, que por razón de su apartamiento de la costa y por la dificultad del tráfico se encuentra en relativo aislamiento. La laboriosidad y honra-
dez de los señores Kajatt hizo que el negocio prosperara y pudieron abrir así
otro establecimiento en la provincia de Andahuaylas que ha prosperado de la
misma forma del de Ayacucho.

Centurión Herrera cita también un artículo aparecido en el diario
El Comercio en 1921, comentando la apertura de un almacén en el
centro de Lima de propiedad de los hermanos Abugattas. El diario
alaba la estrategia comercial de los palestinos: «Este almacén se encuentra organizado en forma que contempla desde la mayor a la menos necesidad del cliente a precios que por su espíritu de moderada
remuneración van dirigidos a obtenerla más por el grueso de venta realizado que por el alto valor de los artículos que dicha firma ha princi-
piado a vender». Según el artículo se trata de una casa importadora de
espectro muy amplio pues trae toda clase de géneros y abarrotes de
Estados Unidos, Japón, China y Europa. La empresa que realizaba
ventas al por mayor y al por menor había establecido, desde su inicial
instalación en Arequipa en 1902, relaciones comerciales con otras ciudades de provincias, gracias a una red de agentes viajeros y de vendedores ambulantes que recorrían el país. Entre tanto uno de los herma-

---

[16] Enrique Centurión Herrera, *El Perú actual y las colonias extranjeras,* Bergamo,
1924.

nos Majluf[17], como director del negocio, se muda a Europa donde podía comprar directamente la mercadería «de acuerdo al mercado que la va a consumir», como afirma diario *El Comercio.* Se precisa, además, que la experiencia comercial que los hermanos Majluf ponen en práctica en el Perú se experimentó a fines del siglo pasado en la ciudad de La Paz (Bolivia) donde habían abierto una fábrica de sombreros y un establecimiento de telas y mercería semejante al que abren en Arequipa en 1902.

I.1.2. La experiencia del sur andino

Sobre la presencia árabe en el sur andino existen algunos estudios que resulta imprescindible consultar para conocer la importancia cualitativa —que no cuantitativa— de la presencia árabe en esta región del país. A los trabajos antes citados de Denys Cuche, de Manuel Burga y Wilson Reátegui[18] y de Elías Jarufe, hay que agregar el realizado por el antropólogo Luis Negrón Alonso, de la Universidad San Antonio Abad del Cuzco[19].

Los primeros inmigrantes palestinos observan con inteligencia la situación económica favorable del sur del Perú hacia fines del siglo XIX. Su llegada a la región coincide con la instalación del ferrocarril y, sus progresos en la penetración comercial es concomitante al desarrollo del trazado de líneas férreas. Ellos serán los primeros comerciantes en instalarse en las estaciones-eje del ferrocarril como Arequipa y Puno (1876), Sicuani (1891) y Cuzco (1908)[20].

El dinamismo económico del sur andino en el último cuarto del siglo XIX se debe al desarrollo del comercio de la lana, sobre todo de alpaca. Este, a su vez, se nutre de los efectos de la revolución industrial

---

[17] Se trata de Juan Majluf.

[18] M. Burga y W. Reátegui, *Lanas y capital mercantil en el sur. La casa Ricketts 1895-1935,* Lima, IEP, 1981.

[19] Luis Negrón Alonso, *Los árabes en el Cuzco,* Informe final de investigación, Cuzco, diciembre, 1998.

[20] Esta etapa inicial ha sido comentada por Benjamín Jarufe Zedán en «Los primeros inmigrantes árabes al Perú», *Identidad,* año I, núm. 2, septiembre, 1993.

en Gran Bretaña y de su demanda de materias primas para la floreciente industria textil inglesa. A la necesidad de importar insumos para mantener sus industrias locales, se agrega también la urgencia de buscar nuevos mercados. Los textiles ingleses empiezan a invadir el mundo y en particular los países de América.

A inicios de la segunda mitad del siglo XIX numerosas sucursales de grandes compañías comerciales inglesas, francesas y alemanas se instalan en el Perú. Más precisamente, en Arequipa, ciudad que goza de una posición estratégica de gran interés para el comercio al estar situada entre las regiones andinas de producción de lanas y el puerto de Mollendo sobre el Pacífico. En este contexto, Arequipa conoce un crecimiento demográfico sin precedentes y se convierte en centro neurálgico del comercio regional gracias a su doble función de concentración y de dispersión de la mercancía. Al mismo tiempo juega un papel esencial como centro de importación y de exportación.

Para favorecer el desarrollo económico de la región, las autoridades peruanas deciden construir el ferrocarril del sur. El 31 de diciembre de 1870 se inaugura el tramo Mollendo-Arequipa, en 1876 aquel de Arequipa-Puno. En 1891, la línea se prolonga hasta Sicuani y alcanza, finalmente, la ciudad del Cuzco en 1908. El objetivo de la construcción de ferrocarril era, sin duda, el facilitar la circulación de mercancía que hasta entonces se venía realizando a lomo de bestia. De hecho, durante mucho tiempo fueron sólo trenes de carga los que circulaban por esos rieles, no llevando casi pasajeros. Los viajeros continuaron usando los caminos y las recuas de mulas.

En esta etapa el comercio del sur andino conoce una profunda reestructuración [21]. Hasta 1880 esta había conservado su carácter tradicional campesino. Se organizaba alrededor de las grandes ferias indígenas que podían durar hasta dos semanas. En las ferias, los campesinos vendían las lanas de sus rebaños y sus productos agrícolas y compraban lo que la región no producía. Se practicaba tanto el trueque como el intercambio monetario. Pero, además de los productores, los comerciantes profesionales establecidos en la región asistían tam-

---

[21] Las referencia al comercio en el sur andino, citadas por D. Cuche y por Jarufe Zedán, ob. cit., se remontan a su vez al estudio sobre el tema de Manuel Burga y W. Reátegui, *Lanas y capital mercantil en el sur. La casa Ricketts. 1895-1935,* ob. cit.

bién a estos encuentros porque aún no existían intermediarios entre las grandes casas comerciales y el campesinado. El pequeño comercio estaba, por su parte, en manos de los hacendados quienes instalaban dentro de sus propiedades una tienda de abarrotes donde los campesinos debían, por fuerza, aprovisionarse pues la hacienda ejercía una suerte de monopolio comercial local. Tal monopolio sólo se veía interrumpido por las ferias anuales.

Según Burga y Reátegui (1981), la Guerra del Pacífico crea una primera gran perturbación en los circuitos comerciales tradicionales, provocando la desaparición de quienes habían tenido la responsabilidad del transporte de mercancías hasta entonces, a saber, arrieros y muleros que se desplazaban de feria en feria. A esto se agrega de manera determinante la irrupción en la región del capitalismo mercantil internacional que, apoyándose en la construcción de los ferrocarriles, constituye la razón fundamental de la desaparición paulatina de las ferias indígenas.

En este nuevo contexto aparece una innovadora forma de comercio en el sur andino (1880): los mercados urbanos dominicales —que sustituyen las antiguas ferias campesinas— en los que se realiza un intercambio entre productos agropecuarios y productos manufacturados. El comercio se convierte entonces en una actividad semanal y tiende a adquirir un carácter permanente, al menos en lo que se refiere a los bienes importados, no sujetos a los ciclos agrarios. La población indígena campesina empieza a abandonar las tiendas de abarrotes de la hacienda y a abastecerse en los mercados semanales donde además pueden vender sus propios productos. Así, su poder adquisitivo irá en aumento conforme se incrementa la venta de sus lanas. Lo que explica la frase de los agentes comerciales de las compañías extranjeras: «Sin lana, no hay comercio posible». A partir de entonces, el pequeño comercio especializado —donde aparecen ya algunos nombres palestinos— se concentra en las ciudades beneficiadas por la presencia del ferrocarril del sur o próximas a estas vías de comunicación. Es el caso, por ejemplo, de los hermanos Moisés y Abraham Kajatt que se instalan en Ayacucho y en Andahuaylas en 1895 y de José y Luis Salomón, ambas familias de Beit Yala, quienes llegan a Sicuani en 1896. A partir de entonces empieza la red de inmigración familiar y se abren numerosas tiendas generalmente situadas en el centro urbano, cerca de la Plaza de Armas.

Cuando los palestinos llegan al Cuzco hacia finales del siglo XIX, la ciudad está en plena expansión económica, resurgiendo de la depresión en la que se sumió tras la independencia, entre otras razones por la creación de la frontera con Bolivia. La desaparición del Alto Perú, su zona natural de comercio, le había hecho perder el estatus de capital económica regional que había mantenido durante la colonia y el Cuzco es sustituido en esta función por la ciudad de Arequipa. Prueba de esta depresión se encuentra en los índices poblacionales: en 1825 el Cuzco cuenta con 40.000 habitantes, mientras que en 1905 la población apenas alcanza los 15.000.

Es precisamente el auge comercial de la lana y la consecuente instalación del ferrocarril la que hará posible el renacimiento económico de la ciudad. A este producto se agregan, a inicios del siglo XX, los insumos de la Amazonía (cacao, café, té y caucho) que se concentran en el Cuzco para su transformación (fábricas de chocolates) o su posterior comercialización.

A partir de 1896, algunas grandes casas comerciales extranjeras establecidas en Arequipa deciden abrir sucursales en el Cuzco para dedicarse al negocio de importación-exportación. Esto ocurre precisamente cuando los primeros palestinos se instalan en la ciudad, dominando en poco tiempo el pequeño comercio con su novedoso estilo de trabajo de precios muy bajos y ventas a plazos. Los palestinos adquieren la mercadería en Arequipa, la trasladan al Cuzco y allí la venden en sus propias tiendas. Se especializan en el comercio de textiles, esencialmente telas y confecciones, aunque también se dedican al rubro de sombrerería, perfumería y accesorios.

El dinamismo comercial de los palestinos, sumado a sus prácticas (política de precios, reducción de costos, facilidades de pago) hace que se conviertan en una amenaza para los mayoristas con los cuales negocian fieramente los precios. Esto explica el deseo de eliminarlos del mercado que expresaron en su momento los mayoristas. Así, en 1907 en Sicuani, los grandes mayoristas que controlan también el pequeño comercio, deciden aliarse para expulsar de la ciudad a los *turcos* ejerciendo presión sobre los propietarios de los locales que alquilaban los palestinos para que se les resiliara los contratos de arrendamiento. Pero los árabes reaccionan con rapidez y compran sus locales. Entonces los mayoristas cambian de táctica e inician una campaña de rumores denunciando la pretendida insolvencia de la colonia árabe cuyas tiendas, decían, se vienen abajo por las deudas adquiridas. Sin embargo, esta táctica también fracasa. Los palestinos se habían implantado sólidamente en la región y esta política de golpes bajos no consigue fruto.

El representante en el Cuzco de la Casa Ricketts sostiene, en una carta fechada el 16 de septiembre de 1910 y dirigida a la matriz, en Arequipa: «Hoy, la plaza del Cuzco está en manos de los turcos y si no trabajamos con ellos, las ventas se hacen imposibles».

Según Burga y Reátegui: «los comerciantes turcos eran considerados por los mayoristas como los elementos peligrosos del comercio regional en Arequipa, Sicuani, Cuzco, o donde estuvieran. La única manera de librarse de ellos era alejándolos de los fabricantes, impidiéndoles el acceso a los precios al por mayor y obligándolos a ser compradores de los mayoristas. Para las grandes casas arequipeñas el turco peligroso era aquel que tenía acceso a los fabricantes y el buen turco aquel que pasaba a engrosar las legiones de minoristas de estas casas». Y con la finalidad de alejarlos de los fabricantes, Ricketts se preocupó de una manera casi obsesiva de alejarlos de los comerciantes mayoristas. Llegó al extremo de dirigirse a las casas extranjeras pidiéndoles que no vendan a los turcos. En 1918 le dice a un fabricante de Nueva York: «los demás son minoristas y por consiguiente la fábrica debe abstenerse de venderles directamente»[22].

Así lo hacía con cualquier fabricante al iniciar sus relaciones mercantiles explicando que para los mayoristas, habida cuenta su fuerte presupuesto de gastos, era de necesidad vital obtener al menos un 10% de ganancia. En cambio los *turcos,* decía, se contentan con una ganancia mínima de sólo 5%.

Para consolidar su posición, los comerciantes palestinos inician a partir de 1910 una política más audaz, intentando comprar su mercadería directamente en Lima, o incluso estableciendo oficinas en el extranjero[23], en Europa o Estados Unidos donde sus redes de parentes-

---

[22] Carta de T. Ricketts a R. T. Spark and Co., 4 de febrero de 1918.

[23] Véase el caso citado anteriormente de la Casa Majluf que en 1922 tenía ya a uno de los hermanos establecido en Europa para garantizar el envío de mercadería desde allá.

co les permite establecer puentes. El fenómeno inquieta profundamente a los comerciantes mayoristas que insisten con los industriales peruanos para que no les vendan a los pequeños comerciantes turcos. Al respecto, es ilustrativa la carta de William Ricketts, inmigrante inglés y dueño de la casa del mismo nombre, al industrial W. R. Grace: «Toda esa colonia de turcos es tan unida que si tuvieran a uno de ellos para importar sus productos se aprovecharían para dejar de comprar a las casas mayoristas y esto, le repetimos, sin ganancia o con una insignificante comisión. Por ello siempre hemos insistido con ustedes para que protejan nuestros intereses impidiendo que ellos le compren directamente a usted o por su intermedio, a otras firmas de Lima»[24].

A pesar de todo, los palestinos prosiguen su exitoso trabajo y llegan a intervenir progresivamente en el comercio mayorista e inclusive en el negocio internacional de importación-exportación tras la Primera Guerra Mundial. Los que alcanzan este nivel emigran más tarde a Arequipa. Sin embargo este conflicto habrá de prolongarse hasta bien entrada la década de los años veinte. Así, en 1924, Ricketts con los comerciantes del lugar y con apoyo municipal y hasta universitario organiza mítines de protesta pidiendo la expulsión de los turcos de todo el país «por el daño que causan al comercio en general»[25]. Hacen notar Burga y Reátegui que «todos los comerciantes» son en realidad los mayoristas y el «daño que causan» era vender barato y dificultar el mercado para las grandes casas. Los comerciantes palestinos eran una especie de freno para las ansias especulativas de las grandes casas. Lo lógico hubiera sido que se produjera una manifestación popular de apoyo a los turcos y un rechazo a los mayoristas. Pero ya entonces existía la manipulación de la opinión pública.

I.1.3. La influencia palestina en el comercio del sur

Buen ejemplo de las modificaciones introducidas por la forma de comercio árabe en la región es el que se refiere a la transformación de un sistema fuertemente marcado por el trueque a formas mercantiles más

---

[24] Carta de William Ricketts, 15 de octubre de 1917.
[25] Carta de L. E. Arredondo a Ricketts, 27 de junio de 1924.

modernas. Los palestinos no podían competir en un mercado con estas formas de intercambio de productos. Les interesaba la ganancia en moneda y esta era escasa entre los campesinos de la región que no percibían casi salario pues eran feudatarios o pastores de las haciendas de la región. Su trabajo ocurría a cambio de parcelas de terreno o de la posibilidad de apacentar algún animal junto con la manada del hacendado. Era un sistema casi feudal.

Esto explica la introducción del crédito entre los campesinos. Para evitar el riesgo de pérdida, los comerciantes árabes convenían con los compradores la entrega de una suma inicial a cuenta de la mercancía y el saldo a pagar en el tiempo que fuera necesario. Las unidades de intercambio eran el sol como moneda, la libra como unidad de peso y la vara para las longitudes. Los campesinos compraban esencialmente tocuyo de algodón, bayetas, casimires, paños de Castilla y cintas de colores denominadas *bolón* o *borlón* y cintas de agua bolivianas para adornar sombreros y otros atuendos, además de hilos, agujas y tintes.

Según Negrón Alonso, el registro de los consumidores se efectuaba en el *libro de mensualidad* y el número de morosos fue siempre mínimo, a diferencia de lo que ocurría con la clientela mestiza de la ciudad. El cumplimiento de los plazos para honrar las deudas permitió mejorar las estrategias de fidelización siguiendo el precepto comercial de «es mejor tener clientes antes que compradores». El autor sostiene que fueron los palestinos quienes introdujeron el uso del crédito monetario e hicieron posible el ingreso del campesino andino en el mercado moderno. A las facilidades de pago —que llegaron a realizarse en Sicuani con el sistema conocido como *crédito hormiga,* es decir, una cobranza diaria de un crédito dividido en 29 días— se habría agregado una democratización de la relación comercial. En efecto, los árabes tenían un trato con los clientes indígenas semejante en cordialidad al que podían practicar con los mestizos de las ciudades. «Al campesino se le trataba con cortesía y algunos se dirigían a sus clientes en quechua usando cariñosos diminutivos[26] y ofreciéndole pequeños regalos como caramelos o pequeños objetos que sin embargo halagaban el

---

[26] El quechua es una lengua aglutinante que permite el diminutivo incluso como sufijo verbal.

ego de los nativos», afirma Negrón y, la diferencia con el trato que los indígenas podían recibir de los comerciantes mestizos era abismal, por lo cual la clientela campesina prefería al comerciante árabe.

Al mismo tiempo, su rápido progreso económico determinó que en poco tiempo los palestinos alcanzaron un estatus dentro de la sociedad andina equiparable al de las clases dirigentes de la sociedad provinciana y así lo asumieron las elites locales. Prueba de ello es el matrimonio de algunos de los descendientes de árabes con hijos de lugareños, hacendados o mineros.

Es interesante notar el peso y la intervención activa de los palestinos en las prácticas del comercio en la región. Negrón Alonso cita el «Memorial de comercio de Sicuani» donde los lectores protestan por la decisión municipal de transferir las ferias dominicales al día jueves aparecido en el diario *La Verdad* (núm. 369, 9 de enero de 1923). Normalmente los jueves era día de cierre del comercio por lo que el entonces alcalde Humberto Álvarez, había decidido arbitrariamente y contra las tradiciones locales, realizar el cambio. Finalmente, los árabes consiguieron conservar el domingo como día de feria y el cierre comercial se pasó al miércoles. Ese día, los lugareños aprovechaban para realizar «kermesses» para recaudar fondos o hacían peregrinajes hasta el villorrio del Trapiche donde se encontraba el Señor del Huerto. Sólo en 1970 el comercio volvió a abrir sus puertas los miércoles, pero aun queda en la memoria el llamado «domingo turco» referido al establecimiento del miércoles no laborable.

I.2. *Los primeros sirio-libaneses*

Las pocas fuentes existentes conducen a pensar que los primeros sirio-libaneses que desembarcan en la costa peruana lo hacen al inicio del siglo XX, mientras que podrían haber llegado más temprano a las ciudades amazónicas, en particular a Iquitos, siguiendo la prosperidad que siguió al *boom* del caucho. Cuche se refiere al hecho que los libaneses viajaban esencialmente solos, sin familia, y castellanizaban sus nombres al instalarse aquí. Este fenómeno dificulta aún más su seguimiento a través de censos u otro tipo de identificación oficial. Menciona a un tal Antonio Sassin, nacido en Lima de padres libaneses, en

1907, lo que hace suponer la llegada anterior de los progenitores. Se refiere también a Miguel Herrera, probable traducción del patronímico original Haddad, quien llega al Perú a los 18 años en 1908 y a David Gustin quien se instala en la ciudad de Lima, a los 15 años, en compañía de sus padres.

Las encuestas realizadas confirman una llegada temprana a las costas peruanas: Magid Issa Hamideh, musulmán de origen palestino, cuenta que el primer miembro de su familia que llega al Perú es su tío Taleb quien viene de Cuba en 1928, hablando ya un poco de español[27]. Taleb Hamideh se dirige en barco directamente a la costa norte, Tumbes o Piura. Se establece en esta última ciudad porque allí «había personas árabes de otros sitios, libaneses y sirios». Issa Hamideh cita los nombres de la familia Yarur y más al sur, en Chiclayo y Trujillo, la familia Abú Bussen. Esto supone que estas familias sirio-libanesas habían llegado mucho antes de 1928 a la región. Es probable que Hamideh oyera hablar en Cuba, a familiares o amigos, de esta presencia sirio-libanesa en Piura y que esta información lo decidiera a viajar a esa ciudad[28].

Otro entrevistado, Mario Manzur Chami (56 años de origen sirio), se refiere a sus abuelos que llegan al Perú atravesando el estrecho de Magallanes alrededor de 1908. Según el informante, su abuelo era originario de Latakia (Siria). Llega inicialmente a la costa atlántica de México en un barco cargado de pasajeros levantinos que venían a América. Durante el viaje conoce a la que sería su mujer, una joven libanesa (beirutí) con la que contrae nupcias en México. Esto ocurre alrededor de 1900. Parte de la familia se desplaza a la capital mexicana. Se trata de tres tíos abuelos del informante, uno de

---

[27] Al respecto es pertinente el comentario de Mayda Jiménez García en su trabajo *La inmigración árabe en el Caribe: el caso de Cuba,* en *El Mundo Árabe y América Latina,* ob. cit. La autora sostiene que Cuba solía ser un lugar de tránsito para la inmigración levantina. Algunos se quedaron en la isla por un tiempo, otros se establecieron definitivamente. Los primeros se dirigían luego a otros países del continente o retornaban al Medio Oriente.

[28] Esta versión no fue confirmada por la hija de Talib Hamideh quien sostiene que su padre no le habló nunca de libaneses establecidos en Tumbes o Piura. Tampoco escuchó hablar de ellos entre los vecinos de Piura que entonces contaba con una población reducida.

los cuales llega a ser lugarteniente de Pancho Villa durante la revolución de 1910. El abuelo de Manzur llega al puerto del Callao acompañado de su mujer en 1910. El informante ignora la razón que les hace elegir el Perú. Lo que sí es probable deducir es la causa que los empuja a dejar México: la inestabilidad política y la situación de guerra interna generada por el inicio de la Revolución mexicana. Al llegar, con los ahorros conseguidos con su trabajo en México abren una tienda para vender mercadería traída de México. El 24 de septiembre de 1913 nace en el Callao Salomón Manzur Mattar, padre del entrevistado. Parte de esta familia se instala más tarde en Lima y Chimbote. Una rama se va Chile.

Otro informante, Lázaro Bugosen, originario de la región de Trípoli, al Norte del Líbano, cuenta que su familia deja el país alrededor de 1880 para instalarse en Boston (EE UU). Se trata de una familia de origen campesino que se dedicaba a la agricultura. El abuelo materno era fabricante del tradicional licor de anís libanés, el *arak*. Los terribles efectos de la crisis del 29 sobre la economía norteamericana empujan al padre a mudarse a Cuba en 1920, ya que en la isla existía una comunidad libanesa relativamente importante en esa fecha. Después de la Segunda Guerra Mundial, la familia deja el país caribeño —donde trabajaban en el comercio ambulatorio— y retornan al Líbano. Vienen al Perú sólo en 1950, llamados por amigos instalados aquí mucho tiempo atrás. En sus cartas describían nuestro país como un lugar acogedor «donde hay uvas y aceitunas y un clima suave, parecido al nuestro». Inicialmente se instalan en Chiclayo (ciudad de la costa, unos 700 kilómetros al norte de Lima) donde la familia abre una tienda de venta de telas. Lázaro Bugosen trabaja allí como dependiente desde la edad de doce años.

Según Safa, familias libanesas provenientes de Brasil o descendientes de ellas llegan a la Amazonía peruana y se desplazan luego a Lima donde reinician las actividades económicas que ejercían inicialmente en Brasil[29], en particular la pequeña industria del calzado y del papel, dos de sus especialidades en el inicial país de acogida. Cuche, por su parte, indica que algunos inmigrantes libaneses pudieron penetrar al Perú, vía Colombia y Ecuador y en el sur, por Bolivia y Chile

---

[29] Safa, ob. cit.

tras un periodo de residencia en esos países. Vale la pena recordar que, en efecto, ciertos estados vecinos (v. gr. Chile) establecen leyes restrictivas para la inmigración levantina desde las primeras décadas del siglo XX. Hoy todavía se encuentran patronímicos árabes en ciudades como Iquitos, Pucallpa y Puerto Maldonado. La colonia palestina no parece haberse instalado nunca en la Amazonía por lo cual es probable que se trate de descendientes de sirios o libaneses.

De modo general, puede afirmarse que la inmigración sirio-libanesa al Perú fue poco importante en términos numéricos. Sería preciso investigar con más detalle para encontrar a sus descendientes, averiguar qué patronímicos se castellanizaron y cuántos de ellos dejaron el país al cabo de un tiempo. Este trabajo se hace particularmente difícil en lo que concierne a la primera etapa migratoria porque la llegada y la salida de estos inmigrantes no siempre se registraban. Como rara vez hacían vida sedentaria y se instalaban unos años en un país para luego continuar viaje, resulta difícil cuantificar su presencia en el territorio nacional durante este periodo que se extiende de fines del siglo XIX hasta el inicio de la Primera Guerra Mundial.

I.3. *Datos sobre la primera etapa inmigratoria*

Como se ha señalado anteriormente, resulta difícil conseguir informaciones precisas sobre la llegada de los primeros árabes al Perú. Esta razón, y la exigua bibliografía sobre el tema, explican la utilización casi exclusiva de testimonios para reconstruir la trayectoria de los inmigrantes árabes de la primera hornada.

Otro problema que traba el seguimiento de los inmigrantes árabes es aquel de las dificultades encontradas por las autoridades peruanas (en el caso de un ingreso regular al país) a la hora de transcribir los nombres propios. Muchos ejemplos hablan de esta confusión a la hora de ubicar geográficamente el lugar de origen del inmigrante o de darle un nombre utilizando el alfabeto latino.

Así, el Archivo de la Nación da cuenta de tres libanesas de Monte Líbano, de estado civil casadas, que ingresan al país en 1910, 1913 y 1921 para establecerse en la ciudad de Pisco y figuran con el apellido de Weroan. Probablemente se trata de la familia Werdan, según confirman otros inmigrantes libaneses que tenían contactos con ella. También Amelia Luccar (1910, libanesa) debió ser Succar.

El primer inmigrante palestino musulmán llega al Perú a inicios de la década de los años veinte. Su nombre era Taleb Ahmed Hamideh (lo que corresponde al nombre de pila, seguido del nombre del padre y luego el apellido de la familia: Taleb, hijo de Ahmed Hamideh). En la pieza de identidad nacional su nombre se transforma en Tali Armando Hamide.

La familia Al-Khawas llega a Chincha, al sur de Lima, en 1910. Su apellido se transforma en Cahuas, de resonancias quechuas. También la familia libanesa Yabbour se convierte en Yapur, trascripción doblemente errada si se considera que el fonema /p/ no existe en árabe. Es el caso también del apellido palestino Abou-Abbara, transformado en Aguapara. También hubo quienes castellanizaron su nombre. Un Haddad de origen libanés, establecido en Chiclayo en la primera década del siglo xx, traduce su nombre a Herrera («haddad» quiere decir «herrero» en árabe). Otro lo cambia por razones políticas: Anis Nahoud llega a la ciudad andina de Ayacucho, a inicios de la década de los años veinte y poco después cambia su nombre por el de Luis Conrado Flores. Era militante del Partido Demócrata y temía las persecuciones políticas [30].

El Resumen del Censo de las Provincias de Lima y Callao del 17 de diciembre de 1920 indica una presencia de ciudadanos turcos cifrada en 52 personas (24 hombres y 28 mujeres). Es probable que aquí ocurriera lo mismo que en otros países latinoamericanos en los que el seguimiento demográfico posterior permitió constatar que casi ninguno de los inmigrantes que figuran censados como turcos lo eran realmente. Por ejemplo, es el caso de la inmigración árabe a la isla de Cuba. Esta inmigración pudo tener un control más regular que en el Perú porque los levantinos sólo llegaban al puerto de La Habana y no a otras ciudades y, debían llenar la documentación de desembarco. El investigador cubano, R. Sánchez Porro [31], sostiene que «sólo por excepción figuró algún turco étnico entre los registrados bajo esa nacio-

---

[30] Es interesante notar el temprano compromiso con la política nacional.

[31] Citado por Mayda Jiménez, *La inmigración árabe en el Caribe en los siglos xix y xx: el caso de Cuba,* ob. cit.

nalidad». Así, los turcos que figuran censados en Lima y Callao en 1920 —y que estaban establecidos allí desde fechas anteriores— aparecen bajo la nacionalidad que estipula su pasaporte expedido antes de 1918 por las autoridades otomanas. Sus documentos de residencia en el Perú recogen esta información y aparecen como turcos aunque fueran en realidad árabes o judíos sefarditas. No se consigna la presencia de ningún turco en el Censo General de 1876, lo que confirmaría la llegada de los primeros inmigrantes a mediados de la década de 1880. El siguiente censo se realizó mucho más tarde, en 1940 y muchos inmigrantes levantinos figuran con pasaporte francés o británico ya que esa etapa corresponde al periodo de los protectorados occidentales en la región.

En relación al sexo de los inmigrantes iniciales, todos los testimonios coinciden en que, por lo general, los primeros en llegar fueron hombres solos, con una edad comprendida entre los 14 y los 30 años y generalmente de origen campesino. Pocos llegan acompañados ya de sus mujeres, muchos vuelven en cuanto pueden a su país de origen para casarse con la prometida o para buscar esposa dentro de la *familia ampliada.* Llama la atención que ya en 1920, en Lima y Callao, según datos censados, el número de mujeres fuera superior al de los hombres (28 contra 24). Esto demostraría que quienes residían en la capital estaban allí desde hacía tiempo suficiente como para haber traído mujer o habían llegado con ella (es el caso de los abuelos de Mario Manzur Chamy, un sirio y una libanesa que contraen nupcias en México, antes de llegar al Perú). Por razones culturales obvias no existía una migración de mujeres solas.

En 1921, ya en la etapa de los mandatos, el Ministerio de Relaciones Exteriores de Francia del cual depende el Líbano, decide realizar un censo de los libaneses residentes en América Latina, pero en él no figura ninguna información referente al Perú. Aparecen en cambio cifras importantes en otros países vecinos: 3.000 en Colombia, 640 en Bolivia, 41 en Quito, Ecuador. Naturalmente y, como lo confirman los testimonios de los entrevistados y los datos del Registro de Inmigrantes del Ministerio de Relaciones Exteriores (Dirección General de Migraciones), la ausencia de cifras en el caso del Perú no quiere decir que no hubieran libaneses en el país. Simplemente estaban demasiado dispersos y alejados de la ciudad de Lima, donde residía el cónsul francés. Las primeras cifras consignadas por Francia sobre la presencia libanesa en el Perú aparecen en 1942, en vísperas de la independencia del Líbano.

I.4. *El proceso de integración social en la primera etapa inmigratoria*

Los procesos de integración y asimilación no se dan necesariamente en forma simultánea ni se producen de igual manera. En ciertos casos el inmigrante logra integrarse en su área de trabajo pero no en el ambiente social, o bien consigue participar activamente en determinadas instituciones del país de acogida pero su grado de adaptación al medio será deficiente si mantiene su vida, hábitos y valores como si aún estuviera en el lugar de origen.

En el caso de los primeros inmigrantes árabes se da un proceso curioso. Por una parte, más allá de las dificultades materiales reales que evocan algunos de los informantes (geografía difícil, dificultades de comunicación y desplazamiento, enfrentamiento con grupos de poder económico) ocurre un contacto fácil con la población, tanto con los medios campesinos de los Andes como con los medios urbanos. Es cierto que en el sur andino la relación del comerciante *turco* con los clientes indígenas en las ferias era correcta y respetuosa sin llegar a ser cordial. Pero para esos campesinos, acostumbrados al maltrato del hacendado o del comerciante mestizo, la relación con los árabes era percibida como excepcional y por eso los preferían como proveedores. Al mismo tiempo, los primeros inmigrantes establecen relaciones fáciles con los profesionales y políticos de las ciudades en las que se instalan. Negrón destaca el hecho que la tercera generación de inmigrantes ya no suele volver al Medio Oriente para buscar mujer, ni casarse necesariamente con hijos de árabes [32]. Contrae matrimonio con miembros de familias pudientes del lugar, lo que en última instancia demuestra los grados de aceptación social de los que ha llegado a gozar.

Denys Cuche opina que uno de los factores que explican la ausencia de rechazo a los árabes en el Perú y su lograda integración en la so-

---

[32] Luis Negrón Alonso, ob. cit.

ciedad peruana, es su fenotipo. En efecto, vale la pena recordar que cuando se inicia la inmigración árabe al Perú, durante toda la primera etapa inmigratoria y hasta inicios de la segunda, el debate en torno a qué nación construir estaba en su apogeo. En el interior del país, en los Andes, el árabe era percibido como blanco según el sistema de representaciones de color de piel y rasgos físicos tan usual en el Perú de esos años. «Esta clasificación, dice Cuche, va acompañada de importantes consecuencias sociales en particular en lo que se refiere a la elección del cónyuge al que puede pretender un árabe.» Contrariamente a lo que ocurrió en Argentina o Chile e incluso en Colombia [33], donde los *turcos* eran asociados a los «asiáticos» y como tales fueron atacados y marginalizados muchas veces, siendo víctimas de leyes segregacionistas, en el Perú finisecular se les miraba como inmigrantes europeos del sur. A veces se les llegó a confundir con italianos, como ellos, establecidos en el sector comercial. Además, los inmigrantes levantinos que llegan después de la Primera Guerra Mundial, una vez establecido el régimen de mandatos, lo hacen con pasaporte británico o francés, lo que favorece su identificación con los europeos.

Por otra parte, el hecho que casi la totalidad de los inmigrantes árabes de la primera etapa fueran cristianos (ortodoxos o maronitas) facilitó su aceptación en el medio. Las diferencias litúrgicas fueron superadas rápidamente y se integraron a la Iglesia católica romana. El número limitado de inmigrantes árabes no permitió la apertura de iglesias de rito oriental como sí ocurrió en Argentina, Brasil o Chile, menos aún maronita.

El carácter disgregado y relativamente poco importante a nivel cuantitativo de la inmigración explica que, en esta primera etapa, no hubiera ninguna publicación, ni ninguna organización de carácter asociativo.

Los libaneses y palestinos que llegan a fines del siglo XIX e inicios del XX lo hacen, en general, atravesando algún país vecino o tras una estadía en otro lugar (Brasil, Ecuador, Bolivia, Chile) por lo tanto suelen tener algún conocimiento de castellano o de portugués. Hablan el árabe dialectal pero, habida cuenta sus orígenes sociales, no poseen

---

[33] Pilar Vargas y Luz Marina Suaza, *Los árabes en Colombia. Del rechazo a la integración,* Planeta, 2007.

un grado muy avanzado de instrucción y muchos no lo escriben. Esto determina que la segunda generación se limite a hablar el idioma solamente. La tercera generación y las sucesivas sólo conocen algunas expresiones. La ausencia de escuelas árabes en el país no ha facilitado la conservación de la lengua.

Vale la pena notar que los palestinos que llegan al sur andino aprenden el quechua y, en Huancavelica y Ayacucho, llegan a conocer esta lengua antes que el español.

En términos generales, la etapa inmigratoria que se extiende desde fines del siglo XIX hasta la Primera Guerra Mundial puede considerarse como un periodo de asentamiento inicial, poco importante desde el punto de vista cuantitativo, pero que hace posible la inmigración en cadena de la segunda etapa. Esta habrá de extenderse desde 1920 hasta el inicio de la Segunda Guerra Mundial cuando el conflicto hace difíciles los desplazamientos.

II. LA INMIGRACIÓN ÁRABE EN EL PERIODO DE ENTREGUERRAS: 1919-1940

La inmigración árabe durante el periodo que se extiende desde el final de la Gran Guerra hasta los prolegómenos de la Segunda Guerra Mundial, posee características particulares que intentaremos estudiar en este capítulo.

Los pioneros —que el estudio de Juan Sakhala Elías cifra en unas ochenta familias en el caso del Perú[34]— prosiguen la «inmigración del llamado», haciendo llegar nuevos miembros de la familia para incorporarlos a sus actividades comerciales cada vez más florecientes. En algunas ocasiones, el éxito obtenido en el comercio ambulatorio les permite sedentarizarse. En el caso de los que ya habían establecido tiendas y bazares desde inicios de siglo, la buena marcha de los negocios los incita a abrir sucursales y a buscar mercados más amplios en otras ciudades del Perú o en los países vecinos (Chile y Bolivia, esencialmente). Ampliar significa aumentar el número de empleados de

---

[34] Juan Sakhala Elías, ob. cit.

confianza y la llegada de familiares desde el país de origen se explica en este contexto. Pero, además, los comentarios escuchados a otros paisanos suscitan el interés de nuevos migrantes. Estos arriban solos, como lo hicieron antes que ellos los pioneros. Con frecuencia llegan de otros países de América, tras un intento fracasado de inserción y sabiendo que, a diferencia de lo que ocurre en Argentina o Chile, la acogida en el Perú es particularmente cordial y no existen leyes restrictivas para la inmigración árabe[35].

Durante la década de los años veinte, los árabes inicialmente establecidos en ciudades andinas deciden abrir sucursales en la costa. Y los nuevos inmigrantes no se instalarán ya en los Andes y optarán más bien por ciudades como Mollendo, Ica y Chincha, en la costa sur y, Piura y Chiclayo en el norte, cuando no directamente por la capital. Para entonces el viaje hasta las costas peruanas se había simplificado. Para estos inmigrantes de la segunda etapa, que en algunas ocasiones realizaban una escala de duración variable en Cuba o México antes de dirigirse al Perú, resultaba más fácil acceder a las costas del Pacífico cruzando el Canal de Panamá.

Estos nuevos inmigrantes poseen, en general, mejores niveles de instrucción que aquellos de la primera oleada. Algunos han aprendido ya alguna lengua occidental (francés o inglés) lo que facilita el aprendizaje del castellano. Los que llegan al Perú tras una estadía en otro país del continente poseen nociones de español.

Desde el punto de vista de su inserción económica, aquellos que habían llegado a fines del siglo XIX o inicios del XX, se muestran más resignados frente a la posibilidad de afincarse en la tierra de acogida, posibilidad que adquiere, poco a poco, dimensiones de certeza. Es decir, empieza inconscientemente a abandonar la idea del retorno que alimentaba sus sueños cuando pisó por primera vez la tierra americana. Si aún viajan a la tierra de origen a la hora de elegir cónyuge, saben que el momento de volver se aleja cada vez más. Hay en el fondo una forma de voluntarismo en el deseo de preservar las tradiciones y de

---

[35] Al respecto es interesante el comentario de Gonzalo Vial en su *Historia de Chile de 1890 a 1973*. El autor sostiene que en el periodo que nos incumbe la clase media chilena entra en pugna con los «turcos» al constatar que estos han sobrepasado su posición social inicial. Los trataban despectivamente y con apodos ofensivos e hirientes.

buscar mujer dentro de la familia ampliada, un aferrarse a los orígenes y a las costumbre que —no pueden ignorarlo— habrán de desaparecer poco a poco. De hecho, los hijos de los primeros pioneros no hablan ya el árabe (apenas si lo entienden) y habida cuenta la ausencia hasta el día de hoy de colegios árabes en el Perú, es lógico que así haya ocurrido. A título comparativo, existen en cambio colegios italiano, alemán, francés, británico, japonés y el Colegio León Pinelo, para la comunidad judía, se fundó en 1946.

Moviéndose con comodidad en el país de acogida, muchos adoptan la nacionalidad peruana y se convierten a la industria (en Lima) optando por el sector textil que conocen bien y que exige un capital moderado y una menor calificación que otros sectores. En un inicio la inserción en el sector medio del comercio fue menos feliz de lo que recoge la tradición oral de la colonia. No faltaron enfrentamientos con sectores empresariales nacionales, sobre todo en el sur andino. Pero estas dificultades fueron superadas y para finales de la década de los años veinte la situación de los comerciantes árabes puede calificarse de armoniosa en relación a su entorno.

II.1. *Evolución de los inmigrantes palestinos en el sur andino*

Como se señaló en el apartado precedente [36], la inserción de los pequeños comerciantes palestinos que negociaban fieramente sus precios con los mayoristas (cf. Casa Ricketts) para luego vender sus mercancías con facilidades de pago y con ganancias mínimas en las ciudades del Cuzco y Sicuani, suscita en los mayoristas el deseo de eliminarlos del mercado.

Los comerciantes «turcos» como se les llamaba entonces, se encontraban establecidos casi exclusivamente en los centros urbanos importantes. Así, el 57% del total de los comerciantes árabes aparecen instalados en la ciudad de Arequipa a inicios de la década de los años veinte [37]. Había muy pocos en las zonas rurales o en los pueblos del interior. El 33% restante se distribuía en las ciudades importantes

---

[36] Cf. *supra* 1.1.2. La experiencia del sur andino.
[37] Cf. Burga y Reátegui, ob. cit., p. 151.

CUADRO 1. *Minoristas de Ricketts: 1895-1935*

Región	«Turcos»	Otros	Total
Arequipa, ciudad..............	147	481	628
Arequipa, costa	14	77	91
Costa Pacífico...................	20	75	95
Región Majes....................	4	139	143
Arequipa, interior	—	7	7
Cuzco, ciudad	34	90	124
Cuzco, interior	—	28	28
Sicuani..............................	14	47	61
Apurimac	4	21	25
Puno, ciudad	12	38	50
Juliaca	6	40	46
Puno, interior....................	2	72	74
TOTAL................................	257	1.115	1.372

Fuente: AFA, Libros deudores por efectos.

del departamento de Arequipa, el Cuzco o Sicuani. En el periodo que se extiende entre 1920 y 1935 los «turcos» representaban el 18% del total de minoristas que trabajaban con la Casa Ricketts.

Burga y Reátegui citan el caso del inmigrante palestino José Salomón, de la ciudad de Sicuani, en el Cuzco. En 1907 Salomón poseía nueve tiendas en esa ciudad, sin embargo la crisis y la paralización del comercio lo obligaron a vender siete de ellas entre sus compatriotas. En 1910 la presencia árabe era notable en el medio comercial cuzqueño, a tal punto que el agente de la Casa Ricketts en ese departamento le solicita autorización al gerente para negociar con ellos: «Hoy la plaza del Cuzco está en manos de los comerciantes árabes y si no se trabaja con ellos resulta casi imposible hacer las ventas»[38].

Ante esta situación, Ricketts le da carta blanca a su agente: haga las ventas según su criterio y en función del crédito de los turcos, le dice en esencia. Pero en el otoño de 1919 estos comerciantes se han multiplicado de tal manera y han adquirido tal fuerza que comienzan a intervenir

---

[38] Carta del 16 de septiembre de 1910.

en el comercio mayorista gracias a contactos con otros familiares y paisanos instalados en Lima o en el exterior (Estados Unidos y Europa).

En este contexto, algunos fabricantes empiezan a venderle bienes al «turco» Salomón. Entonces Ricketts protesta airadamente ante la empresa W. R. Grace: «El argumento que les ha presentado una firma limeña (probablemente Duncan, Fox & co.) que Salomón y Hnos. es siria y no turca, nada probará para quebrar un acuerdo vigente con ustedes [39]. Todos los turcos de Arequipa estarían en la misma condición porque todos ellos no son propiamente turcos, sino árabes o armenios oriundos de Turquía asiática y principalmente de la Palestina».

Todo esto no le impedirá a Salomón convertirse a su vez en mayorista diez años después.

La irritación de Ricketts es igualmente notable en la carta que dirige a la Fábrica Nacional de Tejidos Santa Catalina, el 13 de marzo de 1919: «Como verán, y a pesar de que este es un artículo por lo demás vendible, estamos en la imposibilidad de poder actuar con comodidad y beneficio en su negociación debido a la fuerte competencia que experimentamos por parte de los comerciantes otomanos que, como ustedes saben, son tan numerosos que han abarcado se puede decir todo el terreno del sur».

Los mayoristas siempre buscaron alejar de los fabricantes al comercio minorista, aunque hubo algunas grandes casas que no escucharon las exigencias de Ricketts. Por ejemplo, la W. R. Grace siguió comerciando con los árabes y con otros minoristas, haciendo caso omiso de las insistentes cartas de Ricketts. En realidad, este último había asumido la defensa de un margen determinado de beneficios que los mayoristas no querían perder y que los árabes con sus políticas de precios bajos ponían en peligro: «Ustedes comprenderán que teniendo nosotros un fuerte presupuesto no nos es posible trabajar por menos del 10% de ganancia, en tanto que los turcos se contentan con obtener una insignificante utilidad» [40].

---

[39] Ricketts se refiere a su pedido a los mayoristas laneros de no comerciar con los turcos. Vale la pena recordar que el Perú se alineó con los Aliados durante la Primera Guerra Mundial, mientras que Turquía (el Imperio otomano) se situó en el campo adverso, junto a Alemania. Ricketts utiliza aquí un argumento nacionalista.

[40] Carta de Ricketts a Duncan, Fox & co., 10 de febrero de 1923.

En efecto, los mayoristas vendían con una ganancia del 10% en tanto que los «turcos» se contentaban con el 5%. En estas condiciones, la competencia resultaba insostenible para los mayoristas. Por ello siempre los combatieron.

Así, en junio de 1924 promovieron protestas populares contra los árabes en la ciudad del Cuzco: «Se ha formado una liga entre todos los comerciantes del lugar, apoyados por todos los artesanos, los universitarios y el municipio quienes encabezarán mañana un gran mitin pidiendo al gobierno la expulsión de los turcos de todo el país, con una larga exposición del daño que causan al Perú» [41].

El pecado de los árabes era simplemente vender barato y reducir su margen de ganancias para ser más competitivos. Así, limitaban en la práctica la especulación de las grandes firmas comerciales. Como lo hacen notar Burga y Reátegui, lo lógico habría sido una manifestación popular, no en contra de los «turcos», sino a favor de ellos. «Pero la oligarquía mercantil, tal como lo había hecho en 1923 al organizar una asamblea popular contra la Peruvian Corporation, esta vez también manipuló a los diferentes sectores artesanos, e incluso universitarios, para repudiar públicamente a estos aguerridos y populares comerciantes» [42].

Resulta interesante constatar que la memoria colectiva de la colonia palestina en el Perú ha borrado estas dificultades de adaptación. La mayor parte de los testimonios escritos (artículos diversos) y orales de los descendientes de los pioneros del sur andino evocan sólo la excelente acogida que recibieron del pueblo peruano y nunca los momentos ingratos que debieron enfrentar.

Hacia 1930 muchos de estos comerciantes han adquirido suficiente solvencia económica como para desplazar sus empresas hacía mercados más promisorios, como Lima, o hacia países vecinos [43]. La centralización, fenómeno que a partir de la Independencia resulta particularmente perceptible en el Perú, determina que la capital aparezca como el centro neurálgico de la vida nacional. Así, si los palesti-

---

[41] La carta es del 27 de junio de 1924.

[42] M. Burga y W. Reátegui, ob. cit., p. 155.

[43] Es el caso ya citado de Issa Said, que emigra a Chile en 1934, donde obtiene un espectacular éxito económico.

nos del sur andino tienen aspiraciones de desarrollo y crecimiento económico están obligados a desplazarse a Lima. Algunos empezarán por crear sucursales en la capital. Otros serán más drásticos, trasladando directamente la sede de sus empresas a la capital.

Centurión Herrera se refiere al establecimiento de Jorge J. Majluf Hnos. en estos términos: «En vista del éxito obtenido en la ciudad de Arequipa y deseando los señores Majluf actuar en un campo más vasto a sus aspiraciones, decidieron trasladar el negocio a Lima y así lo hicieron en el año 1922, abriendo su establecimiento en la calle de La Virreina».

El estar en la capital habrá de suponer la posibilidad de convertirse en importadores directos «de toda clase de géneros y abarrotes» [44] que traerán de Estados Unidos, Europa y China. Vender al por mayor, sin dejar por ello el comercio al por menor gracias a sus agentes viajeros y buhoneros (ambulantes), les permite cubrir toda la capital y las ciudades aledañas. Este comercio minorista es realizado por la segunda oleada de inmigrantes árabes que forman parte de la familia ampliada de los Majluf (una de las más amplias en número de descendientes en el Perú) o de otros paisanos que, antes de instalarse por su cuenta, empiezan trabajando para sus conocidos.

Otro ejemplo que ilustra el fenómeno del crecimiento del potencial comercial árabe en esta etapa es el de la familia Kajatt. Establecidos en Ayacucho en 1904 abren un lujoso establecimiento en Lima en 1923, el mismo que se convierte en casa matriz, quedando aquellos de Ayacucho y Andahuaylas como sucursales. En este periodo los Kajatt comercian con mercadería fina (perfumería, sedas, géneros de fantasía) que importan del exterior (Europa y Estados Unidos). Caso semejante es el de la familia Abugatas que se traslada de Arequipa a Lima en 1921, abriendo un importante almacén en la calle Judíos, en el centro comercial de la ciudad. Para esa fecha Abugatas Hnos. cuenta ya con agentes que envían remesas quincenales desde las principales ciudades de Europa y Estados Unidos.

No es casual que a esta etapa de crecimiento económico y de progresivo reconocimiento social corresponda la paulatina desaparición del término «turco» para designar a los árabes. Cuche hace notar que

---

[44] E. Centurión Herrera, ob. cit.

el uso del errado gentilicio «turco» en forma de categorización étnica se trasforma semánticamente en una categorización social donde «turco» aparecía como sinónimo de pequeño comerciante[45]. «Es un turco» era una expresión que en el sur andino era equivalente a «comerciante en pequeña escala». Al convertirse en importadores, asentándose en la capital, consiguen un paulatino reconocimiento de ascenso social. Su éxito económico condiciona su éxito social y conforme las familias palestinas se enriquecen e integran los círculos de la buena sociedad el término «turco», asociado a «mercachifle» y a «vendedor ambulante», deja de ser pertinente. Ya para inicios de la Segunda Guerra Mundial el adjetivo empieza a caer en desuso en el Perú[46].

II.2. *Los árabes cristianos de la costa*

Esta segunda etapa se caracteriza también por la llegada de nuevos inmigrantes que, llegando por el Océano Pacífico, se instalan directamente en la faja costera del país. En su relativa aridez, la costa peruana resulta muy afín a la tierra de origen.

En la costa sur se establece la familia Cahuas (Al-Khawas, originalmente). El primer eslabón llega en 1910 y se implanta en la zona agrícola de Chincha, pero, como en otros casos, a pesar de tratarse de agricultores, no se dedican inicialmente a la explotación de la tierra sino al comercio. Su rápido éxito económico les permite traer a otros miembros de la familia ampliada, los Ghía. A inicios de la década del veinte, la familia Cahuas compra la hacienda Cavero en Pisco y cambia de rubro: retorna a la agricultura de manera próspera, se convierten en hacendados y abandonan progresivamente el comercio. El éxito económico va de par con el reconocimiento social. Vale la pena recordar que, en el Perú, el hacendado posee un estatuto jerárquico superior al comerciante hasta mediados del siglo XX. En 1927, Salvador Ghía es nombrado cónsul del Perú en Palestina, cargo diplomático que conservará hasta 1945.

---

[45] D. Cuche, ob. cit., p. 100.

[46] Este no fue el caso en países vecinos, donde aun hoy se utiliza este equivocado gentilicio.

Otro ejemplo interesante del rápido éxito de la segunda generación de migrantes es el de la familia ortodoxa sirio-libanesa Manzur. Los primeros en llegar al Perú son la pareja compuesta por Salomón Manzur Mattar (sirio, originario de Latakia) y su esposa, una dama libanesa cuyo apellido había sido hispanizado como Guerra. Ambos se conocieron en México donde sus respectivas familias habían hecho escala tras un largo viaje desde sus países de origen. Se casan, deciden seguir viaje hasta el Perú y se instalan en el puerto del Callao hacia 1911. Pero alrededor de 1920 la familia deja el puerto y se desplaza a Lima con sus cinco hijos. Estos estudian en colegios católicos y se integran rápidamente a la sociedad limeña. El hijo mayor[47], Salomón, se incorpora a la Escuela Militar del Perú. Este hecho resulta interesante porque expresa de manera elocuente, por una parte, los niveles de integración alcanzados por la segunda generación y, por otra, la ausencia de discriminación por razones de origen en un área delicada en términos nacionales como son las fuerzas armadas. El caso de Salomón Manzur confirma también lo establecido en páginas anteriores en relación a la aceptación de los árabes en una sociedad peruana marcada por una visión europeizante de la construcción nacional. Su fenotipo, asociado al de los inmigrantes mediterráneos (italianos y españoles), facilitó su inserción en la llamada «buena sociedad» peruana. Vale la pena recordar que en la década de los años veinte, las fuerzas armadas imponían un «examen de presencia», el mismo que revestía un carácter claramente racista[48].

Don Salomón Manzur llegó a ser gran amigo del presidente Augusto B. Leguía (de 1919 a 1930) a raíz de su compartida afición a la hípica. Sin dejar sus prósperas actividades comerciales, compra un *haras* (el *stud* Siria) en el hipódromo de Santa Beatriz. El ascenso social de la familia Manzur se ve confirmado por el hecho que el segundo de los hijos de Salomón Manzur, Miguel, es ahijado del presidente Leguía.

A mediados de la década de los años veinte, dos hermanos de Salomón Manzur —Abraham y Nahid— deciden instalarse en Chimbote,

---

[47] Padre de unos de los entrevistados para este trabajo, Mario Manzur Chamy.
[48] Esta exigencia, centrada en la talla y el aspecto físico de los postulantes al ingreso a la Escuela Militar, desapareció en el caso del Ejército y luego de la Fuerza Aérea, pero se conservó en la Marina hasta casi finales de la década de 1960.

puerto pesquero de la costa norte que empezaba a desarrollarse gracias a la construcción del ferrocarril a Huaraz. Otro de los hermanos Manzur, Jacobo, se instala en otra ciudad de la costa norte, Huacho, donde al igual que los Cahuas, esbozará un retorno a la agricultura al decidir comprar una hacienda. La progresiva integración a los sectores más favorecidos de la sociedad en esas décadas se confirma con el matrimonio de Nahid Manzur con una de las herederas de la familia Salgado. Esta, junto con la familia del Solar, eran entonces los hacendados más ricos de la zona. Sin embargo, el desgarramiento entre la aculturación y la tradición persiste como bien lo ilustra el viaje de uno de los hijos, Abraham, a Siria para buscar esposa.

Por otra parte, la estrecha relación que existía entre los sirios de América se evidencia en el establecimiento de una de las hermanas, Isabel, en Chile y por el viaje de la madre del informante (chilena de origen sirio) a ese vecino país, en la década de los años treinta. Empieza entonces un vaivén familiar entre Perú y Chile que habrá de prolongarse hasta 1946, fecha en la que la rama del informante Mario Manzur Chamy decide quedarse en el Perú.

II.3. *La primera inmigración musulmana*

Otra peculiaridad de la segunda etapa inmigratoria es la llegada al Perú de los primeros musulmanes. Como se ha reiterado en varias ocasiones a lo largo de este trabajo, los primeros inmigrantes árabes fueron cristianos. Sólo tras la Primera Guerra Mundial aparecen algunos musulmanes. Sin embargo, esta minoría logró una adaptación sin sombras en el católico Perú de entonces, adaptación al menos tan exitosa como aquella alcanzada por los árabes cristianos. Es cierto que no habría, a priori, razones para que así no hubiera ocurrido. En países vecinos como Chile y Argentina donde hubo una temprana inmigración árabe musulmana, el factor religioso no impidió su paulatina integración. El contexto internacional era entonces menos agresivo y prejuiciado frente al Islam de lo que puede serlo actualmente y, en el Perú no había una particular animadversión frente a quienes profesaran otras religiones. Este hecho cuestiona en parte el argumento esgrimido por investigadores que han desarrollado el tema de la inmigración árabe a América Latina, a saber, que la buena inserción en los países de acogida se debió a la afinidad religiosa[49].

En una entrevista realizada por la autora a Damin Awad, presidente del Centro Islámico de Lima, quien se ha encargado de recopilar información sobre la presencia musulmana en el Perú, este asegura que los primeros palestinos de esta confesión llegaron al país después de 1920. La mayoría había hecho una escala previa en Cuba donde existía ya una colonia importante. Esta escala caribeña les permite tener una idea más clara del continente al que habían llegado y de las posibilidades que ofrecían los países de la región. Además, el contacto con otros paisanos en constante desplazamiento hacía posible el manejo de una información actualizada sobre la actividad comercial que desempeñaban sus compatriotas en las diversas ciudades del continente, permitía conocer con exactitud qué mercados estaban saturados y qué nuevos pueblos empezaban a abrirse al consumo. A esto se agrega el primer contacto lingüístico con el castellano. Al pasar unos meses, a veces años, en Cuba estos palestinos —que al llegar eran exclusivamente arabófonos— adquirían los rudimentos del español que ya entendían y hasta hablaban al llegar al Perú.

Durante la segunda década del pasado siglo, arriban de manera sucesiva diez cabezas de familia que darán origen a la clásica cadena migratoria. Awad cita a: Taleb Hamideh (probablemente el primero de ellos), Sulaiman Chalan, Ahmad Sabla, Ahmad Jaber, Miguel Atala y Saud Saleh, todos ellos originarios de la provincia de Ramalah, región esencialmente agrícola de Palestina. Desembarcan en el puerto del Callao para luego desplazarse hacia las provincias de la costa: Piura y Chiclayo en el norte y Pisco en el sur. Desde su llegada al Perú se dedican al comercio inicialmente ambulatorio y luego establecen tiendas de tipo bazar (venta de bienes diversos) y pequeñas empresas familiares de confección. Más tarde, al igual que sus compatriotas orto-

---

[49] Es preciso señalar que el fenómeno ocurre igualmente en Brasil y, más tarde, en Venezuela, países en los que se han afincado importantes colonias musulmanas. En Venezuela, donde se ha construido la más importante mezquita de América Latina, hay desde hace algunos años una inmigración chiita, bien adaptada al país y ubicada sobre todo en la Isla Margarita.

doxos, se desplazan a Lima y amplían su actividad comercial al rubro importación-exportación o se convierten a la industria textil.

En la década de los años treinta, además de la llegada de familiares de estos primeros musulmanes, arriban algunos druzos libaneses, pero permanecen un tiempo limitado en el Perú, que esta vez desempeña el papel de lugar de tránsito.

Una experiencia interesante que ilustra la adaptación de la colonia musulmana en el Perú es aquella de la familia fundada por el pionero musulmán Talib Hamideh. Nació en Palestina en 1908 en la ciudad de Mezrah, región de Ramalah. Deja su país a los veinte años y se dirige a México. No permanece allí mucho tiempo por carecer de la documentación exigida por las autoridades mexicanas para establecerse en el país. Esta estadía latinoamericana le permite oír hablar del Perú y en su segundo viaje viene directamente a este país. Probablemente entre 1938 y 1940.

En Lima se aloja en una pensión de paisanos en la calle Huancavelica, en el centro de la ciudad. Inicialmente trabaja como agente de comercio itinerante, utilizando el sistema de venta a plazos. De este modo conoce las ciudades de la costa norte y llega a la ciudad de Piura donde decide instalarse. Siendo musulmán no practicante, no tuvo problemas en convivir con una joven piurana con la que tuvo tres hijos. Una de sus hijas, Yamile Tali, nos proporcionó los datos que aquí utilizamos. Talib Ahmad Hamideh (cuyo nombre fue deformado en la documentación peruana convirtiéndose su nombre de pila en el apellido Tali) transmitió a su descendencia una imagen altamente valorada del Islam aunque nunca estuvieron en condiciones de practicarlo. Talib Hamideh era analfabeto al llegar al Perú, hablaba árabe dialectal y algo de castellano. En Piura aprende a leer y escribir el español y más tarde envía a algunos de sus hijos a estudiar en exclusivos colegios de Palestina para que conozcan la realidad del país y aprendan la lengua.

En la tienda establecida en Piura emplea inicialmente personal local. Sólo hacia finales de 1940 decide traer a un sobrino, Miguel Atala, quien se había establecido en Cuba. De esa época data su deseo de trasladarse a Lima y ampliar su negocio. Asociándose con su sobrino instala las tiendas Tali y Atala en Miraflores y en el centro de la ciudad. Estas prósperas tiendas vendían telas y confecciones importadas.

Es también a raíz de su desplazamiento a Lima que se separa de su mujer piurana y decide volver a su país para casarse con una joven palestina con la que tendrá cuatro hijos más. Trae a dos sobrinos y estos a su vez, a sus respectivas familias. Muchos de los actuales descendientes de palestinos musulmanes son hijos o nietos de estos troncos iniciales que llegaron gracias al «llamado» del «Tío Tali», como se le recuerda en la colonia árabe.

II.4. *Itinerantes libaneses*

Cabe recordar las dificultades existentes para obtener información sobre la presencia sirio-libanesa en el Perú. Los testimonios de esta reducida colonia guardan poca memoria de sus pioneros, quizá porque muchos de ellos sólo permanecieron unos años en el país y luego emigraron hacia otras tierras. Todo parece indicar que se trató de una población fluctuante, más allá de algunas familias que se establecieron en Chiclayo y Lima en la tradicional cadena familiar, el resto se funde en el medio o se va sin llegar a constituir una comunidad como sí ocurrió en Chile, Argentina o Brasil donde llegaron a tener periódicos, escuelas, instituciones religiosas y centros culturales. La Asociación Libanesa-Peruana de Lima y la de Chiclayo tienen una actividad muy limitada.

Sin embargo las primeras estadísticas disponibles que datan de la convocación por parte del Ministerio de Relaciones Exteriores francés a los residentes del Monte Líbano en el Perú, en junio y julio de 1922, demuestran que entonces existían, en Lima solamente, un número mucho mayor de libaneses de los que citan los informantes. Confrontados a la lista de registrados en el consulado francés, los entrevistados libaneses dijeron recordar algunos nombres de compatriotas que más tarde se fueron del Perú. Es el caso de la familia Geagea (Jahjah) que llega al Perú en 1905 y aún en 1922 figura como residente permanente.

Se estableció que varias de las familias registradas en 1922 se instalaron inicialmente en Pisco, como las Werdan (Susana, Marcela y Julia) quienes ingresan al país en 1910, 1913 y 1921 respectivamente. Pero es Chiclayo la ciudad elegida por la mayoría de familias libanesas que llegan en esta etapa al Perú: los Hadad, los Fajri, los Skander, los Yapur (Yabbur), los Mufarech, los Naim, los Bugosen, se instalan en esta ciudad del norte. Todos se dedican al comercio y son propietarios de importantes tiendas en un mercado chiclayano en plena expansión. Algunos miembros de estas familias llegaron después de 1950.

Por otra parte, los informes del Registro de Inmigrantes del Ministerio de Relaciones Exteriores peruano (Dirección General de Migraciones) consigna la llegada al Perú de varios libaneses o sirios cuya pista se pierde posteriormente. Es el caso, por ejemplo, de Nasin y Onadian Sosin (*sic*) de 36 y 34 años respectivamente: llegan al Perú en 1924 y en 1905, provenientes de Brasil. También el sirio Lahoud Nagid quien aparece registrado como inmigrante proveniente del puerto La Guaira (Venezuela) y el libanés portador de pasaporte francés, Khalil Yazigui, que ingresa al Perú en 1921 y del cual no se consiguen datos hoy.

Estos documentos permiten constatar que muchos sirio-libaneses venían de otros países latinoamericanos y no directamente de su tierra: Miguel Nemi, sirio, llega el 2 de diciembre de 1921 proveniente de Chile. Miguel Majluf, sirio, llega en 1905 proveniente de La Paz (Bolivia). Juan Faddul, libanés, llega en 1919 proveniente de Cuba (dos años después llega Elisha Faddul directamente de Beirut). Hussein El Hagar, libanés, llega en junio de 1934 de Guayaquil (Ecuador).

En vísperas de la independencia del Líbano en 1942, el Ministerio de Relaciones Exteriores francés decide hacer un estudio estadístico sobre los residentes libaneses establecidos en América y portadores de pasaporte francés. Sólo se pudo contabilizar a los residentes en Lima ya que no existían consulados en otras ciudades del Perú.

Las cifras son las siguientes:

CUADRO 2. *Ciudadanos árabes con pasaporte francés en Lima (1942)*

Libaneses		Sirios	
Hombres......	87	Hombres......	23
Mujeres........	30	Mujeres........	10
Niños	87	Niños	30

Además, estas cifras sólo toman en cuenta a los inmigrantes de nacionalidad libanesa y siria, numéricamente minoritarios, no así a las personas nacionalizadas o detentoras de otra nacionalidad que no fuera la francesa[50].

Por otra parte, aquellos libaneses que llegaron por vía fluvial hasta la ciudad de Iquitos, en la selva peruana, durante el *boom* del caucho, dejaron el país cuando se inició la decadencia de esta producción. Sin embargo, algunos permanecieron en la región orientándose hacia otros sectores (los Abenzur se dedicaron a la explotación maderera y fueron diversificando el conjunto de sus actividades. Uno de sus descendientes fue alcalde de Iquitos en 1980) o como colonos. Prueba de ello es el libro publicado en 1944 por Máximo Kuczynski-Godard sobre las características de la población selvática del Perú, en particular los colonos. Siguiendo las pautas establecidas por esos años en la antropología física, el autor presenta fotos y comentarios sobre las diferentes colonias extranjeras de la selva. Entre ellas figura la inmigración libanesa[51].

En 1945, un inmigrante levantino, Ahmed Mattar, publica un anuario de la colonia árabe en los países andinos, con exclusión de Chile. La obra fue financiada por la propia comunidad con la finalidad de dar a conocer las características de la inmigración medioriental en América Latina y probablemente de indicar su buena adaptación al medio y, el prestigio social del que gozan. Esta publicación permite constatar la implantación existente entonces en el Perú, pero resulta bastante incompleta. No existe información alguna sobre los libaneses instalados en la región de Iquitos. Esto puede deberse a dos razones: la primera de orden geográfico; el oriente peruano vivió durante mucho tiempo de espaldas al resto del país e incluso con vínculos comerciales más intensos con Brasil, a través del río Amazonas, que con el Perú de la costa y de los Andes. A esta causa se agrega el hecho que el anuario de Mattar sólo incluía a aquellos que se suscribían para ver su nombre y sus referencias familiares y profesionales publicadas. Así, la obra presenta a inmigrantes de primera generación

---

[50] D. Cuche, ob. cit., p. 185.

[51] Máximo Kuczynski-Godard, *La vida en la Amazonía peruana. Observaciones de un médico,* Lima, 1944.

cuyas esposas son también libanesas. Según Mattar, en los años cuarenta la colonia levantina está solidamente establecida en Lima y Chiclayo y, en menor medida, también en Arequipa y Cuzco. En cuanto a las cifras, coincide con aquellas avanzadas en 1960 por Elie Safa: unas mil quinientas personas [52].

Sin embargo, todo parece indicar que estas cifras resultan poco realistas en cuanto al número de personas establecidas y a sus descendientes. Muchos libaneses se casaron con peruanas y sus hijos no figuran en ningún documento como descendientes de árabes. Una de las entrevistadas, nacida en el departamento de Ica, al sur de Lima y actual abogada, asegura ser nieta de libanés y aunque declara casi no haber conocido a su padre, su apellido, Fayad, da fe de su origen.

Una constante entre los inmigrantes sirio-libaneses que llegan en esta segunda etapa, es su rápida asimilación. Si la primera generación aún retorna al país de origen para casarse, los hijos se dicen perfectamente integrados a la sociedad peruana. Un ejemplo ilustra esta afirmación: la familia Yapur (originalmente Yabbour). La cadena se inicia con la llegada en 1937 de Pedro Yapur. Diez años después y ya próspero comerciante, vuelve a su país para casarse. Su mujer, una joven maronita de 19 años, habla un poco de francés lo que le habrá de facilitar el aprendizaje del castellano. Se instalan en la ciudad de Chiclayo. Traen luego al cuñado, Jacobo Mufarech, quien llega de Cuba atraído por las ventajas comparativas del comercio en el Perú de los años cuarenta. El resto de la familia Yapur llega por vía marítima, con escala en Génova y Brasil, hasta Argentina. Desde Buenos Aires toman un avión para aterrizar en Lima. Los Yapur abren luego otras tiendas en Trujillo y finalmente se instalan en Lima, ya entrada la década del cincuenta. Según los informantes, en 1950 el número de libaneses establecidos se calcula en un centenar, sin incluir a los menores.

II.5. *Las mujeres árabes entre 1920 y 1940*

Como consta en los datos recogidos, en esta etapa, llegan al Perú muchas mujeres que figuran como casadas o como menores. En el primer

---

[52] Elie Safa, ob. cit.

caso se trata probablemente de mujeres que retornaban en visita familiar o en jóvenes esposas que venían al Perú tras contraer nupcias con algún paisano ya instalado en el país.

Los grados de adaptación de las mujeres levantinas que llegan al Perú leguiísta y postleguiísta fueron bastante buenos. En primer lugar porque, como ya se ha indicado, se trataba de una población educada en la tradición cristiana ortodoxa o maronita, más abierta a los usos y costumbre occidentales. En segundo lugar porque la sociedad peruana de entonces era particularmente conservadora, más aun en la pequeña burguesía urbana provinciana. Era también una sociedad patriarcal donde las mujeres crecían y se educaban para ser madres de familia. Así, una de las informantes, miembro de la familia Yapur, explica que al llegar a Chiclayo a mediados de los años cuarenta se inserta en el seno de una familia libanesa (la de su marido) y en una sociedad provinciana que, en su opinión, poco difería de aquella que había dejado en el Líbano en cuanto a la falta de autonomía femenina.

La adaptación de la segunda y tercera generaciones será más difícil. Así, una de las descendientes de la familia Abugatas declaró que teniendo ella 18 años y habiendo nacido en Lima y realizado toda su escolaridad en este país, fue enviada por sus padres a Palestina para conocer su tierra, con la secreta esperanza de que pudiera casarse allá. Ella recuerda esta etapa como una pesadilla y le resultó inaceptable la separación de sexos y los comportamientos intrafamiliares.

Los índice de natalidad de la segunda y tercera generación son mucho más bajos que en la primera: las mujeres nacidas y educadas en el Perú en esta segunda etapa inmigratoria no van todavía a la universidad, como si ocurre con sus hermanos varones, pero ya no están dispuestas a tener diez o doce hijos como sus madres y abuelas. Por otra parte, las relaciones muy estrechas con los miembros de la familia y la tradición del respeto por la cabeza familiar persisten.

Esta segunda etapa inmigratoria se cierra con la creación del estado de Israel en 1948 y la herida —siempre abierta— que supone para toda la región el despojo que ha sufrido la población palestina. Si hasta entonces la inmigración árabe a América Latina había sido consecuencia sobre todo de la crisis económica antes y después de la caída del Imperio otomano, a partir de 1950 la salida hacia América Latina (y el resto del mundo) se debe a la fragilidad del contexto sociopolítico, a la violencia y las guerras sucesivas que asolan la región, a la ausencia de opciones para los jóvenes de las nuevas generaciones. Si bien es cierto que esta situación de conflicto se expresa también en el campo económico y que las carencias de todo tipo aparecen como el motor de esta sangría poblacional, la crisis es ahora distinta. En efecto, esta asume ahora dimensiones de trampa, de callejón sin salida.

El número de inmigrantes que sale de la región levantina seguirá siendo muy elevado aunque el número de los que llegan a América Latina sea mucho más reducido. De tierra de acogida, Latinoamérica se ha convertido en generadora de emigración. Ya no somos promesa de bonanza y pocos se arriesgan hoy a venir hasta aquí. Otras tierras más prometedoras atraen a los árabes: los palestinos prefieren quedarse en la región (los Emiratos del Golfo, Arabia Saudí, Jordania, Líbano, según las coyunturas), los libaneses prefieren países más lejanos: Australia, Canadá, Estados Unidos y algunos países africanos (donde se ha instalado un importante número de musulmanes chiitas). Países del continente como Venezuela y Colombia han conocido una inmigración más activa en la segunda mitad del siglo pasado.

III. LA ÚLTIMA ETAPA: DE LA CREACIÓN DEL ESTADO DE ISRAEL A NUESTROS DÍAS

A partir de los años cincuenta, el carácter de la inmigración árabe se modifica de manera sustancial. Se trata de un cambio que se explica tanto por factores exógenos como endógenos[53]. Por una parte, los inmigrantes palestinos dejan un país doblemente desgarrado: En efecto, en el sentido literal del término, se trata de un desgarramiento causado por la unilateral partición del territorio y por las guerras que esta decisión internacional generó. El país de expulsión está marcado por la violencia y la expropiación, y por la inestabilidad de sus fronteras que, como piel de lapa, seguirán reduciéndose en las décadas siguientes. Con razón esta etapa se conoce como la *Nakba,* la catástrofe.

---

[53] El peso de los factores internos es sobre todo perceptible a partir de la década de los años setenta.

Por otra parte, estos inmigrantes son, además, víctimas de una herida suplementaria —que se agrega a la clásica del desarraigo— provocada por la imposibilidad del retorno. ¿Dónde volver, incluso en el caso de lograr el éxito económico en el país de acogida? ¿A un campo de refugiados en Gaza o Cisjordania? ¿A sumarse al 60% de desempleados que existen actualmente en los territorios ocupados?[54]. Y, sin embargo, el sueño sigue vivo: los jóvenes palestinos entrevistados para este trabajo se dicen todos deseosos de volver al país que será el suyo algún día. El conocer su ausencia de patria, la conciencia difusa entre los más jóvenes pero indudablemente presente, de formar parte de un pueblo sin Estado, los hace aferrarse a la utopía. Pero se trata de una situación cargada de contradicciones porque estos jóvenes nacidos en el Perú se identifican con el país de acogida, asumen los gustos y costumbres locales y —si acaso vuelven de visita a su tierra de origen— no logran adaptarse a una sociedad que no conocen más que por referencias.

Esta situación especial no impide su compromiso con la causa palestina, más allá de toda identificación política o partidista dentro del Perú. Conservadores y progresistas, derechas e izquierdas se dan la mano en este terreno.

En el caso de la inmigración libanesa, a partir de finales de la década de los años cincuenta, ésta empieza a verse marcada por la desestabilización regional que la creación del Estado de Israel provoca y por la situación de conflictos nacionales y regionales que de ello se deriva. Así, desde mediados de los años setenta llegan al Perú jóvenes libaneses, «llamados» por familiares y conocidos, huyendo de la sangrienta guerra civil que dividió al país hasta bien entrada la década de los años noventa.

Si bien es cierto que la presencia árabe en los países andinos del Cono Sur se ha reducido en años recientes —en comparación con aquella de etapas anteriores— resulta evidente que no se trata de la misma emigración. A las características antes indicadas se agrega, por ejemplo, que en este periodo empieza a equilibrarse el flujo de cristia-

---

[54] Las cifras han aumentado considerablemente a raíz de la construcción por parte del Gobierno israelí de un muro que separa a palestinos e israelíes. Los primeros no pueden ya acudir a sus trabajos situados del otro lado del muro.

nos y musulmanes. Estos últimos, en el caso palestino, no vienen ya del triángulo ortodoxo de Belén, Beit Yala y Beit Sahur[55], sino de la provincia de Ramallah. Se trata siempre de una emigración cuya causa principal es económica, pero el factor político posee un peso específico y desesperado que nunca antes tuvo. Dos aspectos permanecen constantes: eligen el Perú porque algún amigo o pariente los invita a venir y, se dedican siempre al comercio, al menos en un inicio.

Por otro lado, y este es el elemento endógeno de la diferencia, la inserción económica de estos inmigrantes se hará en un Perú que ha iniciado un proceso de cambios profundos. La década de los años cincuenta se ve marcada por el deterioro del sector agrario tradicional. Se quiebra el orden rural prevaleciente hasta entonces, caracterizado por el relativo aislamiento del campesino, la desinformación entre el campo y la ciudad y el absoluto control político de los gamonales serranos sobre el campesinado. El empobrecimiento del campo, el progresivo debilitamiento del latifundio tradicional, aceleran el proceso de migración hacia las ciudades. La difusión de la radio y, más tarde, de la televisión, tendrá un efecto importante sobre una población decidida a probar fortuna en los medios urbanos, símbolo de modernidad y progreso[56]. Este fenómeno trae aparejado un crecimiento poblacional sin precedentes en ciertas ciudades de la costa, lugares elegidos por los campesinos de los Andes para buscar una vida mejor. La ciudad más afectada es Lima, la capital, que pasa de una población de medio millón de habitantes en 1940 a más de ocho millones en el año 2000. Pero es preciso referirse también a Arequipa, a Chiclayo, al pequeño puerto de Chimbote (fenómeno ligado al *boom* de la harina de pescado en la década de los años sesenta) que quintuplican su población en pocos años.

El inevitable deterioro del modelo oligárquico explica que, en los años sesenta surjan los primeros planteamientos en torno a la Reforma Agraria, los mismos que revisten particular importancia en la lucha

---

[55] En estas ciudades, cristianas en su origen, existe hoy una mayoría musulmana como consecuencia de la llegada de refugiados musulmanes tras la creación del estado de Israel. Como la población cristiana continuó emigrando, hoy constituyen una verdadera minoría en la zona.

[56] Henry Pease García, *El ocaso del poder oligárquico,* Lima, DESCO, 1977.

política de aquella década y que culminan con la llegada del «velasquismo» en octubre de 1968.

Se trata de un gobierno militar progresista que se inicia con el golpe de Estado de un grupo de oficiales, encabezado por el general Juan Velasco Alvarado. La importancia histórica de este proceso es puesta en relieve por el ensayista Hugo Neyra, en un acucioso trabajo: «El velasquismo separa el antes y el después de la vida peruana. No es una ruptura. Es la ruptura»[57]. En efecto, hasta 1969, pese a la prédica de los partidos reformistas, nadie se había atrevido a tocar los intereses bancarios, mineros o agrarios de las grandes familias peruanas. «Ningún Estado se había identificado con los desposeídos. Tampoco nadie había osado intervenir una empresa norteamericana. Su importancia en el Perú contemporáneo radica en la transformación de la naturaleza misma del Estado ante el país popular.» En 1968 se enterró la colonia, el «Ancien Régime» y no sólo el estado oligárquico. Las sucesivas restauraciones no han permitido retornar del todo al pasado.

Cabe señalar que, en un inicio, el proceso velasquista fue comparado al «nasserismo» de la primera etapa. Los inmigrantes palestinos que llegan al Perú en el primer quinquenio de los años setenta han oído hablar de este proceso que conoció una gran difusión en los medios de comunicación internacionales. Algunos de los entrevistados que llegaron al Perú después de 1967 evocan la asociación del gobierno revolucionario peruano con el nasserismo. Así, puede afirmarse que su elección del Perú como país de acogida se debe —además del contacto con familiares previamente establecidos— al interés de conocer esta experiencia política y a la simpatía con la que muchos árabes observan el proceso peruano[58]. Vale la pena recordar que la llegada del coronel Gamal Abdel Nasser al poder en Egipto (1954) significó una indiscutible ruptura con los modelos coloniales precedentes. Por ello su primer gesto político será nacionalizar el Canal de Suez, suscitando la furia bélica anglo-franco-israelí. Así también el gobierno de Velasco Alvarado había nacionalizado el petróleo a los pocos días del golpe del 3 de octubre. Nasser se afirmaba en la búsqueda

---

[57] Hugo Neira, *Hacia la tercera mitad. Perú siglo XVI al XX,* Lima, Fondo editorial SIDEA, 1997, 2.ª ed., pp. 421-423.

[58] Esto es válido en el caso de algunos inmigrantes palestinos progresistas.

de un modelo más justo de redistribución del ingreso, perseguía la supresión de las asimetrías sociales heredadas del colonialismo y la construcción de un socialismo autóctono que tomara en cuenta las características culturales y económicas del Mundo Árabe. Este modelo nacionalista-nasserista refuerza las empresas estatales y aleja a las burguesías locales del manejo del aparato del Estado. Establece medidas destinadas a mejorar las condiciones de existencia de las grandes mayorías (subvención de alimentos, medicina gratuita, desarrollo de la educación).

La revolución egipcia de la primera etapa (*ni capitalista, ni comunista,* como se definía también el velasquismo) despertó expectativas gigantescas entre las naciones árabes. En este contexto se crean los partidos laicos y nacionalistas Baath en Siria e Irak respectivamente. Más tarde, la deriva del gobierno nasserista y la derrota en la Guerra de los Seis Días (1967) dejan una huella dolorosa y profunda a la que se refieren varios de los inmigrantes que llegan al Perú por esos años. Es el caso de Bashir Saba, palestino que llega al Perú en 1967, quien afirma: «En una época llegamos a creer en la unidad del Mundo Árabe. Cuando Gamal Abdel Nasser estuvo en el poder pensábamos que podíamos llegar a ser una sola república, una sola nación. Llegamos a soñar con esto, pero era sólo un sueño, más bien una pesadilla a juzgar como terminó».

Por otra parte, el nuevo contexto socioeconómico del Perú explica también que ya no eligieran ciudades de los Andes y que prefirieran las grandes aglomeraciones urbanas de la costa donde el comercio era, sin duda, más activo y el dinamismo económico garantizaba rápidos beneficios.

Uno de nuestros informantes, palestino musulmán que llega al Perú en 1966, explica que sus compatriotas se beneficiaron con el proceso velasquista, pasando de pequeños comerciantes a empresarios y pequeños industriales, dice: «Muchos empresarios, algunos de ellos judíos, prefirieron dejar el país por miedo a imaginarias expropiaciones y vendieron sus empresas. Nosotros compramos esas empresas».

Sin embargo, lo inverso también ocurrió. Los descendientes de árabes instalados aquí desde hacía mucho y que habían diversificado sus actividades, derivando hacia la industria textil y conociendo la fortuna y el ascenso social, vieron con temor la llegada de la revolución velasquista. Las reformas propuestas por el gobierno militar, en particular la Comunidad Industrial, les parecía un primer paso hacia una ineluctable expropiación comunista. Un informante musulmán, Mahid Issa Hamide, afirma lo siguiente: «En la época de Velasco hubo unas cinco o seis familias de mi entorno que se fueron a Estados Unidos porque temían que termináramos como Cuba».

III.1. *Nuevos mercados, nuevo comercio*

En un inicio la población andina que llega a las ciudades de la costa peruana vive una marginalidad espacial y económica, en la periferia de las ciudades. Pero, poco a poco, una mayoría de esta población irá organizando su vida en torno a determinadas actividades económicas (comerciales y artesanales) lo que amplía globalmente el mercado comercial urbano. El incremento de su poder adquisitivo no pasará desapercibido a los comerciantes árabes que llegan a Lima desde las provincias donde se habían instalado en un inicio y menos aún a aquellos que llegan al país entre 1967 (tras la guerra) y 1977. Su presencia como prósperos comerciantes en el Mercado Mayorista [59] es visible y conocida.

El particular dinamismo de los comerciantes árabes es citado por quienes han estudiado esta forma de comercio a precios bajos en la capital [60]: «A medida que la ciudad fue llenándose de migrantes andinos y su espacio urbano se fue uniformizando, otras actividades económicas comenzaron a sufrir una evolución equivalente. Una de ellas fue el comercio que empezó a ser realizado masivamente al margen y hasta en contra de las normas estatales nominalmente encargadas de regularlo. Surge así el comercio informal que en lo esencial se desarrolla en las calles y en mercados constituidos específicamente para salir de los mismos» [61].

---

[59] Mercado a cielo abierto que se encuentra en una de las zonas más populares del casco urbano de Lima.

[60] Carlos Ramón Ponce, *Gamarra: formación, estructura y perspectivas,* Lima, Fundación F. Ebert, 1994.

[61] Hernando de Soto, *El otro sendero,* Lima, El Barranco, 1986, 3.ª ed. Final del Porvenir. Lima, 1986, p. 62.

Los palestinos y libaneses, grandes conocedores del funcionamiento del comercio a pequeña y mediana escala, perciben desde su llegada al Perú entre fines de los años sesenta y 1985, la prosperidad de este sector conocido como «informal». No tardan, pues, en instalar puestos en el Mercado Mayorista o en el Mercado Central primero y luego en otro mercado paralelo creado por los propios informales y ubicado en el jirón Gamarra, en una populosa zona de la capital. Como lo prueban los estudios sobre el tema, este tipo de mercados se encuentra al servicio de las clases menos acomodadas, aunque en Gamarra la diversidad de productos —muchos de ellos importados— condicionó la frecuentación de un público de clase media con un considerable poder adquisitivo. La experiencia de Gamarra merece detenerse en ella un momento.

III.2. *Los árabes de Gamarra*

En su serio trabajo, antes citado, sobre el fenómeno comercial del jirón Gamarra, Ramón Ponce se refiere en términos muy elocuentes a la magnitud del mismo. Encontrar siete mil establecimientos productivos y comerciales concentrados en unas cuantas manzanas, establecimientos que emplean unas cuarenta mil personas y que generan un movimiento comercial de casi seiscientos millones de dólares, resulta asombroso. Tanto más si se considera que este fenómeno ocurre a finales de la década de los años setenta y primeros años ochenta, época de pésimas condiciones macroeconómicas no sólo para el Perú sino para el conjunto de países del continente. Ponce dice al respecto: «El desarrollo de Gamarra como conglomerado industrial y comercial es el resultado de la convergencia de una serie de procesos. En principio debe recordarse que la ubicación de este complejo de confecciones está estrechamente relacionada con el movimiento comercial generado por el Mercado Mayorista de Lima a partir de 1945. Este mercado era provisto por todas las regiones, pero a su vez y principalmente era la puerta de entrada y salida de Lima hacia el centro del país» [62].

---

[62] Ponce, ob. cit.

Una segunda fase tiene lugar a fines de los setenta cuando interviene un cambio de escala en las empresas de confecciones. En un contexto de receso, las empresas de relativa antigüedad y presencia en el mercado (con una gran cantidad de personal) al no poder seguir trabajando como antes, tuvieron que reducir su escala de operaciones y pasar al trabajo a domicilio y a la subcontratación. Así, el pequeño empresario podía producir sin necesidad de invertir en capital de trabajo y con un aumento de flexibilidad productiva, reducción del riesgo y disminución de costos. Esto ocurre entre 1978 y1987, etapa en la cual existe un mercado nacional protegido por la legislación dictada durante el gobierno velasquista y por la segunda fase de gobierno militar. Capacidad de adaptación a las modificaciones de la demanda y precios bajos jugaron a favor de la consolidación de Gamarra.

Se trataba de una hábil combinación de empresas muy pequeñas, pequeñas y medianas que lograron una densa y fluida integración vertical y horizontal. El prólogo del estudio de Ponce indica, con razón, que el fenómeno no es, sin embargo, una nueva forma de capitalismo popular (como de alguna manera lo sugiere Hernando de Soto): «Gamarra tiene su historia propia ligada a décadas de tradición comercial en la zona, a la densidad de la población y a la cercanía de los mercados mayoristas que registran un movimiento anual de unos 500 millones de dólares». Y además importantes grupos de migrantes han contribuido a su éxito. «Todos estos factores han hecho que no sea un modelo sino más bien una forma de peculiaridad que habla con elocuencia de la capacidad de adaptación de la inmigración (árabe y en menor medida judía) y de los migrantes andinos. Vale la pena insistir en que el éxito comercial de los migrantes internos como empresarios de origen no colonial es un fenómeno reciente, que data de los años cincuenta. Gamarra es precisamente la más clara expresión de ese éxito y el predominio de la inmigración andina es evidente»[63].

Así, puede afirmarse que en estos años los comerciantes árabes volvieron a trabajar codo a codo con sus colegas indígenas y mestizos y para el mismo sector de población que los había ocupado a inicios de siglo en el sur andino del Perú. Igual que entonces, la política de

---

[63] De Soto, ob. cit.

precios bajos les permitía ganar más por la cantidad de mercancía vendida a precios módicos que por la venta de piezas caras.

Las transacciones se basan en redes familiares y de paisanaje, por ello la presencia árabe (esencialmente palestina) jugó un papel fundamental desde el inicio. Al igual que los inmigrantes andinos, pujantes y deseosos de abrirse un espacio en el difícil paisaje comercial de la Lima de esos años, los palestinos combinaban las reglas de la reciprocidad con los mecanismos del mercado. Si incursionaron en el negocio de las telas y confecciones, primero en el Mercado Mayorista y luego en el complejo de La Parada, fue porque observaron las necesidades de vestido de los trabajadores del mercado y sus familiares: la aglomeración de trabajadores abre naturalmente un mercado de confecciones. Inicialmente el comerciante vendía dando facilidades de pago, en dos o tres partes. La seguridad del trabajo y la cantidad de trabajadores les permitía vender a crédito. Este comercio, en un principio ambulatorio, permitió luego crear talleres de confecciones que abastecían a los comerciantes, aunque sin convertirse aun en predominantes. Si bien la mayor parte de la producción es consumida en un inicio por los vecinos de la zona, poco a poco se inicia el envío de mercadería al interior del país.

Por entonces el jirón Gamarra era todavía paradero de camiones y de autobuses dirigidos a las provincias. Allí se agrupaban los terminales de las empresas que viajaban desde y hacia la sierra y la selva. Entre estos confeccionistas «destacaban los árabes, los mismos que para la época ya se habían convertido en líderes en el tejido de punto» [64]. Un buen ejemplo es aquel de Emilio Farah, instalado desde 1950 en la zona. Después de dedicarse al comercio de telas constituyó *Maidenform* (industria de ropa interior femenina) y llegó a ser Alcalde de La Victoria entre 1975 y 1976. La familia Mufarech hizo lo mismo con *Medias Kayser,* los Salem con las creaciones *Dany.* Después llegarían Jalilie, Awapara y Abusabal entre otros.

Aunque esta producción iba dirigida al mercado interno, también se exportaba una parte. En los años de control de divisas (segundo lustro de los años setenta e inicios de los ochenta) los comerciantes árabes alimentaron y garantizaron la consolidación de esta forma de

---

[64] Ponce, ob. cit.

CUADRO 3. *Propiedades árabes en la industria textil*

Empresas asociadas al Comité textil de la SNI *	Representantes
Compañía Hitepima S.A. Producto: Tejidos y confecciones de ropa interior, de punto de algodón	Jorge Mufarech Vivan
Consorcio Industrial San Martín S.A.	Jorge Mufarech Nemi
Producto: Tejidos, acabados y confecciones de fibras sintéticas o artificiales	Jorge Mufarech Bertello
Etiquetas Peruanas S.A.	Nabil Bahrumi
Producto: etiquetas tejidas	Gonzalo Eguren
FILASUR S.A.	Nagib Abusada Salah
Producto: hilados y tejidos planos de algodón	Nicolás Abusada Sumar
Hilandería de Algodón peruano S.A.	Jaime Abusada Salah
Producto: hilados y confecciones de punto de algodón	Jorge Pardo Figuroa
Sociedad Industrial Textil S.A.	Alfonso Saba Cassis
Producto: Hilados de alpaca, lana y oveja, fibras sintéticas/artificiales y mezclas	Jorge Saba Cassis
TEXFINA S.A.	Raul Saba de Rivero
Producto: tejidos de punto y acabados	Pablo Travesaño
Western Cotton S.A.	Mario Manzur Chamy
Producto: Hilados y tejidos de punto de algodón y mezclas	Francisco Patiño

* Se trata de una lista no exhaustiva. El porcentaje de empresas asociadas a la Sociedad Nacional de Industrias (SNI) es de un 60%, cuando se trata de empresas grandes o medianas. Pero no hay cifras que den cuenta de las pequeñas empresas existentes en el sector.

comercio gracias a la introducción de dólares frescos que traían de Bolivia. En efecto, según Ponce, una de las razones que parece haber incidido en el fortalecimiento del complejo fue el incremento de las ventas dirigidas al departamento de Puno, de donde pasaban a Bolivia, en una época caracterizada por un tipo de cambio congelado y fuertes restricciones para el uso de moneda extranjera (lo que a su vez estimuló la venta de mercadería sin factura).

Hoy Gamarra sigue siendo uno de los polos más importantes del comercio nacional. Incluso las tiendas del interior del país se abastecen en confecciones en el complejo de Gamarra, en la capital. Ponce cita al ejecutivo de la empresa Hoesch, productor y distribuidor de fibras sintéticas: «judíos, árabes, cholos, gringos, boutiques de Miraflores, tiendas de Huancayo, Ayacucho, Cuzco, Madre de Dios, están estrechamente relacionados con Gamarra [...]. Así como el referente para fijar el precio del dólar es el jirón Ocoña (mercado de librecambistas), Gamarra es un indicativo ineludible en el comercio textil, no se puede prescindir de sus tarifas y precios».

Parte de los comerciantes que se inician en los años cincuenta en el Mercado Mayorista y La Parada y que alcanzan un éxito económico suficiente para diversificarse hacia la producción textil, se integran más adelante a la Sociedad Nacional de Industrias (SNI). En efecto, en la actualidad el Comité Textil de la SNI posee varios miembros de origen árabe como los Mufarech, Manzur y Saba entre otros.

III.3. *Organización social de la inmigración árabe*

A partir de los años cincuenta empiezan a aparecer las primeras asociaciones palestinas con carácter permanente. Aunque existían antecedentes menores de este tipo de organizaciones, no había surgido aún la idea de federarlas o de establecer un vínculo entre ellas. Por ejemplo, a inicios del siglo XX se encuentran asociaciones de tipo comunitario en Sicuani, Cuzco y Arequipa. Su objetivo era esencialmente el de mantener el contacto entre los inmigrantes y sus descendientes y conservar así las tradiciones, en particular las festivas y culinarias. Como el sentimiento de pertenencia era esencialmente local, no sorprende que, en Lima —donde los palestinos empiezan a ser cada vez más numerosos a partir de 1930— se crearan dos asociaciones distintas que agrupaban separadamente a quienes venían de Beit Yala y de Belén.

Las asociaciones palestinas funcionan entonces como mutuales destinadas a ayudar al inmigrante. En la presentación de sus actividades, en 1928, el Centro Unión Palestina del Cuzco señala específicamente que la colonia árabe-palestina sólo pretende crear un espacio de entretenimiento y de ayuda mutua para sus miembros.

En 1935 se crea en Lima la Asociación Libanesa-Peruana. A inicios de los años cuarenta ya tenían una sede más grande en el centro de Lima. Para entonces muchas familias de ascendencia árabe se instalan en el distrito de Jesús-María, un barrio de clase media. La elección por parte de la comunidad árabe de una zona geográfica específica para vivir determinó que el club buscara un local en ese lugar. En 1948, siempre siguiendo los desplazamientos de la comunidad, el club abre un local en Magdalena del Mar. Finalmente en 1977 se adquiere el actual terreno de 56 mil metros cuadrados en la elegante zona de Monterrico donde se encuentra ahora la espléndida sede del Club Unión Árabe-Palestino [65].

La evolución del club en dimensiones, en número de adherentes y en instalaciones, su desplazamiento geográfico siguiendo la evolución sociológica de la ciudad, es una prueba elocuente del ascenso social de la colonia árabe peruana. Además, muchos sirios y libaneses de primera, segunda y tercera generación, residentes en Lima, son miembros de este club y esto a pesar de la existencia de una asociación exclusivamente libanesa en la capital.

Por otra parte, en 1950 se funda en Chiclayo el Círculo Social Peruano-Árabe integrado esencialmente por libaneses aunque entre sus miembros figuraban también dos o tres palestinos. Esta asociación parece más activa que aquella, muy decaída, de Lima.

Estas formas de organización no surgen en modo alguno con objetivos de tipo político. A diferencia de lo que ha ocurrido en otros países del continente (por ejemplo en el vecino Ecuador o en América Central), no existe un «lobby palestino» o un «lobby libanés». Sin em-

---

[65] Informaciones recogidas en la *Revista del Club Unión Árabe-Palestino,* Lima, junio 1989.

bargo, no es casual el papel de lugar de encuentro político que desempeñó el Club Unión Árabe-Palestino a inicios de los años ochenta, cuando bajo la presidencia del socialdemócrata Alan García, el Gobierno peruano reconoció oficialmente a la OLP y esta organización nombró a un representante itinerante para los países andinos.

III.4. *La inmigración musulmana reciente*

Un importante miembro de la Asociación Islámica de Lima afirma que la inmigración árabe al Perú, detenida por dificultades de comunicación durante la Segunda Guerra Mundial, y luego tras la creación de Israel, se reinicia hacia 1950. Según esta fuente, la desesperación obligó a sus compatriotas a dejar el país buscando lugares donde hubiera colonias previamente instaladas y esto más allá de las diferencias religiosas. Esperaban que la solidaridad nacional resultara más importante que la fe cristiana o musulmana. Así, entre 1949 y 1950 llega un grupo de palestinos musulmanes, todos ellos provenientes de diversas ciudades de la provincia de Ramallah. Entre ellos puede citarse a Ahmad Hamideh, Hussein Awad, Mamad Ismael e Isat Hamideh, el primero y el último miembros de la misma familia. Como de costumbre llegaron solos, pero al poco tiempo trajeron a nuevos miembros del clan. La fecha clave para la llegada de importantes grupos musulmanes al Perú fue el año 1967, tras la Guerra de los Seis Días. Eligen América Latina porque saben que los países latinoamericanos ponen menos dificultades a la inmigración árabe que los países europeos o los Estados Unidos. Siguieron llegando en la década de los años ochenta, tanto cristianos como musulmanes.

En 1985 se funda la Asociación Islámica del Perú en torno a una casa donada por uno de los musulmanes establecidos tempranamente en el país y ya fallecido, Miguel Atala. Se trata de un amplio local situado en el barrio de San Miguel, una zona de clase media donde se han instalado muchos de estos inmigrantes recientes. La casa fue construida por un rico industrial italiano en la década de los años veinte y es de un aproximado estilo neoclásico, con pisos y columnas de mármol. Más tarde se agregaron molduras de alarife y textos del Corán en las paredes. Las salas de rezo se ven llenas los viernes y están separadas, como es usual, en función del sexo de los creyentes. Las mujeres acceden por una puerta posterior (y no por la entrada principal) a una sala especial para ellas.

En términos de rito y de filiación, es importante notar que, a diferencia de la espectacular mezquita de Caracas, construida por la familia Saud y por lo tanto próxima a la tradición del Islam wahabita conservador, la «mezquita» de Lima tiene como responsable a un jeque instalado desde hace muy poco en la ciudad y de origen egipcio. El *sheik* Amin Abdelwahed organiza numerosas actividades de difusión: desde la distribución de CD-ROM con textos del Corán hasta la edición de folletos explicativos, algunos de ellos traducidos directamente del árabe por traductores residentes en Lima. Se trata, en su mayoría, de folletos publicados por la World Assembly of Muslim Youth (WAMY) en castellano. (*El Islam de un vistazo, El sistema moral del Islam, Los derechos humanos en el Islam* o *Jesús en el Islam,* son algunos de los títulos).

Además el Corán ha sido editado por primera vez en Perú, en una reproducción de la traducción al español realizada por Ahmed Abboud, en Argentina. La Asociación Islámica proyecta reiniciar los cursos de árabe y tal vez construir una escuela más adelante, si las condiciones lo permiten. Sin embargo, las autoridades de la Asociación son formales: la razón de existencia de la Asociación no es hacer proselitismo político, menos aún propugnar ideologías islamistas radicales. De hecho, dicen respetar las opciones individuales de los creyentes y evitar debates en torno al tema. Prueba de ello es el acuerdo existente con la representación de la Autoridad Palestina en el Perú en el sentido de evitar reproducir el fraccionamiento interno del espectro político palestino. Si alguna vez hubo simpatizantes de Al Fatah o del FPLP, hoy se trata de borrar las diferencias. La Asociación se muestra muy cauta con el fin de evitar cualquier asociación con el fundamentalismo islámico. Así, tras la catástrofe del 11 de septiembre de 2001, el presidente de la Asociación, Damín Awad, fue uno de los primeros en presentarse ante la Embajada de los EE UU para significar el pésame al embajador norteamericano en el Perú. Awad asegura que el objetivo es únicamente preservar los rasgos particulares de la cultura islámica y facilitar la práctica de la religión sin que ello impida una feliz inserción en el país de acogida. Algunos peruanos, sobre todo vecinos de la mezquita, se han convertido recientemente al Islam.

III.5. *Aculturación e identidad: presencia en la vida nacional*

La victoria de Alberto Fujimori en las elecciones presidenciales de 1990 en Perú [66] tuvo un fuerte impacto sobre la población peruana de origen extranjero y empujó a muchos intelectuales a repensar la construcción de la identidad en un país donde el problema de la inmigración había sido relativamente olvidado. Artículos periodísticos e investigaciones sociológicas sobre la inmigración china, japonesa, italiana y europea en general fueron publicados por esos años. Inclusive el Fondo Editorial del Congreso del Perú editó varios de estos estudios.

La relativa popularidad del «outsider» Fujimori [67] durante su primer mandato, popularidad que se explica por sus éxitos iniciales en la estabilización económica y en la lucha contra el terrorismo, incitó a muchos descendientes de inmigrantes a participar en la vida política nacional de modo más activo. En este contexto se constata un compromiso cada vez más visible de personalidades de origen palestino cuya participación había empezado a esbozarse ya desde el primer mandato de Alan García [68].

En la mayor parte de los casos, los inmigrantes árabes llegan a la política una vez alcanzado el éxito económico. Así, el compromiso po-

---

[66] Fujimori dejó el poder a fines de 2000 en condiciones cuando menos inusuales: aprovechó una gira por el sudeste asiático para enviar, por fax, su renuncia al cargo. Tras vivir varios años exilado en Japón, viajó a Chile durante las últimas elecciones presidenciales de 2006. El estado peruano solicitó y obtuvo su extradición para juzgarlo por malversaciones diversas, violación de los derechos humanos y asesinato, entre otros cargos. El juicio aún no ha terminado.

[67] Muchos analistas explicaron su triunfo en la segunda vuelta del escrutinio sobre su rival, el conocido escritor Mario Vargas Llosa, porque se trataba de un hombre que no venía de la política y representaba el trabajo y la honestidad asociada al pequeño comercio japonés que durante décadas había ocupado las esquinas en los barrios de las ciudades peruanas.

[68] El ministro de Industria, Turismo y Comercio y el director general de Presupuesto eran descendientes de la inmigración árabe. La caída de Fujimori en el año 2000 se debe indirectamente al escándalo de los vídeos realizados por su asesor especial Vladimiro Montesinos. Este siniestro personaje filmó sus acatos de corrupción de políticos y periodistas en vídeos. Uno de ellos, donde compraba los favores de Alberto Khouri, un político de origen palestino, fue el desencadenante de la crisis.

lítico no aparece tanto como un medio para obtener el reconocimiento social sino como una manera de confirmar su peso y su integración en la vida nacional. Sin embargo, el uso del término integración puede parecer, sino inexacto, al menos inadecuado para calificar el fenómeno de paulatina adaptación al país de acogida.

Ocurre que el debate en torno a la identidad peruana no es reciente y siempre fue muy complejo: la heterogeneidad del Perú en términos étnicos, la marginalización durante siglos de las mayorías indígenas continúan frenando la formación de una verdadera comunidad nacional. De hecho, desde inicios del siglo XX existe un vivo debate en torno a qué es la peruanidad. Las respuestas más contundentes fueron aportadas a inicios de este siglo por la llamada «generación del 900» (José de la Riva Agüero, Francisco García Calderón, Víctor Andrés Belaunde) que rebatió la idea predominante en el siglo XIX que entendía el desarrollo de la *peruanidad* como la sistemática asimilación a un molde cultural latino de todo lo autóctono. Los del 900, por el contrario, aportaron la noción de la heterogeneidad cultural como rasgo indispensable de la nacionalidad peruana. Pocos años después (1920-1930) esta apreciación fue considerada insuficiente por la llamada «generación del centenario» (Raúl Porras Barrenechea, Jorge Basadre, Luis Alberto Sánchez, Abelardo Solís) y por el movimiento intelectual de la izquierda (José Carlos Mariátegui, Luis E. Valcárcel, Antenor Orrego) quienes hicieron énfasis en un concepto conflictivo de peruanidad basado en la imagen de una nación no resuelta y hasta escindida entre lo criollo y lo indígena. En años más recientes (a partir de finales de la década de 1970) un importante grupo de intelectuales, cuyo representante más conocido fue Alberto Flores Galindo, asoció la revaloración de la cultura indígena, del plurilingüismo y de la diversidad racial y cultural con la denuncia de la marginación y de la ausencia de una verdadera nación peruana: «El Perú es una nación en construcción» sostenía esta corriente. En este Perú que lucha por llegar a ser lo que el escritor peruano José María Arguedas llamaba la nación de *todas las sangres,* ¿qué significa sentirse árabe-peruano o peruano-árabe como se definen los descendientes de inmigrantes? ¿Qué parte de peruanidad es la que asumen? Denys Cuche[69] avanza una respues-

---

[69] D. Cuche, ob. cit., p. 115.

ta a estas preguntas: «si se sienten en su mayoría peruanos es ante todo por su identificación con lo criollo». La cultura adoptada es la criolla (en ningún caso la indígena) y han asumido en gran medida la desconfianza y los prejuicios de ésta frente a lo indio. Al respecto, uno de los informantes descendiente de palestinos instalados en Ayacucho a principios de siglo XX, afirma: «Me han hablado de casos en que los peruanos prósperos de la sierra eran más amigos de los árabes palestinos que de los mismos serranitos porque los árabes tenían un nivel social más alto que el serranito». La frase es transparente: en realidad, la aceptación de los árabes por la sociedad mestiza de las ciudades andinas está inicialmente vinculada más a factores de tipo étnico-cultural que al origen social de los primeros inmigrantes árabes. Como ya se ha visto a lo largo de este trabajo, estos eran casi todos de origen campesino, muchos de ellos analfabetos, incluso en su lengua materna, el árabe, y provenían de sectores desfavorecidos económica y socialmente. No tenían pues *un nivel social más alto que el serranito,* se trata de una manera elíptica de abordar el problema de la ausencia de un modelo global de nacionalidad en el Perú y del racismo existente en la sociedad peruana de entonces.

A diferencia de lo que ocurre en países europeos, como Francia, donde existe un *modelo republicano de integración* que puede incluso aparecer como coercitivo, en el Perú la inmigración se encontró con una nacionalidad en formación, incapaz de brindarle pautas de adaptación. Así su socialización ocurrió de manera espontánea. Como bien lo señala Immanuel Wallerstein en su clásico *Raza, nación y clase: las identidades ambiguas* (1997), toda construcción identitaria es el fruto de una negociación entre la cultura del inmigrante y aquella del medio de acogida. Pero se trata de una construcción perpetua y cambiante, más aun en países como el Perú que no termina de resolver la construcción de su propio mestizaje. Por ello la inserción de chinos y japoneses no fue igual a la de italianos, ingleses o alemanes. La integración se desarrolla esencialmente en el marco de las interacciones locales y en ese aspecto los árabes gozaron de las ventajas derivadas de su fenotipo. Esto les evitó los problemas de exclusión que sufría la propia población autóctona y que sin duda sufrieron también los negros (que habían llegado como esclavos durante la colonia) los chinos y los japoneses.

En lo que se refiere al sentimiento de pertenencia de los inmigrantes y sus descendientes, aquellos que llegaron a lo largo de la segunda mitad del siglo XX, se refieren a un sentimiento de doble pertenencia que podríamos llamar biculturalidad. Esta categoría sería tal vez la que mejor describe, por una parte, la consciencia del origen y por otra la creciente implicación en la realidad del país de acogida, incluyendo la participación en la vida política y el desarrollo del sentimiento de *ciudadanía*. Una de las entrevistadas, libanesa maronita que llega al Perú en 1947, explica así su «biculturalidad»: «Cuando regreso al Líbano, me llaman la sudamericana y aquí me siguen llamando la libanesa, la árabe, o, en el mejor de los casos, la extranjera. Me interesa lo que pasa aquí, pero también lo que pasa allá. Nunca seré del todo ni lo uno ni lo otro».

En el caso de los inmigrantes más recientes, resulta evidente el rechazo a las formas de vida occidentales que prevalecen en las ciudades de la costa, donde se instalan en la actualidad. Así, los jóvenes palestinos entrevistados en la mezquita de Lima se quejan de que sus hijos deban crecer en ambientes mixtos y en medio de una relajación moral (discotecas, contenidos de los programas difundidos por los medios de comunicación, cine y otras actividades de entretenimiento) absolutamente inaceptables para un buen musulmán. Esto explica que consideren su estancia aquí como temporal y su objetivo en el corto o mediano plazo sea volver cuando menos al Medio Oriente, ya que no saben cuándo podrán regresar al país que será el Estado palestino.

En cambio, los hijos de los inmigrantes llegados en la postguerra, jóvenes que hoy tienen algo más de veinte años, experimentan lo que otros muchachos peruanos: un deseo de salir al exterior para huir de la crisis y del desempleo nacional, sin por ello negar su afecto por el Perú. Dos de ellos (palestinos de 22 y 24 años, cristianos y educados en colegios peruanos) salieron del país con el deseo de conseguir la visa de ingreso a Estados Unidos a través de Egipto. Una vez en El Cairo deciden visitar Belén, su tierra de origen. No logran conseguir su propósito de seguir viaje a Norteamérica y no desean permanecer en los territorios ocupados, por lo cual regresan al Perú. Han optado por el realismo y han abierto una cafetería árabe en la zona comercial de Miraflores.

Otro caso interesante es aquel del hijo de un mediano industrial textil palestino, de confesión musulmana. El muchacho estudia administración de empresas en una universidad de Miami donde se ha vinculado, no a jóvenes árabes, sino a peruanos con los que dice sentirse más a gusto. Estos dos casos confirman una «socialización» relativamente rápida, perceptible ya en los hijos de inmigrantes, aun en aquellos que no nacieron en el Perú y que son musulmanes. El surgimiento del sentimiento de doble pertenencia se debe más al tiempo transcurrido en el país que a las diferencias religiosas.

Sin embargo, es preciso recalcar que los aspectos relacionados con la etnicidad, con la identidad y con el sentimiento de pertenencia de los inmigrantes, han sido poco estudiados en general. Este es uno de los mayores vacíos que reviste la investigación sobre el tema.

BIBLIOGRAFÍA

BASADRE, Jorge, *Historia de la República del Perú (1822-1933),* Lima, Universitaria, 1983.

BURGA, Manuel y REÁTEGUI, Wilson, *Lanas y capital mercantil en el sur, la casa Ricketts 1895-1935,* Lima, IEP, 1981.

CENTURIÓN HERRERA, Enrique, *El Perú actual y las colonias extranjeras,* Bergamo, 1924.

CUCHE, Denys, «L'immigration libanaise au Pérou: une immigration ignorée», *Journal de la Société des Américanistes,* núm. 83, 1997.

—, «Un siècle d'immigration palestinienne au Pérou, la construction d'une ethnicité spécifique», *Revue Européenne des Migrations Internationales,* núm. 17, 2001.

DE SOTO, Hernando, *El otro sendero,* Lima, El Barranco, 1986, Final del Porvenir, Lima, 3.ª ed., 1986.

FARAH, Alberto, *La inmigración árabe al Perú,* Santiago, FEARAB, 1977.

FLORES, Galindo, *Oligarquía y capital nacional en el sur peruano (1870-1930),* Lima, PUC, 1977.

JARUFE ZEDÁN, Benjamín, «Los primeros inmigrantes árabes en Perú», *Revista de Club Árabe-Palestino,* Lima, 1989.

KUCZYNSKY-GODARD, Máximo, *La vida en la Amazonía peruana: observaciones de un médico,* Lima, 1924.

MATTAR HASSAN, Ahmad, *Guía social de la colonia árabe en Chile (siria- palestina-libanesa),* Santiago, Ahues Hermanos, 1941.

NEGRÓN ALONSO, Luis, *Los árabes en el Cuzco,* Informe final de investigación, Cuzco, diciembre, 1988.

NEGUERA, Hugo, *Hacia la tercera mitad, Perú, siglo XX,* Lima, Fondo editorial SIDEA, 1997, 2.ª ed.

NEIRA, Hugo, *Hacia la tercera mitad. Perú siglo XVI al XX,* Lima, Fondo editorial SIDEA, 1977, 2.ª ed.

PEASE GARCÍA, Henry, *El ocaso del poder oligárquico,* Lima, DESCO, 1977.

PONCE, Carlos Ramón, Gamarra: formación, estructura y perspectiva, Lima, Fundación F. Ebert, 1994.

SAFA, Elie, *L'Émigration libanaise,* Beirut, Université de Saint Joseph, 1960.

SAKHALA ELÍAS, Juan, *Árabes en América,* Valparaíso, CEICA, 1997.

SALOMÓN, César, «A cien años de la inmigración árabe-palestina al Perú», *Amanecer,* órgano del Club Árabe-palestino, núm. 19, 1999.

VARGAS, Pilar y SUAZA, Luz Marina, *Los árabes en Colombia. Del rechazo a la integración,* Planeta, 2007.

VV AA, *El Mundo Árabe y América Latina,* Madrid, UNESCO, 1997.

4. COMUNIDADES ÁRABES EN BRASIL

SILVIA MONTENEGRO *

INTRODUCCIÓN

La composición regional y demográfica de Brasil, su historia política y cultural posee una complejidad difícil de sintetizar en pocas páginas. La llegada de inmigrantes árabes se remonta al flujo migratorio de finales del siglo XIX y comienzos del XX, con periodos posteriores que continúan, aunque muy esporádicos, hasta el presente. El proceso de incorporación de estos contingentes así como la construcción de discursos de identidad por parte de estos grupos se inscriben en una dinámica más amplia dado que Brasil ha sido espacio de destino de inmigrantes de diverso origen. De este modo, y como en otros países de inmigración masiva, como es el caso de Argentina, en distintos momentos de la historia nacional las élites brasileñas interpretaron esa diversidad a veces subrayando el beneficio que un proceso de «blanqueamiento» podía traer al futuro de la nación y, otras, promoviendo la ideología de un Brasil como país de la «democracia racial» y la miscigenación [1].

---

 * Doctora en sociología, investigadora del Consejo Nacional de Investigaciones Científicas y Técnicas, CONICET, Argentina.

 [1] Era esa la visión del antropólogo y sociólogo Gilberto Freyre (1900-1987). En algunas de sus obras Gilberto Freyre menciona a la cultura árabe como conformadora también de la especificidad de la «civilización lusotropical», valorando en forma positiva los elementos de la cultura árabe presentes en Portugal y sus colonias, así como el posterior aporte de los inmigrantes árabes. Sus argumentos exaltan la idea del Brasil como un país de miscigenación. Para un análisis de la influencia de Gilberto Freyre en la década de los sesenta. Véase, L. Macagno, «O lugar dos muçulmanos no luso-tropicalismo», en *Outros muçulmanos. Islão e narrativas coloniais,* Lisboa, Instituto de Ciências Sociais da Universidade de Lisboa, 2006.

En el siglo XVI la región que hoy constituye Brasil estaba habitada por centenares de grupos indígenas de diferentes lenguas y culturas[2]. Durante el tráfico esclavista, es decir, entre los siglos XVI y mediados del XIX, más de cuatro millones de esclavos fueron transportados hacia Brasil desde África centro-occidental (actual Angola) y, a partir del siglo XVIII, desde la costa oeste africana, principalmente desde Mozambique. Desde el siglo XVII y hasta la finalización del tráfico, las regiones de origen de los esclavos fueron las del Golfo de Benín, las distintas etnias africanas constituyeron la mano de obra cautiva para las plantaciones de caña de azúcar, café y las minas de oro y diamantes.

I. GÉNESIS DE LA EMIGRACIÓN A BRASIL

A fines del siglo XIX un gran número de inmigrantes provenientes de las zonas del oeste, centro y este de Europa, Medio Oriente y Asia comenzaron a llegar a Brasil. Lógicamente los portugueses fueron el grupo más numeroso desde los primeros siglos de la colonización de Brasil, aunque el flujo más importante se dio posteriormente, entre 1901 y 1930. Se reconocen cuatro fases de la inmigración portuguesa, cada una de ellas marcada por distintos motivos de emigración así como por las características de la composición de los contingentes, sean estratos de élite, pobres, etc. La primera de esas fases, a veces denominada «inmigración restricta», se extendió desde 1500 a 1700; la segunda, o «inmigración de transición» entre 1701 y 1750; la tercera, y más masiva, se extendió de 1851 a 1930, existiendo posteriormente una etapa de declinación, a partir de 1960.

En el momento de la llamada «Gran Inmigración», entre 1870 y 1920, los italianos conformaron el 42% de todos los inmigrantes que llegaron a Brasil, destacándose por reunir las condiciones más valori-

---

[2] Hoy el número de indígenas nativos de Brasil es de aproximadamente 250.000, divididos en unos 200 grupos y con 180 idiomas diferentes. La mayoría de ellos vive en amplias reservas delimitadas por el Gobierno federal, que abarcan 850.000 kilómetros cuadrados.

zadas por las autoridades públicas de la época, eran blancos y católicos, y se los consideraba fácilmente «asimilables». Algunos de estos inmigrantes participaron de los sistemas de inmigración subvencionada (en lo que hace a pasajes, hospedaje inicial y contratos de trabajo). En ese periodo se afincaron en las plantaciones de café de São Paulo y las colonias oficiales de Río Grande do Sul, Santa Catarina, Paraná y Espírito Santo. Otros destinos fueron las ciudades, básicamente São Paulo y, en menor medida, Río de Janeiro, donde inicialmente, entre otras actividades, eran empleados como obreros industriales.

Aunque la presencia española se remonta al Brasil colonial, dadas las influencias recíprocas entre portugueses y españoles, el flujo migratorio comienza a partir del siglo XIX, principalmente oriundos de la región de Galicia, representaron el tercer contingente, después de portugueses e italianos. Las ciudades de Santos, Río de Janeiro y Salvador habrían sido los destinos más frecuentes de estos inmigrantes que también se afincaron en otros centros urbanos, estableciendo diversas formas de asociacionismo, mutuales y entidades de socorro mutuo.

La inmigración alemana también tiene lugar en ese periodo a partir del poblamiento de las colonias de las regiones sudeste y sur del país, donde se establecían por iniciativa gubernamental en distintos estados como Río Grande do Sul, Santa Catarina, Paraná, aunque también en Espírito Santo, Minas Gerais, Río de Janeiro y Bahía. Si bien la presencia alemana estaba vinculada a la actividad agrícola, y a proyectos migratorios que en distintos estados promovían el poblamiento ofreciendo tierras e incentivos a los recién llegados, algunos grupos se asentaron en áreas urbanas.

La inmigración japonesa a Brasil comenzó en la primera década del siglo XX, influida por la imposibilidad de migraciones hacia el destino preferencial de estos contingentes, Estados Unidos, que en esa época prohíbe la inmigración japonesa hacia su territorio. Algunos estudios señalan que el predominio del ideal de blanqueamiento imperante en Brasil durante el siglo XIX se tornó evidente en los debates de las élites respecto a la entrada de asiáticos en el país, plasmándose en el decreto de 1890 que, en vigor hasta inicios del siglo XX, prohibía el ingreso de esos inmigrantes en el territorio nacional. Incluso durante el Estado Novo, seguían los debates entre la comunidad japonesa y el poder público. La década de los años treinta, y hasta la Segunda Guerra Mundial, fue el periodo más intenso de migración japonesa a Brasil. Los inmigrantes traídos por las compañías de migración se fijaban en colonias a lo largo de las vías de comunicación ferroviarias del Estado de São Paulo, pero también constituían núcleos de agrupación espontánea con presencia en diversas regiones como Amazonas, Pará, Minas Gerais, Río de Janeiro, Paraná y Mato Grosso. A partir de la década de los años ochenta del siglo XX comenzó una emigración en sentido inverso, de brasileros descendientes de japoneses debido, entre otros factores, a la nueva inserción del Japón en la economía mundial y la apertura hacia la inmigración de descendientes para tareas específicas[3].

Es así que la inmigración árabe, aunque con especificidades que consideraremos a seguir, debe ser entendida en el marco de los procesos más amplios que concitaron debates y políticas migratorias cambiantes hacia los distintos contingentes de inmigrantes así como negociaciones de la identidad pública que siguieron padrones específicos por parte de cada uno de los grupos involucrados[4].

Los cuadros que siguen pretenden mostrar la diversidad de la afluencia a Brasil de inmigrantes de distintas nacionales según periodos, aunque es preciso recordar que la deficiencia en los cómputos en el caso de los árabes muchas veces estuvo ligada a los criterios clasificatorios que se emplearon, sea subsumiéndolos en otras categorías más amplias como «otros» o diluyendo los orígenes nacionales bajo la denominación de «turcos».

---

[3] Para un panorama sucinto de estos procesos migratorios pueden consultarse, entre otros, los siguientes textos: R. Pinto Venancio, «Presença portuguesa: de colonizadores a imigrantes»; A. Castro Gómez, «Imigrantes italianos: entre a italianitá e a brasilidade»; Paschoal Guimarães y R. Vainfas, «Sonhos galegos: 500 anos de espanhóis no Brasil»; V. Gregory, «Imigração alemã: formação de uma comunidade teuto-brasileira»; K. Kodama, «O sol nascente do Brasil: um balanço da imigração japonesa», *Brasil: 500 anos de povoamento,* Río de Janeiro, IBGE, 2000.

[4] La inmigración se tornó central hacia 1850 cuando las élites comprendieron que la esclavitud, abolida en 1888, no existiría en el futuro nacional agregándose entonces nuevos grupos étnicos que configuraban el campo multicultural mucho más allá de la dicotomía blancos/negros.

CUADRO 1

Nacionalidad	Periodos en decenios				
	1884-1893	1894-1903	1904-1913	1914-1923	1924-1933
Alemanes............	22.778	6.698	33.859	29.339	61.723
Españoles..........	113.116	102.142	224.672	94.779	52.405
Italianos	510.533	537.784	196.521	86.320	70.177
Japoneses	—	—	11.868	20.398	110.191
Portugueses........	170.621	155.542	384.672	201.252	233.650
Sirios y turcos	96	7.124	45.803	20.400	20.400
Otros	66.524	42.820	109.222	51.493	164.586
TOTAL................	883.668	852.110	1.006.617	503.981	713.132

Fuente: Brasil: 500 años de povoamento, Río de Janeiro, IBGE, 2000, p. 226.

CUADRO 2

Periodos	Quinquenios 1945-1949 / 1955-1959					
	Alemanes	Españoles	Italianos	Portugueses	Japoneses	Otros
1945-1949..........	5.188	4.092	15.312	26.268	12	29.552
1950-1954..........	12.204	53.357	59.785	123.082	5.447	84.851
1955-1959..........	4.633	38.819	31.263	96.811	28.819	47.599

Fuente: Brasil: 500 de povoamento, Río de janeiro, IBGE, 2000, p. 226.

II. LOS ÁRABES: EMIGRACIÓN POR CUENTA PROPIA

Los emigrantes árabes llegan a Brasil fuera de los sistemas de subsidio y promoción estatal que caracterizaron el proyecto nacional de inmigración europea o japonesa. Desde el comienzo ese hecho imprime a la inmigración árabe una característica distintiva, el «venir por cuenta propia» se transforma, ya en suelo brasileño, en una marca de diferenciación de los otros grupos de inmigrantes que se tornaban visibles en el Brasil. La inserción urbana, característica de los árabes, también los diferenció, por ejemplo, de la inmigración alemana asentada en zonas rurales del sur del país y de la italiana distribuida en áreas rurales y urbanas, haciéndolos compartir espacios en los grandes conglomerados urbanos con inmigrantes italianos, portugueses y japoneses.

Salvo excepciones individuales, los inmigrantes árabes llegaban en una precaria situación socioeconómica. La identidad de origen estaba configurada en relación a las religiones profesadas en las aldeas, siendo cristianos la mayoría de quienes emigraban del Imperio otomano. Predominantemente provenían de los actuales Líbano y Siria, pero lógicamente en ese momento no existía entre los primeros que llegaron una identidad nacional, más bien era la aldea de origen y la pertenencia religiosa las que definían los lazos de las lealtades entre los recién llegados.

Los primeros veinte años del proceso migratorio fueron considerados por los mismos inmigrantes bajo la idea de una «migración temporaria», las cartas enviadas desde Brasil a sus familiares y el retorno de alguno de ellos luego de reunir algunos ahorros demuestran este hecho[5]. En esas dos décadas «venir a América» era vislumbrado como una estadía temporaria con el objetivo de lograr una acumulación de capital y retornar al lugar de origen o mejorar la situación de la familia que había quedado en la tierra natal, aunque en muchos casos ese carácter transitorio se tornó permanente[6].

La década de 1880 corresponde a la llegada de los primeros inmigrantes árabes, aunque hasta el año 1900 la inmigración más bien fue escasa, incrementándose en el periodo que va de 1914 a 1940, reco-

---

[5] Numerosas biografías de inmigrantes se encuentran transcriptas en la obra de J. Safady, *A Imigração Árabe no Brasil,* tesis de doctorado en Historia, São Paulo, USP, 1972.

[6] Encontramos una coincidencia respecto al paso de la inmigración temporaria a la permanente en la literatura sobre el tema. Véase, O. Truzzi, *De mascates a doutores: sírios e libaneses em São Paulo,* São Paulo, Sumaré, 1992; *ídem,* «O lugar certo na época certa: sírios e libaneses no Brasil e nos Estados Unidos, um enfoque comparativo», *Estudos Históricos,* núm. 27, Río de Janeiro, 2001; J. Lesser, *Negotiating National Identity. Immigrants, Minorities, and the Struggle for Ethnicity in Brasil,* Durham, Duke University Press, 1999; Safady, ob. cit.

menzando despues de la finalización de la Segunda Guerra Mundial y, por último en el periodo que va de 1975 a 1990 y hasta el presente. Según Gattaz[7], tomando el periodo que va de 1880 a 2000, la inmigración libanesa a Brasil puede dividirse en cuatro fases. La primera (1880-1920), incluye el periodo del Imperio otomano y se habría caracterizado por la emigración de cristianos, entre las causas podrían listarse: problemas religiosos, la falta de perspectivas económicas debido a la alta densidad demográfica, la baja urbanización e industrialización y la agricultura deficiente. Esta fase estaría compuesta por una población rural oriunda del Monte Líbano, de Zahle, del Valle de Bekaa y del Sur del Líbano.

La segunda etapa corresponde al periodo de entreguerras (1920-1940) y estaría marcada por la emigración de cristianos y musulmanes buscando mejorar sus condiciones de vida, los contingentes provendrían de la población rural, cristianos y musulmanes del Monte Líbano, del Valle de Bekaa y del Sur del Líbano junto a cristianos de Zahle, Beirut, Trípoli y ciudades del Sur.

La tercera etapa (1940-1975) correspondería al Líbano independiente y estaría caracterizada por la emigración de cristianos y musulmanes, sobre todo de origen urbano motivados por la depresión económica posterior a la Segunda Guerra Mundial y por los conflictos de orden religioso y político.

La cuarta etapa (1975-2000) se vincula a la Guerra Civil en el Líbano, la ocupación de territorios por parte de Israel y entre las motivaciones para dejar sus tierras se contarían las consecuencias del conflicto militar instalado desde la década de los setenta, siendo mayoritariamente inmigrantes musulmanes sunitas y shiitas del Valle de Bekaa y del Sur del Líbano, cristianos del Monte Líbano, Beirut y ciudades del norte del país.

Las estadísticas disponibles sobre los primeros decenios de la inmigración tienen el problema de los sistemas clasificatorios empleados para designar a los inmigrantes árabes, al ser registrados como *turcos*, *turcos-árabes*; *turco-asiáticos,* etc. los datos disponibles se tornan imprecisos. En un sentido global podemos decir que en los primeros

---

[7] Gattaz, *Do Líbano ao Brasil. Historia oral de imigrantes,* São Paulo, Gandalf, 2005.

veinte años (1870-1890) se registraban 5.000 inmigrantes árabes, pasando en 1913 a contabilizarse más de 11.000. Un recensamiento realizado en 1920 permitió corroborar la presencia de más de 19.290 *turcoasiáticos* y hacia 1940 era sabido que los inmigrantes árabes ocupaban el sexto lugar entre el total de los inmigrantes[8].

La categoría «medio-orientales» con que aparecían registrados estaba formada por varias nacionalidades de grupos de inmigrantes. Hasta 1903 el único grupo que aparece en estadísticas oficiales son sirios y turcos. En 1908 comenzaron a ser contabilizados marroquíes, argelinos, armenios, iraquíes, palestinos y persas. En 1926 la categoría «libaneses» apareció por primera vez y los contabilizados como «turcos» comenzaron a disminuir. En 1954 fueron agregadas las categorías iraníes, israelíes, jordanos y turcos/árabes.

Como demuestra J. Lesser[9], desde el siglo XIX varias ciudades a través de Brasil comenzaron a conocer la inmigración no europea. Todos los 4,55 millones de inmigrates que entraron a Brasil entre 1872 y 1949 trajeron culturas premigratorias y crearon nuevas identidades. Incluso los 400.000 asiáticos, árabes y judíos desafiaron la dicotomía entre blancos y no blancos, característica del Brasil antes de la inmigración.

Como podemos ver, el proceso migratorio de árabes constituyó apenas un capítulo en un sistema de migraciones de gran envergadura. Tomando el periodo que va de 1884 a 1939 podemos ver un predominio de libaneses, sirios y aquellos arbitrariamente catalogados como «turcos». Según algunos datos basados en la clasificación «medioorientales», en ese periodo se habrían registrado el ingreso de 1 argelino, 10 iraquíes, 129 iraníes, 328 marroquíes, 645 egipcios, 677 palestinos, 826 armenios, 5.174 libaneses, 20.507 sirios y 78.455 «turcos», dando un total de 106.752[10].

Tomando el periodo más abarcador que va de 1880 a 1969 es posible ver la totalidad de inmigrantes clasificados como «medio-orientales» en relación al total de inmigrantes legalmente asentados en el Bra-

---

[8] En conjunto, portugueses, españoles e italianos componían el 60% del total de los inmigrantes.

[9] J. Lesser, ob. cit., p. 49.

[10] *Ibid.*, p. 49.

CUADRO 3

1880-1960	Portu-gueses	Italianos	Espa-ñoles	Alemanes	Japo-neses	Medio-orientales	Otros
TOTAL..........	1.604.080	1.576.220	711.711	208.142	247.312	140.464	671.035
Porcentaje ...	31	30	14	4	5	3	13

Fuente: Basado en datos publicados en J. Lesser, 1990, p. 7.

sil, así como el porcentaje de los mismos en el proceso general de la oleada migratoria. Cabe destacar que otros estudios, contradiciendo la información que sigue, se refieren a más de 80.000 inmigrantes sirios y libaneses antes del año 1900 [11].

El valor heurístico de estos indicadores denota, de todos modos, el lugar de la inmigración árabe en el Brasil. No obstante, aunque entre 140.000 y 200.000 es un valor normalmente aceptado, actualmente existen otras cifras estimadas que, según los portavoces que las esgriman, mencionan entre 6 y 10 millones de árabes y sus «descendientes», siendo muy problemático considerar esta cuantificación de los descendientes que se basa en datos de difícil corroboración y a veces se vinculan a deseos de autoexaltación numérica de las comunidades o de los medios de prensa.

En ese sentido cabe destacar que fue la ciudad de São Paulo, aquella donde se asientan mayoritariamente, aun cuando en estados del nordeste y de la región central también la presencia árabe comenzaba a hacerse visible. La dispersión de familias árabes por el territorio nacional, aun cuando no se trate del número de inmigrantes asentados en los grandes conglomerados urbanos, contribuyó a una distribución tal que en las primeras décadas del siglo XX, casi no quedaban estados sin presencia de al menos un pequeño número de árabes.

Para comprender la inserción económica de los inmigrantes árabes en Brasil y sobre todo en los conglomerados urbanos de São Paulo, es necesario tener en cuenta el contexto económico del país duran-

---

[11] Safady, ob. cit., p. 115.

te las décadas de la «Gran Inmigración». Durante los años de la Primera Guerra Mundial, una oleada inicial de industrialización marcó la dinámica económica del país, pero sólo después de los años treinta alcanzó Brasil un nivel de desarrollo económico considerable. El proceso de industrialización de 1950 a 1970 llevó a la expansión de importantes sectores de la economía como la industria automotriz, la petroquímica y el acero, así como el inicio y concreción de grandes proyectos de infraestructura. En las décadas posteriores a la Segunda Guerra Mundial, la tasa de crecimiento anual del Producto Bruto Nacional (PBN) tenía un promedio del 7,4%, hasta 1974. Durante todo ese periodo numerosas familias de inmigrantes árabes que se habían iniciado como comerciantes o tenderos establecidos pasaron a expandir su actividad comercial, a veces, convirtiéndose en protagonistas del desarrollo industrial. En la ciudad de São Paulo, en la década de los años treinta, se concentraban en los distritos centrales de la ciudad, Sé y Santa Efigenia, entre las calles 25 de marzo, da Cantareira y Avenida do Estado; en Río de Janeiro se concentraron en las ruas da Alfandega, José Mauricio y Buenos Aires, en la actualidad conocida SAARA, Amigos de las Adjacencias de la Rua de la Alfandega, sociedad fundada en 1962.

Por iniciativa de algunas familias árabes inclusive se fundaron algunos barrios en la ciudad de São Paulo. Los recién llegados se ubicaban a comienzos del siglo XX en áreas centrales de la ciudad próximas a los locales donde ejercían el comercio, con el correr de las décadas las familias que ya habían acumulado fortunas construyen residencias en barrios hasta entonces no poblados, contribuyendo a la urbanización de zonas que comenzaron a nuclear a los inmigrantes más acaudalados. Este hecho configuró también, de manera visible, la diferenciación entre los inmigrantes establecidos y los inmigrantes que aún no habían logrado ascender en la escala social.

Cabe mencionar la edad temprana de los primeros inmigrantes, muchos de los cuales no superaba los 14 años, eran al comienzo hombres solos, aunque esta característica fue cambiando a medida que se accionó la cadena migratoria, propiciándose la venida de parientes de ambos sexos, hecho que explica también las asociaciones femeninas que se fundaron en las primeras décadas del siglo XX en las cuales puede situarse el auge del asociacionismo árabe. El análisis de las

primeras formas de asociacionismo nos permiten lograr un acercamiento más profundo a la dinámica de la inserción de los árabes en la
vida del Brasil.

La actividad comercial, como «mascates», palabra que designa al
comerciante que se mueve de un sitio a otro en busca de clientes, hizo
que los árabes sean conocidos entre los otros inmigrantes y entre la
población local del Brasil a lo largo de las regiones más remotas del
país. Sin embargo, como reza el refrán, el ascenso de los inmigrantes
árabes permitió la transformación de «mascates a doutores», en referencia a la inserción en las capas medias y altas que los inmigrantes co-
nocerían décadas después, ya partícipes de la política local y con acceso a niveles de educación formal de alto estándar.

III. ASOCIACIONISMO

La cantidad de organizaciones que los inmigrantes árabes fundan
tempranamente en el Brasil es realmente numerosa. Es posible decir
que la mayoría de los estados del país contaban hacia la década de los
años treinta con diversos tipos de asociaciones árabes, más de 120 sólo
en la ciudad de São Paulo, se trata de centros culturales, sociedades
religiosas, benéficas, partidos políticos, centros de caridad, grupos
que promovían la cultura árabe o asociaban simplemente a individuos
provenientes de la misma aldea o pueblo de origen. Algunas de estas
asociaciones tuvieron apenas algunas décadas de vida, otras persisten
hasta la actualidad. Lógicamente sólo algunos clubes y entidades tuvieron razón de ser luego de que transcurrieran las primeras décadas
de presencia en Brasil. Algunas organizaciones se diluyeron con la
muerte de sus propios fundadores, así como algunas revistas literarias
e institutos de enseñanza de la lengua árabe no pudieron sobrevivir a
la primera generación de inmigrantes. En tal sentido destacamos la actual vitalidad de las asociaciones religiosas que nuclean a los descendientes de árabes musulmanes, las cuales se han revigorizado en las últimas décadas incorporando inclusive conversos no árabes.

Uno de los capítulos del asociacionismo lo constituye la prensa
árabe, desarrollada en las primeras décadas del siglo xx. La difusión

de la prensa árabe se vincula, en sus orígenes, a la tarea de los vendedores ambulantes (mascates) que junto a la mercadería llevaban a los
más inhóspitos rincones del Brasil los diarios y semanarios de la comunidad árabo-parlante.

Los diarios no sólo cumplían una función informativa sino que
eran también el vehículo de la cultura árabe, las producciones literarias y el conocimiento de Brasil entre los inmigrantes. En 1901 Brasil
ya contaba con cinco órganos de prensa árabe. Algunos episodios
muestran la dinámica cultural que por el momento vitalizaba la comunidad árabe en Brasil, se trata de las diversas reuniones culturales que
tenían lugar en salones de los clubes árabes para oír la disertación de
poetas y figuras del mundo cultural árabe que llegaban a reunir una
concurrencia superior a las 2.000 personas.

En 1937 fue fundada, en Río de Janeiro, la Asociación de la Prensa Libanesa, esta entidad fue el resultado de la conjunción de un grupo de periodistas vinculados a diarios y revistas que desde 1902 circulaban por el país. Algunos de los diarios tuvieron una vida efímera, en
1917 existían en São Paulo alrededor de 13 periódicos y 5 en Río de
Janeiro. La extinción de algunos de los órganos de prensa se vincula a
la prohibición que el departamento de Prensa y Propaganda del gobierno de Getulio Vargas realizara en 1941, fecha en la que se pro-
mulga un decreto que prohíbe la prensa en idioma extranjero. Durante
la prohibición, que dura cuatro años, varios diarios comienzan a salir
en portugués, en tanto al producirse la rehabilitación de la prensa en
idioma extranjero algunos ya estaban cerrados. Sólo pocas publicaciones sobrevivieron a la prohibición.

Algunos individuos intentaban promover el conocimiento de Brasil entre los árabes y con ausipicios del Gobierno nacional lograron en
1918 la traducción al árabe de la Historia de Brasil, consiguiendo la
distribución gratuita en numerosos países.

Hacia fines de la década de los años cuarenta el asociacionismo
de prensa había declinado bastante, el destacado inmigrante Jamil
Safady en un documento denominado «Un momento de reflexión»
instaba a las comunidades árabes a reorganizarse, elaborando una visión crítica del fracaso y languidez de algunas organizaciones. El documento, escrito en 1948, y dirigido a los clubes e instituciones de
Brasil afirmaba:

Al grupo de intelectuales sirios y libaneses que por el mismo fin de obtener fortuna aqui están y que debido a la lucha por la subsistencia fueron obligados a dedicarse al terreno material, abandonando el conocimiento, paralizando la adquisición del saber y que realmente fueron víctimas de todo tipo de dificultades, no pudiendo durante su prolongada y difícil actividad cultural, publicar sino diarios, revistas y libros dentro de posibilidades bien limitadas, no consiguiendo llevar el efecto de su ardua actividad más allá de la colonia en que viven, limitando el resultado al restricto grupo de asociados del mismo grupo local [12].

Al parecer este diagnóstico podría hacer pensar que era la inserción económica cada vez más fuerte lo que hacía languidecer la actividad cultural de la colonia árabe. Sin embargo, de acuerdo al análisis de Safady, tampoco los árabes estaban adentrándose en el conocimiento de la cultura vernácula:

Ese mismo grupo de intelectuales, desconociendo el portugués, mal entendiendo la historia y la literatura del país en que viven, intentaron crear más de una vez organizaciones culturales que se proyectasen fuera de la colonia, que serían las encargadas de presentar los aspectos más brillantes de la cultura árabe, tornando conocida y admirada por el medio nacional brasileño y que, al mismo tiempo, intenta llevar a los pueblos árabes una forma real de la cultura brasilera. Todas las tentativas en el transcurrir de estos años, infelizmente fracasaron.

El diagnóstico un tanto pesimista de Safady se corrobora al observar los pocos órganos de prensa que sobreviven hasta la actualidad [13]. Hoy perdura la revista *Al-Urubat* (El Arabismo) fundada hace 70 años y que pertenece a la Sociedad Beneficiente Musulmana de São Paulo, si bien está dirigida a la comunidad árabe en su conjunto. Este diario se centra en la difusión de las actividades de la comunidad musulmana en Brasil, sus páginas cuentan con entrevistas a personalidades del

---

[12] *Ibid.,* p. 111.

[13] Khatlab releva más de 300 diarios y revistas árabes que existieron en Brasil en el periodo que va de 1890 a 1940: 1 en Campinas, 76 en São Paulo, 1 en Santos, 52 en Río de Janeiro, 1 en Campos, 1 en Niterói, 2 en Belo Horizonte, 5 en Manaos, 2 en Belén y 4 en Porto Alegre, véase, R. Khatlab, *Mahjar. Saga libanesa no Brasil,* Nokhtarat, Zalka, 2002.

Mundo Árabe que visitan el país, retratando también las festividades de los musulmanes. La misma editorial publica algunos libros sobre el Islam y sobre la historia de la presencia árabe en las Américas. Con un tiraje de 5.000 ejemplares y una salida bimestral la publicación aborda básicamente los aspectos de la vida social de la comunidad, manteniendo también el tratamiento de temas políticos o de conflictos del Mundo Árabe. La revista *Chams,* fundada en la década de los años noventa y con un tiraje de 10.000 ejemplares, no tiene identidad religiosa y trata asuntos de la comunidad árabe en Brasil, produciendo dosiers sobre la diversidad religiosa de los inmigrantes árabes y sobre temáticas de la cultura brasileña. Teniendo como lema retratar la comunidad y sus eventos, la revista enfatiza su independencia religiosa, su distribución es nacional y sólo para suscriptores. Otra publicación actual es el diario *A Voz Árabe,* fundado en 1997, vinculado a la comunidad musulmana de Londrina en el Estado de Paraná. Este diario dedica espacio a noticias sobre el conflicto palestino, la Guerra de Irak, así como a la actualidad del Líbano, esbozando posiciones sobre la geopolítica del mundo árabe. La revista *Carta do Líbano* se propone ser un órgano de intercambio cultural entre Líbano y Brasil y la revista *Líbano* que pertenece a la Confederación Nacional de Entidades Líbano-brasileñas, tiene periodicidad bimestral y un tiraje de 5.000 ejemplares, siendo su principal objetivo consolidar la confederación y difundir la cultura libanesa en Brasil. Actualmente la Cámara de Comercio Árabe Brasileña vehicula en internet la Agencia de Noticias Árabe Brasileña, con espacios dedicados a la política, economía, cultura, sociedad y turismo. Del mismo modo muchas asociaciones beneficentes musulmanas y centros culturales ligados a la cultura árabe mantienen sitios en internet [14].

---

[14] El Instituto de Cultura Árabe, ICARABE, por ejemplo, fundado en 2004, en São Paulo, mantiene un *site* con acceso a variada información. El instituto se define como una entidad civil, autónoma, laica, de carácter científico y cultural, que pretende integrar, estudiar y promover las diversas formas de expresión de la cultura árabe en Brasil, para lo cual propone actividades culturales, colaborando en Brasil y en el exterior con institutos, universidades y organizaciones públicas y privadas, así como promover la defensa de la cultura árabe.

IV. INSTITUCIONES Y DIFERENCIACIÓN RELIGIOSA

Aunque la filiación religiosa de los inmigrantes árabes no puede saberse con exactitud, los datos disponibles se refieren a un 85% de cristianos y un 15% de musulmanes correspondientes a la primera inmigración de fines del siglo XIX y principios del siglo XX. Sin embargo, la última etapa migratoria estuvo compuesta preponderantemente por musulmanes y en tal sentido, desde la década de los años ochenta se fundaron en Brasil diversas sociedades de beneficencia, centros y mezquitas vinculados a la religión islámica que se sumaron a los que ya existían como fruto de la vieja inmigración.

Las religiones llegadas con la inmigración árabe y que lograron plasmarse en instituciones fueron las siguientes:

— Ortodoxos de la Iglesia de Antioquía. El censo de 1940 señalaba la presencia en Brasil de 40.000 ortodoxos, la cifra es tentativa desde que no existen datos actuales en los censos sobre la filiación religiosa contemporánea. No obstante, la cantidad de iglesias de esa denominación existentes en el país da cuenta de una cantidad considerable de fieles. Fueron principalmente sirios y libaneses quienes constituyeron los primeros centros ortodoxos, básicamente en los estados de São Paulo y Río de Janeiro donde se asentó el grueso de los inmigrantes de la primera migración. La comunidad ortodoxa de São Paulo fue la primera en fundarse en la ciudad en el año 1897, en el año 1838 se edita por primera vez el libro de la Divina Liturgia Ortodoxa traducido del árabe al portugués. Entre las décadas de los años treinta y cuarenta del siglo XX se fundan iglesias en varios Estados de Brasil [15].

---

[15] Según datos actuales, proporcionados en la Catedral Ortodoxa de São Paulo, existen en Brasil 18 entidades entre iglesias, parroquias y capillas. La Archidiócesis de Antioquía está situada en São Paulo, donde existe la Catedral Metropolitana Ortodoxa y, en el Estado de São Paulo se sitúan las iglesias: Anunciação de Nossa Senhora, São Jorge de Rio Preto, São Jorge de Santos, São Jorge de Bariri; las capillas: Santo Antoun, São Jorge, y las parroquias: Sagrada Família de Cotia, Nossa Senhora do Perpétuo Socorro de Campinas, Anunciação de Nossa Senhora de Ituveravay y Nossa

— Iglesia maronita del Brasil. Un número considerable de los primeros inmigrantes que provenían del norte de la cordillera del Líbano se vinculaban a la Iglesia maronita. La comunidad maronita de São Paulo fue la primera en crear sus instituciones religiosas apelando a la ayuda de los comerciantes de la comunidad. En 1897 se fundó en la mencionada ciudad la Sociedad Maronita de Beneficencia y en 1903 se convocó mediante un documento a la comunidad árabe en general para la donación de utensilios para la creación de la primera iglesia maronita, la cual fue inaugurada en 1903. Esa iglesia primigenia fue demolida en 1917 debido al proceso de urbanización de la ciudad, siendo luego construida la Iglesia Nossa Senhora do Líbano. En Río de Janeiro se funda en 1931 la Misión Libanesa Maronita del Brasil, llegando en ese momento los primeros padres misioneros, la parroquia Nossa Senhora do Líbano fue fundada en esa ciudad en 1960, parroquias de igual nombre existen en Belo Horizonte (1993), Porto Alegre (1961), Bauru, São Paulo (1997), São José do Rio Preto (2003) y São Charbel en Campinas, São Charbel en Guarulhos y São Charbel dos Campos.

— Iglesia católica melquita. Los católicos melquitas provenían de Siria y el Líbano, hacia la década de los años cuarenta el censo reporta un total de 4.500 inmigrantes de esa confesión en São Paulo y 3.000 en Río de Janeiro, además de otros miles en los diversos estados del país. Existen actualmente las iglesias Nossa Senhora do Paraiso (São Paulo, 1952), São Basilio (Río de Janeiro, 1941), Nossa Senhora do Líbano (Fortaleza), Sao Jorde (Juiz de Fora).

— Iglesia siriana ortodoxa. Con pocos fieles, la Iglesia siriana ortodoxa funda una sede en la ciudad de São Paulo el 7 de septiembre de 1943.

Senhora de Lins. En el Estado de Paraná se encuentra la Iglesia São Jorge de Curitiba; en Pernambuco, la Parroquia São Pedro Apóstolo; en Goiânia, las iglesias: São Jorge de Anápolis, São Nicolau de Goiânia y São João Batista de Ipameri; en el Estado de Minas Gerais, las parroquias São Jorge de Belo Horizonte y Santo Elias Profeta de Guaxupé; en el Distrito Federal, la Iglesia São Jorge de Brasília y en el Estado de Río de Janeiro, la Iglesia São Nicolau.

— Musulmanes. Tampoco en este caso es posible mencionar una cifra exacta. Las instituciones musulmanas acuerdan en un total aproximado de 600.0000 fieles, pero algunos investigadores se refieren apenas a 22.000 [16]. Existen numerosas mezquitas y centros islámicos en distintos estados de Brasil. Debido a la creciente revitalización de esta religión en la actualidad, dedicaremos un apartado de este artículo a la religión islámica en Brasil. Los drusos, pequeña minoría, fundan en 1969 el Lar Druzo-Brasileiro de São Paulo, existiendo también el Lar Beneficente Druzo de Belo Horizonte (Minas Gerais) y más recientemente el de Foz do Iguaçu (Paraná).

Respecto de esta diversidad religiosa original, debemos decir que las instituciones cristianas encontraron en el Brasil algunas facilidades para su funcionamiento. En su historial es posible destacar el apoyo recibido por parte de la Iglesia católica a la hora de abrir templos y relacionarse con el Estado, en cierta forma los árabes cristianos representaban un tipo de inmigrante más aceptable y deseable que los musulmanes, que en diversos periodos históricos fueron vistos por las élites locales como menos proclives a la asimilación e integración.

V. ASOCIACIONISMO COMERCIAL

A la vez que se afianzaba la actividad comercial, surgían las primeras asociaciones. En 1913 se funda en São Paulo la Cámara de Comercio Siria (sirios y libaneses), dando lugar en 1952 a la creación de la Cámara de Comercio Sirio y Libanesa de Brasil que pasó a denominarse Cámara de Comercio Árabe-Brasileña desde 1958. En esa misma época se crea la Cámara de Comercio Líbano-Brasileña, hoy denominada Brasil-Líbano. La Cámara de Comercio Árabe-Brasileña es una entidad sin fines de lucro que intenta hasta hoy desenvolver las relaciones comerciales ente Brasil y los países árabes, teniendo también filiales en Curitiba

---

[16] P. Waniez y V. Brustlein, «Os muçulmanos no Brasil: elementos para uma geografia social», *Alceu,* núm. 1/2, pp. 155-180, 2001.

y Belo Horizonte. Actualmente la cámara representa a 22 países árabes y es miembro de la Unión General de las Cámaras de Comercio, Industria y Argricultura de los Países Árabes, brazo comercial de la Liga de los Estados Árabes. La entidad tiene como objetivo promover la exportación de productos y servicios brasileños para la demanda del mercado árabe, organizar seminarios y conferencias para informar sobre los mercados y sobre la legislación de los países. Al mismo tiempo, la entidad mantiene la Agencia de Noticias Árabes, donde se trasmite información sobre la realidad de varios países y sobre actividades culturales que vinculan Brasil y el mundo árabe. También en São Paulo, existen la Cámara Internacional de Comercio e Industria, también ligada a descendientes y una filial de la Federación de Entidades Árabes de América (FEREAB). Estas entidades han sido de importancia en la expansión hacia el exterior de las industrias y comercios y la producción generadas por los árabes y sus descendientes, todas se encargan de manejar el flujo de información sobre las posibilidades comerciales, así como asegurar la participación en ferias internacionales.

VI. LA LENGUA ÁRABE E INSTITUCIONES DE ENSEÑANZA

En la etapa de la antigua inmigración, algunas entidades educacionales incentivaron la educación y perpetuación de la lengua entre sirios y libaneses. En 1897 ya existía la Escuela Sirio Francesa (Maronita) en São Paulo. En los años siguientes se fundan en la misma ciudad el Gimnasio Oriental (1912), el Colegio Sirio-Brasilero (1917), el Colegio Moderno Sirio (1919) y el Liceo San Miguel (1922). En Río de Janeiro se fundaba la Escuela Cedro del Líbano (1935) y en el mismo año, en Campos, la Escuela Árabe. En lo que respecta a la educación universitaria los árabes alcanzaron niveles de educación formal similar a la de las otras colonias extranjeras, eligiendo profesiones liberales como la abogacía, medicina e ingeniería (Mott, 2000).

Hacia la década de los años treinta del siglo XX existían en todo Brasil más de 40 instituciones que enseñaban la lengua árabe. La enseñanza se realizaba tanto en los clubes deportivos como en instituciones religiosas y muchas veces tenía un carácter gratuito y dependía de la voluntad de los inmigrantes que disponían de tiempo para transmitir sus conocimientos del idioma. Varios de estos centros de enseñanza han desaparecido, pero actualmente es posible acceder a cursos de árabe en numerosas asociaciones musulmanas, clubes e institutos particulares.

Desde el año 1948 funciona dentro de la Facultad de Filosofía de la Universidad de São Paulo, un Centro Brasileño de Estudios Árabes, cuyo objetivo al comienzo era la organización de cursos del idioma, impartiéndose el primero en el año de 1948. Esto fue posible gracias al acercamiento entre el Rector de la Universidad de São Paulo y líderes de la comunidad árabe de la misma ciudad. Sin embargo, el curso siguió un desarrollo entrecortado, siendo necesario a veces suspenderlo por la falta de profesores. En 1962 el entonces presidente de Brasil, Janio Quadros, viajó a Egipto y se entrevistó con Gamal Nasser, regresando con la firme idea de instaurar un curso regular de cultura árabe en la Universidad. Helmi Muhammad Ibrahim Nasr, egipcio que había estudiado en Francia y era profesor en la Universidad de El Cairo, fue uno de los iniciadores de los estudios académicos árabes en la Universidad de Brasil, desempeñándose como profesor del curso de Lengua y Literatura Árabe en la Facultad de Humanidades [17]. Recién en 1963, éstos se tornaron regulares, contratándose siete años después a otros profesores. Actualmente el Centro de Estudios Árabes de la Universidad de São Paulo cuenta con 200 alumnos de grado que cursan estudios de cultura, literatura y lengua árabes. Sin embargo, cabe señalar que entre los descendientes de segunda y tercera generación de la primera inmigración, muy pocos hablan el idioma ya que, como en el caso de otras comunidades, las estrategias de inserción desvalorizaron la transmisión cotidiana en los hogares a lo que se sumó la escolarización de los descendientes en el sistema de enseñanza brasileña. Existe, sin embargo, cierto interés actual por parte de algunos descendientes por recuperar el aprendizaje de la lengua árabe. Un caso distinto es el de la inmigración más reciente dado que, en las

---

[17] En entrevista a Helmi Muhammad Ibrahim Nasr concedida a Jean Lauand el 24 de abril de 1993, disponible en la página del Centro de Estudios Árabes de la Universidad de São Paulo: www.hottopos.com/cear.htm.

localidades donde se sitúa con más presencia, en la década de los ochenta se fundaron escuelas y al existir inmigrantes de primera generación la lengua árabe aún es viva, como veremos a continuación.

VII. NUEVA INMIGRACIÓN ÁRABE

Entre 1960 y 1995 los estados del sur de Brasil, sobre todo Rio Grande do Sul y el estado de Paraná han recibido una nueva inmigración árabe. En algunas áreas es predominantemente libanesa aunque también hay presencia de palestinos y jordanos. Si bien pueden encontrarse inmigrantes palestinos en áreas diversas de Brasil[18], ciertos análisis revelan que éstos se concentraron en algunas ciudades del sur de Brasil, en el estado de Rio Grande do Sul[19]. En la ciudad de Chui, situada en la frontera de Brasil y Uruguay, con una población total de 6.500 habitantes, hay una proporción de 134 inmigrantes procedentes de Jordania y 13 palestinos[20]. En Uruguiana, situada en la frontera con Argentina residen 162 jordanos y 3 familias palestinas y en la ciudad de Livramento 97 jordanos y 7 familias palestinas. Se trata de inmigrantes nacidos en esas regiones que vinieron para Brasil en edad adulta en algunos casos buscando mejores condiciones laborales y, en otros, en calidad de refugiados. Un estudio sobre esos inmigrantes afirma que todos ellos independientemente de su origen jordano o palestino se autodenominan palestinos[21], lo cual se vincula a los significados cambiantes de la ciudadanía palestina, comprensible desde que la inmigración a esa zona comenzó hace 50 años y desde ese momento hacia el presente la definición de la ciudadanía palestina atravesó situaciones diversas. En síntesis, lo que los estudios identifican es que

---

[18] Para un estudio de género y etnicidad entre mujeres palestinas y descendientes en Brasilia, véase, Sonia Hamid, 2007.

[19] Un estudio sobre las comunidades palestinas en Porto Alegre y la recreación de tradiciones a traves de fiestas y rituales puede consultarse en Roberta Peters, 2006.

[20] Para un análisis de la comunidad de Chui desde el punto de vista de la etnicidad véase, Denise Fagundes, 2000.

[21] Denise Fagundes, «Palestinos: as redefinições de fronteiras e cidadania», *Revista Horizontes Antropológicos,* vol. 9, núm. 19, Porto Alegre, 2003.

esos inmigrantes se sienten vinculados a la «causa palestina» estando muy presente en su memoria y en las discusiones de la comunidad local, las guerras y la invasión de los territorios por parte del estado de Israel.

En el estado de Paraná los árabes se establecen primero en la ciudad de Paranagua, trasladándose más tarde a Curitiba, Araucaria, Lapa, Ponta Grossa, Guarapuava, Serro Azul, Londrina y la ciudad de Foz do Iguaçu que tiene hoy la colonia árabe más grande del estado de Paraná. En el caso de Foz do Iguaçu los «pioneros» son aquellos que llegaron en la década de los años sesenta a los que se sumaron los nuevos inmigrantes de la segunda mitad de la década de los ochenta y sus descendientes. Se trata entonces de una nueva comunidad de origen libanés en un 90% con una colonia palestina de alrededor de 50 familias y algunos inmigrantes jordanos y egipcios. Se calcula en 12.000 el número de inmigrantes, siendo preponderantemente musulmanes que en algunos casos dejaron sus tierras en el sur del Líbano a raíz de los conflictos con Israel, la guerra civil o simplemente en busca de mejores condiciones de vida. Como mencionamos anteriormente entre estos inmigrantes la lengua árabe aun desempeña un papel fundamental, en tanto es también la lengua en que se realizan las transacciones comerciales en la zona franca de la Triple Frontera entre Argentina, Brasil y Paraguay donde estos inmigrantes se dedican en su mayoría a la actividad comercial vinculada a la importación y distribución de mercaderías entre los tres países. En la ciudad de Foz do Iguaçu, se destacan las entidades religiosas vinculadas a la religión musulmana, si bien en 1962 un grupo de pioneros crea el Club União Árabe de Foz do Iguaçu, que funcionó por un periodo de tiempo y que hoy se encuentra prácticamente abandonado. La comunidad palestina de esa ciudad creó una asociación basada en el origen nacional, la Sociedade Árabe Palestina de Foz, que incluye a la Juventude Palestina de Foz.

Existen en Foz do Iguaçu dos asociaciones musulmanas y dos colegios árabes donde los alumnos reciben enseñanza bilingüe en árabe y portugués. La diferencia entre la vieja migración y la nueva es la filiación religiosa de origen de ambos grupos. En el primer caso se trataba de árabes preponderantemente cristianos y en el segundo de musulmanes. Este hecho tiene consecuencias en las formas de interacción local y en la aceptación por parte de la sociedad. Los musulmanes a veces continúan siendo vistos como «exóticos», mientras que normalmente se reconoce la influencia general de la cultura de los árabes cristianos.

VIII. IDENTIDADES ÁRABES EN BRASIL

Actualmente es innegable que los primeros inmigrantes árabes han atravesado un proceso de «inserción» en la sociedad brasileña. Sin embargo, cuando los primeros inmigrantes llegaron fueron blanco de discursos discriminatorios por parte de las élites locales y en algunos casos de otros inmigrantes, hecho que se fue opacando a medida que los paradigmas dominantes de interpretación de la diversidad cultural de Brasil y la celebración de la miscigenación y la «democracia racial» se tornaron dominantes [22]. Las distintas estrategias que las comunidades y sus líderes fueron empleando se relaciona con la aceptación actual de los árabes, dado que lograron crear un espacio en la sociedad brasilera para la «etnicidad» árabe.

Hoy en día los estudios migratorios están prestando renovada atención sobre los árabes, durante mucho tiempo en Brasil se privilegió el estudio de las culturas negras y de la migración europea. Como demuestra J. Lesser [23] en Brasil las corrientes migratorias no europeas fueron invisibles y se prestó poca atención al análisis de cómo estos inmigrantes y sus descendientes negociaron su identidad pública como brasileros. Algunos inmigrantes árabes elaboraron la estrategia de

---

[22] Uno de los ataques más renombrados a la comunidad árabe se dio en 1935 cuando se desató una polémica entre Herbert Levy, periodista e intelectual de origen judío, posteriormente diputado federal y Jorge Salomão, descendiente de inmigrantes sirios. La discusión giró en torno a la inmigración de judíos de Alemania a Brasil. Levy aseveró, en uno de sus escritos, que éstos serían más deseables en Brasil que los árabes, retratando a los judíos como portadores de la ciencia y el progreso y a los árabes como de costumbres higiénicas reprobables, sólo dedicados a la especulación, polígamos y musulmanes. Este hecho suscitó la respuesta de numerosos integrantes de la comunidad árabe y la novedad habría sido que fue esgrimido un lenguaje étnico más que racializante. Para conocer esa polémica consultar Lesser, 1999, pp. 70 y ss.

[23] *Ibid.*

identificarse como blancos, dada la fuerza de la bipolaridad blancos/negros que existía en la sociedad brasileña, intentaron de esa forma incorporarse al padrón de «grupos deseables». Otros exaltaron la presencia árabe en Brasil como anterior a los flujos migratorios del siglo XIX rescatando la influencia árabe entre los portugueses que conquistaron Brasil, difundiendo la idea de que las costumbres y la cultura de los árabes no eran extrañas a Brasil cuando llegaron los primeros contingentes de inmigrantes.

A lo largo de su historia las instituciones árabes y sus líderes se vieron en el dilema de alentar esa autoimagen o considerar la construcción de una identidad étnica que demostrase la compatibilidad con la idea de «brasilianidad», en tal sentido algunos remarcaron el estatus de clase como vinculado a un Brasil que permitía el ascenso social, tratando se relacionarse con las élites locales y procurando un nivel de aceptación mediante la educación universitaria y la adquisición de un estilo de vida «brasileño». La inserción de la vieja inmigración se realizó preponderantemente a través del ascenso económico, la educación formal en universidades, la venta ambulante dio paso entre los pioneros al establecimiento de tiendas minoristas, sobre todo vinculadas a los tejidos y artículos de mercería. En ciudades como São Paulo, existían en 1907 más de 320 firmas sirias o libanesas, a comienzos de los años veinte muchas de éstas se habían convertido en firmas industriales y comenzaban a competir con las empresas portuguesas que hasta entonces dominaban el ramo. En ese momento, de 91 empresas industriales de propietarios árabes 65 operaban en el sector de confecciones y 12 en el ramo textil. Entre los años treinta y cuarenta, este desarrollo se consolida, logrando los empresarios árabes las posiciones más destacadas del mercado[24].

Los comerciantes árabes lograron captar para sí los mencionados rubros empresariales y cuando se encontraban en posiciones de adquirir tiendas y fábricas de envergadura los judíos comenzaron a llegar al Brasil encontrando ese espacio ya ganado por los árabes. Por tal motivo los inmigrantes judíos se transformaron en compradores de las mercancías de los vendedores sirios y libaneses que entonces dominaban el mercado mayorista. Por lo cual, los judíos, también dedicados

---

[24] Estatística Industrial do Estado de São Paulo, 1934, p. 28.

al comercio, no representaron una competencia, dado su ingreso posterior en el momento en que los árabes habían ya solidificado su posición. Ciertamente, los sirios y libaneses pronto aprendieron a distanciarse de todo lo que cultural o socialmente pudiera asociarlos con una inmigración no deseada. Esto significó mantener distancia con los no blancos pero también con los árabes musulmanes y todos los estereotipos a ellos atribuidos, conscientemente trataron de reforzar su imagen presentándose como occidentales, cristianos y trabajadores que llevaban progreso a lo largo del territorio nacional[25].

Cualquiera que sea la estrategia esto supuso la definición de espacios sociales, políticos e intelectuales, donde la presencia de los árabes debía tornarse visible. Desde el siglo XIX el mundo de la etnicidad inmigratoria no europea era visible a lo largo de las más remotas localidades de todo Brasil, las asociaciones fundadas por los inmigrantes árabes así lo atestiguan, pues constituyen la prueba de una distribución espacial más allá de los conglomerados urbanos donde se afincó la mayoría.

Algunos estudios sostienen que la inmigración árabe es importante para pensar un proceso de construcción identitaria que desafió la dicotomía simplista de raza (blancos y negros) acrecentando el debate sobre la cultura nacional como amalgama de tradiciones diversas. Ciertamente, en principio los árabes, al igual que en Argentina y otros destinos migratorios, fueron homogeneizados como «turcos» o incluso como «medio-orientales» no existiendo un conocimiento sobre la diferenciación religiosa o nacional de los árabes. Este hecho tuvo ecos en la propia forma de estudiar la inmigración árabe, sólo recientemente algunos abordajes que, no obstante, afirman la necesidad de estudiar un capítulo poco tratado de la historia del Brasil, se están ocupando de aportar nuevos conocimientos. Las investigaciones de O. Truzzi[26] siguen esa dirección, en lo que hace a la inmigración siria y libanesa, combinando la investigación historiográfica basada en censos, cartas de constitución de asociaciones de inmigrantes con el análisis del punto de vista nativo respecto a la inmigración y al contacto con los grupos

---

[25] Truzzi, ob. cit., 2001.

[26] O. Truzzi, «Imigração sirio libanesa em São Paulo», *Estudios Migratorios Latinoamericanos,* año 9, núm. 26, 1994.

locales. Para Truzzi el análisis del asociativismo y la sociabilidad de la colonia árabe permite mostrar que más allá de los desfasajes en el nivel de renta y la diferenciación espacial entre locales de residencia, tanto las asociaciones de auxilio mutuo como las religiosas representaban una señal inequívoca de la diferenciación interna de las colonias. Desde el punto de vista religioso además de las minorías musulmanas y drusas, y la preponderancia de los cristianos, Truzzi remarca, como ya hemos señalado, que ese todo se descomponía en maronitas, ortodoxos, melquitas y protestantes, todas ramas competitvas entre sí. La hipótesis del autor es que la diferenciación religiosa era más fuerte que las diferencias nacionales: «Las incongruencias religiosas y étnicas, se sobrepusieron a las diferentes extracciones regionales. Estos dos factores de afirmación de identidad estarán presentes en la mayor parte de las instituciones fundadas por la colonia»[27]. Cuando Truzzi analiza los escritos de la intelectualidad árabe, a través de sus líderes religiosos y políticos, encuentra una serie de modelos de lo que podríamos llamar «tradiciones inventadas» o mitos de origen. Éstos justifican su énfasis en tratar la noción de etnicidad como contrucción históricamente determinada e interactivamente negociada, por solicitaciones tanto internas al propio grupo como externas de la sociedad más amplia:

En Brasil es notable que la mayor parte de los libros escritos por intelectuales de origen libanés de repente comiencen a exaltar la civilización fenicia (la creación del alfabeto, el instinto comercial y hasta la epopeya de los navegantes descubridores de América antes que Colón), en una tentativa de colocarla en evidencia, destronando a la civilización árabo-islámica. Una vez que para los musulmanes lo que hay de relevante en la historia de la región comienza con el surgimiento del profeta Mahoma. En particular los maronitas, en un movimiento iniciado entre las dos guerras en el Líbano pasaron a alabar sus orígenes fenicios aun anteriores a Mahoma, negando así la filiación árabe. Entre los más fanáticos, el término árabe fue identificado como musulmán, en virtud del surgimiento del Islam como unidad de religión del imperio[28].

En realidad lo que cabe destacar es la conceptualización cambiante y contextual de aquello que pueda significar ser árabe, la diferencia-

---

[27] *Ibid.*, p. 29.
[28] *Ibid.*, p. 33.

ción interna de la pertenencia religiosa y la puja de los diversos líderes por definir los atributos de la comunidad externamente vista como homogénea. Incluso otros líderes se tornan tales en decurrencia de su suceso económico que les permite fomentar instituciones con una marca específica de lo que entienden por comunidad árabe. La negociación de atributos identitarios fue intensa en las primeras décadas de la inmigración pero también lo es en el presente y no solo en lo que atañe a la identidad árabe sino también a la musulmana.

Los inmigrantes, al igual que en Argentina, no aceptaron la denominación de «turcos», conscientes de que la inmigración «turca» fue prácticamente nula en el Brasil y de la confusión de quienes así los denominaban. Los estereotipos más habituales se relacionaron a la actividad comercial de los inmigrantes árabes, la sociedad local se refirió a ellos como «comerciantes congénitos» poco vinculados a la tarea agrícola y proclives a vivir sólo en áreas urbanas. La esteoreotipación incluía también la idea de que los árabes no se mezclaban con otros grupos o ejercían la poligamia. Los mismos inmigrantes en sus biografías exaltaron el «mito del mascate» o vendedor ambulante que en poco tiempo se convierte en doctor[29]. En las instituciones fundadas por los árabes también pudo verse claramente la diferenciación interna en torno a la religión, muchas trataron de marcar distancia con los musulmanes, vinculándolos a costumbres exóticas como la poligamia, el fanatismo, etc.

Ciertamente, y como demuestran los estudios históricos aqui citados, las élites comenzaron a prestar atención a la presencia de los árabes y, en ese contexto las estrategias de las comunidades tomaron diversos caminos: destacar la contribución que realizarían a la construcción de la nación o minimizar su presencia, inclusive adaptando sus nombres para más fácil pronunciación en lengua portuguesa. En la época de Getulio Vargas la discriminación fue abierta, por aquel entonces algunos inmigrantes estaban involucrados activamente en las luchas nacionalistas del Líbano y Siria y en los proyectos de independencia nacional como principio colectivo que se tornaba importante para la diáspora local y redefinía la identidad y el discurso de las

---

[29] Esto puede inferirse con claridad de la colección de biografías de pioneros compiladas por J. Safady, 1972.

asociaciones. Sin embargo, fue a través de los logros económicos que los árabes comenzaron a insertarse en la dinámica de la vida local, acompañando ese proceso a veces con la estrategia discursiva de celebrar la «asimilación» al modo de vida brasilero y las influencias que ejercían en la cultura local. Algunos aspectos de esa influencia se referían a la adopción en Brasil de la cocina árabe y hasta a veces tienden a remarcar que «sólo en Brasil» existen hoy cadenas de comida rápida árabe (*fast food*) las cuales no son frecuentadas solamente por los árabes y sus descendientes sino que forman parte ya de la «tradición alimentaria brasileña».

La exaltación de la integración también se hizo evidente a través de demostrar la inserción de los descendientes en los ámbitos políticos nacionales donde la participación en diversos partidos políticos fue rápida y algunos han ocupado cargos destacados como gobernadores de estados importantes del país, como São Paulo. Aun así la inserción definitiva en la política es relativamente reciente, comenzó después de la era del Estado Novo (1937-1945) por medio de individuos que ya formaban parte de las clases medias y élites económicas de ciudades como São Paulo, con participación de candidatos que habían iniciado su carrera política en ciudades del interior, alcanzando una representación parlamentaria numéricamente significativa.

En síntesis, la comunidad sirio-libanesa no tuvo una única estrategia de inserción ni una política de reconocimiento homogénea. Según Gattaz [30], la manutención y los posicionamientos de la colonia árabe, especialmente sirio-libanesa pueden seguirse en relación a las asociaciones creadas y en tal sentido su hipótesis es que para los grupos cristianos libaneses y sirios ésta se relaciona a los periodos que van de 1920 a 1950, época en que se crean la mayoría de los clubes, donde la preocupación de la preservación de tradiciones estaba filtrada por las ciudades de origen más que por la idea de una pertenencia árabe. Posteriormente, la creación de instituciones que defendían la «cultura libanesa» en oposición a la árabe, remontándose, como señalara también Truzzi, al origen fenicio, habría influido en la desvalorización del posterior aporte árabe-musulmano en la formación cultural del Líbano, vinculando las identidades a la práctica religiosa (cristiana diversa)

---

[30] Gattaz, ob. cit., pp. 114-116.

y al origen local. Diferente habría sido el caso de los sirios y parte de los libaneses cristianos ortodoxos y musulmanes del sur del Líbano, donde las asociaciones habrían reflejado la defensa del nacionalismo sirio o transárabe, definiéndose como sirios o árabes aún en el caso de aquellos nacidos en el actual Líbano y definiendo una línea identitaria más fuerte con la cultura árabe, islámica y cristiana. Por último, Gattaz alega que en el caso de los musulmanes la manutención de las tradiciones y sociabilidades se habría dado en torno a la religión, hecho denotado por la creación de asociaciones y mezquitas donde el origen nacional no sería un factor tan relevante como la identidad árabe islámica. Ya las décadas de los años ochenta y noventa habrían sido escenario del surgimiento de asociaciones formalmente culturales dedicadas, en el ambiente democrático de la sociedad brasileña, al esclarecimiento de los conflictos de Medio Oriente y la creación de federaciones que traslucirían las diferenciaciones antes mencionadas en cuanto a posicionamientos políticos y herencias culturales, tales como la Federación Nacional de Entidades Líbano-Brasileñas, la Federación de Entidades Árabes-Brasileñas y la Federación de Asociaciones Musulmanas de Brasil.

Muchas veces los estudios migratorios que analizan la inserción y las negociaciones identitarias de los inmigrantes árabes y sus descendientes se circunscriben a etapas determinadas siendo a veces la comprobación de la «asimilación efectiva» el punto de llegada. Sin embargo, la etnicidad árabe actualmente se sigue reiventando y hasta las viejas formas de asociacionismo se reconfiguran a partir de los lenguajes contemporáneos de la identidad y la etnicidad. Karam realiza un interesante análisis de esa contemporaneidad mostrando la configuración de la etnicidad sirio-libanesa en el contexto de neoliberalismo en Brasil[31]. Por ejemplo, en el circuito de clubes y a partir del reconocimiento de la «arabidad» en el mercado nacional a través de la danza y la culinaria árabe, las autoridades de los clubes habrían apostado a la organización de eventos vinculados a esas materias de consumo, reapropiándose beneficiosamente de esa otra apropiación cultural mediatizada por el mercado, los matrimonios diaspóricos endogámicos y

---

[31] John Karam, *Another Arabesque: Syrian-Lebanese Ethnicity in Neoliberal Brazil*, Filadelfia, Temple University Press, 2007.

el turismo étnico son otros espacios analizados en relación a la construcción contemporánea de la etnicidad.

Otros aspectos contemporáneos, vinculados a la globalización de las noticias y los procesos de estigmatización, sobre todo de los árabes musulmanes, no sólo posteriores sino también anteriores al 11 de septiembre, vehiculados por medios de prensa internacionales o nacionales, también constituyen un espacio privilegiado para analizar los modos de negociación pública de las identidades y los «diálogos» que se construyen entre los discursos y los contradiscursos elaborados por las comunidades[32]. En este punto el caso de Brasil difiere, por ejemplo, del vecino país de Argentina, donde desde la década de los años noventa y a partir de los dos atentados perpetrados a la comunidad judía (Embajada de Israel, 1992 y Asociación Mutual Israelita, 1994) comenzaron a proliferar noticias y rumores de supuestas conexiones con las comunidades árabes de la Triple Frontera y con centros islámicos de la comunidad musulmana shiíta en Buenos Aires. En Brasil, una serie de condiciones posibilitaron que los gobiernos locales respondieran tempranamente a la posible ola de discriminación desatada a partir de la «guerra contra el terrorismo internacional» impulsada por Estados Unidos, pronunciándose frente a posibles discriminaciones y confusiones con las comunidades árabes locales, especialmente en lo que hace a los estados del Sur, donde reside una colonia de inmigrantes recientes, de mayoría musulmana. Tempranamente, incluso ya a mediados del año 2001, algunos representantes del gobierno salieron al cruce de las versiones sobre la presencia de «células terroristas» en el sur de Brasil, las cuales habían aparecido en diarios de los Estados Unidos. Las declaraciones que en ese momento se reprodujeron en los medios de prensa de Brasil[33] tuvieron como protagonista al entonces presidente, Fernando Henrique Cardoso, que en una visita a Estados Unidos, dijo que «el sur de Brasil y la zona de la frontera con Paraguay y Argentina (donde residen los inmigrantes árabes de la nueva inmi-

---

[32] S. Montenegro, «Islam negro: muçulmanos no Brasil», *Revista Tempo e Presença,* Brasil, Koinonia, año 24, núm. 326, pp. 24-26, 2002.

[33] Véase nota del *Correio Braziliense* de 29 de septiembre de 2001, «Brasil contesta FBI», también la nota del mismo día aparecida en el periódico *País de Santa Catarina,* titulada «FHU nega presença de terroristas».

gración) era más segura que Washington». Sus declaraciones al respecto se hicieron públicas cuando entabló una polémica con un miembro del FBI que en una entrevista al *Correio Braziliense*, había descrito a Brasil como un «nido de terroristas». Cardoso ofreció una entrevista en la cadena estadounidense CNN afirmando que los servicios de inteligencia brasileños nunca detectaron nada concreto al respecto, incluso del lado paraguayo. Sostuvo entonces que «aquí en Brasil hay muchos árabes y musulmanes pero eso de ninguna manera nos puede llevar a creer que estén involucrados con el terrorismo», declarando también estar preocupado por las represalias que podría llegar a sufrir la comunidad árabe en la zona. También en ese momento un funcionario de la Agencia Brasileña de Inteligencia afirmó que había presiones de los Estados Unidos hacia Brasil «insistiendo en probar algo que no existe». Al mismo tiempo, otros miembros del Gobierno realizaron posteriormente pronunciamientos similares. El Ministro de Defensa del gobierno de Cardoso, Geraldo Magela da Cruz Quintão[34], en su discurso de la Conferencia Ministerial de Defensa de las Américas sostuvo:

Manifiesto mi preocupación por ciertas noticias recurrentes respecto a la hipotética presencia de personas vinculadas a actividades terroristas en Brasil, como afirmó el presidente Fernando Henrique Cardoso no existe hasta el momento ninguna comprobación de actividades que en esa región [en referencia a la Triple Frontera] se vinculen a acciones terroristas. Esa región multiétnica abriga comunidades de origen árabe con muchos palestinos y numerosos fieles musulmanes, todos conviviendo en paz y armonía, cualquier actitud precipitada y sin fundamento ciertamente configura discriminación. Brasil en consonancia con uno de sus objetivos constitucionales, la promoción del bien común, sin discriminación, no deja de condenar actitudes preconceptuosas contra esas comunidades.

Sin duda, esta posición oficial tuvo ecos ambiguos en los principales medios brasileños que a veces publicaban notas que negaban las difamaciones internacionales y, en otras ocasiones, vehiculaban sospe-

---

[34] En el discurso de la sesión plenaria de la V Conferencia Ministerial de Defensa de las Américas, el 19 de noviembre de 2002 en Santiago de Chile, publicado en ese momento en la página oficial del Gobierno.

chas o bien se desinteresaban sobre el tema, señalando apenas que éste seguía vigente en la prensa internacional y que en Brasil los inmigrantes árabes no podían ni debían ser estigmatizados. Las comunidades que fueron blanco de estas difamaciones se involucraron en diversos procesos de esclarecimiento apelando a solidaridades horizontales con la sociedad local, tornando visible y hasta parodiando los atributos negativos difundidos por los medios de prensa, confrontando los mismos con discursos de autopresentación que se insertaban en espacios y redes construidos con medios de información local o apelando a la ayuda gubernamental. Sin embargo, un impulso exotizante pareció surgir respecto a esa comunidad del sur de Brasil[35] que fue blanco de notas en periódicos internacionales y de la elaboración de confusos informes que a veces confundían las cifras de inmigrantes musulmanes en la región con las estimadas para todos los descendientes de árabes en América Latina[36].

Es interesante tener en cuenta la diferenciación religiosa entre los inmigrantes árabes, el caso de los musulmanes en Brasil es de sumo interés pues demuestra la construcción de estrategias de visibilidad y negociaciones identitarias específicas y que varían de una comunidad a otra. Nos referiremos a los árabes musulmanes en el punto que sigue teniendo en cuenta que actualmente las asociaciones del Islam son las más activas, luego que el asociacionismo por origen nacional a través de clubes, asociaciones y entidades cuyos nombres aludían a orígenes regionales se debilitaran con el correr de las últimas décadas quedando a veces confinadas a convertirse en clubes sociales o restaurantes

---

[35] En 2005, por ejemplo la *National Geographic Brasil,* en su número de noviembre de ese año, publicaba una nota titulada «Foz do Iguaçu: a polêmica colônia árabe», donde se pretendía retratar «o cotidiano da fechada comunidade árabe que mantém suas tradições e seus negócios na suspeita fronteira do Brasil e Paraguay».

[36] El contexto de la proliferación de discursos sobre los inmigrantes de la Triple Frontera coincidió con nuestra presencia en la zona a partir de una investigación sobre identidades árabes y musulmanas, de hecho, fuimos contactados por periodistas de *Le Figaro* y de diarios estadounidenses que se aprestaban a viajar a la zona o pretendían escribir artículos sobre los musulmanes de la región imaginando que se encontrarían con grupos militantes en un Brasil muchas veces visto como exótico e inhóspito. Respecto a la construcción de noticias sobre esa región que se basaron en la estigmatización de las comunidades árabes y musulmanas que allí residen, véase Montenegro y Giménez Beliveau, 2006.

de comida árabe. En cierta forma, los musulmanes juegan un papel marcante también en la definición y redefinición de la identidad árabe.

Hacer referencia a la presencia musulmana actual en Brasil implica considerar un abanico de instituciones, mezquitas y sociedades de beneficencia diversas que, en todo el país, aglutinan las diferentes comunidades[37]. Existen hoy organizaciones musulmanas de diferente porte en Pernambuco, Bahia, Santa Catarina[38], Mato Grosso, Mato Grosso do Sul, Rio Grande do Sul[39], Minas Gerais, Goiania, Brasilia, São Paulo, Paraná[40] y Rio de Janeiro. El mapa del Islam, sus organizaciones y el número de adeptos permite que observemos que existen algunas áreas a destacar dentro de Brasil, son los estados de São Paulo, Paraná, Rio Grande do Sul y, en menor medida, Río de Janeiro.

El estado de São Paulo representa la zona de presencia más destacada en lo que respecta al tamaño de la comunidad, contando con más de una veintena de instituciones entre mezquitas, centros islámicos,

---

[37] Sociedade Beneficente Muçulmana de Anápolis, Sociedade Beneficiente Muçulmana de Goiania y Sociedade Beneficiente Muçulmana de Jataí. En Mato Grosso: Sociedade Beneficiente Muçulmana de Cuiabá. En Mato Grosso do Sul: Sociedade Beneficiente Islâmica do Mato Grosso do Sul, Sociedade Beneficiente Muçulmana de Corumbá y Sociedade Beneficiente Muçulmana da Grande Dourados. En Minas Gerais: Sociedade Beneficiente Muçulmana de Belo Horizonte. En Paraná: Sociedade Beneficiente Muçulmana do Paraná, Centro Cultural Beneficente Árabe Islâmico de Foz do Iguaçu, Sociedade Beneficiente Muçulmana de Guarapuava, Sociedade Beneficiente Muçulmana do Norte do Paraná, Sociedade Beneficiente Muçulmana de Maringá, Sociedade Beneficiente Muçulmana de Paranagua, Sociedade Beneficiente Muçulmana de Ponta Grossa, Sociedade Beneficiente Muçulmana de Curitiba. En Brasilia DF: Centro Islâmico de Brasília. En Rio Grande do Sul: Sociedade Beneficiente Muçulmana do Chui, Centro Cultural Islâmico de Porto Alegre, Sociedade Beneficiente Muçulmana de Uruguiana.

[38] En Florianópolis fue fundado en 1992 el Núcleo de Estudos e Divulgação Corânicos y la sala de oración que nuclea a la comunidad vinculada a procesos migratorios de la década de los años sesenta. Al respecto puede consultarse Claudia Voig Spinola, 2005.

[39] En Porto Alegre la inmigración árabe habría comenzado en 1900 creándose numerosas asociaciones por origen nacional y solo en 1989 se funda la Sociedade Islâmica de Porto Alegre y en 1999 la primera mezquita. Sobre esa comunidad puede consultarse Lenora Silveira Pereira, 2000.

[40] Para un estudio sobre la inmigración árabe musulmana en Curitiba entre 1945 y 1984 puede consultarse Omar Nasser Filho, 2006.

escuelas, salas de oración, etc.[41]. Las comunidades de ese estado se nutrieron en su origen de las corrientes migratorias, actualmente los brasileros de ascendencia árabe y los conversos que no poseen origen árabe y, en algunos casos pequeños grupos de musulmanes de origen africano conviven hoy en las distintas instituciones del Islam de São Paulo. Encontramos en esa área las instituciones de más fuertes presencia a nivel nacional, algunas de las cuales tienen el papel de coordinar o interrelacionar las Sociedades Musulmanas de Brasil. El Islam también se manifiesta diverso en esa zona, las comunidades *shiitas* se agrupan en torno a la Mezquita Muhammad Profeta de Dios en el barrio de Brás. Otra institución importante es la Sociedad Beneficiente Musulmana de São Paulo (SBMSP) fundada el 10 de enero de 1929, organización que dice aglutinar a más de 200.000 musulmanes. La estructura de esa entidad está compuesta de varias unidades, a considerar: la Mezquita de Brasil, erguida en 1946, la más antigua del país entre las que se mantienen en funcionamiento y datan de este siglo. A lo que se agrega la Sede Social y Cultural, el Centro Islámico, la Escuela Islámica de Vila Carrão, el Cementerio Islámico de Guarulhos y el Departamento de Prensa y Comunicación. También en el Estado de São Paulo se localiza el Centro de Divulgación del Islam para América Latina, institución responsable por la mayoría de las publicaciones que circulan en las mezquitas y centros de cultura islámica. Su papel es coordinar y establecer lazos entre las comunidades a nivel nacional[42]. Además, esta ins-

---

[41] União Beneficente Muçulmana de Barretos, Centro Islâmico de Campinas, União Beneficente Muçulmana de Colina, Sociedade Beneficiente Islâmica de Guarulhos, Centro Islâmico de Jundiaí, Sociedade Beneficiente Islâmica de Mogi das Cruzes, Sociedade Beneficiente Islâmica de Santos, Centro de Divulgação do Islam para a América Latina, Sociedade Beneficiente Islâmica Abu Bakr al-Sadik, Centro de Estudos e Divulgação do Islam, Sociedade Beneficiente Islâmica de Taubaté. En la ciudad de Sao Paulo: Sociedade Beneficiente Muçulmana de São Paulo, Sociedade Beneficiente Muçulmana de Santo Amaro, Sociedade Beneficiente Muçulmana Ali Ibn Talib, Centro Islâmico Abdallah Azzim, Federação das Associações Muçulmanas do Brasil, Liga da Juventude Islâmica do Brasil, Sociedade Beneficiente Muçulmana do Brás, Sociedade Islâmica de São Miguel Paulista, União dos Estudantes Muçulmanos no Brasil, WAMY Assembléia Mundial da Juventude Islâmica.

[42] Existen otras instituciones cuya tarea es relacionar las diferentes Sociedades. Tal es el caso de la Federación de Asociaciones Musulmanas (FAM), fundada en Brasilia en 1977, que agrupa 20 instituciones a nivel nacional.

titución organiza anualmente congresos internacionales en su sede, invitando a expositores extranjeros y debatiendo temas específicos. Otras instituciones, distribuidas en diversos puntos del estado de São Paulo, configuran el paisaje del Islam en la zona [43]. Además existen salas de oración y otras entidades surgidas en los últimos años.

La pluralidad de configuraciones identitarias del Islam en Brasil da cuenta de una dinámica que conjuga referencias a pertenencias étnicas, a líneas y vertientes específicas del Islam y a discursos e interacciones transnacionales. Las diferencias también se hacen evidentes en las distintas estrategias de autopresentación de las comunidades, las formas mutuas de referirse unas a las otras, el trazado de mitologías de origen respecto a la presencia musulmana en Brasil y el grado de apertura e interés hacia la conversión de brasileros sin ascendencia árabe. Haremos una breve referencia a algunos casos para ilustrar los procesos antes mencionados, estos son los de las comunidades sunitas de Río de Janeiro y de Foz do Iguaçu, ambas contrastables no sólo por su antigüedad y los distintos procesos migratorios que les dieron origen sino también por las estrategias que han trazado en relación a la reproducción comunitaria.

En Río de Janeiro existen dos organizaciones, la Sociedad Beneficiente Musulmana de Río de Janeiro y la Sociedad Beneficiente Musulmana Alauita. Esta última tiene una antiguedad de 70 años; sin embargo, y según sus propios directores, actualmente no se realizan allí actividades de culto, de modo que existe apenas formalmente como referencia intitucional de los musulmanes alauitas. La otra institución mencionada de orientación sunita desenvuelve una intensa actividad desde el momento de su fundación, en el año 1950 y según cálculos de la propia institución congrega un total de 5.000 miembros, sus actividades se desarrollan en una sala de oración localizada en un edificio comercial del centro de la ciudad. La comunidad de Río está compuesta por un grupo de musulmanes de ascedencia árabe que, aunque nacidos preponderantemente en Brasil, son hijos o nietos de inmigrantes oriundos de Siria o Líbano, éstos forman el conjunto de miembros que «nacieron musulmanes», heredaron la religión y componen cerca del 40% de la comunidad. Otro conjunto de miembros

---

[43] La Mezquita Abu Bakr de São Bernardo do Campo fue fundada en 1990.

está formado por una diáspora variada, extranjeros de origen diverso que profesaban la religión en sus tierras de origen y que hoy viven en Brasil por diferentes circunstancias, en este grupo la mayoría son musulmanes africanos (Mozambique, Zaire, Senegal, Sudáfrica, etc.). Por último, existe un grupo importante de brasileños convertidos que se aproximaron a la religión por motivaciones diversas y componen el 50% de la comunidad. Esquemáticamente podemos decir que las motivaciones por medio de las cuales los conversos se aproximan al Islam varían incluyendo un abanico de posibilidades: *a)* un interés exotizante respecto a la religión musulmana motivado por viajes a países de Medio Oriente y a la experimentación de una especie de fascinación por las diferencias culturales percibidas, que también puede estar vinculada a lecturas, intereses culinarios o estetizantes, en tal sentido el Islam aparece percibido más como un producto cultural que como una opción religiosa; *b)* un interés en el Islam como opción política ante el imperialismo, la trayectoria de quienes se acercaban inicialmente de este modo muchas veces estaba marcada por militancias de izquierda sobre las cuales se había elaborado *a posteriori* una visión crítica, buscando en el Islam una opción más abarcadora; *c)* una culminación de procesos de búsqueda espiritual con tránsitos por otras opciones religiosas hasta encontrar el Islam, búsquedas de ampliación de conciencia, de mejora individual y de armonía con el entorno, muchas veces motivadas por el conocimiento de la existencia del sufismo, mediatizadas por adhesión a cosmologías *New Age; d)* intereses intelectualistas en la tradición islámica, en sus aspectos teológicos y jurisprudenciales, a través de lecturas o conocimientos asistemáticos. Es evidente que esas motivaciones iniciales, muchas veces combinadas, se transformaban a medida que los sujetos se adentraban en el universo de prácticas y en conocimiento de la religión, pudiendo influir en los niveles de permanencia o deserción posteriores [44]. Existe entonces una apertura a la conversión de miembros sin ascedencia árabe, la cual es plausible y congruente con el tipo de identificación que esta comunidad construye en relación a la «arabidad», otorgando primacía a la existencia de una cultura musulmana universalizante, vista

---

[44] S. Montenegro, *Dilemas identitarios do Islã no Brasil,* tesis de doctorado, Instituto de Filosofia e Ciências Sociais, UFRJ, 2000.

como capaz de englobar cualquier particularidad étnica, en la elaboración de un discurso desetnicizante que niega las posibilidades de particularizar la adscripción religiosa. Esto conlleva una valorización crucial de la lengua árabe apenas como lengua religiosa, de hecho los cursos de árabe representan una de las actividades más importantes dentro de esa comunidad, constituyendo el espacio donde se enseña la lengua junto con los principios de la religión musulmana. Dentro de esa comunidad la importancia de la lengua árabe se configuraba de manera bien específica, «a los fines religiosos», siendo al mismo tiempo una instancia de divulgación del propio Islam y una puerta a la posibilidad de que los estudiantes se interesen en la conversión. De hecho, los cursos de árabe eran frecuentados por personas que en principio se interesaban exclusivamente en la adquisición de conocimientos del idioma y que, después de asistir un tiempo a las clases, podían o no interesarse por los principios religiosos. Al otorgarle a la lengua árabe el significado de acceso a la lectura coránica, anclada en la afirmación de la imposibilidad de traducción del texto coránico, la valorización y enseñanza de la lengua era apreciada en su aspecto religioso en tanto vehículo de acceso a la cultura islámica. Es significativo que en los distintos niveles de los cursos de árabe los profesores dijeran a los alumnos que al aprender árabe estaban siendo «arabizados» y que al adquirir ese idioma se estaban tornando árabes, cualquiera fuera su origen o nacionalidad. Con frecuencia se recurría, en ese contexto, a una frase de Muhammad tomada de los *hadiths:* «Árabe no es aquel que nace de padre o madre árabes, árabe es la lengua y entonces aquel que habla árabe es un árabe». Las estrategias antes mencionadas parecían eficaces a la hora de aglutinar conversos que, a diferencia de otras comunidades, lograban insertarse y permanecer en la comunidad[45].

La construcción de genealogías de origen seguía en esta comunidad un discurso que en cierto punto se separaba de la gesta de la inmigración para remontarse a la religiosidad musulmana de los negros esclavos. No se trata de una mera fantasía sino de la revitalización y reapropiación de una historia conocida en el Brasil, ya que existe una literatura histórico-sociológica donde la presencia musulmana se remonta al tráfico esclavista, a la llegada de los primeros contingentes de

---

[45] Para un tratamiento más detallado de estos aspectos véase Montenegro, 2005.

negros islamizados. Ese Islam, muchas veces llamado «Islam negro» o religión de los «negros mahometanos», fue estudiado en determinada época en el contexto más amplio de un interés por el «problema del negro» en el Brasil. El antropólogo Nina Rodrigues escribió al respecto en su artículo «Los negros musulmanes en Brasil»[46], utilizando inquéritos policiales, cartas de gobernantes y declaraciones de partícipes involucrados en numerosas insurrecciones protagonizadas por negros musulmanes ante el sistema esclavista que los trajo al Brasil. A comienzos de siglo Nina Rodrigues visita imanes de Bahía y Río y lugares donde se reunían los musulmanes negros, así como da cuenta de sus actividades y la relación que éstos mantenían con otros esclavos africanos no musulmanes, la vestimenta y la interpretación que estos musulmanes negros realizan de las rebeliones. También Arthur Ramos[47], discípulo de Nina Rodrigues, aborda el mismo tema unas décadas más tarde, en su artículo «Las culturas negras mahometanas». Afirma en ese texto que el Islam fue introducido en Brasil por los negros esclavos de varias procedencias y que, exceptuando la subárea de Guinea, todos los demás negros «sudaneses» traídos a Brasil tenían influencias musulmanas. Tanto Nina Rodrigues como Arthur Ramos centraron sus análisis en las insurrecciones de los esclavos musulmanes, sistematizando la información histórica al respecto y, sin duda, lanzando la hipótesis de que tras ese tipo de rebeldía estaba el impulso religioso del Islam. El etnólogo francés, Roger Bastide[48] que estudió las religiones africanas en Brasil afirmó que los musulmanes negros tuvieron presencia, en el último tercio del siglo pasado en casi todo el territorio brasileño, sabiéndose por testimonios que existían lugares de oración o mezquitas en Alagoas, Pernambuco y Bahia, lugar éste donde mayor cantidad había. Inclusive, según Bastide, Río de Janeiro fue, a finales del siglo pasado, después de Bahia, «el segundo gran centro del *mahometanismo*».

---

[46] Publicado originalmente en el *Jornal do Comércio de Rio de Janeiro,* el 2 de noviembre de 1900.

[47] A. Ramos, «As culturas negro-mahometanas», *As culturas negras no novo mundo,* Río de Janeiro, Civilização Brasileira, 1937.

[48] R. Bastide, «O Islã negro no Brasil», *As religiões africanas no Brasil,* Livraria Pionera Editôra, Editôra da Universidade de São Paulo, 1971.

La revitalización de esta literatura constituye una materia prima para la elaboración de interpretaciones de la presencia ancestral del Islam en Brasil, mucho más remota que los procesos migratorios, vistos como una segunda entrada del Islam al país. Algunos intelectuales de las comunidades musulmanas, como las de Río, conocedores de estos antecedentes históricos los destacan a la hora de afirmar la antigüedad del islamismo en Brasil y la presencia de libros y escritos en árabe en manos de los esclavos [49]. En algunos casos también escogen otras periodizaciones que enfatizan que la llegada del Islam, y esta vez también de la cultura árabe, se remonta al descubrimiento de Brasil.

En el estado de Paraná, encontramos aproximadamente nueve instituciones formadas por comunidades musulmanas, que se originan básicamente de la nueva migración árabe. Oriundos mayoritariamente del Líbano pero también con presencia de palestinos, jordanos y algunos pocos egipcios se han congregado en gran densidad en la ciudad de Foz do Iguaçu, en la zona donde confluye la frontera de Brasil con los países vecinos de Paraguay y Argentina. Se trata de una comunidad de inmigrantes que comenzó a asentarse hace 40 años aprovechando las facilidades para el comercio y la exportación que se abrieron en la zona franca de la vecina de Ciudad del Este, en Paraguay, donde los comerciantes árabes concentran la mayoría de los negocios de importación del rubro electrónicos, insumos informáticos, etc. En Foz do Iguaçu, las comunidades sunitas y shiitas están nítidamente diferenciadas en lo que respecta a su organización institucional. A comienzos de la década de los años ochenta la comunidad sunita crea el Centro Cultural Beneficente Islâmico de Foz do Iguaçu y, en 1981, comienza la construcción de la Mezquita Omar Ibn Al-Khatab, finalmente inaugurada en marzo de 1983. La mezquita fue construida a través de la colaboración de otras instituciones de Brasil y de inmigrantes de la zona, contigua a la misma funciona la Escuela Árabe con 300 alumnos, mayoritariamente hijos de libaneses. La comunidade shiita creó en 1988 la Sociedade Islâmica de Foz do Iguaçu, finalizando en 1993 la construcción del edificio donde funciona que incluye también una *Hussayniah,* de dicha Sociedad también depende una

---

[49] S. Montenegro, «Islã negro: muçulmanos no Brasil», art. cit., pp. 24-26.

institución de enseñanza, la Escola Árabe Brasileira de Foz do Iguaçu, localizada en otra zona de la ciudad.

Es necesario explicitar que las comunidades de Foz do Iguaçu se organizan en torno a una identidad árabe muy presente. Delante de una realidad migratoria tan reciente la asociación religiosa parece haber tomado, al mismo tiempo, las características de una asociación étnica. Las publicaciones de esas comunidades, sus sitios en internet, se refieren a lo árabe-islámico, a la influencia árabe en la cultura brasilera y a las conquistas de la civilización árabe. Para estas comunidades la religión musulmana aparece intrínsecamente relacionada con lo que sería la preservación de hábitos y costumbres culturales de la cultura árabe-musulmana, como generalidad, y no en relación a orígenes nacionales que, en el caso de los miembros de esta entidad son diversos pues allí se congregan libaneses, palestinos, jordanos, etc. La conversión de brasileros es practicamente inexistente y, aunque las instituciones tienen ya más de dos décadas de existencia, hasta el momento las conversiones se dieron a través de casamientos. En entrevistas realizadas a habitantes de la ciudad, que profesan variadas religiones dentro del complejo campo religioso de la ciudad, el imaginario sobre las barreras de la etnicidad y la visibilidad de los diacríticos culturales en la cotideanidad de la ciudad operaba con frecuencia como factor que no estimula el acercamiento. A diferencia de otros contextos, estas comunidades se localizan en un espacio de alta diversidad cultural marcado por la inmigración también reciente de otros contingentes como chinos, coreanos e indios, es interesante notar que los miembros de esas comunidades diversas elaboran representaciones y a veces estereotipos marcados sobre la mutua otredad cultural. Dentro de las comunidades árabes musulmanas existen fuertes estrategias tendientes a la reproducción tanto cultural como religiosa, las escuelas árabes fundadas en la década de los años ochenta ofrecen un sistema educativo completo para las generaciones de descendientes y esos espacios son altamente valorizados por los pioneros en relación a las expectivas de perpetuación cultural depositada sobre las jóvenes generaciones. No obstante, esto no se realiza en un sistema excento de contradicciones que varían de acuerdo a las formas de sociabilidades de las nuevas generaciones. Algunos informantes jóvenes, luego de formarse en esas escuelas, se quejaban de la falta de preparación que las mismas generaban para la vida en Brasil, alegando que «sólo podían ser útiles para aquellos que emigraran a la tierra de sus padres» y no para proseguir los estudios de nivel superior en instituciones laicas y brasileñas. Cabe destacar que espacios de reconfiguración se observan recientemente en la comunidad sunita de Foz, que desde su origen contó con *sheiks* provenientes de países árabes y recientemente incorporó un *sheik* nacido en Brasil que, si bien descendiente de libaneses, realiza los oficios en portugués y árabe. Esta renovación recientemente planificada se vinculó a la creciente preocupación por la incoporación de las nuevas generaciones nacidas en Brasil y por el proyecto de «presentar la religión musulmana en el ámbito local». Ante ciertas expectativas de «difusión», como nos relatara uno de los directivos del centro islámico, «la única solución sería predicar el Islam universal», dado que en pocas décadas «ya nadie se distinguirá por ser libanés o palestino sino que serán todos brasileños».

Al mismo tiempo, la posibilidad de «recortar» nítidamente una comunidad árabe y musulmana en el cuadro de la diversidad cultural y religiosa de Foz do Iguaçu, ha estimulado diversos proyectos misionales de raíz evangélica protestante que tienen por objetivo la conversión de musulmanes al evangelismo. Basados en la tradición protestante de la práctica del evangelio transcultural, esas iglesias elaboran representaciones sobre la comunidad musulmana demarcando atributos que incluyen la conceptualización de los estilos de vida de los inmigrantes y sus prácticas religiosas a través de homogeneizaciones que los denotan como un grupo separado [50]. Sin embargo, los imaginarios sobre las barreras de la etnicidad no parecen operar en este caso, el sistema de evangelización planificado y que se irradia desde Foz do Iguaçu hacia la vecina Ciudad del Este, en Paraguay, através de la organización de actividades proselitistas, considera a los musulmanes como de difícil pero posible conversión. Así, las identidades musulmanas de la Triple Frontera se contextualizan en un cuadro de diversidad compartido con otros contingentes migratorios a la región y, aunque los espacios de compartimentalización intraétnica son fuertes en este ese espacio, muchas veces los árabes musulmanes esgrimen ser los

---

[50] Para un análisis de las representaciones sobre árabes musulmanes en esa región de frontera véase Giménez Béliveau, Montenegro y Setton, 2008.

más integrados a la cultural local hecho que se tornaría visible en el mayor dominio de la lengua portuguesa en comparación con otras comunidades de inmigrantes. La construcción identitaria de estas comunidades musulmanas es atravesada por procesos específicos que hacen a su localización en una región de fronteras, movilizándose por motivos laborales a uno y otro lado de la frontera paraguayo-brasileña, lo que implica que tanto Paraguay como Brasil sean comparativamente los espacios de referencia de la localización. Al mismo tiempo, las diferencias generacionales, entre pioneros e inmigrantes recientes, también aparecen como espacios de diferenciación al interior de la comunidad musulmana. Los casamientos endogámicos que a veces implican la práctica de viajes a Medio Oriente y la «importación» posterior de nuevos imigrantes así como los casamientos exogámicos con mujeres no musulmanas también parecen marcar diferencias en las trayectorias de los individuos pertenecientes a estas comunidades y en las discontinuidades y formas individualizadas de comprender la adhesión a la religión musulmana y construir relaciones tanto con los espacios de residencia como con las tierras de origen. Por último, los procesos de estigmatización, de los que fueran blanco privilegiado estas comunidades, antes y después del 11 de septiembre de 2001, fueron reconvertidos en la posibilidad de una visibilidad pública que buscó esclarecer a la sociedad local sobre las prácticas y princpios de la religión musulmana.

Cabe señalar que la pluralidad de procesos de construcción identitaria de las comunidades musulmanas en Brasil solo puede comprenderse en la especificidad y en el análisis comparativo y contextual de las mismas, siendo necesaria la prudencia ante conclusiones generalizantes.

CONCLUSIÓN

Si bien no existen datos oficiales, suele afirmarse que Brasil alberga la comunidad árabe más grande de América Latina y aunque contabilizar el número de descendientes es una operación poco creíble, no es raro encontrar menciones a cifras que van de los seis a ocho millones.

Aún cuando consideremos ciertos periodos históricos de discriminación (como durante la era Vargas o, actualmente, a partir de ciertos intentos de estigmatización de los árabes musulmanes que residen en Foz do Iguaçu) es altamente evidente que los árabes no son objeto de discriminación en la sociedad brasileña.

Las diversas formas de asociacionismo fundadas por los inmigrantes demuestran la variada dinámica institucional de la comunidad a lo largo de la historia y de todo el territorio nacional. Como es lógico, algunas de estas asociaciones fueron perdiendo vigencia a medida que las distintas generaciones pasaban. Cabe remarcar que los descendientes de los inmigrantes de la primera inmigración lograron con éxito ocupar posiciciones económicas destacadas así como una inserción política hacia adentro, es decir, comenzaron a jugar papeles importantes en la arena de la política local, procesos que son cada vez más visibles también en espacios de inmigración más reciente.

Como hemos visto, los estudios sobre los procesos migratorios experimentaron un cambio a partir de paradigmas de análisis que lejos de reificar las epopeyas migratorias y las gestas individuales de familias y pioneros se fueron complejizando a partir de una indagación en la diferenciación interna de los inmigrantes no sólo en lo que atañe a los aspectos religiosos sino a las nuevas formas de asociaciones luego de la pérdida de poder de aglutinamiento de los clubes y entidades de principios de siglo. El caso de los árabes musulmanes y de la inmigración reciente permite analizar las construcciones identitarias plurales de las diversas comunidades, así como las prácticas de transnacionalismo contemporáneas, materializadas en viajes, retornos a los lugares de origen y remigraciones. Estos hechos, evidentemente, presuponen abordajes ya no basados en las expectativas de enfocar los procesos de «asimilación efectiva» sino en la comprensión de los flujos migratorios contemporáneos en los espacios de la movilidad de personas, símbolos y significados.

BIBLIOGRAFÍA

Bartholo, J. y Campos, A., «O Islã no Brasil», *Sinais dos Tempos,* Cadernos do ISER, Río de Janeiro, 1990.

Bastide, R., «O Islãm negro no Brasil», *As religiões africanas no Brasil,* Livraria Pionera Editôra, Editôra da Universidade de São Paulo, 1971.

Castro, C., «A construçao de identidades musulmanas no Brasil: un estudo das comunidades musulmanas sunitas da cidade de Campinas e do bairro paulistano de Brás», tesis de doctorado en Ciencias Sociales, Universidade Federal de São Carlos, 2007.

Fagundes Jardín, D., «Palestinos no extremo sul do Brasil. Identidade étnica e os mecanismos sociais da produção da etnicidade, Chui, RS», tesis de doctorado en Antropología, Universidade Federal do Río de Janeiro, 2000.

—, «Palestinos: as redefinições de fronteiras e cidadania», *Revista Horizontes Antropológicos,* vol. 9, núm. 19, Porto Alegre, 2003.

Gattaz, *Do Líbano ao Brasil. Historia oral de imigrantes,* São Paulo, Gandalf, 2005.

Giménez Béliveau, V., Montenegro, S. y Setton, D., «Árabes en la selva: migración, religión e identidad en el imaginario de católicos y pentecostales», en Olga Odgers y Juan Carlos Ruiz Guadalajara (comps.), *Migración y creencias: acercamientos históricos y antropológicos,* México, El Colegio de San Luis de Potosí, 2008.

Hajjar, C., *Imigração árabe: Cem anos de reflexão,* São Paulo, Icone, 1985.

Hamid, S., *Entre a guerra e o genero: memória e identidade de mulheres palestinas em Brasilia,* tesis de maestría en Antropología, Universidade de Brasilia, 2007.

Hayek, S., «70 anos da Sociedade Beneficente no Brasil», *Revista Alvorada,* núm. 49, septiembre, São Bernardo do Campo, Editora Makka, 1999.

Karam, John, *Another Arabesque: Syrian-Lebanese Ethnicity in Neoliberal Brazil,* Filadelfia, Temple University Press, 2007.

Khatlab, R., *Mahjar. Saga libanesa no Brasil,* Nokhtarat, Zalka, 2002.

Kettani, A., «Islam in Americas, Islam in Brazil», *Muslim Minorities in the World Today,* Mansell, UK, Institute of Muslim Minorities Affairs, 1986.

Klich y Lesser, L. (comps.), *Arab and Jewish Cultures. Arab and Jewish Immigrants in Latin America, Images and Realities,* Londres, Frank Cass, 1988.

Lesser, J., *Negotiating National Identity. Immigrants, Minorities, and the Struggle for Ethnicity in Brasil,* Durham, Duke University Press, 1999.

MACAGNO, L., «O lugar dos muçulmanos no luso-tropicalismo», *Outros muçulmanos. Islao e narrativas coloniais,* Lisboa, Instituto de Ciencias Sociais da Universidade de Lisboa, 2006.

MONTENEGRO, S., *Dilemas identitarios do Islām no Brasil,* tesis de doctorado, Instituto de Filosofia e Ciências Sociais, UFRJ, 2000.

—, «Identidades muçulmanas no Brasil: entre o arabismo e a islamização», *Lusotopie,* núm. 2, pp. 59-79, 2002a.

—, «Islam negro: muçulmanos no Brasil», *Revista Tempo e Presença,* Brasil, Koinonia, año 24, núm. 326, pp. 24-26, 2002b.

—, «Discursos e contradiscursos: o olhar da mídia sobre o Isla no Brasil», *Mana,* núm. 8 (1), pp. 63-91, 2002c.

—, «El problema del Islam como"identidad axiomática": destejiendo vínculos entre religión y etnicidad», *Claroscuro,* Revista del Centro de Estudios sobre Diversidad Cultural, Facultad de Humanidades y Artes, UNR, año IV, núm. 4, pp. 31-50, 2005.

— y GIMÉNEZ BELIVEAU, V., *La triple frontera: globalización y construcción social del espacio,* Buenos Aires, Miño y Dávila, 2006.

MOTT, M., «Imigração árabe: um certo oriente no Brasil», *Brasil: 500 anos de povoamento,* IBGE, 2000.

NASSER, O., *O crescente e a estrela na terra dos pinherais, os arabes muçulmanos en Curitiba, 1945 1984,* tesis de maestría en historia, Universidade Federal do Paraná, 2006.

OSMAN, S., «A Imigração Árabe no Brasil», *Travessia. Revista do Imigrante,* núm. 35, São Paulo, 1999.

PEREIRA, L. S., *A discreta presença dos muçulmanos em Porto Alegre, uma análise antropológica das articulações de significados e da inserção do islamismo no pluralismo religioso local,* tesis de maestría en antropología, Universidade Federal do Rio Grande do Sul, 2000.

PETERS, R., *Imigrantes palestinos, famílias árabes: um estudo antropologico sobre a recriacao das tradicoes atraves das festas e rituais de casamentos,* tesis de maestría en antropología, Universidade Federal do Rio Grande do Sul, 2006.

PINTO, P., «Ritual, etnicidade e identidade religiosa nas comunidades muculmanas no Brasil», *Revista USP,* núm. 67, pp. 228-250, 2005.

QUERINO, M., «Dos Malês», Río de Janeiro, Costumes Africanos no Brasil, Funarte, 1088.

RAMOS, A., «As culturas negro-mahometanas», *As culturas negras no novo mundo,* Río de Janeiro, Civilização Brasileira, 1937.

RODRIGUES, N., «Os negros maometanos no Brasil», *Os africanos no Brasil,* Editora Universidade de Brasilia, 1988.

SAFADY, J. A., *Imigração Arabe no Brasil,* tesis de doctorado en Historia, São Paulo, USP, 1972.

TRUZZI, O., *De Mascates a Doutores: Sírios e Libaneses em São Paulo,* São Paulo, Sumaré, 1992.

—, «Imigração sirio libanesa em São Paulo», *Estudios Migratorios Latinoamericanos,* año 9, núm. 26, 1994.

—, *Patrícios: sírios e libaneses em São Paulo,* São Paulo, Hucitec, 1997.

— «O lugar certo na época certa: sírios e libaneses no Brasil e nos Estados Unidos, um enfoque comparativo», *Estudos Históricos,* núm. 27, Río de Janeiro, 2001.

VOIG SPINOLA, C., *O véu que (des)cobre: etnografia da comunidade árabe muçulmana en Florianópolis,* tesis de doctorado en Antropología Social, Universidade Federal de Santa Catarina, 2005.

WANIEZ, P. y BRUSTLEIN, V., «Os muçulmanos no Brasil: elementos para uma geografia social», *Alceu,* núm. 1/2, pp. 155-180, 2001.

WINTERS, C., «A Chronology of Islam in Afro-america», *Al-'ilm, Journal of the Centre for Research in Islamic Studies,* vol. 2, pp. 112-122, 1982.

5. LA INMIGRACIÓN ÁRABE EN PARAGUAY*

Silvia Montenegro*

INTRODUCCIÓN

La República del Paraguay está ubicada en la parte central de América del Sur, limitando al norte con Bolivia, al este con Brasil y al suroeste con la República Argentina. La superficie total del país es de 406.752 km² y su capital es Asunción. Además del distrito federal, Paraguay se divide en 17 departamentos, 14 de los cuales se sitúan en la llamada Región Oriental, los 3 restantes componen el área denominada Gran Chaco o Región Occidental[1].

Según estadísticas actuales la población total del país asciende a 5.633.359, distribuidos principalmente en los conglomerados de Asunción (570.000 habitantes) y en el departamento del Alto Paraná, con más de 740.000 habitantes[2]. En este último se sitúa Ciudad del Este, uno de los asentamientos urbanos de mayor crecimiento en los últimos 40 años y que lidera la dinámica de la llamada zona de la Triple Frontera, punto donde confluyen los límites entre Paraguay, Argentina y Brasil[3]. Ciudad del Este se encuentra vinculada por puentes

---

* Doctora en Sociología, investigadora del Consejo Nacional de Investigaciones Científicas y Técnicas, CONICET, Argentina.

[1] La región oriental comprende los siguientes departamentos: Alto Paraná, Amambay, Caaguazú, Caazapá, Canindeyú, Central, Concepción, Cordillera, Guairá, Itapúa, Misiones, Ñeembucú, Paraguarí y San Pedro. El Gran Chaco abarca los departamentos de Alto Paraguay, Boquerón y Villa Hayes.

[2] *Población en el Paraguay,* Dirección General de Estadísticas, Encuestas y Censos (DGEEyC) Paraguay, 1999.

[3] La ciudad registra una tasa de crecimiento poblacional del 5,8% anual según Divulgación Popular del Alto Paraná, Dirección General de Estadísticas, Encuestas y Censos (DGEEyC) Paraguay, 1999.

con la ciudad brasileña de Foz do Iguaçu y la ciudad argentina de Puerto Iguazú. Consecuentemente, la llamada Triple Frontera conforma una zona franca de flujo permanente entre los países, con una población móvil que participa a distintos niveles de la intensa actividad comercial que se registra en la frontera internacional [4].

La economía del país se basa en la agricultura, pero en la década de 1970 comienza un modesto desarrollo industrial, limitado a los productos agrícolas y forestales, así como a algunos bienes de consumo como la carne, los textiles, la industria maderera y química.

Los pobladores originales del Paraguay eran aborígenes que, componiendo diversas etnias, pertenecían al tronco cultural «guaraní». En el año 1537, los conquistadores españoles fundan en el río Paraguay, el primer asentamiento al que denominan Casa Fuerte de Nuestra Señora de Santa María de la Asunción, elevándolo pocos años más tarde a la categoría de ciudad. Junto con Argentina, el Paraguay integró el Virreinato del Perú hasta que en 1776 la corona española creó el Virreinato del Río de la Plata, integrado por Argentina, Uruguay, Bolivia y Paraguay. En 1811 se proclamó la independencia paraguaya bajo la dirección del doctor José Gaspar Francia que se constituyó en gobernante absoluto, rigiendo los destinos del nuevo país hasta su muerte acaecida en 1840. En 1844 su sobrino, Carlos Antonio López, le sucede en el poder hasta su muerte en 1862; posteriormente su hijo, Francisco Solano López, asume la presidencia y bajo su mandato se produce la Guerra de la Triple Alianza (1865-1870) contra Argentina, Brasil y Uruguay. La derrota del Paraguay se

---

[4] Según análisis actuales, Paraguay se caracteriza y sigue tendiente a una desequilibrada distribución espacial de la población. La capital del país, Asunción, junto con los departamentos Central y Alto Paraná concentran mayoritariamente la población urbana del país. Básicamente son dos ciudades las que reúnen a la casi totalidad de la población: el Área Metropolitana de Asunción (Asunción y los núcleos urbanos del departamento Central) y el Área Metropolitana de Ciudad del Este (Ciudad del Este, Presidente Franco y Hernandarias). Como consecuencia, el 65% de la población está concentrada en apenas el 5% del territorio. Esta distribución implica en las áreas de concentración una fuerte demanda de trabajo, viviendas y servicios básicos, mientras que las áreas menos pobladas tienen escasa infraestructura y baja dinámica económica. Véase *Población en el Paraguay,* Dirección General de Estadísticas, Encuestas y Censos (DGEEyC) Paraguay, 1999.

precipita en 1870, año en el que también fallece el entonces gobernante.

Las consecuencias de la guerra condujeron a un periodo de inestabilidad política y social en un contexto en el cual diversos presidentes no consiguieron completar su mandato. En 1880 se crean los dos grandes partidos políticos que persisten en la actualidad, el Republicano o Colorado y el Democrático, base del partido liberal. Hasta la década de 1930 se registra un periodo de estabilidad política; sin embargo, comienzan a producirse enfrentamientos con Bolivia en la frontera entre ambos países. Las hostilidades desembocan en la llamada Guerra del Chaco, y sólo en 1938 cesan los conflictos a partir de un arbitraje que permite el trazado definitivo de la frontera en la zona de litigio.

Hasta la década de 1950, se suceden en el Paraguay algunos gobiernos civiles y militares, pero en mayo de 1954 un golpe militar derroca el Gobierno constitucional vigente y, en ese mismo año, el electorado confirma como presidente al general Alfredo Stroessner, comandante del Ejército y dirigente del Partido Colorado. Stroessner consigue instalarse en el poder durante ocho periodos consecutivos, reformando la Constitución para conseguir su reelección y ejerciendo férrea represión de la oposición política, declarando inclusive el estado de sitio permanente hasta 1987. En 1989 es derrocado por otro líder militar, Andrés Rodríguez, que luego compite y gana las elecciones de ese mismo año representando al Partido Colorado.

La inestabilidad política ha sido prevaleciente en Paraguay, pues a muy cortos periodos constitucionales, los han seguido graves crisis políticas y golpes de estado, destituciones por corrupción así como revueltas populares con saldos de víctimas fatales. La transición democrática del Paraguay ha sido una de las más complicadas en América Latina, y recién en 2008, luego de 60 años de hegemonía, el Partido Colorado es derrotado en las elecciones presidenciales por la Alianza Patriótica para el Cambio, coalición formada por partidos de izquierda y por el partido liberal que lleva a la presidencia al ex obispo Fernando Lugo.

I. LA POLÍTICA MIGRATORIA EN EL PARAGUAY

La evolución demográfica del Paraguay reconoce por lo menos cuatro etapas bien diferenciadas[5], a saber:

— La de la conquista y el coloniaje de España, durante la cual se inicia el proceso de mestizaje y la bidimensionalidad cultural (guaraní e hispano-occidental).
— La etapa independiente, de incremento demográfico y de consolidación de la cultura nacional.
— La de la guerra de 1870, en la que queda diezmada la población del país en casi un 80%.
— La de posguerra, de 1870 hasta el siglo XX, cuando se reinicia el crecimiento demográfico hasta adquirir la dinámica actual y donde se insertan las distintas etapas del flujo migratorio extranjero.

Luego de estos periodos, pudo observarse que la tasa de crecimiento demográfico se ha mantenido estable en una cifra aproximada del 2,6% anual. La distribución de la población no ha sido homogénea y las diferencias son marcadas entre las distintas áreas del país. Esto se ha debido a la orientación de las migraciones internas que se han producido en la dinámica de afianzamiento del proceso de urbanización de la capital Asunción y, actuamente de ciudades como Ciudad del Este, en el Alto Paraná. Otro factor ha sido la persistencia de los flujos migratorios desde las zonas rurales tradicionales hasta las nuevas áreas de colonización, en el marco de expansión de la frontera agrícola y de poblamiento de zonas antes deshabitadas. Por último, la construcción de represas hidroeléctricas internacionales en el Río Paraná, Itaipú en Brasi y Yaciretá en Argentina, estimularon la migración interna hacia esas áreas.

Para comprender la evolución demográfica, es importante destacar cuáles son los perfiles particulares del proceso general de inmigración al Paraguay, pues el caso reviste especificidades comparado con países vecinos como Brasil y Argentina. Paraguay, a pesar de haber

---

[5] *Migraciones laborales en América Latina,* OEA, Washington, 1986.

vivido en el siglo la experiencia de la inmigración oriunda de Europa y Asia, no formuló políticas migratorias sistemáticas tal como lo hicieran otros países de América Latina. No obstante, participó con intensidad reducida del proceso migratorio que se inició en los finales del siglo XIX y principios del XX y que afectó al conjunto de países de América del Sur. Paraguay cumplió un rol subsidiario como receptor de inmigración transatlántica, y no ha sido hasta décadas recientes un país tradicional de recepción migratoria, en términos de balance en la migración neta. La excepción estuvo representada por las colonias, principalmente menonitas, japonesas y europeas que se asentaron en territorios paraguayos formando enclaves etnoculturales con características de producción económica específicas[6].

Posteriormente y desde las décadas de 1970 y 1980, nuevos flujos migratorios transforman la realidad del país, por lo tanto es necesario delimitar dos procesos bien diferenciados que incluyen también a la inmigración árabe.

Si consideramos el inicio y la evolución de la migración extranjera, es necesario remontarnos al gobierno de Carlos López durante el siglo XIX. Es en ese periodo cuando se decide promover la introducción de inmigrantes, favoreciendo a los colonos que pudieran ocuparse de establecer colonias agrícolas. Los primeros inmigrantes extranjeros fueron 410 franceses que se instalaron en la región del Chaco, esta experiencia comenzó en 1855, pero los resultados no fueron los esperados pues el asentamiento fracasó y la colonia debió ser ocupada por paraguayos y extranjeros de otro origen.

Luego de la guerra de 1870, se retomaron los intentos para concretar algunas experiencias de colonización extranjera europea. Hacia 1909 se fundaron algunas colonias pioneras; sin embargo, la mayor inmigración se produjo desde algunas provincias de los vecinos países de Argentina y Brasil. En el censo paraguayo de 1886, aparecen registrados 7.886 extranjeros; informaciones censales posteriores, que abarcan el periodo 1899-1900, demuestran que en aquel entonces la mayor cantidad de inmigrantes provenía de Argentina[7].

---

[6] Heikel y Bhar, «Inmigración al Paraguay desde países limítrofes», *Revista Paraguaya de Sociología,* año 30, núm. 84, 1993.

[7] *Migraciones laborales en América Latina,* ob. cit.

En el caso de la vieja inmigración árabe, la información recogida en los censos permite un conocimiento deficiente de las cifras reales pues, si bien los inmigrantes aparecen clasificados por nacionalidad, los árabes fueron ubicados en el rubro «otras nacionalidades», motivo por el cual las fuentes censales no aportan datos fehacientes. Es importante señalar que incluso los inmigrantes árabes pueden haber ingresado al Paraguay siendo clasificados como de nacionalidad argentina, ya que algunos provenían del vecino país, donde ya habían obtenido su documentación de residencia.

Según el diagnóstico demográfico de la OEA (1992), la inmigración al Paraguay ha respondido a los siguientes parámetros:

— La influencia de inmigrantes extranjeros no tuvo la dimensión y el volumen masivo que alcanzó, desde fines del siglo pasado, la que se dirigió a países como Argentina o Brasil.

— La población extranjera, principalmente europea, a pesar de ser reducida en comparación con la población total, tuvo y tiene hoy en día mucha gravitación en la vida económica, cultural y religiosa.

— La inmigración cuenta con casos de asentamientos no exitosos y otros que se tornaron estables en diversas áreas: Itapúa (alemanes, eslavos, japoneses); Chaco central (menonitas), Caguazú y Alto Paraná (menonitas; japoneses y brasileños).

Sintetizando, debemos decir que en el proceso inmigratorio del Paraguay se reconocen distintas etapas o pequeños flujos:

• 1872-1910: inicio del flujo de inmigrantes extranjeros y fundación de colonias pioneras en diferentes áreas del país.

• 1911-1949: el flujo migratorio se incrementa y se expande al resto del país.

• 1950 en adelante, nuevos grupos de inmigrantes se incorporan al país y comienza una inmigración selectiva vinculada a las obras hidroeléctricas internacionales.

• Por último, entre los años setenta y ochenta se incrementa la inmigración de contingentes de origen asiático, brasileños (entre 1972 y 1979) y árabes de diverso origen.

II. LA INMIGRACION ÁRABE EN PARAGUAY

En lo que se refiere a la inmigración árabe, son dos las fases en las que se produce el flujo migratorio: una primera oleada corresponde a la primera etapa del proceso migratorio general, es decir, a la del comienzo de la inmigración extranjera al Paraguay; y una segunda, e importante fase, corresponde a la última etapa iniciada alrededor de 1960, pero intensificada a partir de la inmigración posterior a 1980.

Sin embargo, algunos estudios aluden a una presencia árabe concomitante al descubrimiento y colonización española de las Américas, como proceso común al conjunto de los países que hoy conforman la América Latina. La UNESCO, por medio del proyecto *Contribución de la civilización árabe a la cultura de América Latina a través de la península Ibérica,* ha señalado este proceso afirmando que: «Es probable que los vestigios de la cultura y del patrimonio árabes en América del Sur se deban a la presencia española y portuguesa, pues no hay que olvidar que Cristóbal Colón descubrió América en 1492, cuando los árabes dejaron Andalucía tras ocho siglos de vivir en ella. Al cabo de tanto tiempo, era inevitable que los árabes dejasen una huella que los navegantes y los conquistadores llevaron al otro lado del Atlántico» [8].

De esta forma, según ese punto de vista, la integración posterior de los emigrantes árabes en la sociedad latinoamericana, habría sido facilitada por aquel inicial aporte cultural árabe trasmitido por los españoles. Hamed Franco (1996), autor de uno de los pocos trabajos sobre la inmigración árabe en Paraguay, argumenta que la presencia andaluza entre los contingentes de colonos y conquistadores españoles llegados a América, habría sido importante. Basándose en la referencia del Catálogo de Pasajeros a Indias, señala que entre los años 1509 a 1534, se reporta la emigración a las Américas de 7.641 emigrantes según sus lugares de origen, siendo la mayoría andaluces. Según ese informe, las provincias andaluzas de Sevilla y Huelva contribuyeron de 1493 a 1508 con el 78% de los emigrantes y, entre 1509 a 1519 con el 37% del total de emigrantes. No obstante, en la investigación de este aporte

---

[8] VV AA, «Introducción», *El Mundo Árabe y América Latina,* Madrid, UNESCO, 1997.

primigenio, no es posible contar con cifras exactas o con una reconstrucción histórica más precisa de este periodo.

En el caso de la imigración árabe propiamente dicha al Paraguay, las dos oleadas bien marcadas que antes mencionábamos permiten en la actualidad hablar de una «vieja inmigración» y una «inmigración reciente» de características específicas.

II.1. *La vieja inmigración*

La vieja inmigración árabe es aquella que comienza a llegar al Paraguay luego de la Guerra de la Triple Alianza. Cabe recordar que en 1861 existía en el país una población de 1.300.000 habitantes y que hacia 1864, la mencionada guerra produjo enormes pérdidas humanas a lo que se sumaron los efectos de una epidemia de cólera entre los combatientes; como resultado, hacia 1864, más de dos tercios de la población paraguaya había desaparecido. Esa merma fue desvastadora especialmente entre los habitantes de sexo masculino, pues el 80% de la población masculina desapareció durante los cinco años que duró aquella guerra. Es en ese contexto que comenzaron a incorporarse a la nueva sociedad, extranjeros que se afincaron en el país.

En 1872, la población del Paraguay era de 231.000 habitantes, de los cuales 31.296 eran extranjeros. Paulatinamente la tasa poblacional se iría incrementando, es allí cuando comienza también la inmigración árabe. Hacia 1888 los primeros inmigrantes árabes se establecen en ciudades como Asunción, Villeta, Encarnación, Villa Rica, San Pedro, Santani, Puerto Rosario, Concepción y localidades del Alto Paraná.

Al igual que en el caso de Argentina, se trata de árabes de origen sirio y libanés que emigran del Imperio otomano. Esta primera oleada se interrumpe en 1914, reiniciándose en el periodo 1918-1933 para, en esa época, volver a cesar por un tiempo prolongado. Las razones de la emigración en etapas se remiten al hecho de que Siria y el Líbano estaban bajo la dominación turca. La mayoría de aquellos primeros emigrantes eran jóvenes entre 16 y 18 años. En general, la vieja inmigración comienza a nuclearse en las ciudades de Encarnación y Asunción fundando allí las más antiguas instituciones, cuyas características abordaremos más adelante.

En lo que respecta a la filiación religiosa, esta primera inmigración es mayoritariamente cristiana, compuestas principalmente por ortodoxos y en menor número por cristianos maronitas. Una minoría profesaba la religión musulmana, entre ellos se destacaban los shiitas incluyendo las vertientes aluitas e ismailitas.

Como no existía una política de estado organizada en torno a la inmigración, el contexto en el que llegan los primeros inmigrantes árabes al Paraguay era adverso debido a la falta de una política de asentamiento organizada. En un breve periodo que fue desde 1881 hasta 1885, existió una ley de estímulo a la inmigración extranjera, su promulgación debe entenderse en el marco de las políticas ensayadas para revertir el desequilibrio demográfico que había sumido al Paraguay luego de la Guerra de la Triple Alianza. Esa efímera ley creó el Departamento General de Migraciones y propulsó un mecanismo que cedía tierras para familias que se dedicaran a la agricultura, pasajes, hospedaje y aseguraba un programa alimentario de medio año para los inmigrantes. Cuando los árabes llegaron al Paraguay, aquellos beneficios ya habían sido abolidos y las restricciones se habían incrementado. Las leyes de 1903 establecían una serie de requisitos difíciles de cumplir, pues se detallaba el tipo de actividad o profesión de los que pretendieran inmigrar (industriales, profesionales, mecánicos, ingenieros o agricultores), una suma de dinero por inmigrante, y se aclaraba que la inmigración se haría por cuenta propia. Por otro lado, era evidente que las élites latinoamericanas en su conjunto propulsaban una inmigración selectiva y, en el caso de Paraguay llegó a prohibirse el arribo de negros, asiáticos y gitanos.

La inmigración árabe parecía no responder al modelo de inmigración deseable, ya que Paraguay propiciaba la llegada de colonos que se establecieran en el campo para realizar tareas agrícolas y, los primeros árabes se asentaban en los pequeños centros urbanos y, como veremos más adelante, se dedicaron preponderantemente al comercio. En esta época, la actividad comercial era vista oficialmente como una actividad parasitaria en lugar de productiva, en contraposición con la exaltación del trabajo agrícola para el progreso del país.

Los primeros árabes raramente llegaban al Paraguay como primer destino; en general, ingresaban al país a través de Uruguay o Argentina, luego de cortas estancias en esos países. Varias familias se asentaron en Paraguay tras haber pasado algún tiempo en los Estados Unidos o en Francia pero, como contaban con parientes emigrados a América Latina, acabaron eligiendo ese nuevo destino. El sistema más usual fue la emigración individual de hombres, pasado un tiempo, éstos traían a sus familiares dispersos por otros países o aún residiendo en sus tierras de origen. Algunos historiadores argumentan que el destino preferido de los árabes, sirios y libaneses, fue Estados Unidos y, que muchos de los que arribaron a América Latina lo hicieron al no poder obtener visados para ese país, o que incluso llegaron a América Latina siendo víctimas de engaño al comprar pasajes que supuestamente los llevarían a Estados Unidos [9].

Es cierto que en el caso de los árabes, la inmigración se dio a través de individuos que buscaban mejorar las condiciones adversas a las que se veían sometidos en su tierra de origen; no obstante, la existencia de las redes migratorios obliga a considerar que la migración nunca es una empresa individual, pues los lazos familiares, de amistad y comunitarios comienzan a accionarse a través del proceso de red que toda migración teje. Muchas veces la reagrupación familiar fue el motivo del incremento de los grupos de inmigrantes árabes, las redes produjeron transferencia de información sobre la nueva tierra de destino.

En síntesis, la vieja inmigración es aquella que llega preponderantemente antes de 1935, periodo en que cesa el arribo de árabes, estos inmigrantes y sus descendientes experimentaron una movilidad social ascendente y, un tipo de integración en la vida de la sociedad civil paraguaya que difiere de la experiencia de la nueva inmigración. Por eso es necesario atender a las especificidades de cada una de estas comunidades.

II.2. *La nueva inmigración*

Hacia la década de 1960 se inicia la llegada de inmigrantes que configuran la «nueva inmigración», esta vez la zona elegida es el departa-

---

[9] Son esos los argumentos de Patricia Nabti, citados en T. Velcamp, «The Historiography of Arab Immigration to Argentina: The Intersection of the Imaginary and Real Country», Klich y Lesser (comps.), *Arab and Jewish Immigrants in Latin America, Images and Realities,* Frank Cass, Londres, 1998, p. 235.

mento del Alto Paraná, especialmente Ciudad del Este. Allí la colonia árabe está compuesta por alrededor de 10.000 individuos mayoritariamente libaneses y, un pequeño porcentaje de sirios, egipcios, palestinos y jordanos. Esta inmigración presenta características específicas que representan desafíos a los estudios tradicionales.

En primer lugar, se trata de una inmigración que se sitúa en un flujo de fronteras (en la zona de la Triple Frontera de Argentina, Brasil y Paraguay), con lo cual debemos considerar que si bien en Foz do Iguaçu, Brasil, los inmigrantes de esta comunidad suman aproximadamente 12.000, interactúan por razones comerciales entre Ciudad del Este y la vecina ciudad brasileña. Del mismo modo, los inmigrantes árabes de Ciudad del Este, calculados en alrededor de 8.000, interactúan o hasta viven en la vecina Foz do Iguaçu. Es necesario entonces considerar un grupo de inmigrantes asentados en la zona de la Triple Frontera, participando de un sistema de flujos permanentes. Otra de las especificidades se relaciona con la participación de estos inmigrantes en las actividades comerciales propias de la zona de frontera y, en que se trata de grupos mayoritariamente musulmanes, por lo cual es de destacar que las instituciones que los nuclean son instituciones confesionales, como mezquitas, centros culturales islámicos y escuelas.

Por medio de entrevistas con personalidades de la comunidad de Ciudad del Este, podemos saber que en esa zona urbana se registran más de 2.500 patentes comerciales árabes, así si calculamos que la familia árabe suele sumar entre cuatro y cinco integrantes, es inferible que existan alrededor de 10.000 ciudadanos de origen árabe, tal como señalan miembros de la propia comunidad. La falta de estudios al respecto así como de estadísticas oficiales, impiden el conocimiento de cifras exactas.

La comunidad de Ciudad del Este está en un 90% compuesta por inmigrantes libanes, destacándose en estos últimos 15 años la llegada de habitantes de la regiones del Sur del Líbano. En el caso específico de esa inmigración libanesa, primero se trató de hombres solos que comenzaron a traer paulatinamente a sus familias en una proporción que, según nos refería un inmigrante de esa región, produjo que en Ciudad del Este haya una colonia de 1.000 habitantes de regiones que no cuentan en el Líbano más que con 5.000 habitantes.

La nueva inmigración árabe al Paraguay aún no ha sido objeto de estudios de carácter histórico o sociológico, tampoco ha sido analizada la diversidad interna que presentan los grupos allí asentados donde sabemos que coexisten corrientes vinculadas a distintas nacionalidades. No obstante, como el 90% son libaneses, las causas de la emigración se vinculan en algunos casos a procesos como la Guerra Civil en el Líbano y, también la ocupación de territorios por parte de Israel. Sin embargo, los primeros inmigrantes o pioneros de la década de los sesenta llegaron a veces de otras regiones de Paraguay alentados por las oportunidades comerciales que se abrían en el nuevo espacio de Ciudad del Este, por entonces una ciudad nueva. Así, éstos fueron los constructores de algunas de las primeras galerías comerciales de la ciudad y de los primeros comercios.

Según consideraban algunos inmigrantes entrevistados, las condiciones de vida que comenzaron a experimentarse en algunas aldeas del sur del Líbano propiciaron una emigración que, en algunos casos, no fue realizada directamente hacia un país de destino sino que acabó asumiendo la forma de una emigración y reemigración, dado que algunos individuos pasaron por otros países antes de arribar a Sudamérica. Un libanés, oriundo de Qabbrika, nos relataba que casi todos sus parientes se encontraban ahora viviendo en Ciudad del Este, pues desde mediados de la década de los ochenta y en un proceso de diez años, sus primos y hermanos habían comenzado a emigrar, al punto que un quinto de la población de esa región hoy vive en Ciudad del Este.

La ayuda mutua y la circulación de información sobre las oportunidades y dificultades que ofrecía el espacio de destino, estimularon las redes entre los inmigrantes y sus familiares. Otro informante, de la misma zona de origen y de la misma época de inmigración, relataba haber vivido anteriormente por el lapso de unos pocos años en Europa, luego de lo cual había vivido indistintamente entre la frontera de Brasil y Paraguay. Otro inmigrante libanés, que ya lleva tres décadas en Ciudad del Este, nos relataba que antes de llegar al Paraguay, había trabajado en África y otros destinos.

A través de numerosos relatos, hemos observado que la reemigración es un fenómeno recurrente en la historia de vida de los libaneses que residen en Paraguay, no es casual que varios entrevistados afirmaran que sus casos personales eran parte de la historia de los 15 millones de libaneses que hay en el mundo, fuera de su país de origen.

En este trabajo hemos indagado acerca de la periodicidad del retorno de estos emigrantes a su lugar de origen, ya sea por cortas visitas o con el objetivo de un regreso definitivo. Numerosos individuos mencionaban periodos de más de una década sin regresar a su tierra, quienes no habían tenido oportunidad de volver a su país por lapsos de tiempo prolongado argumentaron que tras tantos años, temían «desconocer» el Líbano pues, al igual que ellos, sus amigos y familiares se habían radicado en diferentes lugares del mundo a partir de la guerra. Algunos pocos inmigrantes, en especial aquellos que experimentaron una movilidad social ascendente, consiguieron realizar visitas a sus regiones de origen o costear los gastos de familiares para que los visitaran en el Paraguay.

Los miembros de la nueva inmigración árabe, a diferencia de aquellos que los precedieron en casi un siglo, no precisaron practicar la venta ambulante, ya que pudieron insertarse como empleados en comercios de sus compatriotas o como pequeños vendedores independientes.

III. LA INMIGRACIÓN ÁRABE EN PARAGUAY EN CIFRAS

La naturaleza de las fuentes de información disponible torna difícil precisar el número de descendientes de inmigrantes árabes o de nuevos inmigrantes que actualmente residen en el Paraguay. El motivo de esta dificultad se relaciona con los criterios ambiguos que en el pasado se adoptaron para registrar la nacionalidad de los inmigrantes. En los censos que van de finales del siglo pasado a las primeras décadas del siglo XX, los árabes aparecen muchas veces en el rubro «otras nacionalidades» y, es precisamente en ese periodo donde llegan al Paraguay los inmigrantes que conforman la vieja inmigración.

El total de extranjeros censados en distintos periodos, puede ayudarnos a visualizar la gravitación que a través del tiempo tuvo la presencia extranjera en el Paraguay:

CUADRO 1. *Extranjeros en Paraguay*

Periodo	Total de extranjeros
1872-1899................	10.555
1900-1909................	7.115
1910-1919................	6.306
1920-1929................	3.495
1930-1939................	20.145
1940-1949................	7.552
1950-1959................	11.670
1960-1969................	102.295
1970-1979................	47.137
1980-1981................	3.413
1990-2000................	sin datos

Fuente: *Migraciones laborales en América Latina*,
Washington, OEA, 1996.

Como puede observarse en el cuadro anterior, la presencia extranjera en el Paraguay ha sido discontinua. Los datos disponibles sobre la inmigración árabe son recientes ya que, como señalábamos anteriormente, los árabes fueron muchas veces contabilizados en el rubro «otras nacionalidades» junto a otras minorías de inmigrantes. Sólo a finales de la década de los años ochenta, comienzan a recabarse datos sobre la presencia árabe, pero es evidente que cifras como las que siguen traducen sólo parcialmente la verdadera magnitud de la inmigración.

CUADRO 2. *Inmigración árabe en Paraguay 1989-1992, por país de origen* (ambos sexos)

País de origen	1989	1990	1991	1992
Líbano..........................	106	61	132	500
Siria............................	2	3	9	12
Arabia			1	

Fuente: Anuario 1992, Dirección Nacional de Estadísticas, Encuestas y Censos.

El cuadro anterior permite observar que en el caso de los individuos oriundos del Líbano la cifra se quintuplicó en un periodo de cuatro años.

Los números se modifican substancialmente si consideramos el total de residentes temporarios y permanentes que aparecen registrados en el Departamento de Migraciones del Paraguay, en el año 1994.

CUADRO 3. *Árabes con residencia en Paraguay*
(según nacionalidad)

País de origen	Nº de residentes
Argelia	1
Egipto	16
Jordania......................	104
Kuwait.........................	3
Líbano.........................	3.160
Libia	1
Marruecos....................	6
Siria.............................	418
Sudán	1
Túnez..........................	1

Fuente: A. Hammed Franco, 2002, p. 223 (datos de 1994).

Si tenemos en cuenta el registro de inmigrantes árabes según fuentes de información diversa como los censos, las células emitidas por la Policía Federal y el Registro de Admisiones Permanentes, encontramos fuertes contradicciones numéricas.

CUADRO 4. *Inmigrantes por nacionalidad, según fuentes de información*

Fuente	Siria	Libanesa	Otros árabes
DGEEyC (Censo 1992)......................................	52	899	63*
Policía Nacional (células emitidas)....................	353	1.795	148**
DGM (Admisiones permanentes, 1960-2000)...	167	2.740	sin datos

* Población nacida en Arabia Saudita,
** Incluye nacidos en Irán, Irak, Jordania, Kuwait, Pakistán, Qatar y Emiratos Árabes.
Fuente: Organización Internacional para las Migraciones, 2003, p. 5.

En síntesis, y considerando el carácter fragmentario de las fuentes de información, es importante subrayar que muchos de los recientes inmigrantes árabes no cuentan con residencia permanente, pero sí con residencias temporarias o tienen documentos permanentes en Paraguay. En el caso específico de la nueva inmigración árabe, el hecho de ser ésta una comunidad asentada en un flujo de fronteras obstaculiza la demarcación del número de sus integrantes. No obstante, como ya especificamos, podemos hablar de unos 10.000 árabes residiendo en la zona del Alto Paraná. Hasta tanto no exista un censo de la comunidad árabe en Paraguay, debemos recurrir a fuentes incompletas o al decir de los propios inmigrantes. Según el cónsul honorario de Siria, el número total de árabes y sus descendientes en todo el Paraguay, llegaría al número de 50.000, no obstante en lo que hace a los sirios en Ciudad del Este, sólo exitirían algunos de tercera o cuarta generación [10].

De todos modos, la tendencia de la inmigración árabe al Paraguay está marcada por una creciente preponderancia de la migración libanesa que hacia finales de la década de los años noventa comienza a constituir el 90,9%.

CUADRO 5. *Nacionalidad según el año de llegada, periodo 1923-2000*

Nacionalidad	1923-1969	Década de 1970	Década de 1980	1990-2000	TOTAL
Siria.............	30	19	51	65	165
	18,2	11,5	30,9	39,4	100%
Libanesa.......	52	242	511	1.919	2.724
	1,9	8,9	18,8	70,4	100%
TOTAL..........	82	261	562	1.984	2.889
	2,8	9,0	19,5	68,7	100%

Fuente: Organización Internacional para las Migraciones, 2003, p. 4.

---

[10] Entrevista realizada en 2006.

En síntesis, los libaneses constituyen en la actualidad el grueso de los inmigrantes, pero existen también un número pequeño de otras nacionales, individuos provenientes de Qatar, Emiratos Árabes, Arabia Saudita, Irak, Kuwait y Jordania, junto a individuos de Pakistán e Irán, arbitrariamente catalogados como «otros árabes».

IV. INSTITUCIONES: VIEJAS Y NUEVAS FORMAS DE ASOCIACIONISMO

El 13 de octubre de 1919, se fundó en Paraguay la Unión Siria, la primera institución de beneficiencia y ayuda mutua para los inmigrantes sirios y libaneses de Paraguay. Por aquel entonces no existía representación consular de ambos países en el Paraguay y, la Unión Siria fue la institución que ofició en ese carácter. Cabe recordar que en aquel momento, ambas comunidades, siria y libanesa, conformaban un todo. Los inmigrantes asociados en la entidad tuvieron una alta participación cívica principalmente durante la Guerra del Chaco (1932-1935). En este acontecimiento, la colectividad árabe «apadrinó» a algunos regimientos y participó en la formación de otros. Durante la guerra, los representantes de las colectividades extranjeras residentes en Paraguay, incluyendo los inmigrantes árabes, pactaron la creación de la Legión Civil Extranjera, cuya finalidad era brindar ayuda a hospitales y entidades de beneficiencia. La colectividad sirio-libanesa fue representada en esa oportunidad con tres delegados [11]. El 28 de abril de 1942 se crea la Unión Libanesa y en 1944 el Club Sirio, con sede en la ciudad de Asunción. Ambas instituciones, que nuclearon a la vieja inmigración, persisten hasta nuestros días.

El Club Sirio es la institución más tradicional del viejo contingente de inmigrantes, en su estatuto fundacional se mencionan objetivos que ponen de manifiesto la voluntad integradora de la institución: «estrechar vínculos de fraternidad entre los sirios radicados en Paraguay, sus descendientes y los hijos de esta República y, aportar medios de cultura y recreo a sus asociados y robustecer el prestigio y buen nombre de

---

[11] H. Dibb, *Presencia y vigencia árabes en el Paraguay,* Asunción, Cromos, 1977, p. 16.

Siria». Fue ese club el que encabezó las gestiones para la asignación de la primera representación diplomática de Siria en el Paraguay que, iniciadas en 1945, se concretan en 1953. En 1948 el club ya tenía fuertes nexos con sus pares en Brasil y Argentina, colaborando con el Comité Central Árabe pro ayuda a Palestina con sede en este último país.

Durante todo ese periodo, el Club Sirio se transformó en el nexo entre los inmigrantes radicados en el Paraguay y el Mundo Árabe. En su sede se recibió la visita de numerosos diplomáticos de Siria, Egipto, etc. En la década de 1960, muchas de las actividades de la colectividad se realizaron con la colaboración de las Juntas Directivas de la Unión Libanesa, Unión Árabe y Unión Siria, por lo cual es evidente que las comunidades estaban por aquella época en estrecha relación y, en sus salones, se festejaron tanto los aniversarios de la independencia de Siria como la del Líbano. En los comienzos de la década de 1970 se realizaron varias ampliaciones de la sede institucional, comenzándose a construir el Campo de Deportes cuya obra finaliza en 1974 y, es inaugurado con la presencia de Alfredo Stroessner, entonces presidente de facto del Paraguay. El Club Sirio sirvió de nexo para las relaciones internacionales entabladas con la Federación de Entidades Árabes (FEREAB) de Chile, Argentina y Uruguay y, para la realización de convenios comerciales con el Mundo Árabe.

La creación de instituciones propulsadas por la comunidad árabe tuvo repercusión en las localidades de origen de algunas familias de antigua radicación en Paraguay. Por ejemplo, a finales de la década de los años setenta, los inmigrantes del poblado de Moharde residentes en Paraguay, concretaron, junto con inmigrantes del mismo origen residentes en Argentina, la construcción de un hospital en esa localidad siria; su administración fue transferida al Obispado de la Iglesia ortodoxa, religión que profesaba la mayoría de los oriundos de esa región en Paraguay.

Cabe destacar que las más recientes instituciones en el área de asentamiento de la antigua inmigración árabe han sido de carácter confesional. En 1991 se funda el Centro Islámico con un grupo inicial de apenas 100 miembros. En 1999 se crea el Centro Benéfico Cultural Islámico con sede en Asunción, al cual se anexa rápidamente la Mezquita Khaled ben Al Walid y, posteriormente, la segunda sede en la ciudad de Encarnación. El centro está vinculado a la Liga Islámica Mundial y en los asuntos religiosos está a cargo de un *sheik* egipcio.

Entre las actividades que se ofrecen, se destaca la enseñanza de la lengua árabe y los cursos de religión. El proyecto inicial de la institución contempla la creación de una escuela y una mezquita.

En 1988, el comerciante libanés Hussein Taijen, que durante años se desempeñara al frente de la Cámara de Comercio de Ciudad del Este[12], funda el Centro Árabe Islámico Paraguayo, cuyo objetivo busca integrar las colectividades musulmanas de la región del Alto Paraná. La institución busca integrar a los individuos que profesan la religión islámica, sean éstos paquistaníes, bangladeshíes, indios, árabes o paraguayos conversos. La Mezquita Profeta Muhammad, localizada en el centro de la ciudad, se inaugura en 1994, año en que se funda la Asociación Beneficiente del Alto Paraná, de la cual depende el Colegio Libanés y una *hussayniah.* Los musulmanes sunitas no tienen asociación religiosa, pero se reúnen a rezar en una sala cedida en un piso por un comerciante libanés. Según algunos informantes, las asociaciones religiosas de Foz do Iguaçu y Ciudad del Este se pudieron concretar gracias a la ayuda de los pioneros, siendo muy difícil pensar actualmente en la posibilidad de construir asociaciones[13].

El Colegio Libanés es una institución vinculada a la Asociación Beneficiente del Alto Paraná, forma un complejo edilicio que cuenta con un edificio destinado al colegio y una construcción contigua, *hussayniah* o centro de actividades religiosas, en su interior, se celebran aniversarios de las muertes y, eventualmente, puede usarse como lugar de oración. El Colegio Libanés está reconocido por el Ministerio de Educación y Cultura del Paraguay; sin embargo, no recibe ningún subsidio y desde sus comienzos ha sido una institución originada y sustentada por los propios inmigrantes.

Con un promedio de 370 alumnos, la entidad ofrece una educación integral que incluye idioma inglés y español. Es importante destacar que las asignaturas del currículo son dictadas en árabe; la planta docente está integrada exclusivamente por profesoras, todas inmigrantes libanesas que llegaron a Paraguay en los últimos años. En la institución se imparte también educación religiosa a través de una asignatura de ética religiosa, utilizando para ello materiales del Consejo

---

[12] Entidad fundada en 1985.
[13] Entrevista al cónsul sirio, 2006.

Superior Shiita. El Colegio ha logrado constituirse como referente de la educación árabe en la ciudad y pretende adaptarse a las características de una población fluctuante ya que los alumnos y sus familias suelen vivir tanto en Foz do Iguaçu (Brasil) como en Ciudad del Este o incluso regresan a sus países de origen por algún tiempo o se trasladan por razones laborales. De esta forma algunas escuelas tales como Al-Mustafa, en el Líbano, reciben a los alumnos que porten un certificado del Colegio Libanés del Paraguay, eximiéndolos del exámen de ingreso, también la Escuela Árabe de Brasil, en Foz do Iguaçu, permite el tránsito entre los alumnos. Sin embargo, por ejemplo, en Ciudad del Este la gran mayoría de los alumnos de la escuela francesa son libaneses, donde reciben educación exclusivamente en lengua francesa sin tener asignaturas en árabe o español.

La importancia de la Escuela Árabe, como institución que surge a la luz de las necesidades de la nueva inmigración en la región del Alto Paraná, es ampliamente reconocida por los miembros de la comunidad árabe. Al mismo tiempo, representa la transformación en el tipo de asociacionismo que caracterizaba a la vieja inmigración.

Debemos notar que las instituciones de la vieja inmigración, casi preponderantemente sedeadas en Asunción, respondían al asociacionismo por nacionalidad de origen, en tanto las instituciones de la nueva inmigración se originan en torno a proyectos culturales, religiosos, políticos y educacionales. En este sentido, el director del colegio árabe afirmaba: «el nacionalismo ya no es un hilo fuerte, puedes hablar con una persona del idioma o recordar historias antiguas pero eso acaba en 15 minutos». Fuera de los lazos entre los pioneros que llegaron a la región del Alto Paraná desde otras zonas del país, no parecen existir fuertes lazos entre la vieja inmigración de la capital Asunción y los nuevos inmigrantes asentados en Ciudad del Este.

V. INSERCIÓN DE LA COMUNIDAD ÁRABE
    EN LA ACIVIDAD ECONÓMICA

Desde su llegada a Paraguay, la inmigración árabe se ha caracterizado por asentarse en áreas urbanas y dedicarse preponderantemente al comercio. Al comienzo fue la venta ambulante el medio de vida de estos inmigrantes que recorrían el país a caballo o en precarios medios de transporte, en ese proceso, no sólo aprendieron la lengua española sino que fueron conocidos por el dominio del guaraní, lengua indígena de vital importancia en el país. Unas décadas más tarde, entre 1930 y 1940 los árabes lograban establecer sus primeros locales comerciales y, de allí en adelante algunos incursionaron en los incipientes emprendimientos industriales.

Durante la década de 1950, Paraguay se caracterizó por un crecimiento económico muy lento, condicionado por la rigidez de su estructura socioecónomica. En la matriz económica del país sobresalía la alta participación de los sectores primarios juntamente con una baja productividad, un nivel reducido de capitalización y una tecnología rudimentaria, unida a una limitada calificación de la mano de obra. En aquella década, el país sufre un proceso inflacionario que obliga a crear nuevas políticas de inversiones públicas en materia de infraestructura, búsqueda de la estabilidad monetaria y ordenamiento de las recaudaciones fiscales. En la década de 1960, se opera una mayor dinámica y, a pesar de un moderado crecimiento económico, no se consigue transformar la estructura de la economía nacional que continúa basada en el sector rural. En la década de 1970, se experimenta un nuevo empuje, pero sólo por un tiempo ya que el crecimiento aún resulta inadecuado para modificar sustancialmente la estructura de los sectores productivos. Sólo en la década siguiente y a partir de 1975, se produce la expansión de ciertos rubros agrícolas, el afianzamiento de un pequeño sector industrial, la radicación de flujos de capitales extranjeros, la transferencia de tecnología y el impulso derivado de la construcción de dos represas hidroeléctricas internacionales, Itaipú y Yaciretá [14].

En el marco de las transformaciones económicas del país, la industria textil también ha sido uno de los ramos en los cuales la vieja inmigración árabe ha hechado profundas raíces, pero también se destacan en el procesamiento de la yerba mate y en la introducción del cultivo de la vid. En la ciudad de Concepción, una de las familias de inmigrantes árabes instala por esa época un establecimiento dedicado a

---

[14] *Migraciones laborales en América Latina,* ob. cit.

la producción de jabones. Otras se dedican a la industria maderera y la producción de arroz; otras de las industrias en las cuales se destacan los inmigrantes árabes han sido las vinculadas a la fabricación de cerámica, metalúrgica y tabacalera.

A parir de la década del 1970, desde algunas instituciones como el Club Sirio, comenzaron a propulsarse convenios comerciales con el Mundo Árabe. El primero de estos se firmó en mayo de 1977 con el Gobierno de Egipto, abriéndose mecanismos para operaciones bilaterales en distintos rubros[15]. En ese contexto fue creada la Cámara de Comercio Paraguayo-Árabe, entidad que funciona hasta nuestros días.

De forma simultánea se crea la Federación de Entidades Americano-Árabes del Paraguay (FEARAB, Paraguay) dependiente de la FEARAB América, que se funda en octubre de 1973 en la Argentina y que hoy tiene representación en numerosos países de América Latina. El propósito de la entidad es el de «unificar las comunidades árabes y de ascendencia árabe de las tres Américas en una sola Federación, con el objeto de desarrollar tareas de orden cultural, económico, de información, profesional, deportivo, turístico, etc.».

La filial paraguaya tiene como objetivo: «Funcionar con el fin de congregar a las instituciones que agrupan a los paraguayos descendientes de árabes y árabes residentes en el país; a los efectos de desarrollar conjuntamente tareas de orden cultural, económico, de información profesional, deportivo, turístico y contribuir a fomentar el acercamiento global entre el Mundo Árabe y el Paraguay. La FEARAB del Paraguay, tiene por tanto carácter apolítico, y no intervendrá en cuestiones religiosas ni raciales»[16].

Actualmente existen en la zona del Alto Paraná 2.500 patentes comerciales árabes vinculadas al área textil y en distintos ramos del comercio, como tiendas, galerías comerciales e importación y exportación de productos.

Al igual que en Brasil y Argentina, la inserción económica de la vieja inmigración estuvo dada por el crecimiento e inserción gradual

---

[15] Según ese convenio Paraguay podía exportar a Egipto maderas (aserradas y manufacturadas), productos ganaderos, tabaco, yerba mate, frutas, café, caña, aceites vegetales y esenciales y textiles de algodón, véase Dibb, ob. cit., p. 70.

[16] Extraído de los estatutos reproducidos en Humberto Dibb, ob. cit., pp. 89-90.

en sectores industriales y por el alcance de niveles educativos superiores, con el ejercicio de profesiones liberales. En lo que atañe a la inmigración más reciente, se trata de una inserción económica ligada básicamente al comercio transnacional y a los flujos económicos de la zona de frontera.

VI. DISCURSOS DE INTEGRACIÓN

En referencia a la integración, es importante considerar el discurso de los propios inmigrantes, tanto en el plano de las instituciones que los representan como en el plano individual. Nuevamente aquí debemos atender a dos realidades distintas, la de la vieja inmigración y la de la nueva situada en el departamento de Alto Paraná. En el primer caso, encontramos mayoritariamente un discurso de «asimilación efectiva», es decir, que luego de más de cien años de presencia en la región, estos inmigrantes se refieren a un proceso de completa integración con la sociedad paraguaya. Las características de sus instituciones con sede en Asunción, así como la participación en la vida civil de la capital paraguaya sin duda atestiguan un proceso de aceptación de la sociedad receptora. Existen en la capital del país familias pioneras que han alcanzado una importante posición económica y son reconocidas a nivel nacional.

A finales de la década de los setenta, un dirigente del Club Sirio en Asunción, que al mismo tiempo se desempeñara como cónsul honorario de la República Árabe de Siria en el Paraguay, afirmaba: «Los sirios son de fácil asimilación al ambiente paraguayo, han formado respetables hogares y sus hijos paraguayos han cursado en la Universidad Nacional y, se han diplomado en medicina, ingeniería, bioquímica, ciencias económicas y odontología, además de militares, periodistas, y en todas las ramas del saber y de la acción creadora y lícita» [17].

Las marcas del ascenso social a través de la educación universitaria y el ejercicio de profesiones liberales, fue remarcado como en otros países de América Latina. Sin duda también desde el Club Sirio, se

---

[17] Escrito del doctor Jorge Daniel, citado en Dibb, ob. cit., p. 18.

exaltaba un discurso que fuera convincente en torno al «aporte al progreso nacional» que la colectividad representaba en términos de capital económico: «La industria nacional textil más moderna del país es de ciudadanos sirios. Los edificios más suntuosos que han contribuido al embellecimiento edilicio de la capital en su mayoría son de sirios» [18].

Otros trechos de estos testimonios buscaban convencer a la opinión pública de que los sirios no tenían intereses desnacionalizantes y que una vez instalados en el Paraguay, reinvertirían sus ganancias en la sociedad receptora, un modo de responder a los estereotipos de algunos miembros de las élites locales, que señalaban a los inmigrantes árabes como poco interesados en el desarrollo nacional: «Las fortunas ganadas honorablemente en el Paraguay no han sido exportadas al exterior, sino invertidas totalmente en industrias y edificaciones. Es que los sirios se han radicado definitivamente en el país y no son aventureros. Han hundido raíces en esta tierra y se han entregado al Paraguay con el mismo amor y orgullo que tienen por su lejano país natal» [19].

La participación política de los árabes de la vieja inmigración los ha llevado a ocupar posiciones políticas de importancia. Un ciudadano de origen libanés, presidía ya en 1920 la Compañía de Energía Electrica de Caazapá. Posteriormente, Bader Rashid, descendiente de una conocida familia libanesa de la vieja inmigración, ha tenido importantes cargos en el Partido Colorado ejerciendo su presidencia y siendo senador. Leila Rashid se ha desempeñado como subsecretaria de Relaciones Exteriores y embajadora ante Argentina y Estados Unidos. Otro de los casos es el de Osvaldo Domínguez Dibb numerosas veces candidato del Partido Colorado, llegando a alcanzar puestos de importancia a nivel nacional.

Sin embargo, en el caso de la nueva inmigración tanto a nivel de los individuos como de sus instituciones, no encontramos estos discursos de «asimilación efectiva», esto se vincula a diversos factores que nos ocuparemos de indicar en adelante. Por un lado, estos nuevos inmigrantes se perciben como diferentes de la antigua inmigración y, como hemos señalado, no es el origen nacional lo que predomina para

---

[18] *Ibid.*
[19] *Ibid.*

generar vínculos de asociación. Al mismo tiempo, este grupo aun no es percibido por la sociedad local como definitivamente instalado, en Ciudad del Este muchos paraguayos consideran que una vez que los inmigrantes logran estabilidad, se trasladan a Foz do Iguaçu, Brasil, o retornan a su país de origen.

En 1996 Hussein Taijen, inmigrante libanés que llega a Ciudad del Este en 1970, y que presidió durante 12 años la Cámara de Comercio de la ciudad, sostenía que quizá sólo un 20% de la clase media baja expresaba cierta resistencia hacia los árabes, agregaba que había en el pueblo paraguayo una conciencia muy acentuada de que éstos inmigrantes provenían de tierras muy raras y cercanas a sus sentimientos religiosos nacionales. Taijen también sostenía que los paraguayos sabían que los inmigrantes árabes eran hombres de fe, con creencias que no difererian sustancialmente de las suyas, hombres de trabajo y de bien. Por su parte, también a finales de los años noventa, Mohammad Nasser, importante comerciante de la colonia árabe de Ciudad del Este, aseguraba que los paraguayos percibían que los árabes, al igual que ellos, reivindicaban y luchaban por derechos fundamentales, para revertir el estado de los países en vías desarrollo y, que esta comprensión creaba solidaridad entre árabes y paraguayos [20].

Al visitar Ciudad del Este, en el año 2001, en entrevistas realizadas entre inmigrantes, algunos señalaron ciertos hechos ocurridos en los últimos años. En primer lugar, en 1999 fue asesinado Hussein Taijen, inmigrante libanés que se destacó por organizar y representar a la comunidad árabe en las más variadas instancias, integrando el llamado Comité de las Tres Fronteras. Taijen era partícipe activo de la sociedad civil del Alto Paraná, denunció las campañas de estigmatización que alertaban sobre la presencia de «terroristas árabo-musulmanes» en la región y, su popularidad hizo que distintos partidos políticos lo invitaran a integrar espacios en la junta municipal, convidándolo incluso a candidatearse como intendente de la ciudad. Según informaron algunos entrevistados, su muerte causó profundo pesar entre la comunidad árabe, sobre todo porque el asesinato nunca fue esclarecido por la poli-

---

[20] Testimonios citados por F. Hammed, «Cinco siglos de presencia cultural árabe en el Paraguay», *NAO, Revista de Cultura del Mediterráneo,* año XV-XVI, núm. 56-57, p. 26, 1996.

cía paraguaya; en su memoria se construyó un busto que lo recuerda como «defensor, luchador y mártir por una ciudad mejor». Como reconocimiento a su trayectoria, la Junta Municipal colocó su nombre en una calle de la ciudad e instauró en el aniversario de su muerte el «Día de la Hermandad Paraguayo-Árabe».

En Ciudad del Este, la comunidad árabe es claramente visible; no obstante, allí se asientan otros grupos de inmigrantes extranjeros, entre los que se destacan chinos y coreanos. Cuando durante nuestra investigación indagamos acerca de la relación entre la comunidad árabe y el resto de los inmigrantes que viven en Ciudad del Este, algunos informantes alegaron que con las comunidades extranjeras existen relaciones comerciales y básicamente económicas. En el caso específico de los inmigrantes chinos y coreanos parece que fuera del trato comercial, es muy difícil que existan relaciones personales demasiado estrechas, las barreras lingüísticas son fuertes entre los inmigrantes de la ciudad y, si bien chinos y árabes comparten espacios en galerías comerciales, tiendas y otros espacios de la actividad económica de la ciudad, no existen ámbitos de sociabilidad que los vinculen. Diferente es el caso de los paraguayos, ya que éstos se desempeñan como empleados en muchos comercios de propietarios árabes y, preponderamente, en Ciudad del Este ocupan un lugar subordinado respecto a los comerciantes de la ciudad. Si bien en esa zona, en el caso de los paraguayos, el uso de la lengua guaraní es más importante que el español, éste constituye la lengua franca para comunicarse con los árabes que por lo general dominan el idioma como segunda lengua para el trato con los locales [21]. En cuanto a la relación con la sociedad paraguaya, nuestros informantes afirmaron la existencia de lazos más estrechos generados por la tasa de casamientos entre hombres árabes y mujeres paraguayas, manifestando que estos matrimonios mixtos con el tiempo fueron aceptados por ambas comunidades, ya que anteriormente encontraban resistencia en la población local que tendía a estigmatizar a las mujeres que se relacionaban con los nuevos inmigrantes. No obstante, en cierto sentido, estas representaciones perduran, según hemos podido comprobar al entrevistar mujeres paraguayas casadas

---

[21] Con frecuencia y debido a los desplazamientos entre Brasil y Paraguay, se trata de una combinación del portugués con el español.

con árabes, quienes manifestaron ser blanco de estereotipos circulantes en la ciudad, tales como que los árabes se casan con paraguayas para obtener documentos de residencia permanente, ejercen la poligamia o, luego de un tiempo, regresan a su tierra de origen llevándose consigo los hijos. Algunos testimonios recogidos señalaban que el crececimiento de la cantidad de matrimonios mixtos, que hoy alcanzarían un 15% de los casamientos realizados por hombres árabes, era un indicador de inserción en la sociedad local, ya que el «tener hijos paraguayos supone pasar a compartir las preocupaciones de la sociedad paraguaya como un todo». La misma información es destacada por otros informantes que señalan el número de casamientos con mujeres paraguayas producidos en Ciudad del Este, incluso afirmando que muchas mujeres paraguayas asumen la religión musulmana a través de la conversión. Sin embargo, la preocupación por las nuevas generaciones en cuanto a la preservación de la religión, la lengua y los estilos de vida aparece con recurrencia, en tal sentido se alude a los medios de comunicación contemporáneos como espacios de destradicionalización y a las influencias de los estilos de vida locales, salidas nocturnas, consumo de alcohol, etcétera.

Algunos informantes que llevan sus descendientes a su país de origen con el fin de que conozcan la forma de vida en esos espacios, nos relataban que muchas veces comprobaron que en esos lugares las costumbres habían cambiado en relación a sus recuerdos, sobre todo en lo que hace a las formas de sociabilidad de los jóvenes, los menos optimistas señalan que con el tiempo, la participación religiosa de los jóvenes y el conocimiento de la lengua se terminará diluyendo a partir de la fuerza de atracción que la vida en Brasil y Paraguay parece ejercer sobre los descendientes [22].

En la región del Alto Paraná, la participación de los nuevos inmigrantes árabes en la sociedad civil o en organizaciones políticas paraguayas también parece tener un carácter fragmentario. A excepción de algunas instituciones como la Cámara de Comercio Paraguayo-Árabe, las relaciones con la política local parecen más bien manifestarse a través de lazos de amistad personal, al no existir organizaciones específicamente políticas que representen a la comunidad árabe. Los dirigentes

---

[22] Entrevistas realizadas en 2006.

de la Sociedad Beneficente del Alto Paraná, integrada basicamente por inmigrantes libaneses, afirmaron que no existen aún relaciones organizadas con partidos políticos paraguayos[23]. En realidad este hecho se debe a la incipiente organización política de la propia sociedad civil paraguaya, luego de décadas de gobierno dictatorial.

En cuanto a los individuos más involucrados con intereses religiosos, los mismos informantes afirmaban que su grado de participación en la vida política regional es más importante aunque esporádico, esto se debería a la necesidad de contar con la colaboración de dirigentes locales para emprendimientos tales como construcción de mezquitas o centros religiosos.

En lo que atañe a la valoración que la sociedad paraguaya tiene respecto a la comunidad árabe de la región, los miembros de la Sociedad Beneficente del Alto Paraná afirmaban que existen sectores que al ser conscientes de que la actividad comercial de los inmigrantes redunda en beneficios económicos para la población total, valoran positivamente el empuje que la inmigración ha dado a la economía local. Mientras tanto, aquellos sectores de la población que ven en la presencia masiva de extranjeros de distinto origen una amenaza a sus fuentes de trabajo, son reticentes a valorar positivamente la presencia de inmigrantes, incluidos los árabes. De hecho, en esta zona las actividades vinculadas al mundo del trabajo, los negocios y las transacciones comerciales, constituyen elementos estructurantes de la cotidianeidad, tanto que muchos comerciantes árabes sólo permanecen allí durante la jornada laboral, estableciendo sus hogares del lado brasileño donde transcurre su vida religiosa y familiar. La mejor infraestructura de la vecina ciudad brasileña, vista como «ordenada», «organizada» y más apta para residir la torna deseable en muchos casos como lugar de destino de los recién llegados a partir de la mejora en las condiciones económicas. Sin embargo, no son pocos los que deciden permanecer del lado paraguayo, exaltando atributos positivos de Ciudad del Este y tendiendo a desmentir la forma en que la ciudad suele ser caracterizada en comparación con Foz do Iguaçu, como «desordenada», «precaria» o carente de infraestructura.

---

[23] En entrevista realizada durante el mes de mayo de 2001.

VII. MEDIOS DE PRENSA Y ESTEREOTIPOS
      SOBRE LA COMUNIDAD ÁRABE

Una serie de acontecimientos internacionales desencadenaron prejuicios y procesos discriminatorios respecto de los árabes de Ciudad del Este. En la década de 1990 se suceden en el vecino país de Argentina dos importantes atentados contra la comunidad judía. El primero, perpetrado en 1992, tuvo por blanco la Embajada de Israel en Buenos Aires y el segundo, en 1994, se produjo en la Asociación Mutual Israelita (AMIA), entre ambos las víctimas fatales sumaron 120. Las causas judiciales avanzaron a ritmo lento y al cabo de varios años los hechos no fueron esclarecidos, sólo fue posible enjuiciar a algunos funcionarios de la policía Federal Argentina, acusados de sustracción de medios de prueba y falsedad ideológica. Las especulaciones de la prensa y de algunos funcionarios del Gobierno afectaron en el caso de Argentina a los musulmanes shiitas, ya que se habló de una «conexión iraní» que implicó al agregado cultural de la Embajada de Irán en Buenos Aires, Moshem Rabbani, quien debió dejar el país a raíz de las acusaciones. Actualmente, fiscales argentinos han pedido la detención a Interpol de 22 ciudadanos iraníes entre los que se cuenta el ex agregado cultural que en Argentina dirigía también la Mezquita At-tauhid, en Buenos Aires. La comunidad de musulmanes shiitas replicó siempre estas acusaciones, afirmando la inocencia de Rabbani, así como la falta de pruebas con que la prensa y algunos funcionarios acusaban al Gobierno de Irán.

Sin embargo, la repercusión más importante de estos hechos no tuvo epicentro en Argentina sino en la zona de la Triple Frontera, básicamente en Ciudad del Este y la región paraguaya del Alto Paraná, ya que muy pocas veces los medios de Argentina hicieron referencia al lado brasileño de la frontera. En Argentina el Servicio de Inteligencia del Estado (SIDE) mencionó diversas organizaciones sindicándolas como posibles partícipes en esos hechos. Se sostuvo que la organización Jihad Islámica tenía numerosos adherentes entre los musulmanes que viven en la Triple Frontera y que probablemente desde allí se enviaron a Argentina los detonadores usados en los atentados. A diferencia de Brasil, la prensa argentina y paraguaya se hizo eco en numerosas oportunidades de aquellas acusaciones provenientes de sectores del Gobierno argentino, mencionando a la Triple Frontera como un núcleo de movimientos «extremistas islámicos».

En septiembre del 2001, el importante diario argentino *Clarín,* daba cuenta, de un informe del Servicio de Inteligencia del Estado Argentino presuntamente elevado a la CIA y al Mossad en 1999[24]. El diario sostuvo que los agentes argentinos de la llamada «Sala Patria» asistían a reuniones entre la población musulmana de Ciudad del Este, para lograr la detención de ciudadanos egipcios sobre los que afirmaban que «habían sido entrenados en Afganistán e integraban organizaciones terroristas y estaban acusados de participar en los atentados contra turistas en Luxor y en los atentados a la comunidad judía de Argentina». La investigación habría posibilitado que, en febrero de 1999, se haya arrestado a uno de los sospechosos, por llevar pasaporte falso, luego de lo cual fue iniciado el trámite diplomático para su extradición.

Después del 11 de septiembre, a raíz de los atentados al Word Trade Center de Nueva York, la zona de la Triple Frontera y Ciudad del Este en particular, vuelven a ocupar un lugar destacado en los diarios de mayor tiraje de la República Argentina y el Paraguay, así como de la prensa internacional. Se hablaba en este caso del envío de fondos desde Ciudad del Este hacia organizaciones islámicas de Medio Oriente, así como de la existencia de «células dormidas» vinculadas a organizaciones internacionales. No obstante, no debemos olvidar que estos hechos no sólo redundaron en un deterioro de la imagen de los árabes residentes en Paraguay, sino que se tradujeron en acciones que incluyeron el arresto en Ciudad del Este, de numerosos ciudadanos libaneses, que luego debieron ser liberados por no encontrarse cargos en su contra.

Revistas vinculadas al Gobierno de Estados Unidos, como la *Military Review* del Foreign Military Studies Office de los Estados Unidos, comienzan en 2002 a publicar artículos sobre Ciudad del Este, considerando la zona como uno de los nuevos centros de gravitación internacional[25]. En esa publicación se menciona a los inmigrantes árabes

---

[24] *Clarín,* «Las huellas de Bin Laden que la SIDE encontró en la Triple Frontera», edición del domingo 16 de septiembre de 2001.

[25] *Military Review,* marzo-abril, 2002. Publicación del Foreing Military Studies Office, USA.

del Paraguay como posibles miembros de organizaciones extremistas. Allí se reporta que en febrero de 2000, fue detenido en la ciudad un comerciante libanés «acusado de tener vínculos con el grupo terrorista Hezbollah», pero los cargos por los cuales se lo arresta se vinculan a la producción ilegal de *compact-discs*. En noviembre del mismo año, según reporta la revista y los diarios locales, se produce la detención de un ciudadano palestino, que «habría amenazado con colocar una bomba en las embajadas de Estados Unidos e Israel en Asunción». Sin embargo, los cargos por los cuales se lo arresta se vinculan a la posesión de documentación falsa y al ingreso al país como inmigrante ilegal.

En síntesis, a partir de septiembre de 2001 fue corriente encontrar en importantes diarios de la República Argentina titulares tales como «Masiva detención de árabes en Paraguay»[26] que noticiaban los arrestos que efectivamente estaban ocurriendo en ese país. El 22 de septiembre del mismo año, en la ciudad de Encarnación, fueron detenidos veinte árabes (libaneses, sirios y jordanos) dedicados al comercio, estos ciudadanos fueron llevados a la capital paraguaya y luego de un tiempo de demorados, recuperaron la libertad. En octubre del mismo año, fueron arrestados en Ciudad del Este dos ciudadanos libaneses, la policía paraguaya adujo que «eran sospechosos de pertenecer al Hezbollah», no obstante fueron acusados de poseer pasaportes falsos[27].

En aquel periodo y en otras publicaciones argentinas, como las del importante diario conservador *La Nación,* comenzaron a aparecer editoriales instando a intensificar el control de la población árabe de la Triple Frontera. El mismo periódico argumentaba en septiembre del 2001[28] que Ciudad del Este era una zona llena de espías y denunciaba las fallas de coordinación entre los servicios de inteligencia internacionales que operaban en la ciudad, entre los cuales mencionaba el Servicio de Inteligencia del Estado (SIDE), la Policía Federal Argentina, Gendarmería, Prefectura, las Fuerzas Armadas,

---

[26] *La Nación,* edición del 22 de septiembre de 2001.
[27] *Military Review,* op. cit.
[28] *La Nación,* «Ciudad del Este está llena de espías», edición del 23 de septiembre de 2001.

el Mossad israelí, Servicios de Alemania, España, agencias paraguayas y brasileñas así como delegaciones norteamericanas. El diario sostenía que las entidades mencionadas concordaban en ver entre los comerciantes árabes de la zona, una fuente de financiamiento que derivaba divisas al terrorismo. La misma publicación afirmaba que entre los más de 4.000 inmigrantes de origen árabe, existían «grupos radicalizados de la comunidad islámica» dentro de la cual podrían mimetizarse «grupos extremistas escapados de la lucha en Medio Oriente».

La situación se agravó aún más a finales del año 2001, cuando el coordinador para el antiterrorismo del Departamento de Estado de los Estados Unidos, Francis Taylor, viajó personalmente al Paraguay donde organizó un seminario denominado «Prevención del terrorismo internacional y del crimen organizado en la zona de la Triple Frontera», ante el Presidente del Paraguay y numerosos invitados de los países vecinos. En esa oportunidad, fue clara la posición de Estados Unidos respecto a la zona, en la conferencia del 20 de diciembre de 2001 Taylor señaló:

No es ningún secreto que más de 15.000 personas del Medio Oriente se encuentran habitando la zona. Algunos son descendientes o provienen del Líbano, Palestina y Siria. Mis felicitaciones por haber permitido que floreciera aquí tal diversidad cultural. No es ningún secreto que la mayoría de las personas de esta zona del mundo, cuna de religiones, practican el islamismo. Es algo maravilloso. Felicito a sus gobiernos por ser miembros de un grupo selecto que cree y permite la libertad de credo

Más adelante, Taylor prosiguió con palabras que demostraron la posición oficial del Gobierno norteamericano:

Lo que no es maravilloso —y esto se basa en la información compartida por las fuerzas del orden y oficiales de inteligencia de sus gobiernos— es la preocupación compartida de que las organizaciones extremistas del Islam, como Hezbollah, Hamas, Gamaat al Islamyya y otras, utilicen esta zona pujante como base desde la cual apoyar al terrorismo. Como mínimo existen pruebas de que algunos elementos de la población de la Triple Frontera participan en varios tipos de prácticas criminales organizadas. Sabemos, por la estrecha colaboración que tenemos con las fuerzas del orden, que hay elementos del

Hezbollah en la Triple Frontera que participan de la falsificación de documentos, lavado de dinero y contrabando[29].

Ya en el medio de su discurso, el funcionario afirmó que esas «células locales del terrorismo» pueden activarse para apoyar localmente ataques internacionales como los atentados perpetrados en Argentina.

Todas las polémicas desatadas por la prensa respecto a la presencia de los árabes en Ciudad del Este, repercutieron en el seno de esa comunidad de inmigrantes con más fuerza que en Brasil, ya que en la ciudad paraguaya se produjeron detenciones, se restringieron las comunicaciones hacia países árabes desde cabinas públicas y, se dificultó el acceso a documentos de residencia, hechos que se vinculan al papel más ambiguo asumido por Paraguay en relación a la «guerra contra el terrorismo global», desatada por la administración Bush y al mayor alineamiento de ese país respecto a las recomendaciones de control.

Como algunos de nuestros entrevistados señalaron, del lado paraguayo existió una defensa menos organizada de la comunidad, más bien fueron iniciativas individuales las que intentaron desmentir la imagen. Entre las estrategias elaboradas ante la estigmatización, se destacó el intento de esclarecer ante la prensa internacional la confusión de la cual los inmigrantes estaban siendo víctimas. De esta forma, algunos residentes libaneses en la ciudad concedieron entrevistas a la prensa internacional[30], denunciando que estaban sufriendo una campaña de intimidación. En sus declaraciones, coincidían en mencionar que la discriminación en la zona comenzó tras los atentados perpetrados en Argentina contra entidades judías.

Sólo algunos pocos medios de prensa cuestionaron la asociación que otros medios hacían entre inmigración árabe y terrorismo y, recogieron la opinión de los miembros de la comunidad árabe al respecto. Muchos portavoces de la comunidad árabe intentaron hacer pública su protesta. Refiriéndose al caso, Mihail Mezquin, cónsul honorario

---

[29] El discurso apareció luego en el Boletín de Prensa de la Embajada de Estados Unidos en los distintos países de América Latina bajo el título: «Respuesta al terrorismo».

[30] «Paraguay, luchan contra caso amañado», *Perspectiva Mundial,* vol. 26, núm. 8, septiembre, 2002.

de Siria en Ciudad del Este, afirmó que «las acusaciones que viene haciendo Estados Unidos han dejado consternada a la población, hace unos meses había miedo entre los representantes de la comunidad árabe. Las cosas han cambiado, principalmente, pero en general para todos los que habitamos esta zona». En alusión a la ola de detención de ciudadanos de origen árabe, Mezquin señalaba que: «La forma en que venían a llevar gente, a muchos los han llevado y han salido sin ninguna culpa, sin nada. Fueron demorados mucho tiempo y hemos luchado mucho con la gente de acá, autoridades de la zona han ofrecido todo su apoyo para liberar ese miedo de la gente y demostrar lo contrario»[31].

Algunos intelectuales paraguayos apoyaron a los inmigrantes árabes. Reaccionando ante los dichos de la prensa, el economista Rolando Penner, dedicado a estudiar el flujo comercial de la Triple Frontera, opinaba que:

Lo sucedido tras el 11 de septiembre le dio a los inmigrantes árabes un golpe muy bajo. La comunidad árabe se siente por primera vez muy perseguida y la comunidad árabe de Ciudad del Este es en gran parte la comunidad de Foz do Iguaçu. Muchos de los apellidos de Ciudad del Este son apellidos que vienen de Río de Janeiro, de San Pablo y de Foz, en esa cadena. Entonces eso ha tenido un impacto muy importante y les ha dado una conciencia de sí mismos.

Sin embargo, en opinión del economista, la visión negativa sobre la comunidad tendrá el efecto de integrar aun más a los inmigrantes a la sociedad paraguaya: «Ellos no tenían idea de que eran tan mal vistos. Ha ayudado a crear conciencia ciudadana. Tengo la impresión que de que a raíz de esto, muchos árabes ya sienten que Ciudad del Este es su hogar. La mala imagen es un impedimento para el renacimiento de la zona. Si la imagen de Paraguay es malísima en el exterior la de Ciudad del Este es todavía peor»[32].

En su momento, estos hechos no sólo tuvieron consecuencias en las relaciones entre inmigrantes árabes y paraguayos sino que también

---

[31] En declaraciones al periódico inglés *BBC World*, «Ciudad del Este: ¿falsa imagen o realidad?», 5 de septiembre de 2002.

[32] *Ibid.*

influyeron en la merma del flujo de turistas a la región, ya que las ideas transmitidas por la prensa generaron dudas con respecto a la seguridad de la zona. Miembros de la comunidad árabe participaron del Movimiento Paz sin Fronteras junto con líderes religiosos de distintas comunidades y organizaron acciones de esclarecimiento.

Actualmente el tema reaparece esporádicamente en los medios de prensa, aunque localmente ya no tiene efectos como los señalados en la década de los años noventa y principios de la del 2000. Entre los habitantes de la región, circulan explicaciones diversas sobre los intereses que habrían impulsado la campaña de difamación de la zona y de la comunidad árabe. Por un lado, las mismas se refieren a intereses imperialistas sobre la Triple Frontera, los cuales se sustentarían en la codicia de los ricos recursos naturales de zona; por otro lado, muchos informantes árabes elaboran una explicación basada en la importancia del comercio en la región y los intereses estadounidenses en controlar esos flujos, desde que la importación de productos a la zona había dejado de realizarse vía Estados Unidos, comenzando a realizarse a partir de China y Taiwán. De este modo, una puja comercial entre ambos países explicaba el sistema de presiones y desprestigio de la zona, lanzados desde Estados Unidos, disfrazando la situación de «acusaciones de terrorismo».

Podemos concluir que la inmigración árabe al Paraguay se realizó en dos etapas marcadas por distinciones religiosas, culturales y económicas que dieron especificidad a la vieja y a la reciente inmigración árabe. Los miembros de la vieja inmigración, mayoritariamente cristianos, construyeron a lo largo de su presencia en Paraguay instituciones basadas en la nacionalidad de origen. La movilidad social que alcanzaron en Asunción permitió que muchos de ellos ocupen posiciones entre las élites paraguayas. La nueva inmigración es heterogénea, mayoritariamente musulmana y sus instituciones son preponderantemente confesionales o culturales pero no nacionales. Los contextos en que ambas se asientan, la capital y otras antiguas ciudades del Paraguay y el relativamente reciente espacio de las fronteras, imprimen especificidad a las formas de inserción de ambos grupos.

BIBLIOGRAFÍA

DIBB, H., *Presencia y vigencia árabes en el Paraguay,* Asunción, Cromos, 1977.
HAMMED F., *Los árabes y sus descendientes en el Paraguay,* Asunción, Arandurá, 2002.
—, «Cinco siglos de presencia cultural árabe en el Paraguay», *NAO, Revista de Cultura del Mediterráneo,* año XV-XVI, núm. 56-57, 1996.
HEIKEL y BHAR, «Inmigración al Paraguay desde países limítrofes», *Revista Paraguaya de Sociología,* año 30, núm. 84, 1993.
MALGESINI, G. y GIMÉNEZ, C., *Guía de conceptos sobre migraciones, racismo e interculturalidad,* Madrid, Libros de la Catarata, 2000.
RIVAROLA, D. y HEISECKE, G., *Población, urbanización y recursos humanos en el Paraguay,* Asunción, Centro Paraguayo de Estudios Sociológicos, 1970.
VELCAMP, T., «The Historiography of Arab Immigration to Argentina: The Intersection of the Imaginary and Real Country», en Klich y Lesser (comps.), *Arab and Jewish Immigrants in Latin America, Images and Realities,* Londres, Frank Cass, 1998.
VV AA, *El Mundo Árabe y América Latina,* Madrid, UNESCO, 1997.

OTRAS FUENTES

OEA (Organización de Estados Americanos), *Migraciones laborales en América Latina. Diagnóstico demográfico del Paraguay,* Washington, 1986.
OIM (Organización Internacional de Migraciones), *Características y problemas de la migración en el Paraguay,* 2003.
DGEEyC (Dirección General de Estadísticas, Encuestas y Censos), *Anuarios estadísticos.*

6. LA INMIGRACIÓN ÁRABE HACIA MÉXICO
(1880-1950)

FARID KAHHAT y JOSÉ ALBERTO MORENO *

INTRODUCCIÓN

El presente capítulo abordará el tema de la migración y la comunidad desde una perspectiva histórica, social y económica, argumentando que las comunidades de origen árabe que se asentaron en México lograron adaptarse a la realidad social del país receptor, debido a una serie de encuentros culturales (estructura familiar similar, religión, gustos gastronómicos, etc.) que permitieron su asimilación.

La historia y el comportamiento de la inmigración árabe en México es un tema poco estudiado en general; aunque existen estudios sobre la inmigración por comunidades nacionales o confesionales, mostrando la mayoría de las veces carencias informativas. Esto se debe a que la inmensa mayoría de los inmigrantes provenían del Líbano (y eran cristianos de rito maronita) o de Siria, por lo que pocos estudiosos se han interesado por la migración de otros lugares del Oriente cercano. De igual manera, se presenta la dificultad de que los primeros archivos acerca del ingreso de extranjeros en México (los correspondientes al periodo comprendido entre 1870 y 1930) tienen enormes deficiencias, razón por la que únicamente tenemos un aproximado del número de inmigrantes que se internaron en el país. Pese a esos obstáculos, hemos podido reconstruir el rompecabezas que fue la migración árabe hacia México.

---

* Centro de Investigación y Docencia Económicas (CIDE); División de Estudios Internacionales, Ciudad de México.

FK Es profesor de la Pontificia Universidad Católica del Perú (PUCP).

JAM Es doctorando por El Colegio de México y Fox International Fellow en la Universidad de Yale.

I. LOS ORÍGENES DE LA MIGRACIÓN ÁRABE A MÉXICO

Los primeros contactos entre población de origen árabe y tierras mexicanas se realizaron durante el periodo colonial (1521-1821). Tenemos noticia de la llegada de algunos moriscos que se asentaron en la Nueva España a lo largo de la segunda mitad del siglo XVI y del siglo XVII. Entre ellos se destacan Manuel y Simón Díaz, descendientes de la familia toledana Aboab, enjuiciados por el Tribunal de la Inquisición en 1621 por practicar la *Ley de Mahoma*[1]. De igual manera tenemos noticia de la visita del sacerdote iraquí de rito caldeo, Elías Ben Kasis Hanna Mussali, que deambuló por los virreinatos de Perú y la Nueva España hacia 1786[2].

Los datos acerca de movimientos migratorios durante la colonia por parte de individuos o comunidades árabes son prácticamente inexistentes. A pesar de lo anterior, no podemos asegurar que no hubiera algunos descendientes de moriscos que se hubieran asentado en la Nueva España y que por algunas generaciones hubieran conservado ciertas tradiciones o la lengua, sin embargo, lograron asimilarse a la sociedad virreinal.

A inicios del siglo XIX, en el archivo municipal de Tampico, se encontraron datos bastante peculiares acerca de la presencia de algunos individuos que podrían ser árabes. En 1826 destaca la siguiente frase: *el turco Bambur se quejó de la aduana de Veracruz*[3], lo que nos permite deducir la presencia de ciudadanos árabes o de origen árabe en los

---

[1] Alberro (2000), p. 538.

[2] De acuerdo a Casab, llegó en 1686. Tanto Ramírez, como Zeraoui lo ubican en el siglo XVIII. Consideramos que este último dato es más preciso, ya que los medios de transporte del siglo XVII y las relaciones entre el Imperio otomano y sus pares europeos hubieran dificultado el viaje en extremo. Véase, Ulises Casab Rueda, «La comunidad caldeo-iraquí, en *El Medio Oriente en la Ciudad de México,* núm. 4, Col. Babel, Ciudad de México, Secretaría de Cultura del Gobierno del Distrito Federal, 1999; Luis Alfonso Ramírez, *Secretos de familia: Libaneses y élites empresariales en Yucatán,* México, CONACULTA, 1994; Zidane Zeraoui, «Los árabes en México: el perfil de la migración», en María Elena Ota Mishima, *Destino México: un estudio de las migraciones asiáticas a México, siglos XIX y XX,* México, El Colegio de México, 1997.

[3] *Ibid.,* p. 267.

primeros años de la independencia. En el padrón de comerciantes de 1842 de la ciudad de Tampico, se encuentra el nombre de un comerciante llamado Santiago Saleme, al cual se adjudicaba la nacionalidad italiana; a pesar de esto, el apellido sobrevive hasta la actualidad y se le relaciona con la comunidad árabe del puerto. En el padrón elaborado por la municipalidad de la misma ciudad en 1852, aparece el nombre de Domingo Issasi. El nombre de Issasi podría ser árabe por su tonalidad. En el mismo documento aparecen también los nombres del dueño de un almacén, Salvador Darquí, y de la niña de 12 años Mónica Salam. Todavía, hasta el día de hoy, tanto el apellido Salam como Darquí están presentes en la ciudad y son reconocidos como nombres árabes.

Es probable que las personas antes mencionadas se hayan internado en el país desde los Estados Unidos, probablemente arribaron a Nueva Orleáns, y desde ahí se internaran en territorio mexicano vía Texas[4]. A pesar de los indicios, no podemos asegurar que esas personas hayan sido árabes, tanto por la ausencia de registros de ingreso al país como de actas que nos demuestren la procedencia de los mismos, aunque la tradición oral los identifique como levantinos.

A lo largo de la primera mitad del siglo XIX, algunos árabes (judíos probablemente, pero también cristianos) que llegaron a México, se presentaron como originarios de otras nacionalidades más aceptadas en el país. Por otra parte, efectivamente, algunos inmigrantes declaraban un lugar de origen distinto al Imperio otomano al llegar a México. Aunque estos argumentos no nos permiten hacer afirmaciones precisas sobre la existencia de una inmigración árabe desde la época de la independencia, sí sugieren su presencia en el país desde esa época.

Durante la segunda intervención francesa (1863-1867), peleó del lado del ejército imperial un contingente de zuavos argelinos provistos por Napoleón III, de los que queda memoria gráfica y relatos por lo *llamativo de su vestimenta.* Tenemos conocimiento que algunos de

---

[4] Tanto Texas como California fueron territorio mexicano hasta 1847. Se tienen noticias de la existencia de una pequeña comunidad de cristianos árabes en la ciudad de San Antonio alrededor de la cuarta década del siglo XIX. Véase Kemal H. Karpat, «The Ottoman Emigration to America, 1860-1914», *International Journal of Middle East Studies,* núm. 17, New Haven, Cambridge University Press, pp. 179-181, 1985.

ellos se embarcaron al retirarse las tropas francesas en 1867; por lo que suponemos que varios murieron en combate, o bien, desertaron de la tropa y se quedaron a vivir en México, aunque no existen documentos que apoyen esa hipótesis. Por último, la tradición oral de la comunidad libanesa relata que el sacerdote maronita Boutros Raffoul fue el primer emigrante árabe como tal, arribando en 1878 al puerto de Veracruz y desarrollando su actividad misionera en el occidente del país, hasta que decidió emigrar de nueva cuenta hacia el sur, posiblemente hacia América Central, en donde se le pierde el rastro. A pesar de lo anterior, y de acuerdo a registros de la época, tenemos la certeza de que el primer emigrante árabe registrado en 1878 fue Antonio Budib, el cual decidió residir en la Ciudad del Carmen.

La migración árabe hacia América Latina es un fenómeno que se empieza a percibir de manera generalizada a mediados de la década de los setenta del siglo XIX. En 1874 se reporta la entrada de libaneses cristianos a Brasil, en 1875 a Estados Unidos y tres años después encontramos en México al primer libanés, registrado en el puerto de Veracruz. De acuerdo con cifras proporcionadas por Charles Issawi (1991), hacia el año 1900 unas 120.000 personas habían emigrado desde Siria, para radicar en la costa libanesa, los Estados Unidos, Brasil y otros países latinoamericanos. Para 1896, se calcula que unas 5.500 personas abandonaban sus tierras al año, predominantemente cristianos y drusos. Para la primera década del siglo XX, 225.000 personas habían emigrado desde el Medio Oriente hacia América[5].

II. FACTORES DE RECEPCIÓN

El México finisecular se encuentra dominado por la figura política de Porfirio Díaz (1830-1915). Díaz, militar y héroe liberal durante la guerra de la segunda intervención francesa, accede al poder en 1878

---

[5] Charles Issawi, «The Historical Background of Lebanese Emigration, 1800-1914», en Albert Hourani y Nadim Shehadi (eds.), *The Lebanese in the World: A Century of Emigration,* Londres, The Centre for Lebanese Studies, I. B. Tauris Publishers, 1992, p. 31.

después de encabezar una revuelta en contra del presidente Miguel Lerdo de Tejada. Su periodo, no exento de polémica, se destacó por sus logros en la macroeconomía a la par que aumentaba la carestía y el descontento popular.

Sustentada en un modelo dirigido hacia la exportación, la economía mexicana bajo el gobierno de Porfirio Díaz (1878-1882 y 1886-1911), necesitaba una ingente oferta de mano de obra. Debido a prejuicios propios de la época, se consideraba que los mexicanos de origen indígena y mestizo eran perezosos y poco productivos, razón por la que se fomentaba la inmigración de grandes grupos humanos provenientes de Europa[6]. Por los mismos prejuicios racistas, se creía que a los inmigrantes europeos les era consustancial el afán de progreso y que con el asentamiento de los mismos, se alcanzaría un alto nivel de desarrollo económico. A raíz del segundo mandato de Díaz (1886-1890), se incrementaron los planes para atraer la mayor cantidad de inmigrantes europeos, prometiéndoles exención de impuestos y concesión de tierras. Sin embargo, y a pesar de lo ventajoso de los términos, pocos se aventuraron a venir al país. Ello se explica por tres razones:

— La imagen de México en Europa era aún la de un lugar inhóspito y violento, en donde no se respetaban los derechos de propiedad.
— El país estaba en franca desventaja respecto al gran imán de la inmigración a fines del siglo XIX, los Estados Unidos. Por esa razón, México tendía a ser visto exclusivamente como un lugar de tránsito por el que se podía cruzar fácilmente hacia el sur de

---

[6] Las ideas acerca de la *perversión sanguínea* de los indígenas y mestizos se originan en la época de la colonia. La versión decimonónica descansaba tanto en prejuicios racistas relacionados con las teorías evolucionistas como en la historiografía positivista. En el caso mexicano, destacó la perspectiva liberal, la cual impulsó una visión de los indígenas y mestizos como perezosos. Para contrarrestar esa presunta condición, se recurrió a diversos medios, desde fomentar la inmigración desde Europa hasta el exterminio sistemático de algunos grupos indígenas (i.e., los yaquis en Sonora o los mayas de Yucatán). Es importante señalar que uno de los primeros impulsores de estas ideas, por contradictorio que parezca, fue el presidente Benito Juárez, pese a ser él mismo un indígena zapoteco.

los Estados Unidos, debido a la ausencia de garitas migratorias, evitando a los agentes de migración tanto de Nueva York como de San Francisco.

— A pesar del discurso oficial, las autoridades mexicanas buscaron atraer principalmente a grandes inversionistas, en lugar de inmigrantes pobres a los que habría que destinar grandes recursos para su desarrollo.

Por las razones descritas, México jamás logró convertirse en el gran polo de atracción de inmigrantes que pretendía ser, viéndose desplazado en el hemisferio por Argentina, Brasil y los Estados Unidos.

Como si las restricciones que imponía el entorno no fueran suficientes, se implementó además un veto para lo que se consideraban *razas exóticas*. Este concepto a la vez jurídico y xenófobo, se sostenía en el principio colonial de que existían razas menos aptas para el progreso que otras, y que el contacto con ellas significaba un retroceso; por lo que debían ser dominadas y/o controladas. Esa forma de discriminación, en el caso mexicano, llegó a su cenit en 1929:

A la luz de este criterio es natural el gran empeño que se puso en impedir la entrada de los negros; se deseaba evitar el mestizaje con aquéllos, porque por lo general, provocaban la «degeneración de la raza». El 8 de julio de 1927 se restringió la inmigración de negros, indobritánicos *[sic]*, sirios, libaneses, armenios, palestinos, árabes, turcos y chinos. La restricción se basaba de nuevo en un criterio racista, pues se hacía no sólo para proteger a los trabajadores, sino para evitar la mezcla de razas que se ha llegado a probar científicamente producen una degeneración en los descendientes[7].

A pesar de las restricciones y de las leyes racistas, miles de inmigrantes provenientes de Asia se internaron en el país entre 1880 y 1930. Se tienen registros que indican el internamiento de cientos de individuos que entraron al país bajo la denominación de *turcos*. Al revisar los nombres en los archivos se puede constatar que la mayoría de ellos tienen apellidos y nombres árabes. Esta peculiaridad se explica

---

[7] Moisés González Navarro, *Los extranjeros en México y los mexicanos en el extranjero, 1821-1970,* vol. 3, México, El Colegio de México, 1994, pp. 34-35.

por el hecho de que, durante la vigencia del Imperio otomano, los inmigrantes viajaban con documentación expedida por autoridades otomanas. Dichos documentos eran conocidos como *mürur tezkeresi,* una suerte de salvoconductos, por lo que al arribar a México eran registrados como turcos, a pesar de su filiación árabe. Otras formas de denominación se encuentran bajo las formas de libaneses, sirio-libaneses, árabes y egipcios, a pesar de que muchas veces aún no se habían dado las independencias nacionales. Como lo explica Zidane Zeraoui: «en 1895 la gran mayoría de libaneses y sirios residentes en México (94,55%) se presentaba como turcos. En 1900, a pesar de que en números absolutos aumentó la cantidad de turcos de 364 a 559, disminuyó el porcentaje de los que se identificaban con la Puerta Sublime (58,9%)»[8].

III. DESARROLLO CUANTITATIVO DE LA INMIGRACIÓN

Establecer con precisión cuántos inmigrantes de origen árabe se internaron en el país es una labor difícil. La dificultad de tal empresa radica en que muchos inmigrantes entraron de forma clandestina, razón por la cual no se tiene registro de ellos. De igual manera, muchos de los inmigrantes bajo el registro de la oficina de migración, se cambiaban el nombre, castellanizándolo, o modificaban su lugar de origen para facilitar su internamiento. Otra razón es que el Gobierno mexicano registró por primera vez la entrada de inmigrantes al país en 1908[9]. A pesar de la cuantificación, los datos asentados entre ese año y 1924 son incompletos e imprecisos, ya que consideraban conjuntamente a nacionales y extranjeros que se internaban en México procedentes del exterior, sin verificar, en muchos casos, si eran o no oriundos de los lugares de donde provenían.

Para cifrar los primeros años de la inmigración (1878-1899), contamos con los registros de la oficina de migración depositados en el

---

[8] Zeraoui, ob. cit., 1997, p. 270.

[9] El censo de inmigrantes de 1908 intentó documentar a los extranjeros que llegaron antes de esa fecha, por eso tenemos noticia del arribo de Antonio Budib en 1878.

Archivo General de la Nación (AGN). En dichos archivos podemos encontrar el nombre, el lugar de origen y el lugar de asentamiento de aquellos pioneros de la inmigración. De acuerdo a cifras derivadas de lo registrado en los archivos, la inmigración de origen árabe fue más bien escasa durante esa primera época. A pesar de ello, es probable que cientos de árabes se hayan internado en el país de manera clandestina.

CUADRO 1. *Comportamiento estadístico de los primeros inmigrantes árabes (1878-1899) por su número de arribo de acuerdo al AGN*

Año	Núm.	Año	Núm.
1878	1	1892	8
1882	1	1893	5
1885	3	1894	6
1887	3	1895	15
1888	2	1896	16
1889	5	1897	22
1890	8	1898	19
1891	3	1899	16
		TOTAL	133

Fuente: Cuadro elaborado de acuerdo a datos presentados por Zeraoui, ob. cit., 1997, pp. 283; 293-295.

Aunque se cuentan con algunos censos de principios del siglo XX, éstos son poco confiables, ya que tienden a exagerar el número de inmigrantes, o bien, únicamente analizan a una comunidad y su evolución en una región específica (i.e., Montejo Baqueiro, 1900) [10]. De acuerdo a éstos, el censo oficial de 1905 manifiesta que 5.000 árabes vivían en el país; un lustro después, el periódico *El Imperial,* en su edi-

---

[10] Existe un censo oficial previo que data de 1895, que cifraba únicamente en 385 el número de árabes que habitaban en el país.

ción del 21 de septiembre, sostiene que vivían 10.000 árabes en el territorio nacional. Ambos datos son hiperbólicos.

Un estudio demográfico escrito por Gilberto Loyo (1935), basado en censos e informes de migración que comprenden el periodo entre 1895 y 1930, nos puede ofrecer un acercamiento al número de inmigrantes. La encuesta de Loyo comprende tanto a los inmigrantes de origen árabe nacidos en el Medio Oriente como a sus descendientes, provocando un abultamiento de las cifras, ya que la mayoría de los descendientes de los inmigrantes habían nacido en México. Si contrastamos la muestra de Loyo con datos provenientes de los archivos de migración que se encuentran en el Archivo General de la Nación (AGN), una de las mejores muestras con la que contamos[11], nos podemos acercar a la realidad.

CUADRO 2. *Inmigrantes árabes en México, de acuerdo a su evolución en números según Loyo (1935) y AGN (1895-1930)*

Año	Loyo	AGN
1895	385	60
1900	681	185
1910	4.501	1.620
1920	5.967	2.621
1930	15.043	6.198

Fuente: Archivo General de la Nación y Gilberto Loyo, *La política demográfica de México.*

---

[11] N.A. Los archivos del fondo de migración que se encuentran en el AGN, cubren el periodo comprendido entre la década de 1870 y mediados del siglo XX. Por medio de ellos, podemos dar un aproximado del número de inmigrantes árabes que se internaron en México. A pesar de su alcance, persiste el problema de que no todos los inmigrantes fueron registrados por las condiciones que explicamos con anterioridad (entradas clandestinas, cambios de nacionalidad y nombre). Por esa razón, es prácticamente imposible establecer con precisión el número de árabes que ingresaron al país. Sin embargo, los archivos del AGN nos otorgan datos veraces y cuantificables para mantener una idea aproximada del monto total de la inmigración.

CUADRO 3. *Inmigrantes árabes en México, de acuerdo al Censo de Población (1895, 1900, 1910, 1920, 1930, 1940, 1950)*

Año	Población árabe
1895	385
1900	949
1910	4.463
1920	826
1930	6.958
1940	2.497
1950	5.976
TOTAL......................	22.054

Fuente: Censos de población (CP): 1895, 1900, 1910, 1920, 1930, 1940, 1950; Archivos del AGN. Cuadro elaborado a partir de datos en Zeraoui, ob. cit., p. 286.

La comparación entre los datos de los cuadros 2 y 3, nos indica varios datos interesantes acerca de la evolución poblacional de los inmigrantes árabes. De acuerdo al cuadro 3, elaborado sobre la base de los Censos de Población (CP) de los años que se indican; entre 1895 y 1910 hay un crecimiento superior al 110%. Este dato no es muy distinto del que presenta Loyo, sin embargo, de acuerdo a los datos provenientes de los fondos de migración del AGN, éstos estarían alterados. A pesar de lo anterior, la estadística en México a principios del siglo XX se encontraba en sus inicios, por lo que los datos correspondientes a la década 1900-1910 podrían estar equivocados. La mayor extrañeza la causan los datos correspondientes a 1920. Mientras Loyo y el AGN, cuentan a la población árabe en unos cuantos millares, el censo los cifra en 826. Sin lugar a dudas hay un error, a pesar de que los años previos corresponden a la Revolución mexicana (1910-1920), no es posible que hayan desaparecido miles de inmigrantes árabes, aún tomando en consideración el hecho de que parte de ellos emigró hacia los Estados Unidos para huir de la lucha armada. Sobre este punto es importante señalar que la lucha armada involucró a los estados norteños y al centro del país, mientras hubo pocos focos de tensión en el sur, zona en la que se asentaron la mayoría de esos inmigrantes.

La década entre 1920 y 1930 es la era del auge de la inmigración árabe, en especial el trienio entre 1923 y 1926. Ambos cuadros señalan esa evolución, la cual se debe a dos factores: a) El fin del conflicto interno en México, así como el de la Primera Guerra Mundial, que impidió el viaje a través del Mediterráneo y del Atlántico; b) El auge petrolero en el norte del país. Es importante señalar que en este caso los datos del AGN y del CP tienden a coincidir, mientras que en la muestra de Loyo las cifras de inmigración son considerablemente mayores. Esto último se debe a que Gilberto Loyo encuestó a los inmigrantes y a sus descendientes. A pesar de ello, en 1940, de acuerdo al censo de población, quedaban un poco menos de 2.500 árabes en México. Sin lugar a dudas se trata de un error de medición, dado que hacia 1950 se cuentan 5.976 árabes en el país, y entre 1940 y ese año la inmigración proveniente del Medio Oriente había decaído abruptamente.

Por su parte, tanto Salim Abud como Julián Nasr en el *Directorio Libanés* de 1948, censaron a la mayoría de los miembros de la comunidad árabe y calcularon su número en 19.892 personas, divididas por su lugar de origen de la siguiente manera:

CUADRO 4. *Población de origen árabe de acuerdo a su lugar de origen*

Lugar de origen	Población	Porcentaje
Líbano	16.403	82,46
Palestina	1.775	8,92
Siria	1.463	7,35
Irak	191	0,96
Transjordania	44	0,22
Egipto	16	0,09
TOTAL	19.892	100

Fuente: Salim Abud y Julián Nasr, *Directorio libanés: Censo General de las colonias libanesa, palestina, siria residante en la República Mexicana,* México, Talleres linotipográficos, 1948 y Carmen Páez Oropeza, *Los libaneses en México: asimilación de un grupo étnico,* tesis de maestría, Escuela Nacional de Antropología e Historia, México, 1976, p. 30.

El *Directorio Libanés* no tiene como objetivo hacer un estudio sobre el comportamiento demográfico de la comunidad árabe, sino hacer un catálogo de las familias y su origen. Más que un estudio, es un álbum de familia de la comunidad libanesa, aunque integra a algunas familias provenientes de otros países de habla árabe. A pesar de esto, resulta ser un documento valioso por lo extenso y minucioso del mismo.

Como hemos explicado, los fondos de migración depositados en el AGN son la fuente más confiable para acercarnos al número de inmigrantes árabes que llegaron a México entre 1878 y 1950. Hemos escogido este periodo, debido a que los principales flujos de inmigrantes provenientes del Medio Oriente se dieron durante las décadas de 1920 y 1930. Por razones vinculadas a los procesos de independencia

CUADRO 5. *Inmigrantes árabes en México según número y año de ingreso, 1878-1950*

Año	Núm.	Año	Núm.	Año	Núm.	Año	Núm.
1878	1	1901	44	1918	30	1935	48
1882	1	1902	89	1919	54	1936	74
1885	3	1903	94	1920	284	1937	53
1887	3	1904	139	1921	293	1938	53
1888	2	1905	177	1922	299	1939	55
1889	5	1906	213	1923	679	1940	35
1890	8	1907	217	1924	396	1941	36
1891	3	1908	151	1925	600	1942	19
1892	8	1909	126	1926	569	1943	23
1893	5	1910	185	1927	224	1944	18
1894	6	1911	93	1928	132	1945	58
1895	15	1912	179	1929	153	1946	140
1896	16	1913	199	1930	232	1947	171
1897	22	1914	89	1931	46	1948	65
1898	19	1915	17	1932	67	1949	46
1899	16	1916	18	1933	60	1950	53
1900	52	1917	38	1934	41	Otros	306
						TOTAL	7.665

Fuente: AGN, Registro Nacional de Extranjeros, citado por Zeraoui, ob. cit., pp. 293-297.

de las naciones árabes, la migración hacia México disminuyó a partir de los años treinta, hasta alcanzar niveles de escasa significación en nuestros días.

Al contrastar los datos que nos presenta el AGN (tanto los fondos de migración como los censos), el *Directorio Libanés* y el estudio de Gilberto Loyo, podemos deducir que entre 1878 y 1950 entre 6.000 y 20.000 inmigrantes árabes, ingresaron y decidieron avecindarse en México. Si tomamos en cuenta los datos que nos proporciona el AGN, podemos afirmar que únicamente 7.665 inmigrantes ingresaron al país de forma legal y que conservamos sus registros. De acuerdo al estudio de Abud y Nasr (1948), vivían en México un total de 19.892 inmigrantes. Comparando los datos del *Directorio Libanés* y del Registro Nacional de Extranjeros, observamos que un total de 12.227 inmigrantes no estaban registrados ante las autoridades. A partir de este dato, podemos inferir que éstos: a) ingresaron de forma clandestina; b) no se empadronaron por diversos motivos (distancia, errores por parte de los encuestadores, etc.); o bien, c) mintieron a las autoridades acerca de su origen al momento de su ingreso. Es virtualmente imposible afirmar con precisión cuántos inmigrantes pertenecen a cada grupo, sin embargo es importante señalar que la migración árabe hacia México jamás fue cuantiosa, por lo que es probable que los datos antes presentados sean cercanos a la realidad.

Retomando los datos que nos proporciona el *Directorio Libanés,* podemos comprobar que la mayoría de los inmigrantes eran originarios del Líbano (82,46%), tendencia que no se revirtió a lo largo del siglo (véase cuadro 4). La comunidad palestina en 1948, representaba el 8,92%, mientras que la comunidad de origen sirio alcanzaba el 7,35%. Por su parte, inmigrantes que llegaron de Transjordania (la actual Jordania), Irak y Egipto no alcanzaban cada uno el 1%.

La migración árabe por su lugar de origen se comportó de la siguiente manera (1878-1950):

CUADRO 6. *Inmigrantes árabes provenientes de Líbano*

Líbano (total)	4.902
Bartrun...............................	106
Beit Mellet..........................	89
Beirut	652
Deir el Kamar	60
Salima................................	34
Tanourin	89
Trípoli	250
Zgarta................................	136
Otros..................................	1.709
No especificado	1.777

Fuente: AGN; Zeraoui, ob. cit., pp. 290-291.

CUADRO 7. *Inmigrantes árabes provenientes de Palestina*

Palestina (total)..................	663
Belén	481
Bet Jala	45
Jenin..................................	14
Jerusalén	75
Nazaret	16
Ramallah............................	5
Safad	16
No especificado	11

Fuente: AGN; Zeraoui, ob. cit., pp. 290-291.

CUADRO 8. *Inmigrantes árabes provenientes de Siria*

Siria (total)	2.342
Alejandreta	2
Alepo	730
Damasco	542
Hama	24
Homs	143
Killes	19
Lattaquie.............................	27
Otros	128
No especificado	553

Fuente: AGN; Zeraoui, ob. cit., pp. 290-291.

CUADRO 9. *Inmigrantes árabes provenientes de Irak*

Irak (total)	91
Badgered	13
Mosul	33
Talkief.................................	24
Otros	2
No especificado	19

Fuente: AGN; Zeraoui, ob. cit., pp. 290-291.

Es interesante señalar que la mayoría de los inmigrantes de origen libanés provenían de las zonas costeras, las cuales eran relativamente prósperas. No obstante, muchos de ellos eran de origen campesino (véase apartado sobre condición económica), por lo que sufrieron los estragos de los cambios en los patrones de producción ocurridos en aquella región a lo largo del siglo XIX. La segunda comunidad por su número de inmigrantes es la siria. La comunidad de origen sirio tiene la particularidad de que la mayoría de sus miembros provienen de enclaves urbanos (Damasco y Alepo), a diferencia del origen rural que prevalece en los demás casos. Ello se debe a que la mayoría de los inmigrantes eran árabes de religión judía, los cuales viajan hacia México después de las revueltas de Damasco de 1867. A través de este dato podemos inferir que existía una pequeña comunidad judía de origen levantino (quizás criptojudía) en México antes de 1870.

La mayoría de los palestinos viajaron desde su natal Belén y alrededores hacia México. Un gran número era de origen campesino, pero tenía contacto con las misiones religiosas extranjeras, por lo que destacaban por su nivel de escolaridad. De igual manera, un importante contingente llegó desde Jerusalén, y entre ellos prevaleció la orientación hacia el comercio y un nivel de escolaridad similar al de los demás palestinos. Es de importancia señalar que la mayor parte de la migración palestina llegó en dos épocas: entre 1900 y 1909 y entre 1920 y 1929; por lo que no fue producto del éxodo propiciado por la creación del estado de Israel en 1948. Por último, varios árabes cristianos de rito caldeo y habla aramea, llegaron desde Mosul y la pequeña aldea de Telkief de Mosul. Se asentaron a lo largo de la república, en lugares como Chiapas, Yucatán y Aguascalientes, sin embargo, la mayoría de los oriundos de Telkief, se asentaron en la ciudad de Ixtepec, en Oaxaca, donde formaron una comunidad importante de comerciantes y labriegos.

Con respecto al sexo de los inmigrantes árabes, registrados en el archivo del AGN, refleja una fuerte presencia femenina (2.523) frente a 4.972 varones[12]. Este dato puede complementarse con el estado civil de los mismos, el 45,5% de los varones se casaron con mujeres de su comunidad. Este dato nos muestra la importancia de la endogamia para la primera generación de inmigrantes. Por lo general, los varones llegaban primero a México y una vez instalados, traían a su cónyuge o desposaban a alguien proveniente de su lugar de origen. También era frecuente que desposaran a las hijas solteras de otros inmigrantes. Únicamente 900 varones (11,9%) de la muestra se casaron con mexicanas.

Otra tendencia de la inmigración árabe hacia México, fue la juventud de quienes formaron parte de ella. En su momento de ingreso

---

[12] *Ibid.,* Zeraoui, ob. cit., p. 271.

al país, los menores de 20 años representan el 34,9% del total de los que llegaron. El rango entre los 16 y los 30 años de edad representa el 52,8% del total de los inmigrantes.

CUADRO 10. *Inmigrantes árabes en México, según su ingreso por edades: 1878-1950*

Edad	Número de ingresos	Porcentaje
0 a 5..............	290	4,0
6 a 10..........	293	4,1
11 a 15.........	721	10,1
16 a 20.........	1.613	22,5
21 a 25.........	1.349	18,8
26 a 30.........	825	11,5
31 a 35.........	576	8,0
36 a 40.........	458	6,4
41 a 45.........	319	4,5
46 a 50.........	249	3,5
51 a 55.........	195	2,7
56 a 60.........	105	1,5
61 a 65.........	81	1,1
Faltantes	591	1,3
TOTAL	7.665	100

Fuente: AGN, Registro Nacional de Extranjeros, citado por Zeraoui, ob. cit., p. 289.

A partir de 1980 los censos de población dejaron de consignar el origen de los inmigrantes. A pesar de eso, la comunidad libanesa siguió manteniendo un registro de sus integrantes (aunque sin mayor regularidad), hasta el año 2000. Hemos tomado esta muestra para darnos una idea del número de descendientes de árabes residentes en México, dado que la comunidad libanesa representa más del 80% de la comunidad de origen árabe:

CUADRO 11. *Población libanesa en México,*
               1948-2000

Año	Población libanesa
1948	16.403
1958	23.550
1968	37.350
1975	51.900
1981	53.500
2000	380.000

Fuente: Elaborado a partir de datos del Directorio
Libanés de 1948; Páez, ob. cit., p. 150; y, página oficial del Centro Libanés de la Ciudad de México
(http://www.centrolibanes.org.mx/frameset_alt.php
secc=historia2). La estadística integra tanto a los nacidos en el Líbano como a sus descendientes hasta la
tercera generación.

Como se puede observar, la población de origen libanés ha crecido en una gran proporción, pero dentro de las tendencias de natalidad y mortalidad que caracterizan a la población mexicana en su conjunto. También es importante señalar que la inmigración de origen
árabe no modificó las tendencias demográficas de la población global
del país. Su significación es más bien de carácter social, económico y
cultural.

IV. DISTRIBUCIÓN GEOGRÁFICA

De acuerdo al Censo Nacional de 1895, vivían en el país 385 árabes.
El estado de Yucatán tenía el mayor número de ellos, con un 60,78%
del total; en Campeche vivía el 9,35%, en Veracruz el 5,71%, mientras que en la capital solamente vivía el 4,68%. Cinco años después,
de 949 inmigrantes, en la Ciudad de México (Distrito Federal) vivía el
5,9%, mientras una gran parte de ellos vivía en los estados del Golfo
de México: 27,29% en Campeche, 27,08% en Yucatán y 12,01% en
Veracruz. La preferencia de los inmigrantes por los estados del Golfo

de México se debía a que en ellos se ubicaban los puertos de entrada al país y se concentraba la mayor parte de la industria porfiriana, dedicada a la exportación del henequén, una fibra natural que se utilizaba a fines del siglo XIX para diversos usos.

En los años veinte y treinta, los estados del Golfo fueron desplazados por los estados del norte (Tamaulipas, Nuevo León, Coahuila y Chihuahua), que concentraron un mayor número de árabes. Esto se debe en buena medida al auge petrolero en Matamoros (Tamaulipas) y la cercanía con los Estados Unidos, lo que les permitía ingresar a aquel país más fácilmente. Durante la década de los cuarenta, el destino favorito de los inmigrantes fue la capital del país, concentrando el 38,89%. Para los años cincuenta, el Distrito Federal había ascendido al 52,46%, inaugurando una tendencia que se ha mantenido constante hasta el día de hoy. Este último salto cuantitativo se debió al crecimiento económico y demográfico de la mayor ciudad del país. En cierto modo, los inmigrantes árabes son un espejo de la historia económica y demográfica del México del siglo XX (véase cuadro 12).

Los desplazamientos de población entre los inmigrantes se debieron en lo esencial a consideraciones económicas, aunque algunos factores políticos también desempeñaron un papel en ese proceso. En una primera época, los árabes tendieron a asentarse hacia el sur del país, específicamente en la zona del Golfo y en la península de Yucatán. Como se puede comprobar en el cuadro 12, la mayoría de los inmigrantes se asentaron en el Golfo (Veracruz, Tabasco y Campeche) y en el propio estado de Yucatán entre los años de 1895 a 1930; época en la que se produjo el auge del henequén, una fibra natural que se utilizaba para amarrar cuerdas en los barcos, la cual resistía los embates del mar. De igual manera, los pozos petroleros en Veracruz y Tabasco atrajeron a varios comerciantes trashumantes de origen árabe, con el fin de aprovechar la riqueza de dicha zona. Es importante reiterar que durante la Revolución mexicana el sur del país fue una zona prácticamente aislada del conflicto, por lo que no afectó los flujos de población como en otros lugares del país (por ejemplo, los estados del norte).

En la misma época observamos dos comunidades importantes, la de Puebla y la de Tamaulipas. A fines del siglo XIX Puebla representaba un centro comercial a medio camino entre la Ciudad de México y

CUADRO 12. *Inmigrantes árabes en México, según la evolución de la población por estados, 1895-1950*

Estado	1985	1900	1910	1920	1930	1940	1950	Total	Porcentaje
Aguascalientes....			14		39	15	11	79	0,3
Baja California	5			2	36	16		59	0,3
Campeche..........	36	257	134	105	124	35	53	744	3,2
Coahuila		21	383	13	420	176	231	1.243	5,4
Colima		2	13		13	3		31	0,1
Chiapas	4		58	23	160	29	41	315	1,4
Chihuahua	6	15	236		324	207	192	980	4,3
Distrito Federal	18	56	595	90	1.096	1.360	3.163	6.378	27,7
Durango.............	14	14	125		201	69	109	532	2,3
Guanajuato		10	74		139	46	43	312	1,4
Guerrero	1	5	96	8	63	44	42	259	1,1
Hidalgo		8	142	9	166	71	77	473	2,1
Jalisco		14	51	11	130	99	211	516	2,2
México	4	5	130	8	136	55	37	375	1,6
Michoacán..........	1	8	89	2	107	41	56	304	1,3
Morelos..............			53		53	36	52	194	0,8
Nayarit		12	38		54	18	11	133	0,6
Nuevo León	1	30	203	6	267	78	90	675	2,9
Oaxaca	1	15	139	21	199	65	65	505	2,2
Puebla	7	42	222	25	495	195	300	1.286	5,6
Querétaro...........	1		35	1	33	4	3	77	0,3
Quintana Roo......			52	24	29	12	16	133	0,6
San Luis Potosí....	10	3	65	11	189	80	82	440	1,9
Sinaloa..............	2	4	24	3	98	14	27	172	0,7
Sonora		1	90	6	71	4	68	240	1
Tabasco	17	34	95	50	86	24	27	333	1,4
Tamaulipas	1	13	90	21	400	147	195	867	3,8
Tlaxcala			15			5	16	36	0,2
Veracruz	22	114	552	149	1140	371	487	2.835	12,3
Yucatán..............	234	257	582	229	589	127	230	2.248	9,8
Zacatecas...........		9	68	9	101	51	41	279	1,2
TOTAL.................	385	949	4.463	826	6.958	3.497	5.976	23.053	100

Fuente: Censos poblacionales de los años 1895, 1900, 1910, 1920, 1930, 1940 y 1950. De acuerdo a información de Zeraoui, ob. cit., p. 287.

Veracruz. La comunidad árabe en Tamaulipas (estado en el norte del país), se asentó en Tampico, importante puerto de entrada a México y un posible lugar de asentamiento de la migración árabe desde inicios del siglo XIX.

Un segundo periodo se inicia con el auge petrolero e industrial del norte del país. Ante la decadencia de las exportaciones de henequén, debido a la invención de fibras sintéticas, Yucatán entró en un periodo de letargo económico. Por su parte, el descubrimiento y explotación de pozos petroleros en la zona norte del Golfo de México, atrajo a cientos de inmigrantes para poder comercializar sus productos y aprovechar la bonanza. La década de los años treinta, también coincide con la industrialización del norte del país, en especial la ciudad de Monterrey (en Nuevo León), ciudad que escogieron los palestinos para desarrollar actividades comerciales. De igual manera, San Luis Potosí, fue elegido por inmigrantes de origen libanés, de acuerdo a su condición de punto comercial entre la zona centro del país y el noreste.

A partir de los años treinta se da otro fenómeno demográfico a nivel nacional, la continua migración interna hacia la Ciudad de México. Dicho fenómeno se debió al auge económico de la capital, producto de la centralización de industrias y dependencias administrativas, como lo planteaba el Estado posrevolucionario; por lo que la Ciudad de México se convirtió en un imán para la población del interior del país, y los inmigrantes árabes no fueron ajenos a esta tendencia.

A la par de este proceso, el sur aceleraba su declive económico, debido a su dependencia casi exclusiva de la exportación de productos agrícolas. De igual manera, fuertes conflictos sociales se gestaban en aquellos parajes por la distribución de tierras entre los campesinos. Estos factores contribuyeron a que cientos de familias, no exclusivamente árabes, viajaran hacia la Ciudad de México para defender sus intereses y patrimonio. Estos sectores estaban identificados con las clases medias y acomodadas, sectores a los que pertenecían los comerciantes árabes de Mérida y Campeche.

El cuadro 13, elaborado a partir de datos del *Directorio Libanés,* refleja el predominio de la Ciudad de México (Distrito Federal) entre los inmigrantes árabes, distanciándose de otros enclaves como Puebla, Yucatán, San Luis Potosí y Veracruz. La tendencia señalada no se ha revertido hasta nuestros días, coronando al Distrito Federal como

CUADRO 13. *Inmigrantes árabes en México,*
según su distribución estatal

Estado	Núm.	Porcentaje
Aguascalientes	49	0,7
Baja California.........	25	0,3
Baja California Sur[a]..	2	0,05
Campeche	56	0,7
Coahuila..................	258	3,4
Colima.....................	12	0,2
Chiapas...................	67	0,9
Chihuahua...............	258	3,4
Distrito Federal........	4.062	53,9
Durango	135	1,8
Guanajuato	69	0,9
Guerrero..................	30	0,4
Hidalgo	92	1,2
Jalisco.....................	76	1
México	89	1,2
Michoacán	65	0,9
Morelos	34	0,5
Nayarit.....................	29	0,4
Nuevo León.............	159	2,1
Oaxaca	124	1,6
Puebla.....................	338	4,5
Querétaro................	10	0,1
Quintana Roo[b]	3	0,05
San Luis Potosí	124	1,6
Sinaloa	75	1
Sonora.....................	23	0,3
Tabasco	14	0,2
Tamaulipas..............	242	3,2
Tlaxcala...................	27	0,4
Veracruz..................	588	7,8
Yucatán...................	277	3,7
Zacatecas	57	0,8
No indicado	64	0,8
TOTAL	7.533	100

[a] La Península de Baja California fue dividida en dos
entidades federativas en 1931.
[b] El estado de Quintana Roo se creó en 1935.
Fuente: Abud y Nasr (1948), citado por Zeraoui, ob.
cit., p. 286.

la entidad con el mayor número de habitantes en el país (25.000.000 sobre una población nacional de 107.000.000 en el año 2003).

V. INTEGRACIÓN SOCIAL

V.1. *Contexto legal*

Como señalamos en el primer apartado, las autoridades migratorias mexicanas mostraron un cierto rechazo hacia los inmigrantes no europeos, sustentado en las políticas oficiales antes mencionadas. Esta relación marcó una pauta para los recién llegados, provocando que muchos de ellos mintieran acerca de su origen o ingresaran al país de manera clandestina. Un fenómeno relacionado con esto es el cambio de nombre de que son objeto muchos inmigrantes. Ello se produce a dos niveles: *a)* el nivel oficial; en el cual el agente encargado de recopilar los datos no comprendía el nombre del emigrante y lo transformaba fonéticamente o castellanizándolo (por ejemplo, en lugar de Yusef se escribía José); *b)* el nivel individual; en donde el propio inmigrante, con el fin de evitar ser objeto de discriminación, cambiaba su nombre a un nombre castellano, inventándose así una nueva identidad[13].

A la par de este fenómeno de marginación, la ley mexicana fue ampliando sus criterios para impedir la inmigración no europea. El reglamento de migración de 1927 restringía el ingreso al país para quien no tuviera un capital de cuanto menos 10.000 pesos, medida que se aplicó a todos los inmigrantes sin importar su lugar de origen. Dos años después, la ley eximió a los europeos de dicho trámite[14].

Como consecuencia de la crisis mundial de 1929, y como medida ante el desempleo, las autoridades migratorias emitieron en 1932 un

---

[13] Este último fenómeno se dio entre los inmigrantes que habían residido en un lugar de habla hispana anteriormente, por lo regular Cuba; o bien, eran inducidos a migrar por la recomendación de algún pariente asentado en México.

[14] «El 6 de noviembre de 1929 se permitió de nuevo la internación de trabajadores europeos, pero subsistió la prohibición para sirios, libaneses, armenios, palestinos, árabes, turcos, chinos e indios», González, ob. cit., p. 36.

nuevo reglamento para la inmigración. En este documento se restringía aún más el ingreso, condicionándolo a la oferta laboral disponible y su grado de «asimilación para nuestro país y nuestro medio» [15]. En palabras de Moisés González Navarro: «Ese reglamento ponía especial empeño en prohibir la entrada de prostitutas y de sus explotadores, así como de las "razas" cuya inmigración se encontrara restringida o prohibida. Estableció el registro de extranjeros mayores de 15 años y propugnó una campaña de convencimiento para que los hijos de extranjeros nacidos en México optaran por la ciudadanía mexicana» [16].

El Reglamento de 1932 tenía como interés primordial preservar los niveles de empleo entre los mexicanos, sobre la base de esta lógica se impusieron una serie de medidas xenófobas que constituyen uno de los episodios más oscuros de la historia del derecho en México. Para 1936, se publicó la Ley de Población, con la novedad de la introducción de cuotas por nacionalidad, las cuales dependerían del interés nacional, la posibilidad de asimilación racial y cultural, y la conveniencia de su admisión. Para contextualizar esta ley, se debe señalar que la característica primordial de la composición étnica de México es el mestizaje; no únicamente entre europeos e indígenas, sino con negros y asiáticos. Por lo tanto, una ley que basara sus criterios en una suerte de pureza racial en un país mestizo era absurda.

La ley de 1936 aumentó los montos de capital y clasificó por primera vez en el derecho mexicano la naturaleza de los extranjeros: «Estableció que los extranjeros podrían internarse a México con el carácter de turista, transmigrante, visitante local, inmigrante o inmigrado; de ellos, sólo podían trabajar los inmigrantes en la agricultura, la industria o el comercio de la exportación, siempre que comprobaran la posesión de cuanto menos 100.000 pesos en el Distrito Federal, 20.000 en las capitales de los estados o 5.000 en cualquier otro lugar del país. Se prohibió, en cambio, el ejerció de las profesiones liberales a los extranjeros, salvo casos de excepcional utilidad» [17].

Con la nueva ley y los nuevos montos se impidió que la migración hacia México aumentara; no es de extrañar que a partir de la década

---

[15] *Ibid.,* p. 40.
[16] *Ibid.,* pp. 40 y ss.
[17] *Ibid.,* pp. 41-42.

de los años treinta, la migración árabe decline en buena mediada por los montos y los requerimientos (véase cuadro 5). A pesar de que siempre existió la posibilidad de ingresar de manera clandestina, el país perdió atractivo y la migración se desplazó hacia otros países, como Brasil o Chile.

Un segundo aspecto de la Ley de Población de 1936 fue el impedimento a los extranjeros de ejercer profesiones liberales. Aunque esta disposición no golpeó de manera directa a la comunidad árabe, ya que muy pocos ejercían una profesión liberal, sirvió de pretexto para una ley posterior, del 30 de junio de 1937, en la cual prohibía a los extranjeros ocuparse del comercio ambulante de manera ilegal, actividad principal de muchos de los inmigrantes. El reglamento tenía el objetivo de regular el comercio ambulante y de favorecer a los vendedores mexicanos, debido a que la mayor parte de la actividad comercial en las calles se encontraba en manos de libaneses y sirios.

El conjunto de medidas xenófobas y la imposibilidad de ejercer el comercio a pequeña escala, primera actividad que ejercía el inmigrante al arribar, constituyeron los grandes óbices para una expansión de la migración en general.

V.2. *Factores de asimilación*

Al margen de la legislación vigente, el conjunto de la población mantuvo una relación especial con los recién llegados. Al inicio de la inmigración lo llamativo de sus vestimentas (los inmigrantes árabes solían vestir a la usanza oriental), y su atropellado español, los hacían objeto de miradas curiosas y de burlas infantiles.

A pesar del aspecto, que en muchas ocasiones era considerado sucio, para la conservadora sociedad decimonónica mexicana, la religión era vital para la aceptación del inmigrante. Podemos considerar que uno de los factores con mayor relevancia para la asimilación fue la religión. El componente religioso de los inmigrantes era tan diverso como las confesiones del Oriente Medio, sin embargo, la mayoría de los inmigrantes profesaba algún credo cristiano y en menor medida el Islam y el judaísmo.

CUADRO 14. *Religión de los inmigrantes árabes en su momento de declaración de ingreso (AGN); 1878-1950*

Religión	Número
Ateo	93
Anglicano	4
Bautista	20
Católico	4.529
Cristiano	45
Hebreo	122
Judío..........................	27
Libre pensador..........	28
Musulmán...................	345
Masón[a]	3
Maronita	95
Ortodoxo	467
Protestante	49
Druso.........................	157
Romanista[b]	84
Otros..........................	109
TOTAL........................	6.177

[a] La masonería no es una religión.
[b] Por medio de interpretación concluimos que eran católicos. Ya que un significado de la palabra romanista proviene del vocablo rumano *rōmá* (oriental), que es la palabra contemporánea por la cual se identifican los gitanos.
Fuente: AGN, con información en base a Zeraoui, ob. cit., p. 288.

Una de las características de la inmigración árabe en México era su componente cristiano. Podemos inferir que, siendo México un país de amplia mayoría católica, resultara atractivo para algunos segmentos de las comunidades cristianas que fueron de acoso durante las rebeliones de Damasco a mediados del siglo XIX. También es probable que los pioneros de la inmigración, aquella pequeña comunidad árabe asentada en Tampico a inicios del siglo XIX, hayan profesado la fe ca-

CUADRO 15. *Creencias de los inmigrantes árabes por su interpretación (AGN), 1878-1950*

Religión	Número
Ateo............................	93
Católica	4.613
Drusa..........................	157
Judía...........................	149
Maronita	95
Musulmana................	345
Ortodoxa	467
Protestante	118
Otros..........................	109

Fuente: Elaboración a partir de información de Zeraoui, ob. cit.

tólica, ya que esta era la única religión permitida en la moribunda Nueva España. Por lo tanto, no es de extrañar que la mayoría de los inmigrantes profesara el catolicismo o declarara su profesión ante la autoridad.

El factor cristiano entre los inmigrantes, principalmente entre los libaneses de confesión maronita, iglesia bajo la autoridad papal, sirvió para su aceptación. Si partimos del relato oral según el cual el primer inmigrante fue el padre Raffoul, ello nos permite suponer que existía alguna comunidad maronita en el país previa a la llegada del sacerdote, la cual le hubiese requerido para sus servicios religiosos. La similitud del culto y del rito, aunada a la subordinación papal, contribuyeron a su aceptación, no obstante que varios mexicanos habrán escuchado con suspicacia las oraciones en arameo en lugar del latín del rito católico. A pesar de que se habían asentado desde el siglo XIX en México, no fue hasta 1910 cuando el padre Pablo Boulous Landi obtuvo el permiso episcopal para oficiar misas de rito maronita. Once años después los maronitas pudieron contar con su propio templo, situado en el centro de la capital del país y dedicado a la Virgen de la Balvanera. La asimilación entre los maronitas y los católicos mexicanos es tal, que es frecuente la veneración del santo Charbel Mahlouf, monje maronita taumaturgo del siglo XIX, en ambas iglesias y entre los fieles de ambas confesiones[18].

Por su parte, los fieles greco-melquitas, confesión cristiana que está subordinada al Papa pero mantiene el rito ortodoxo y el idioma griego, tuvieron permiso para profesar su fe a principios del siglo XX en la antigua iglesia de Porta Coelli. Su primer sacerdote fue el archimandrita Filimón Chami, de origen libanés.

De igual manera para los iraquíes de rito caldeo que se asentaron en el país, a pesar de su reconciliación con el pontífice en el siglo XVI, la aceptación en las ciudades por sus características religiosas no debe haber sido fácil. Sin embargo, la versión heterodoxa del catolicismo practicada por las comunidad indígena de la provincia de Ixtepec, facilitó su inserción social, pese a que el rito caldeo se profesa en arameo.

Con respecto a otras confesiones cristianas, los que se declaraban protestantes u ortodoxos enfrentaron mayores obstáculos en su proceso de asimilación, aunque estos no fueran tan dramáticos como en el caso de otras confesiones. Los obstáculos sociales que enfrentan otras confesiones cristianas se remiten a hechos relativamente aislados, antes que a una actitud masiva y constante. Es importante señalar que la comunidad árabe de confesión ortodoxa llegó tardíamente, hacia finales de la década de 1910, alcanzando su cenit entre los años de 1928 y 1929, cuando pasó a dar representar el 20,1% del total de inmigrantes en México. Su presencia pudo causar cierta extrañeza entre los católicos mexicanos, pese a lo cual florecieron rápidamente como comunidad confesional. Tenemos noticia que el primer sacerdote ortodoxo que se hizo cargo de la comunidad fue Simón Issa, de origen palestino, el cual murió a los 105 años de edad[19]. Con el éxito económico de la comunidad, vino el prestigio de la misma, logrando consagrar la Catedral de San Jorge en la Ciudad de México en el año de

---

[18] Como símbolo del rito a san Charbel, es costumbre que se le ofrezca en señal de gratitud por los dones recibidos listones de colores diversos. Dicha tradición tiene una explicación en el seno de la inmigración árabe, ya que el primer oficio que muchos de ellos desempeñaron fue vender paños y listones; por lo que en prenda de gratitud el devoto debía desprenderse de un objeto que simbolizara su trabajo.

[19] Enrique Castro Farías, *Los libaneses en la República Mexicana. Aporte libanés al progreso de América,* México, Unión Libanesa Mundial, 1965, p. 101.

1945. Los fieles ortodoxos están conformados en cuanto a su lugar de origen tanto por libaneses como por palestinos.

Con respecto a los musulmanes, su incidencia numérica en el conjunto de la inmigración no fue particularmente significativa. La comunidad musulmana estaba compuesta mayoritariamente por palestinos, muchos de los cuales eran varones que únicamente venían a trabajar por unos cuantos años, con la finalidad de reunir un cierto capital que les permitiera repatriarse. Ante esa situación, la comunidad musulmana no floreció en el país, con la única excepción de una pequeña comunidad musulmana sunnita de origen libanés que se asentó en la ciudad de Torreón, lugar en donde se encuentra la primera mezquita de México. Por su parte, los drusos fueron la comunidad de origen musulmán más exitosa en su adaptación al nuevo medio, logrando crear algunos lugares de culto en la Ciudad de México y en otras ciudades del país. A pesar de eso, las comunidades musulmanas tendieron a ser vistas con recelo en un entorno de amplia mayoría católica, hecho que impidió tanto el proselitismo como la conversión de fieles mexicanos.

La comunidad religiosa que fue víctima de la mayor discriminación y acoso entre los inmigrantes fue la de los judíos provenientes de Siria. Judíos conversos de origen sefardita habían llegado a México en el siglo XVI con los conquistadores españoles. Muchos de estos judíos conversos fueron víctimas de la Inquisición. La persecución y el rechazo social obligaron a los sobrevivientes a practicar su religión bajo el concepto del criptojudaísmo, en el cual los creyentes practicaban el judaísmo bajo apariencia cristiana. No obstante, la mayoría de los católicos crecieron bajo prejuicios antisemitas, por lo que su integración social fue lenta y tortuosa.

La inmigración judía proveniente del Imperio otomano se produjo a raíz de las matanzas interconfesionales ocurridas en Damasco en 1840 y 1867. Dichos actos produjeron que la mayoría de los judíos de Damasco y Alepo emigraran hacia lugares que consideraban más seguros, manteniendo como preferencia a México, por lo que inferimos que existía una comunidad judía de habla árabe desde principios del siglo XIX. Los inmigrantes en su mayoría eran comerciantes, tenían niveles elementales de educación y no lograron reunir mayores recursos antes de emprender el viaje. No obstante había un pequeño grupo de técnicos educados bajo los auspicios de la Alliance Israelite Universelle, organización cuyo mecenazgo estaba a cargo del barón de Hirsch, los cuales viajaron a México con ese respaldo para contribuir a través de su trabajo con empresas francesas afincadas en este país. Pese a las aseveraciones de Corinne Krause[20], según las cuales la mayoría de los judíos sirios viajó hacia Palestina, añadiendo además que se trataba de una región escasamente poblada, la mayoría de la población judía de Alepo y Damasco en realidad viajó hacia México entre 1870 y principios del siglo XX, lo cual sugiere que la idea de una Palestina como patria judía existía esencialmente en la mente de los judíos europeos, y que entre sus pares levantinos no tenía mayor relevancia.

Por otra parte, existía una modesta campaña emprendida por el mexicano Francisco Rivas Puigcerver, el cual se identificaba como criptojudío, para atraer inmigración judía desde el Imperio otomano, a través de un diario escrito en ladino (español antiguo) llamado *El sábado secreto,* cuyos principales destinatarios eran judíos sefarditas de habla ladina. Tenemos la certeza a través de memorias, que dicho periódico también era conocido por judíos de habla árabe, hecho que alentó la migración[21]. En dichas publicaciones, se fomentaba la inmigración judía promoviendo una imagen de México como una tierra pacífica y de oportunidades que les abriría las puertas con los brazos abiertos. Lo cual no suponía precisamente una imagen fiel a la realidad.

La comunidad de judíos árabes era profundamente religiosa y en 1901 organizaron su primera sinagoga en la casa de la familia Smeke, en la calle de Capuchinas en el centro de la Ciudad de México. Para 1908, existían dos casas de oración en hogares judíos árabes y para 1918 existían cuatro sinagogas. De acuerdo a cálculos de Francisco Pedro, en 1921 había más de quinientos judíos árabes en la Ciudad de México y hacían muestra ostensible de su religiosidad[22].

---

[20] Corinne A. Krause, *Los judíos en México. Una historia con énfasis especial en el periodo de 1857 a 1930,* México, Universidad Iberoamericana-Departamento de Historia, 1987, p. 108.

[21] *Ibid.*, pp. 91-97 y Alicia Gojman de Backal y Liz Hamui de Halabe, «Judaísmo en México», *Eslabones: Diversidad Religiosa,* México, núm. 14, Sociedad Nacional de Estudios Regionales, 1997, pp. 76-77.

[22] Krause, ob. cit., p. 110. De acuerdo a otras fuentes eran mucho más, unos 6.000 de acuerdo a Tovye Meisel, *ibid.,* p. 135.

La comunidad judía árabe se erigió como líder de las otras comunidades judías a principios del siglo XX. En 1912 los hermanos Cohen, Selim y Francisco, originarios de Damasco tuvieron la idea de crear una sociedad de beneficencia intracomunitaria denominada Monte Sinaí para apoyar a los judíos sin importar su origen. La Alianza Monte Sinaí, a pesar de sus ideales ecuménicos, fue controlada por los judíos damasquinos, imponiéndose sus criterios de organización. Dicha situación produjo malestar entre los judíos oriundos de Alepo, lo que los llevó a fundar la Sociedad de Beneficencia Sedaká y Marpé (Ayuda y Salud) en 1938, que con el paso del tiempo los llevó a escindirse de la Monte Sinaí, para fundar la comunidad Maguén David.

Más allá del éxito o fracaso que pudieron tener las comunidades religiosas en el contexto religioso mexicano, los inmigrantes árabes pasaron por algunos tragos amargos en su lucha para adaptarse a su nuevo país. El problema de asimilación más grave por el que pasaron fue producto de la crisis que se inicia en 1929: mientras las leyes mexicanas acrecentaban su tono xenófobo, un sector de la población culpaba a los comerciantes árabes de los problemas económicos del país. En el imaginario mexicano, los judíos jugaban un papel que constituía una mezcla de perfidia, maldad y oportunismo [23], que aunado a la atmósfera antisemita de la época provocó una situación excepcional en el México moderno.

Una organización de carácter fascista, el Comité Pro Raza del Distrito Federal, cuyos miembros se hacían llamar los *camisas doradas,* organizó una serie de manifestaciones en 1931 con la finalidad de atacar a los *comerciantes judíos.* Lo que los fascistas mexicanos entendían por comerciantes judíos era el conjunto de comerciantes de origen árabe que se habían asentado en la capital, en los tradicionales mercados de La Merced y La Lagunilla, los cuales ofrecían productos de distinta especie, pero se especializaban en ropa y textiles. El Comité Pro Raza se enfocaba en atacar lo que ellos consideraban que eran los principales intereses de las comunidades orientales, por lo que llegaron a exigir varias leyes discriminatorias en lo comercial, teniendo

---

[23] «Algunos mexicanos creían entonces (en los años treinta) que los judíos, con mayor o menor dificultad, podían esconder sus colas, pero no se explicaban qué podían hacer con sus cuernos», González, ob. cit., p. 134.

éxito en el Reglamento de Regulación del Comercio Callejero de 1937, que limitaba su ejercicio únicamente a mexicanos, razón por la cual quedaron excluidos cientos de árabes que se dedicaban a dicha actividad.

Otro de los discursos que manejaban los *camisas doradas* era la imagen de los árabes como comerciantes sucios, avaros y agiotistas. En realidad pocos árabes se dedicaban a la usura, y siempre como una actividad secundaria, de cualquier manera, la imagen fue atractiva para algunos segmentos de una sociedad mexicana empobrecida. Los factores antes mencionados provocaron algunas acciones en contra de los inmigrantes árabes en la Ciudad de México a lo largo de la década de los años treinta, las cuales se reprodujeron en Puebla y Monterrey.

A partir de estos hechos ocurrió un fenómeno importante para el proceso de asimilación. Antes de los disturbios de los años treinta, la división entre judíos y cristianos era de una relevancia menor dentro de las comunidades de origen árabe, dado que ambos grupos habían sido víctimas de acoso y persecución bajo el Imperio otomano, razón por la cual en México habían vivido bajo una cierta concordia. Como consecuencia de las actividades del Comité Pro Raza, se produce una escisión entre los cristianos y los judíos, ocurriendo que los primeros empiezan a jugar la *carta cristiana* para su aceptación, deslindándose de sus congéneres judíos. Muestra de este proceso es el ya citado *Directorio Libanés* de 1948, en donde no se encuestó a ningún judío de origen árabe. La búsqueda de una nueva historiografía de la inmigración por parte de la comunidad cristiana, llevó a que los inmigrantes judíos árabes fueran excluidos de los recuentos históricos de la inmigración árabe hacia México[24].

A pesar de la falta de rigor de su versión de la historia, las comunidades cristianas lograron cumplir su objetivo, siendo aceptadas por el común de los mexicanos. No sólo compartían la misma confesión de

---

[24] Su situación no fue mejor en su relación con los judíos de origen europeo; ya que existe una tendencia entre los historiadores que estudian la migración judía hacia México de conceder una menor importancia relativa a la comunidad de origen árabe. Incluso se le considera una comunidad demográficamente menor, cuando en realidad los judíos de origen árabe son mayoría entre los judíos mexicanos, y la escisión entre las comunidades alepinas y damasquinas es artificial.

fe, sino que habían iniciado un proceso de aculturación dirigido por el aprendizaje del español entre los miembros más jóvenes de la comunidad y su envío a las escuelas públicas. En ellas se les enseñaba castellano e historia de México, por su parte en casa, se les enseñaba el árabe de forma oral (dado que una parte significativa de los inmigrantes eran analfabetos en su lengua materna), tanto como algunas tradiciones de la tierra de sus ancestros.

Un segundo aspecto fue la semejanza de comportamientos familiares y sociales. En realidad, las tradiciones familiares árabes y mexicanas no tienen muchas diferencias, ambas sociedades son patriarcales y costumbristas, por lo que les fue más fácil asimilarse en el contexto urbano. Otro aspecto de asimilación fue el culinario; a partir de que las cocineras árabes introdujeron al país especialidades como los yogures, el jocoque, el kepe o el pan árabe, se convirtieron en alimentos de gran demanda entre buena parte de las clases alta y media del país. Incluso, producto de tales intercambios, se crearon recetas que mezclan ambos universos gastronómicos[25]. Sin embargo, no hay figura árabe más cercana al sentir popular que el personaje del *baisano Jalil* interpretado por el actor Joaquín Pardavé. Producto de un filme que lleva el nombre de su personaje principal, Pardavé logró captar la esencia de las dichas y desventuras de un comerciante de origen libanés asentado en la Ciudad de México. El melodrama aquí se basa en el rechazo inicial que sufre el inmigrante libanés, tanto por parte de la sociedad mexicana, como por parte de sus propios hijos, ansiosos por adaptarse a esta última. Historias de esta índole lograron sensibilizar al público mexicano a diez años de los disturbios de 1936.

La aceptación de *Jalil* por el público mexicano, logró afianzar la imagen del inmigrante árabe, y en especial del libanés, como una persona honrada, trabajadora y orientada hacia la vida en familia; deslindándolo de la imagen de una persona sucia y avara. A la par de su nueva imagen, los descendientes y los pocos inmigrantes que llegaron en la década de los años cuarenta afianzaban su posición social por

---

[25] Uno de los platillos más populares del país son los llamados *tacos al pastor*, auténticos descendientes del mestizaje gastronómico. En base a una tortilla de maíz, alimento prehispánico por excelencia, se asa la carne de cerdo a manera del *shawerma* y se le acompaña con una rodaja de piña.

medio de instituciones intracomunitarias que servían varios fines. Desde fondos económicos para ayudar a los recién llegados, hasta bancos intracomunitarios, pasando por organizaciones de caridad (como las Damas Maronitas); los árabes se consolidaron como un grupo próspero que también buscaba su aceptación por medio de la filantropía. Sin embargo, la institución de mayor reconocimiento es el Club Libanés, asociación de carácter social y deportivo, que agrupa en particular a la élite mexicana de origen libanés.

Resulta curioso que jamás se hayan preocupado por crear escuelas en donde se preservara su idioma y su cultura, con la excepción de la comunidad judía árabe[26]. Este hecho se debe a que la mayoría de los inmigrantes eran analfabetos en su lengua materna y su principal objetivo era ganarse la vida, no preservar o transmitir su cultura, razón por la cual el idioma árabe tiende a perder relevancia como medio de comunicación entre los integrantes de la comunidad. Sin embargo, un fenómeno peculiar se produjo entre los iraquíes asentados en Ixtepec, Oaxaca. Ixtepec en el siglo XIX era un pueblo con una fuerte tradición indígena zapoteca[27]; al arribar los inmigrantes, se dio el fenómeno de la exogamia y con ello, tanto los recientemente llegados como sus descendientes, crearon un nuevo idioma, combinando el zapoteco, el arameo y el castellano. Un segundo fenómeno lingüístico interesante, se dio entre los miembros de la primera generación de inmigrantes, los cuales hablaban atropelladamente el castellano, pero aprendieron a hablar con relativa fluidez algunas lenguas indígenas. Esto se debe a que la actividad comercial de muchos de los primeros inmigrantes se desarrollaba en el interior del país, en donde predominaba el uso de esos idiomas.

---

[26] Tanto las comunidades provenientes de Alepo como aquellas que provienen de Damasco abrieron escuelas bajo el plan oficial del Estado, pero aumentando materias versadas en temas de tradición e historia judía, incluyendo el idioma hebreo. La comunidad Maguén David, abrió una *yeshiva* (escuela talmúdica) para los miembros de su comunidad en 1955. De las comunidades de origen árabe, son las únicas que conservan de cierta manera el árabe como lengua para comunicarse internamente.

[27] Los zapotecos son un grupo indígena asentado tanto en el valle de Oaxaca como en la sierra de Puebla, con una tradición cultural que se remonta a más de tres mil años. Como la mayoría de los grupos indígenas del país, fueron colonizados y cristianizados en el siglo XVI. Su lengua, el zapoteco, es hablada por más de un millón y medio de personas.

La asimilación de los inmigrantes se vio facilitada por la disminución del flujo migratorio a partir de 1931, el carácter de una segunda generación nacida en México y, en opinión de Luz María Martínez Montiel[28], la desigualdad en la movilidad social. Este fenómeno se debió a las transformaciones económicas que vivió la comunidad con respecto a su actividad laboral. La primera generación se dedicó en una primera etapa al comercio ambulante, con la finalidad de acumular un pequeño capital que les permitiera comprar algún local en donde pudieran ubicar un pequeño establecimiento comercial. La segunda generación, nacida y educada en México, diversificó sus inversiones, comprando otras tiendas y fundando algunas pequeñas empresas. El salto cualitativo corresponde a la tercera generación, con estudios superiores y completamente asimilada al contexto nacional, los cuales fundaron y administraron grandes emporios comerciales.

Dicha mecánica favoreció una movilidad social ascendente entre una proporción significativa de la comunidad, convirtiéndoles en miembros de las clases medias y altas del país. Sin embargo, un grupo reducido no tuvo oportunidad de insertarse en esa dinámica, provocando que las relaciones de paisanaje fuesen más selectivas y terminaran por orientarse hacia el grupo familiar más próximo. En palabras de Ramírez: «La movilidad social diferenciada y la falta de base territorial común de un barrio, ocasionó, después de los años cincuenta, un mayor alejamiento entre los miembros de la colonia y su disgregación real como endogrupo»[29].

Los factores antes señalados son fundamentales para entender las formas de aculturación de las comunidades árabes en México; logrando en lo general que se reconozcan como mexicanos de ascendencia árabe, conservando ciertas tradiciones como alimentos o fiestas religiosas del lugar de origen de sus abuelos o padres, pero reconociendo ambas tradiciones culturales como complementarias.

---

[28] Luz María Martínez Montiel, «The Lebanese Community in Mexico: its Meaning, Importance and the History of its Communities», en A. Hourani y N. Shehadi (eds.), *The Lebanese in the World: A Century of Emigration,* Londres, The Centre for Lebanese Studies, I. B. Tauris Publishers, 1992, pp. 191-194.

[29] *Ibíd.,* p. 192.

VI. DESARROLLO Y PROYECCIÓN ECONÓMICA

El desarrollo económico de los inmigrantes árabes en México se encuentra estrechamente vinculado al del propio país. Los pioneros de la inmigración tenían como actividad primordial en sus lugares de origen la agricultura, aunque ocasionalmente podían desarrollar alguna actividad comercial dependiendo de los productos que cultivaran. Un sector más reducido, el que venía de enclaves urbanos, se desenvolvía más en el ámbito comercial o tenía alguna profesión.

La mayoría de los inmigrantes que provenían de un entorno rural, al llegar a México carecían de un capital propio, por lo que les resultaba virtualmente imposible desarrollar actividades agrícolas. Esa imposibilidad derivaba de la estructura económica del México finisecular. Durante el gobierno de Porfirio Díaz prevalecía una estructura de explotación agrícola basada en grandes extensiones de tierras (haciendas) cuya propiedad se encontraba en manos de una sola persona, el hacendado. La propiedad del hacendado incluía de manera extrajudicial los integrantes y enseres de las familias campesinas que trabajaban para él. Aunque la mayor parte de las ganancias provenían de la comercialización de los productos de la hacienda, una buena parte de los ingresos del hacendado derivaban de un sistema de endeudamiento virtualmente ilimitado, en el que el campesino se veía obligado a comprar los productos que necesitaba del establecimiento comercial de la hacienda, conocido como *tienda de raya* [30], lugar en donde se multiplicaba el valor de los productos, lo que obligaba al trabajador a pagar sus deudas en base a trabajo.

La incapacidad de los inmigrantes para comprar tierras, tanto por su costo como por el hecho de que la mayoría de ellas simplemente no estaban en venta, los excluía de la actividad agrícola. Por lo tanto, comenzaron a vender en pequeña escala artículos de fácil transporte, textiles y artículos de mercería, en ambientes rurales y urbanos. Parte del éxito comercial de los inmigrantes árabes se basó en realizar ventas a los estratos populares y la clase media a través de un sistema

---

[30] La palabra «raya» en el contexto del siglo XIX era un término frecuente para denominar al salario.

conocido en México como de *abonos.* Se trataba de un sistema informal de crédito que permitía a sectores de la población mantener niveles de consumo que no podrían alcanzar de otro modo, debido a que
no podían acceder al sistema financiero formal. Debido a este sistema,
los comerciantes árabes son conocidos como *aboneros* o buhoneros
aún en la actualidad. Es importante señalar que dicha estructura comercial no se enfrentaba a los intereses de las *tiendas de raya,* dirigidas
a la alimentación, por lo que los *aboneros* fueron tolerados dentro de
las haciendas.

A partir de este hecho se desarrollaron una serie de prácticas
(ahorro y austeridad) que produjeron un pequeño capital, lo que permitió a lo largo del tiempo fundar pequeños establecimientos comerciales. Analizando el cuadro 16, se puede comprobar la propensión
entre las primeras generaciones de inmigrantes al autoempleo como
vendedores ambulantes, proceso que se percibe entre 1900 y 1929.

A partir de la segunda generación asentada en México y de la segunda generación de inmigrantes, crece el número de empleados (véase cuadro 16; 1910-1929). Esto se debe a que se acostumbraba que
tanto los hijos de los pioneros como sus parientes recién llegados, se
emplearan en las tiendas que habían fundado sus padres o familiares
con mayor tiempo en el país. Otra manera de emplear a la familia, era
proveyendo a los parientes de reciente arribo mercadería para su venta
en las calles. Con la segunda generación se consolidan los establecimientos comerciales de manera fija y se deja de lado los viajes para
vender en el interior del país. Como lo señalamos con anterioridad,
esta generación es la que se asienta de manera definitiva en las grandes
ciudades, y cuyos niveles de ingreso y consumo son sensiblemente mayores a los de sus antecesores. A pesar de lo anterior, los inmigrantes y
sus descendientes continuaban la tradición de austeridad y ahorro, lo
que les permite invertir en bienes inmuebles. Además, en no pocas
ocasiones tenían como actividad económica colateral la de prestamistas dentro de su propia comunidad.

Con la tercera generación (véase cuadro 16; 1930-1949), decae la
actividad como buhoneros, sin embargo se asiente el comercio como
la actividad principal y se inicia el proceso de expansión hacia la industria. En una comparación entre los cuadros 16 y 17, correspondiendo el último a la etapa de transición entre la segunda y la tercera

CUADRO 16. *Primer oficio ejercido en México por los emigrantes árabes en su momento de llegada, 1900-1949*

Décadas de inmigración	Buhoneros	Empleados	Comerciantes	Industriales
1900-1909 ...	23	2	5	
1910-1919 ...	13	11	6	
1920-1929 ...	15	17	12	2
1930-1939 ...	2	5	2	1
1940-1949 ...		2	1	1

Fuente: Elaboración de Carmen M. Páez Oropeza, en base a una investigación directa entre 120 inmigrantes, ob. cit., p. 173.

CUADRO 17. *Inmigrantes árabes por actividad económica (AGN), 1925-1950*

Actividad económica	Número
Agricultura....................	156
Minas...........................	8
Industrias.....................	50
Fábricas	15
Comercio......................	4.398
Profesionales...............	38
Profesionales libres......	164
Amas de casa..............	2.479
Obrero especializado...	193
Otras labores...............	32

Fuente: AGN y Zeraoui, ob. cit., p. 288.

generación, vemos cómo la actividad principal es aún el comercio, pero empiezan a destacar las profesiones liberales y la actividad industrial. De igual manera, vemos que la segunda actividad de la comunidad, y principal entre las mujeres, era encargarse del hogar, pese a lo cual muchas mujeres ayudaban a sus esposos o padres en el cuidado del negocio familiar, y ejercían control sobre las ganancias ayudando en la administración.

En la tercera generación se dan varios fenómenos económicos y sociales interesantes. En primer lugar, se trata de la primera generación que accede a la educación superior, razón por la que muchos de sus integrantes logran acceder a fuentes de trabajo profesional fuera del ámbito familiar, y comienzan a frecuentar círculos fuera de la comunidad y por lo tanto a romper la endogamia. Varios de los comerciantes fundan empresas textiles para abastecer de materia prima a sus propios talleres de confección, aumentando considerablemente su capital, por lo que elevan su nivel de vida y de consumo. Producto de esas ganancias, los industriales y comerciantes de origen árabe comienzan a especular con valores financieros; experiencia vital para la cuarta generación.

CUADRO 18. *Ocupaciones de los libaneses en México (1948)*

Ocupación	Frecuencia	Porcentaje
Comerciantes ...	3.540	84,91
Industriales	357	8,56
Profesionistas ...	203	4,87
Agricultores	66	1,59
Banqueros	3	0,07
TOTAL...............	4.169	100

Fuente: Abud y Nasr (1948), con información en base a Páez, ob. cit., p. 176.

El cuadro 18 muestra el tipo de empleos que prevalecen dentro de la comunidad de origen libanés. En él podemos constatar el carácter primordial del comercio aún en la tercera generación. Sin embargo, vemos el ascenso tanto de los industriales como de los profesionistas, lo que muestra el inicio de la diversificación de las actividades laborales. Con respecto a la industria, los inmigrantes árabes y sus descendientes se especializaron en la rama textil. Como consecuencia lógica de su época como vendedores de telas, los comerciantes de origen árabe dirigieron sus esfuerzos para controlar el mercado textil, por lo que debieron comprar y fundar fábricas, para producir telas de manera más barata y disminuir costos. Este movimiento empresarial los condujo a ocupar el ámbito económico en el cual son reconocidos hasta la actualidad, permitiéndoles por un tiempo competir incluso en mercados internacionales.

A pesar del éxito económico, parte de los inmigrantes y sus descendientes no lograron transitar por el mismo camino. Por lo que fueron alejados del sector económicamente poderoso de la comunidad, rompiendo la solidaridad grupal que los caracterizaba en la época pionera.

En la cuarta generación de descendientes se diversifican los ámbitos de desarrollo profesional, aunque el comercio sigue siendo importante. El cambio más trascendental se dio entre los hijos de los empresarios de la tercera generación y su descendencia. Un pequeño grupo dentro de la élite de los empresarios de origen árabe se especializó en actividades relacionadas con el mercado bursátil, a la par que acrecentaban su actividad industrial, diversificando sus inversiones. Producto de estas actividades bursátiles, comerciales e industriales, se destacaron algunos empresarios, llegando incluso a ocupar posiciones destacadas en la lista de multimillonarios de la revista *Forbes* y afianzándose como la primera élite empresarial de América Latina.

Esta mecánica se dio entre un sector del empresariado, el cual en base a relaciones personales con la clase política mexicana, pudo adquirir a bajos precios bancos y empresas estatales privatizadas a inicios de la década de los años noventa [31]. No se trata por cierto de una práctica restringida a los empresarios de origen libanés, o extendida al conjunto de esos empresarios.

---

[31] México desde la década de los años treinta hasta mediados de los años ochenta tuvo una economía mixta. A partir de la década de los ochenta y propiciado por cambios en la economía mundial, el sistema económico mexicano se transformó bajo un esquema empresarial privado. La banca comercial mexicana fue privada hasta 1982, cuando fueron nacionalizados los bancos como una medida para evitar la crisis económica. Luego volvieron a ser privatizados a inicios de la década de los años noventa.

VII. PRESENCIA EN LA VIDA POLÍTICA Y CULTURAL MEXICANA

Las comunidades de inmigrantes árabes no han buscado desarrollar un perfil político propio, razón por la cual jamás se han comportado como un grupo de presión o de cabildeo. Como hemos visto, los inmigrantes y sus descendientes lograron asimilarse con bastante éxito a su nuevo ambiente, por lo que a partir de la segunda generación se reconocían como mexicanos de ascendencia árabe.

A pesar de no constituirse como un grupo de presión, algunos de sus miembros han incursionado en actividades políticas. Es posible que el primer acto político en el que hayan participado fuera la conmemoración del centenario de inicio de la Independencia en 1910, cuando la *comunidad otomana,* como reza la placa, asentada en la Ciudad de México donó el conocido *reloj turco* en el centro de la ciudad, en gratitud por la hospitalidad que les había brindado su nueva tierra.

Se tienen noticias de que algunos inmigrantes de origen árabe pelearon durante la Revolución mexicana del lado de Emiliano Zapata, destacándose entre ellos el general Félix Fayad, al cual muchos historiadores consideran uno de sus hombres de confianza. Por su parte, Antonio Letayf fue consejero del presidente Venustiano Carranza (1915-1919), impulsor de la actual Constitución del país. En la época del gobierno de Plutarco Elías Calles (1924-1928), fueron diputados Negib Simón, el cual también era empresario, y Alfredo Aziz. A Negib Simón se le debe la construcción de la Plaza de Toros México en la capital.

En la actualidad hay varios descendientes de libaneses que han ocupado importantes cargos políticos, destacándose Emilio Chuayffett Chémor, el cual fue secretario de Gobernación (ministro del Interior), gobernador del Estado de México y jefe de la bancada del Partido Revolucionario Institucional (PRI) en la Cámara de Diputados. El exgobernador del estado de Oaxaca, José Murat Casab, es descendiente tanto de libaneses (por línea paterna) como de los iraquíes que se asentaron en Ixtepec. Fawzi Hamdán, descendiente de libaneses, actualmente es senador por el estado de Chiapas.

La cultura mexicana también se ha beneficiado de la contribución de los descendientes de árabes. José Sarukhán fue rector de la Universidad Nacional Autónoma de México (UNAM), y actualmente es el único miembro latinoamericano del *Royal College of Sciences.* Las letras también han sido cultivadas por descendientes de árabes; entre ellos se destacan: Carlos Martínez Assad, autor del libro *Memoria del Líbano,* acerca de las experiencias familiares y personales; Rosa Nissán, escritora de ascendencia siria, cuya obra da cuenta del denso entramado cultural que supone conjugar las identidades de mujer, judía y árabe en el México contemporáneo; León Rodríguez Zahar, autor, investigador social y diplomático mexicano, cuyos temas de interés van desde la historia del Líbano hasta la influencia del arte mudéjar en la arquitectura colonial.

La arquitectura tiene entre sus más destacados exponentes a Alberto Kalach, constructor de obras reconocidas en México y en el extranjero, al cual además se le ha encargado el diseño de la Biblioteca de México. La familia Mizrahi, de ascendencia siria, se ha desenvuelto como mecenas y comerciantes de arte. Por último Salma Hayek, actriz mexicana nominada a un premio Óscar, es parte de una familia de empresarios de origen libanés en su natal Coatzacoalcos en Veracruz.

Sin embargo, los miembros más connotados de la comunidad de ascendencia libanesa en el México actual son dos empresarios. Alfredo Harp Helú, quien fuera accionista mayoritario del Banco Nacional de México (Banamex), ha desarrollado una amplia carrera como banquero e inversionista, y en la actualidad se desempeña como filántropo apoyando a diversas causas sociales, ecológicas y culturales. Carlos Slim, considerado por la revista *Forbes* como el hombre más rico de América Latina por más de una década, posee inversiones que incluyen empresas de comunicaciones a nivel global, tiendas departamentales, participación accionaria en empresas televisivas y casas de bolsa. En la actualidad también se desempeña como filántropo encabezando la comisión encargada de la restauración del centro histórico de la Ciudad de México, y es el coleccionista de arte más importante de América Latina, contando entre su colección obras de impresionistas franceses, maestros mexicanos de diversas épocas, arte renacentista italiano y la colección más importante de obras del escultor francés Auguste Rodin, únicamente superada por la colección de Museo Rodin en París.

VIII. POSTURAS COMUNITARIAS ANTE LOS CONFLICTOS
       DEL MEDIO ORIENTE

Al ser una comunidad con más de cien años de presencia en el país, en la que los flujos de inmigración descendieron dramáticamente desde hace más de medio siglo, las opiniones de sus miembros en torno a los conflictos del Medio Oriente no son particularmente enconadas. Podemos asegurar que la opinión política de la mayoría de integrantes de estas comunidades no se distingue sensiblemente de que asumen la mayoría de los mexicanos.

Con respecto al conflicto palestino-israelí, los descendientes de palestinos se muestran interesados dependiendo de la generación de la que se hable. Aunque la mayoría de los palestinos llegaron a México antes de 1948, fueron afectados por el conflicto o bien porque poseían propiedades que fueron destruidas o confiscadas tras la creación del Estado de Israel, o bien porque cuentan con familiares que fueron muertos o desplazados a lo largo del siglo XX. Como lo expresa Doris Musalem:

En relación con la posición de los entrevistados frente al problema palestino, ésta varía dependiendo de la generación de que se trate y de los intereses personales y familiares que se vieron afectados. Las opiniones que al respecto externaron los inmigrantes fue de gran pesar. En cuanto a la posición de sus hijos también expresaron una gran sensibilidad y preocupación por la situación en Palestina; varios de ellos también sufrieron las consecuencias del conflicto que allá se vive. Los descendientes de la segunda generación conocen y sienten poco el problema, pero su hijos, apenas si saben que existe un conflicto en Palestina [32].

Entre los judíos árabes la situación no es muy distinta a aquella que prevalece entre los palestinos [33]. Ello podría explicarse por el trato reti-

_____

[32] Doris Musalem Rahal, «La migración palestina a México, 1893-1949», en M. E. Ota Mishima, *Destino México: un estudio de las migraciones asiáticas a México, siglos XIX y XX,* México, El Colegio de México, 1997, p. 341.

[33] «Las comunidades de Maguén David y Monte Sinaí se caracterizan por una intensa práctica religiosa; por otra parte, el activismo en organizaciones judías es más intenso en los sectores Ashkenazí, Bet-El, Bet Israel y la actitud más cercana al Estado de Israel se encuentra entre las comunidades Ashkenazí y Sefaradí», Sergio Della Pergola y

cente de que fueron objeto tanto por parte de otros inmigrantes de origen árabe como por parte de otros judíos de origen europeo. Como habíamos explicado, los judíos europeos *(ashkenazíes)* asentados en México han concentrado la atención del estado de Israel, relegando a un segundo plano a las comunidades de origen árabe. A pesar de lo anterior, su posición se identifica con la opinión mayoritaria en Israel en torno al conflicto con los palestinos; pese a lo cual no existen mayores tensiones entre las comunidades de origen árabe debido a ese conflicto.

La guerra civil del Líbano tampoco trastocó las relaciones dentro de la comunidad, dirigiéndose la mayoría de sus esfuerzos a mantener la misión diplomática libanesa acreditada en el país y a enviar ayuda humanitaria y económica para los afectados, en particular entre aquellos que todavía tenían familiares viviendo en el Líbano. A pesar de la dimensión confesional del conflicto, la mayor parte de la comunidad no tomó partido de un modo encarnizado.

Después de los atentados del 11 de septiembre de 2001, la opinión pública mexicana no modificó su opinión acerca de los descendientes de árabes en el país, aunque las encuestas iniciales sí mostraron un incremento en la percepción negativa sobre los musulmanes. Esta postura fue coyuntural y de cualquier manera no se registraron agresiones verbales o físicas en contra de la comunidad musulmana en el país. Es importante señalar que la opinión pública en México ha tendido siempre a apoyar las posturas árabes en los conflictos del Medio Oriente. Muestra de ello es que, en lo que respecta a la invasión de Irak en el 2003, más del 80% de la población consideró que la guerra era injusta, y hubo movilizaciones de relativa envergadura para exigir la salida de los aliados del territorio iraquí.

CONCLUSIONES

A través del capítulo hemos constatado la evolución histórica de la migración árabe hacia México. Como señalamos a inicios del texto, el

Susana Lerner, *La población judía en México: perfil demográfico, social y cultural,* Jerusalén, Instituto Abraham Harman de Judaísmo Contemporáneo, Universidad Hebrea de Jerusalén, El Colegio de México, 1995, p. 101.

contexto de la migración árabe ha sido poco estudiado por los investigadores mexicanos, y con frecuencia se enfoca únicamente en la comunidad de origen libanés. A pesar de que la comunidad originaria del Líbano es claramente mayoritaria, la aproximación al estudio de las demás comunidades involucradas (judía árabe, palestina e iraquí), ayuda a construir una perspectiva de conjunto sobre la migración árabe hacia México.

De igual manera, abordamos también un tema poco estudiado en el contexto de la historiografía sobre la inmigración en México: el de las leyes xenófobas de la década de los años treinta y sus repercusiones sociales. Como se ha podido constatar, la implementación de dichas leyes ocasionó una disminución en los flujos de inmigración, pero no modificó la posición de preeminencia de los inmigrantes árabes en el ámbito comercial. Dichas leyes engendraron una serie de movimientos xenófobos, los cuales trajeron consecuencias graves para las comunidades árabes asentadas en el país, constituyendo uno de los episodios más oscuros de la historia mexicana del siglo XX. En referencia a lo anterior, es importante destacar el papel que jugaron estas comunidades para reconstruir su imagen ante la sociedad mexicana, hecho que les permitió asimilarse a los procesos políticos y económicos del siglo.

Por medio de este escrito, esperamos interesar al lector en la reconstrucción de la historia de aquellos que, como escribió el intelectual mexicano José Vasconcelos, dejaron sus tierras y viajaron con sus sueños para instalarse en una patria lejana, y la engrandecieron con sus aportes.

BIBLIOGRAFÍA

Casab Rueda, Ulises, «La comunidad caldeo-iraquí», *El Medio Oriente en la Ciudad de México,* núm. 4, Col. Babel, Ciudad de México, México, Secretaría de Cultura del Gobierno del Distrito Federal, 1999.

Castro Farías, Enrique, *Los libaneses en la República Mexicana. Aporte Libanés al Progreso de América,* México, Unión Libanesa Mundial, 1965.

Della Pergola, Sergio y Lerner, Susana, *La población judía en México: perfil demográfico, social y cultural,* Jerusalén, Instituto Abraham Harman de

Judaísmo Contemporáneo-Universidad Hebrea de Jerusalén-El Colegio de México, 1995.

GOJMAN DE BACKAL, Alicia y HAMUI DE HALABE, Liz, «Judaísmo en México», *Eslabones: Diversidad Religiosa,* núm. 14, México, Sociedad Nacional de Estudios Regionales, 1997.

GONZÁLEZ NAVARRO, Moisés, *Los extranjeros en México y los mexicanos en el extranjero, 1821-1970* (vol. 3), México, El Colegio de México, 1994.

INCLÁN RUBIO, Rebeca, «La migración libanesa en México», en *El Medio Oriente en la Ciudad de México,* núm. 4, Col. Babel, Ciudad de México, México, Secretaría de Cultura del Gobierno del Distrito Federal, 1999.

ISSAWI, Charles, «The Historical Background of Lebanese Emigration, 1800-1914», en A. Hourani y N. Shehadi (eds.), *The Lebanese in the World: A Century of Emigration,* Londres, The Centre for Lebanese Studies, I. B. Tauris Publishers, 1992.

KARPAT, Kemal H., «The Ottoman Emigration to America, 1860-1914», *International Journal of Middle East Studies,* núm. 17, New Haven, Cambridge University Press, 1985.

KRAUSE, Corinne A., *Los judíos en México. Una historia con énfasis especial en el periodo de 1857 a 1930,* México, Universidad Iberoamericana-Departamento de Historia, 1987.

MARTÍNEZ MONTIEL, Luz María, «The Lebanese Community in Mexico: its Meaning, Importance and the History of its Communities», en A. Hourani y N. Shehadi (eds.), *The Lebanese in the World: A Century of Emigration,* Londres, The Centre for Lebanese Studies, I. B. Tauris Publishers, 1992.

MOUHANNA, Antonio (1999), «La comunidad árabe en la Ciudad de México: la comunidad libanesa», en *El Medio Oriente en la Ciudad de México,* núm. 4, Col. Babel, Ciudad de México, México, Secretaría de Cultura del Gobierno del Distrito Federal, 1999.

MUSALEM RAHAL, Doris, «La migración palestina a México, 1893-1949», en M. E. Ota Mishima, *Destino México: un estudio de las migraciones asiáticas a México, siglos XIX y XX,* México, El Colegio de México, 1997.

—, «La comunidad palestina en México», en *El Medio Oriente en la Ciudad de México,* núm. 4, Col. Babel, Ciudad de México, México, Secretaría de Cultura del Gobierno del Distrito Federal, 1999.

OTA MISHIMA, María Teresa, *Destino México: un estudio de las migraciones asiáticas a México, siglos XIX y XX,* México, El Colegio de México, 1997.

PÁEZ OROPEZA, Carmen Mercedes, *Los libaneses en México: Asimilación de un grupo étnico,* tesis de maestría, México, Escuela Nacional de Antropología e Historia, 1976.

RAMÍREZ, Luis Alfonso, *Secretos de familia: Libaneses y élites empresariales en Yucatán,* México, CONACULTA, 1994.

RODRÍGUEZ ZAHAR, León, *Líbano, espejo del Medio Oriente. Comunidad, confesión y Estado, siglos VII-XXI,* México, El Colegio de México, 2004.

SAFA, Elie, *L'émigration Libanaise,* Beirut, Université Saint-Joseph-Faculté de Droit et des Sciences Economiques, 1960.

ZERAOUI, Zidane, «Los árabes en México: el perfil de la migración», en M. E. Ota Mishima, *Destino México: un estudio de las migraciones asiáticas a México, siglos XIX y XX,* México, El Colegio de México, 1997.

7. LOS ÁRABES EN CUBA

Rigoberto Menéndez Paredes *

INTRODUCCIÓN

Cuba, la mayor isla del Caribe, fue también, como los otros estados de Iberoamérica, un país de inmigración. Desde los primeros años de la colonización española, principalmente a partir siglo XVI, a la población aborigen que encuentran acá los conquistadores del reino español, se unen personas de los más diversos orígenes: europeos de variados países así como esclavos de distintos rincones de África que o bien en calidad de domésticos y fundamentalmente como eslabones claves de la economía de plantación, anegaron las ciudades y los pueblos rurales del país y contribuyeron, como todas las etnias que nos poblaron, a la formación de la nación cubana. Ya en el siglo XIX, cuando nuestro territorio continuaba existiendo como país colonial y bajo un régimen esclavista, Cuba fue objeto de las movidas oleadas migratorias internacionales y en ese contexto también entraron emigrantes de origen árabe a nuestros puertos, pese a que los gobiernos coloniales hispánicos de este siglo, con el Capitán General como máxima figura política y civil de la isla, prefirieron, como en épocas anteriores, que la población de la isla se incrementara con personas blancas, siempre que profesaran la religión católica y procedieran de los lugares adecuados.

I. COMIENZOS DE LA EMIGRACIÓN ÁRABE A CUBA

Durante las décadas de los años setenta y ochenta del siglo XIX se estimuló el movimiento migratorio de la España continental y las Islas

---

* Doctor en Ciencias Históricas, director de la Casa de los Árabes (la Oficina del Historiador de la Ciudad de La Habana).

Canarias. Los inmigrantes peninsulares se establecieron en el comercio urbano y los canarios en los sectores rurales. Sin embargo, en aquel periodo se desarrolló también una inmigración originaria del continente asiático, incluyendo el Medio Oriente.

Las oleadas de árabes que se sucedieron entre 1870 y 1898 no alcanzaron el nivel cuantitativo de las tres primeras décadas del siglo XX. El hecho de que una parte considerable de los árabes mesorientales que arribaron a Cuba a fines del siglo XIX se dirigieran hacia otros destinos (básicamente Estados Unidos, México y algunos países europeos) conduce a pensar que aún la isla no era para ellos el punto de preferencia migratoria que fue posteriormente. Sin embargo, ya en esas décadas existía en Cuba un grupo de pobladores árabes de Líbano, Palestina y Siria asentados de forma estable.

Entre 1869 y 1900 se registraron casi ochocientos árabes en los libros de entrada de pasajeros del puerto de La Habana. También existieron otros puertos cubanos que servían de tránsito a los inmigrantes y por los que debieron de pasar levantinos. En la etapa citada, los pasajeros árabes hacían escala en los puertos españoles de Barcelona, Cádiz o Santander antes de trasladarse al continente americano[1].

El caso más antiguo de un inmigrante árabe del Medio Oriente que se registra en La Habana data de 1870; se trató del «otomano» José Yabor, quien declaró a la aduana que residiría en Monte y Figuras[2]. En 1877 entra al país Benito Elías, nativo de Dair-El-Ahmar[3], Monte Líbano. Estas oleadas iniciales estaban compuestas mayoritariamente por maronitas libaneses.

Sin embargo, todo indica que las oleadas del siglo XIX fueron poco numerosas y que Cuba servía generalmente como estación temporal del inmigrante árabe con vistas a dirigirse a otros puntos geográficos. Ejemplos de estas migraciones desde la isla se observan en los Libros de Pasaportes conservados en el Archivo Nacional: el 30 de noviembre de 1877 sale de nuestro país Assad Bohos, clasificado como nativo de

---

[1] Euridice Charón, *Inmigración y asentamiento de los inmigrantes árabes en Cuba,* 1996, p. 3 (automatizado).

[2] *Ibid.*, p. 8.

[3] VV AA, *Presencia árabe en Cuba,* La Habana, GEO, 2001 (mapa plegable).

Turquía, rumbo a México [4]. El 25 de enero de 1878 embarcaron Isaac Bejos y José Pedro, también de nacionalidad turca, desde La Habana para un destino que se expresa como «Península» [5], mientras Gabriel Latouf emigra al destino antes mencionado el 9 de abril de 1878 [6]. En 1879 arriba a Cuba Antún Farah, quien se asienta en la ciudad de Pinar del Río adonde llega posteriormente su hijo Nasim, quien fuera concejal del ayuntamiento en esa ciudad [7]. Estos últimos ejemplos fueron indicios de las familias de inmigrantes que permanecieron en Cuba y se integraron a la vida política del país.

Ya hacia la década de los años ochenta del siglo XIX en la calle Monte núm. 248, había una hospedería donde se alojaban los levantinos que pasaban por La Habana [8].

Algunas familias libanesas se dirigieron a Costa Rica después de un periodo de residencia en Cuba. María Cruz Burdiel de las Heras refiere que la familia Sauma llegó hacia 1880 a nuestro país, donde residió durante una etapa antes de su emigración al territorio centroamericano [9]. La misma autora cita otros individuos y familias del Líbano que hicieron estancia en Cuba antes de asentarse en territorio costarricense, como Anis Helo y Asís y las familias Jacobo Luis, Dejuk Yunis, Ferez Aboot y Aued Jalil [10].

Otros vestigios de la llegada de árabes en las últimas décadas del siglo XIX los ofrecen los libaneses Juan Manzur (1879) [11], José Salame, nacido en Becharre (llegó en 1882) [12], el palestino Juan Abad (1883) [13] y Felipe Elías Tumas, de Becharre, Líbano (1885) [14]. De Salame y

---

[4] Archivo Nacional de Cuba (en lo sucesivo ANC), *Miscelánea de libros,* Libro de Pasaportes núm. 10.729, p. 166.

[5] *Ibid.,* p. 226.

[6] *Ibid.,* p. 371.

[7] Teófilo Haded, *Cuba y Líbano,* La Habana, 1957, p. 86.

[8] E. Charón, ob. cit., p. 8.

[9] M. C. Burdiel de las Heras, *La emigración libanesa en Costa Rica,* Madrid, Cantarabia, 1991, p. 55.

[10] *Ibid.,* p. 60.

[11] VV AA, *Presencia árabe en Cuba,* ob. cit.

[12] A. Hassan Mattar, *Guía social de las comunidades de habla árabe (libanesas-palestinas-sirias),* Nueva York, 1947, p. 7.

[13] VV AA, *Presencia árabe en Cuba,* ob. cit.

[14] *Ibid.*

Tumas comprobamos que se establecieron en el país de forma permanente, el primero en Manzanillo y el segundo inicialmente en Cabañas, Pinar del Río, y después en Bayamo. Estos dos inmigrados alcanzaron el grado de comandante en las guerras independentistas cubanas[15].

Las ciudades con mayor presencia numérica de inmigrantes árabes fueron La Habana y Santiago de Cuba, aunque como se aprecia también Pinar del Río, así como Matanzas, Quemado de Güines, Sagua la Grande, Camaguey y Ciego de Ávila fueron sede de los primigenios asentamientos del siglo XIX. La mayoría de los árabes de esta época eran naturales de Monte Líbano y de Palestina y profesaban en abrumador porcentaje el cristianismo y ello puede vincularse a la preferencia de las autoridades coloniales por los inmigrantes practicantes de aquella fe.

Al realizar un análisis de los pueblos de procedencia de los inmigrantes que llegan durante el siglo XIX, se comprueba documentalmente que los libaneses eran campesinos de la zona maronita principalmente. Pero también en aquel siglo es observable la presencia de palestinos de Belén y del sanjak[16] autónomo de Jerusalén[17]. En esa etapa otros territorios de Palestina estaban divididos en diversos sanjaks adscritos al vilayato[18] de Beirut. También se aprecia desde los inicios de la migración árabe a la isla la presencia de sirios de Homs y de Safita.

La documentación migratoria de los inmigrantes árabes y de todos los pasajeros pertenecientes al Imperio turco que ingresaban o salían de la isla era tramitada por Q. Gallostra, cónsul general otomano

---

[15] Véase cuadro 1 donde se ofrece la relación de los independentistas de origen árabe (p. 372).

[16] Distrito de una provincia o vilayato en la división administrativa otomana.

[17] La familia Azar, procedente de Jerusalén, aparece radicada en La Habana en el año 1899, véase R. Menéndez Paredes, *Componentes árabes en la cultura cubana,* La Habana, Boloña, p. 26.

La denominación Jerusalén y el área circundante era, para el año antes mencionado, un distrito aparte cuyo gobernador respondía directamente al sultán. R. Sánchez Porro, *Aproximaciones a la historia del Medio Oriente,* La Habana, Félix Varela, 2004, p. 178.

[18] Provincia otomana gobernada por un wali. Los vilayatos se dividían en sanjaks, éstos en cazas, y las cazas en distintos pueblos o aldeas.

en Cuba, que radicaba en La Habana y ya en 1892 ejercía esa función [19], en la que al parecer se mantuvo hasta los albores del siglo XX [20].

A partir del primer gobierno interventor norteamericano (1899-1902), los nuevos ocupantes fundamentan su política migratoria favoreciendo el arribo de inmigrantes saludables y prohíben la entrada de chinos y la importación de mano de obra bajo estipulación de contrato, lo cual se concretó en la Orden Militar núm. 155 del 15 de mayo de 1902. Mediante esta legislación también se impidió el ingreso de personas que padezcan enfermedades contagiosas, dementes y otros [21].

Las condiciones de la Cuba republicana fueron otras. Era un Estado con una fuerte dependencia de los Estados Unidos, que comenzaba su periodo histórico heredando una notable crisis demográfica y padecía además una merma de la población infantil. Como lo indican los últimos censos del siglo XIX, en 1887 Cuba tenía una población de 1.631.700 habitantes, cifra que disminuye en 1899, después de culminada la última guerra independentista antiespañola, a 1.572.800. La tasa de crecimiento anual en el último año mencionado fue negativa (–0,31 %) [22]. «La guerra liberadora de finales de siglo —unida a la feroz represión española— determinó una disminución absoluta de la población» [23]. Es importante tomar en cuenta cómo el proceso de las guerras de 1868 y 1895, con la consiguiente desarticulación de la situación político-económica cubana, condicionó una tendencia descendiente en la tasa bruta de natalidad de manera acentuada en los últimos años de la decimonovena centuria [24].

La república dependiente y neocolonial constituida en Cuba a partir de 1902, se inició con un agudo déficit de población. Este ele-

[19] *Directorio mercantil de la Isla de Cuba para el año de 1892 a 1893,* La Habana, Imprenta del Avisador Comercial, 1892, p. 159.

[20] *Directorio mercantil de la Isla de Cuba para el año de 1901,* La Habana, Imprenta del Avisador Comercial, 1900, p. 118.

[21] E. Charón, «El asentamiento de emigrantes árabes en Monte (La Habana, Cuba), 1890-1930», *AWRAQ,* vol. XIII, p. 45.

[22] Ó. Mazorra Rodríguez y R. Castellón Hernández, «El crecimiento de la población», en *La población de Cuba,* La Habana, Centro de Estudios Demográficos, Editorial de Ciencias Sociales, 1976, tabla 1, p. 10.

[23] *Ibid.,* p. 15.

[24] A. Farnós Morejón y S. Catasús Cervera, *La fecundidad,* La Habana, Centro de Estudios Demográficos, p. 23.

mento negativo se agravó por el hecho de que los desplazados de los campos hacia las ciudades durante la última guerra anticolonial cubana (1895-1898), no pudieron regresar a sus antiguos asentamientos[25]. La deficitaria población infantil implicaba una futura carencia de fuerza de trabajo que sólo la inmigración podía suplir[26].

Ante esa crisis demográfica y la necesidad de establecer medidas concretas para favorecer la expansión de la producción que los capitales extranjeros proveerían, el Gobierno cubano promulgó el 12 de junio de 1906 la Ley de Inmigración y Colonización, que estableció la creación de un fondo de un millón de pesos para importar braceros que serían destinados a las tierras cedidas por los propietarios para arrendarlas a los inmigrantes. El proyecto intentaba lograr una transacción entre el ideal de la inmigración familiar capaz de asentarse productivamente en el país y, la de trabajadores demandada por los productores de azúcar y otros artículos[27].

Con esa ley republicana se anulaba la Orden Militar núm. 155 que prohibía la inmigración de colonos contratados para ocuparlos en tareas agrícolas. Otro decreto, esta vez de 1910[28], estimulaba la entrada de colonos agrícolas europeos.

Alfonso Farnós y Sonia Catasús distinguen tres etapas diferentes de las migraciones internacionales en el siglo XX, que deben considerarse al analizar cómo se comportó ese movimiento en Cuba y específicamente en el caso árabe: la primera fue hasta 1930 y se caracterizó por constantes inmigraciones; la segunda (1930-1958) estuvo signada por un equilibrio en el saldo migratorio que coincidió con la crisis del modelo neocolonial cubano, y finalmente una última fase desarrollada junto al proceso revolucionario de 1959[29].

Aunque ninguna ley mencionó ni estipuló específicamente la entrada de árabes (ya fueran cristianos o musulmanes), ese componente

[25] J. Le Riverend Brusone, *Historia económica de Cuba,* La Habana, Pueblo y Educación, La Habana, 1974, pp. 563-564.

[26] J. Pérez de la Riva, *La conquista del espacio cubano,* La Habana, Fundación Fernando Ortiz, 2004, pp. 221-223.

[27] J. Le Riverend Brusone, ob. cit., p. 564.

[28] Se trata del Decreto núm. 743 del 20 de agosto de 1910.

[29] A. Farnós Morejón y S. Catasús Cervera, ob. cit., p. 72.

migratorio asiático influyó en el crecimiento demográfico cubano de las primeras décadas del vigésimo siglo; para el árabe que emigraba a Cuba en los inicios del periodo republicano, el país ofreció atractivos para residir y trabajar en él con estabilidad. Amin Maalouf cita un fragmento de una carta de su tío abuelo Gabriel M. Maluf, donde se refleja la importancia que para este comerciante libanés tenía nuestro país como punto de destino: «Esta isla, en que se nos dio una oportunidad, progresa y va a convertirse en uno de los puntos más importantes del planeta, material, política y moralmente»[30].

Debido a la ausencia de estadísticas acerca de la inmigración de árabes en el periodo final del régimen colonial español, se desconocen las diversas vías empleadas por los viajeros árabes para llegar a Cuba en la etapa de 1870 a 1906. Un porcentaje, que debió de ser minoritario, pasó por Ellis Island, isla de 127 acres situada a media milla de Manhattan en el puerto de Nueva York, que recepcionaba a los inmigrantes. Por esa estación migratoria entró a territorio norteamericano Gabriel Mojtar Maluf, natural de Machrach, Monte Líbano, quien después de residir cuatro años en los Estados Unidos embarcó para Cuba en 1899. Todos los miembros de esta rama de la familia Maluf que entraron a nuestro país lo hicieron por esa vía[31].

A manera de resumen de la presencia de árabes en las postrimerías del periodo colonial cabe destacar a los inmigrantes pioneros que participaron de forma activa en el Ejército Libertador cubano, lo que estimamos como una prueba del proceso de integración protagonizado por miembros de la comunidad de referencia al país anfitrión desde las primeras oleadas migratorias.

II. LAS GRANDES OLEADAS DE EMIGRANTES ÁRABES A CUBA: ANTES Y DESPUÉS DE LA PRIMERA GUERRA MUNDIAL

La inmigración árabe se incrementa gracias a las estimulantes condiciones migratorias que ofrece la Cuba neocolonial. Una fuente de di-

---

[30] A. Maalouf, *Orígenes,* Madrid, Alianza, 2004, p. 193.
[31] *Ibid.*

CUADRO 1.   *Relación de los combatientes independentistas árabes nacidos en Líbano, Palestina y Siria*

Nombre y apellidos	País	Ciudad	Año de entrada	Grado militar	Departamento
Alejandro Hadad	Siria	Alepo	1877	Soldado	Oriente
Benito Elía	Líbano	Deir el Amar	1877	Capitán	Occidente
Nasim Farah	Líbano	Aba	1879	Capitán	Occidente
Juan Manssur	Líbano		1879	Teniente	Oriente
José Salame	Líbano	Becharre	1882	Comandante	Oriente
Juan Abad	Palestina	Belén	1883	Sargento de 2ª	Oriente
Felipe Elías Tumas	Líbano	Becharre	1885	Comandante	Oriente
Agripín Abad	Palestina	Belén	1889	Sargento de 2ª	Oriente
Aurelio Elías	Siria	Safita	1889	Soldado	Oriente
Esteban Hadad	Siria		1890	Soldado	Oriente
Juan Hada	Siria	Homs	1893	Soldado	Oriente

Nota: Se han colocado los nombres por orden ascendente según la fecha de entrada al país.
Fuente: VV AA, *Presencia árabe en Cuba.*

versa utilidad como las estadísticas de *Inmigración y movimiento de pasajeros*, publicadas por la Sección de Estadísticas de la Secretaría de Hacienda entre 1902 y 1936, aporta los primeros datos numéricos aproximados de la cantidad de extranjeros que arribaron a los puertos cubanos en ese periodo. Los árabes estaban clasificados en esos documentos por diversos gentilicios que en algunos casos no respondían a su pertenencia étnica real. Para nuestros propósitos, las denominaciones seleccionadas en dichas estadísticas fueron las de «árabes» «turcos», «sirios» y «egipcios». En el periodo 1906-1913 entraron a Cuba 3.758 personas bajo esos gentilicios étnicos procedentes en un 30,09% de la entonces llamada Turquía asiática y el resto lo hizo desde Europa y varios países antillanos[32].

Del periodo 1906-1913 data la llegada de los padres de la doctora en Medicina Mercedes Batule Batule:

---

[32] R. Menéndez Paredes, *Los árabes en Cuba,* La Habana, Boloña, 2007, pp. 45-46.

Mi padre se llamaba Francis y mamá Amalí. Eran nativos de Gazir en Líbano. Llegaron a Cuba en 1909 después de dos meses de travesía entre Beirut, Marsella y Cuba. Papá tenía tres hermanos que ya vivían aquí y quiso venir. Sus padres se opusieron a que se fuera solo pues tenía 16 años. Le pusieron como condición que para irse tenía que casarse. Así fue, pues concertaron el matrimonio con los padres de quien después sería mi mamá. Se conocieron la misma noche que se arregló el matrimonio. Eran primos lejanos. Se asentaron en Banes donde nacieron sus nueve hijos. Yo soy la más pequeña. En esa época llegaron a Cuba muchas personas de Líbano. En mi pueblo recuerdo a los Tillán, los Chabebe, los Hadad y a la familia Bez[33].

En las primeras décadas neocoloniales hubo aisladas muestras de rechazo al tipo de inmigrante que representaba el árabe, lo cual se demuestra en periódicos de la época como la *Gaceta Económica,* que se pronunciaba en 1914 del siguiente modo:

En la actualidad continúa entrando en la isla, poco a poco, el turco, o árabe, o palestino, o maronita o como quieran llamarle. Este elemento no conviene de ninguna manera al país y nuestro gobierno debe tomar medidas para impedirle la entrada: no se fusiona con ninguna otra de las razas que habitan en la república, exporta del país cuanto gana, no adquiere arraigo, no se dedica a ningún oficio ni empresa, vaga de un lado a otro vendiendo baratijas. ¿Qué beneficio puede reportar esta gente?[34]

El planteamiento refleja la xenofobia de algunos individuos o periodistas de la sociedad cubana neocolonial no ligados necesariamente a la postura del Gobierno y cuando afirma que los árabes de Cuba no se fusionan con otras «razas» del país, se opone a la realidad de los hechos pues el inmigrante levantino fue uno de los que demostró mayor capacidad integrativa en su proceso de inserción social en la isla. En cuanto a las consideraciones sobre los rasgos económicos de ese grupo inmigrante, el rotativo cubano evidencia su animadversión al tipo

---

[33] Entrevista realizada por el autor a Mercedes Batule Batule, La Habana, 19 de noviembre de 2005.

[34] *Gaceta Económica,* 15 de septiembre de 1914, p. 5, tomado de Eurídice Charón, «El asentamiento de emigrantes árabes en Monte (La Habana, Cuba), 1890-1930», art. cit., p. 43.

de comercio colateral, espontáneo y ambulatorio que caracterizó a los componentes humanos de la incipiente comunidad árabe de Cuba en los momentos del auge migratorio.

Alrededor de esta época se ofreció una primera cifra de la composición de la colectividad. Gabriel M. Maluf, en carta enviada en 1912 a su hermano Botros, residente en Líbano, se refiere a la existencia de 6.000 hijos de árabes en Cuba [35], en una curiosa forma de clasificar a los inmigrantes nacidos en territorios arábigos.

En los años de la Primera Guerra Mundial se produjo una disminución de las oleadas árabes pues entraron al país 794 árabes [36]; ello pudiera explicarse por el hecho de que el Imperio otomano y Cuba, en tanto polo emisor y receptor de emigrantes árabes respectivamente, se hallaban durante un periodo de la conflagración internacional en grupos contrarios, y sin relaciones diplomáticas, lo que pudo haber dificultado el desarrollo de las comunicaciones y los procesos migratorios entre ambos Estados.

No obstante la baja numérica de inmigrantes que se produce durante los años de guerra, la comunidad árabe de Cuba exhibe para 1916 un número nada desestimable, con algunas asociaciones benéficas constituidas y varias personalidades de origen levantino destacadas en el comercio. Adolfo Dollero, incluyendo cristianos y musulmanes, brinda un rango cuantitativo entre 9.000 y 10.000 integrantes de lo que él denominó la «colonia otomana» [37].

Los esfuerzos organizativos, la incipiente prosperidad y la agrupación en distintos asentamientos demuestran la formación y fortaleza de una comunidad árabe definida y diferenciada de otras también oriundas del Medio Oriente otomano como los armenios y los sefardíes.

En 1920, ya finalizada la Primera Guerra Mundial, Cuba conoce un notable crecimiento económico gracias al aumento de la cotización del azúcar en el mercado mundial y la correspondiente alza de la

---

[35] A. Maalouf, ob. cit., p. 228.

[36] Información basada en datos de la Secretaría de Hacienda. Sección de Estadísticas. *Informe de inmigración y movimiento de pasajeros,* La Habana, Rambla y Bouza, 1902-1936.

[37] A. Dollero, *Cultura cubana,* La Habana, Imprenta El Siglo XX, 1916, p. 466.

producción de ese rubro. El número general de inmigrantes ese año creció hasta la cifra máxima de 174.221 personas [38], aunque en 1921 esta situación retrocede. Esa alza migratoria tiene dos vertientes: por un lado la hasta entonces estimulada entrada de braceros antillanos, contratados como fuerza de trabajo barata, y por otro una inmigración que Le Riverend denomina «espontánea y libre» [39], compuesta por «europeos o euroasiáticos» [40] básicamente españoles.

El núcleo fundamental de los inmigrantes en Cuba fue español (62,7%), seguido por la inmigración jamaiquina y haitiana. La europea era típicamente urbana y comercial, según Le Riverend, mientras la procedente de Siria y Líbano tenía, en criterio del propio autor, «más capacidad para asimilarse y dedicarse a ocupaciones no meramente comerciales». Este grupo fue uno de los más numerosos [41].

Hasta 1920 tuvimos en cuenta en las estadísticas la denominación «turcos» pero después de ese año consideramos desagregar aquella clasificación, pues es probable que a partir de entonces predominaran en la aludida clasificación mayoritariamente los armenios y hebreos sefardíes por encima de los árabes, y además ya en esta etapa comienzan a individualizarse en los datos migratorios a los libaneses y los palestinos. El cuadro siguiente está basado en las cifras de las *Memorias inéditas del censo de 1931,* que, a diferencia de los procesos censales de 1899, 1907 y 1919, consignó la nacionalidad de los inmigrantes árabes, pues antes se incluían en la generalizada concepción de «otros países».

María Maarawi nos informó de la existencia de casas donde se alojaban los pasajeros de habla árabe: «Después de pasar cuatro días en Tiscornia nos llevaron a un edificio en la calle Lindero número 24. La administradora era una vieja que alquilaba algo caros los cuartos, pero no quedaba más remedio que irnos a estos lugares, porque estar en un país en el que no se habla tu lengua te hace reunirte con personas de tu patria con las que puedas entenderte. Los cuartos se

---

[38] J. Le Riverend Brusone, ob. cit., p. 567.
[39] *Ibid.,* p. 566.
[40] *Ibid.*
[41] *Ibid.,* pp. 567-568.

Cuadro 2. *Inmigrantes árabes llegados a Cuba (1920-1931)*

Año	Árabes	Libaneses (franc.)	Palestinos	Sirios	TOTAL
1920	45			637	682
1921	45			230	275
1922			2	230	232
1923	14		269	1.059	1.342
1924	15		566	1.373	1.954
1925	43		715	1.037	1.795
1926	2		317	820	1.139
1927	3	22	285	296	606
1928	5	137	164	340	646
1929		154	80	192	426
1930	2	85	35	58	180
1931	1	31	6	22	60
TOTAL....	175	429	2.439	6.294	9.337

Fuente: Memorias inéditas del Censo de 1931, La Habana, Editorial de Ciencias Sociales. Elaboración del autor.

pagaban entre varios paisanos y teníamos que convivir muchos en un mismo espacio»[42].

III. LOS PRINCIPALES ASENTAMIENTOS DE ÁRABES EN CUBA

La mayoría de los miembros de la colectividad árabe procedían de los pueblos de lo que fue la entidad autónoma de Monte Líbano, del Valle de la Bekaa y la zona sudlibanesa. Los nativos de la actual Palestina eran oriundos del norte (Galilea), y de la zona oriental del país, conocida hoy como Cisjordania. Los sirios de la actual república provenían de diversas urbes de importancia, mientras los

---

[42] Entrevista realizada por el autor a María Maarawi Bercandi, La Habana, 17 de junio de 2002.

egipcios registrados eran naturales de Alejandría, Ismaelia y Wadi Halfa[43].

Los lugares preferidos para el asentamiento fueron las regiones urbanas de la isla, los espacios cercanos a zonas comerciales, y pueblos con desarrollo de la industria azucarera y la actividad ganadera.

Las ciudades de residencia más importantes fueron La Habana y Santiago de Cuba, a la sazón los principales puertos de arribo de los árabes.

Además del centro de la ciudad de La Habana (hoy Centro Habana), los árabes se instalaron en Marianao, Santa Amalia, San Antonio de las Vegas, el reparto Juanelo, Regla, Guanabacoa y pueblos más alejados como Güines, Bejucal y Bauta en la actual provincia de La Habana. La distribución por nacionalidades en la parte citadina habanera a fines de la primera mitad del siglo XX reflejaba una mayoría libanesa (45,61%) con un equilibrio de porcentaje por ciudad de nacimiento. Le siguen los palestinos (33,33%), provenientes fundamentalmente de Nazaret, y los sirios (21,05%), representados en primer lugar por los nacidos en Homs[44].

En Pinar del Río los árabes prefirieron la propia cabecera, Consolación del Sur, Los Palacios y Candelaria, San Luis y San Juan y Martínez, entre otros pueblos. En Matanzas además de la ciudad homónima, se destacaron como puntos de asentamiento Cárdenas, Bolondrón y Los Arabos.

En la provincia villareña los levantinos escogieron Santa Clara, Cabaiguán y Sagua la Grande principalmente, mientras en Camagüey se agruparon en Guáimaro, Minas, Morón, Sola, Santa Cruz, Ciego de Ávila y la propia ciudad cabecera.

En la antigua provincia de Oriente los inmigrantes se localizaron también en Holguín[45], Guantánamo[46], Puerto Padre y Cueto, entre otros.

---

[43] Menéndez Paredes, *Los árabes en Cuba,* ob. cit., p. 62.

[44] Datos elaborados por el autor basado en la consulta de Ahmad Hassan Mattar, ob. cit.

[45] La mayoría de la migración levantina en Holguín fue aportada por la ciudad libanesa de Tabarja, que constituyó el 40,54 % de la colectividad árabe en ese punto septentrional de Cuba (calculado sobre la consulta de Ahmad Hassan Mattar, ob. cit.).

[46] Una de las principales familias árabes de Guantánamo fueron los Dabul, naturales de Líbano. Todavía existe en esa ciudad un reparto llamado Dabul. Entrevista realizada por el autor a Elio Lemus Yapar, La Habana, 21 de marzo de 2005.

El cuadro siguiente pretende ofrecer una aproximación al porcentaje de los 12 asentamientos árabes más numerosos de Cuba según los resultados de un muestreo realizado en base a nuestros estudios de los Libros de Extranjería. La cifra sobre la que hicimos los cálculos fue la de 3.112 árabes inscritos en el Registro de Extranjeros entre los años 1900 y 1955.

CUADRO 3. *Principales asentamientos de inmigrantes árabes según consulta de registro de extranjeros*

Ciudad o pueblo	Cantidad	%
La Habana...............	763	24,51
Holguín	174	5,59
Santiago de Cuba ...	120	3,85
Camagüey...............	102	3,27
Matanzas.................	95	3,05
Guantánamo...........	90	2,89
Ciego de Ávila.........	88	2,82
Santa Clara..............	83	2,66
Puerto Padre	82	2,63
Cárdenas.................	74	2,37
Marianao.................	73	2,34
Guanabacoa...........	70	2,24

Fuente: Archivo de la Dirección General de Inmigración y Extranjería (ADGIE), *Libros de Extranjería.* Elaboración del autor.

El nivel de agrupamiento de los árabes en Cuba no alcanzó el nivel de concentración espacial que logró la comunidad china, sobre todo desde el punto de vista de la forma en que los clasificaron los cubanos de la sociedad circundante; para los capitalinos la diáspora china era identificable con el «barrio chino de La Habana» y los hebreos eran «los comerciantes de la calle Muralla». El árabe conformó su agrupamiento principal con un nivel más o menos estable e íntegro en un área de la capital que coincidió con antiguos barrios coloniales (San Nicolás, Guadalupe, Jesús María, entre otros) de los actuales municipios Centro Habana y La Habana Vieja, y que en la organización administrativa eclesiástica corresponde a los distritos parroquiales de las iglesias de San Judas Tadeo y San Nicolás de Bari, Jesús, María y José y Santo Cristo del Buen Viaje. Los propios árabes del área en su visión propia del agrupamiento catalogaban esta zona de asentamiento como «la Colonia Siria»[47]. En esa área, como en otras, convivieron con cubanos e inmigrantes de diversas nacionalidades.

Los habaneros de la época del asentamiento árabe en Monte, denominaban a los libaneses, palestinos, sirios y otros, con el inexacto calificativo de «moros» y a veces con el más inapropiado nombre de «polacos»[48]. Pocos son los criollos de entonces que hablan de «sirios» para referirse a los miembros de la colectividad árabe.

Pero sin dudas, los historiadores identifican la zona mencionada como el principal asentamiento capitalino de la colectividad levantina: en él se concentraron desde los años setenta y ya con toda claridad en los ochenta del siglo XIX, los primigenios núcleos de libaneses[49], palestinos, sirios y posteriormente los egipcios.

La calzada de Monte era desde el último cuarto del siglo XIX un área de creciente prosperidad y se caracterizaba por la multitud de comercios y tiendas minoristas, así como hoteles y fábricas. Ya en 1883 se encontraba situada en uno de sus tramos una sastrería y tienda de ropa hecha nombrada «El Turco», que puede ser evidencia del temprano asentamiento de los árabes en tan importante área[50].

El principal asentamiento árabe de La Habana funcionó como la capital de la colectividad árabe; en él se hallaban las parroquias donde

[47] Véase el semanario *Al Faihaa,* núm. 224, La Habana, 13 de febrero de 1931, p. 13.

[48] Evidentemente el término «polaco», aplicado al árabe, proviene de la confusión local que no diferenciaba al tendero arábigo del hebreo europeo, debido a que ambos grupos realizaron labores comerciales hasta cierto punto afines.

[49] En 1885 comienzan a vincularse algunas familias libanesas residentes en la zona de Monte, a la parroquia católica de San Nicolás de Bari (hoy San Judas Tadeo y San Nicolás), con motivo del bautizo de sus hijos. Se destacan los Pichara, Chirala, Socar Gabriel, Chamón y Selemón, procedentes de Bcharre (Archivo de la parroquia de San Judas y San Nicolás. *Libro 7 de Bautismo de blancos,* folios 611 y 612, números 1.131, 1.132 y 1.133).

[50] C. Palau Vivanco, *Directorio Criticón de La Habana,* La Habana, Impr. de Montiel, 1883, p. 68.

oficiaban los párrocos libaneses de rito maronita y por ese motivo algunos residentes árabes de las otras provincias del país acudían a ellas para realizar los sacramentos esenciales del cristianismo (bautizos y matrimonios).

En la zona de Monte se encontraban los comercios, almacenes, fondas, restaurantes, dulcerías y asociaciones que respondían a una tipología étnica y a la forja visible de la identidad diaspórica de la colectividad. Una frase escuchada por Eurídice Charón durante su trabajo de campo con los inmigrantes y descendientes de la mencionada área habanera, ilustra lo que significó ese asentamiento levantino: «Vivían muchos paisanos aquí. Lo teníamos todo, el comercio, las sociedades»[51].

José Buajasán Maarawi, en un testimonio que corrobora la cita precedente, nos informó: «La zona donde yo me crié era algo así como la principal colonia árabe que había en Cuba. Los paisanos se visitaban, iban a las iglesias para hacer sus ceremonias. Eran muy queridos por los vecinos. Ya hoy en esa parte sólo quedan pocos descendientes pero en los años treinta y cuarenta en la calle Monte y otras cercanas había dulcerías, restaurantes, tiendas de ropa y otros establecimientos típicos de la cultura de nuestros padres. Todos nos conocían y nos decían los "moros"»[52].

Otro asentamiento importante fue el del Tivolí, en Santiago de Cuba. Por ser Santiago el segundo puerto de importancia habilitado por la legislación republicana para recibir inmigrantes, y además una de las ciudades de relevancia socioeconómica y política en Cuba, se formó allí otro núcleo residencial étnico de cepa arábiga, y el Tivolí, un barrio reconocido por haber sido sede de colonos franceses, fue escogido por los inmigrados levantinos como zona preferencial de asentamiento en la ciudad.

La presencia árabe en el Tivolí data de las décadas de los años ochenta y noventa del siglo XIX y se consolida en los inicios del siglo XX, periodo en el que ya se habían constituido en la zona dos asociaciones para preservar la cultura endógena y la unidad del grupo.

---

[51] E. Charón, art. cit., p. 48.
[52] Entrevista realizada por el autor a José Buajasán Maarawi, La Habana, 4 de diciembre de 2000.

Los primeros apellidos que demuestran el asentamiento arábigo del Tivolí entre fines del siglo XIX y principios del XX fueron Latuf, Triff, Saide, Babún, Cremati, Elías y Adjouri[53]. Llama la atención en el caso de Babun (única familia de origen palestino entre las mencionadas), que había inmigrantes de este mismo apellido radicados en países cercanos como Haití[54], lo que nos sugiere la posible existencia de una cadena migratoria de esa familia en las Antillas.

Asentamiento importante de la capital cubana fue el del denominado reparto Santa Amalia, que forma una suerte de demarcación urbana dentro del municipio Arroyo Naranjo y es una zona de paso hacia grandes calzadas como las de Bejucal y Managua, que conducen a otros puntos más alejados de la capital, y a pueblos de la actual provincia de La Habana. Allí se generó un agrupamiento de cierta consideración a partir de las primeras décadas del siglo XX. En ese reparto único fue donde se fundó una asociación arábiga cuyo nombre se regía por el criterio del poblado de asentamiento de sus miembros y no por municipio, provincia o país[55]. En Santa Amalia el inmigrante árabe era muy conocido por sus actividades de venta itinerante y comercio minorista; la mayoría eran libaneses y algunos formaban parte de la élite social de la comunidad de referencia.

Establecidos a lo largo de todo el país, con la realización de actividades económicas que granjearon el reconocimiento social y el éxito para un porcentaje de sus miembros, la comunidad árabe cubana se conformó como un numeroso grupo étnico portador de una infraestructura sociocultural específica.

IV. EL VENDEDOR DE BARATIJAS Y EL DUEÑO DE ALMACENES: LOS PERFILES OCUPACIONALES

En Cuba, como en el resto de América, muchos inmigrados árabes, que en sus países de origen se habían dedicado a labrar la tierra, se

---

[53] R. Paredes, *Componentes árabes en la cultura cubana,* ob. cit., p. 28.
[54] Y. Al-Eid, *Rahalat fi al alam al yadid,* Buenos Aires, Roustom Hermanos, p. 9.
[55] Se trató de la Sociedad Líbano-Siria de Santa Amalia.

transforman en vendedores ambulantes de mercancías, aquellos moros o turcos de los que habla Barnet, que «iban de vez en cuando al barracón» con sus cajones colgados al hombro vendiendo argollas de oros y dormilonas[56].

Uno de los vestigios documentales que indican la presencia de comerciantes árabes en nuestro país lo ofrece un acta capitular del Ayuntamiento habanero fechada el 19 de marzo de 1883 que rezaba:

Diose cuenta de una instancia de Don Jorge Cattan, natural de Palestina, pidiendo se le conceda como gracia por carecer completamente de recursos para regresar a su país, licencia para establecer una venta de efectos de Jerusalén por el término de un mes en la calle del Obispo número 45 y el Excmo. Ayuntamiento declaró que no está en sus facultades el dispensar las contribuciones, y en tal concepto se expida la licencia al interesado si así lo deseare abonando la contribución que corresponda previa clasificación del gremio respectivo[57].

Pero en sentido general, durante el siglo XIX, los árabes incursionaron inicialmente en la venta ambulatoria de mercancías en los centros urbanos y en las áreas rurales. Estos vendedores adquirían retazos de tela de la forma más barata y aprovechando el oficio de costurería desempeñado por algunos inmigrantes, confeccionaban ropas y las vendían de casa en casa. Los buhoneros árabes también comercializaban artículos y productos tradicionales de la Tierra Santa, como los «efectos de Jerusalén» arriba citados.

Las causas para la elección del comercio ambulatorio de mercancías están relacionadas con el interés de prosperar económicamente de manera rápida para rebasar la mala situación financiera de los inicios de la inmigración. Este tipo de venta móvil no obligaba a quien la practicaba a invertir un capital cuyos dividendos se recogerían a largo plazo, como en la agricultura o la ganadería. La venta ambulante tenía la ventaja de poder ejercerse con poco costo y de producir beneficios en breve tiempo[58].

---

[56] M. Barnet, *Biografía de un cimarrón,* Barcelona, Ariel, 1968, p. 22.

[57] Archivo Histórico del Museo de la Ciudad, Palacio de los Capitanes Generales. Cabildo del 19 de marzo de 1883. *Libro 180 de la Actas originales del Ayuntamiento de La Habana,* pp. 332-332v.

[58] Burdiel de las Heras, ob. cit., p. 133.

La venta ambulante se desarrolló como actividad principal desde las tres últimas décadas del siglo XIX, periodo en el que eran muy escasos los comercios fijos administrados por árabes, lo cual indica que en esa etapa primaria de la inmigración levantina, se dedicaban al nomadismo comercial esencialmente. También en el siglo XX se aprecia el desarrollo de este oficio entre los migrantes libaneses, palestinos y sirios. Así lo manifestó una de nuestras entrevistadas: «Mi padre se llamaba Jorge Hadad Yaber. Nació en Gazir y llegó a Cuba en 1906. Antes de tener su tienda de ropas fue vendedor ambulante en el poblado de Pilón. Vendía todo lo que pueda imaginarse: botones, alfileres, retazos, sedas, agujas. Tenía buena clientela»[59].

La venta itinerante de mercancías estaba signada por la curiosidad que despertaba en el cliente criollo. Un elemento distintivo de esa tipología comercial era el pregón, y la población cubana contemporánea con el comerciante árabe lo recuerda por diversas frases que se tornaban simpáticas no sólo por lo que decían sino por la manera de pronunciar las palabras castellanas. Acuñaron pregones como «*combrame* tela barata» y «compro oro viejo» y fueron muy conocidos no sólo en ciudades de nutrida población sino en pueblos rurales y bateyes como el Deleite —ficción del central Delicias, en Puerto Padre— de la novela *Los niños se despiden* en el que se desenvolvían los «moros —sirios y libaneses—, vendedores de bisuterías»[60].

Los comerciantes que alcanzaban éxito en la venta ambulante, alquilaban un local para instalar tiendas de productos textiles o almacenes de tejidos, víveres y otros establecimientos. Algunos abrían primero un almacén mixto en áreas muy frecuentadas. Otros procedían, con sus ahorros, al alquiler de locales para tiendas de sedería, ropa hecha u otra variante. Los tenderos árabes adquirían las mercancías por lo general en los almacenes de sus coterráneos.

En Cuba este segundo peldaño de la estructura socioeconómica del inmigrante árabe comenzó a observarse gradualmente en las primeras décadas del siglo XX. En la estabilidad de las casas comerciales

---

[59] Entrevista realizada por el autor a María Hadad Chediak, La Habana, 21 de septiembre de 1997.

[60] P. A. Fernández, *Los niños se despiden,* La Habana, Casa de las Américas, 1968, p. 168.

de los libaneses, palestinos, sirios y otros, desempeñó un papel elemental la «cadena de llamadas», pues era muy importante para ellos que esa actividad mercantil sedentarizada se administrara desde patrones gremiales-familiares propios de su tradición cultural, de ahí la frecuente reclamación de hermanos, primos, parientes afines y amigos[61]. Fuad Katrib, propietario de la tienda mixta La Joven Siria en Barrio Azul, era auxiliado en la conducción del negocio por su esposa e hijos, lo que constituye un ejemplo de negocios familiares en la colectividad[62].

Desde la primera década del siglo XX, comienzan a destacarse con establecimientos fijos algunos árabes residentes en La Habana, quienes se desempeñaron fundamentalmente en el género de sedería, como el caso de Luis Azor, y de Gabriel M. Maluf quien además del mencionado giro, se dedicó a la importación de quincalla y perfumería y era el gerente de La Verdad[63], un almacén radicado primero en la calle Egido y a partir de 1912 en la populosa esquina de Monte y Cárdenas. En la ciudad de Matanzas también destacan desde los primeros tiempos del siglo pasado las tiendas de ropas, sastrerías y camiserías cuyos propietarios eran de nacionalidad árabe y lo mismo sucedió en Santiago de Cuba.

Entre 1899 y 1910 los comercios de los integrantes de la comunidad árabe de Cuba se resumen en las siguientes especializaciones mercantiles:

— Sederías
— Tiendas de víveres
— Tiendas de ropa
— Baratillos, ropa hecha
— Relojería
— Importación de sedería y quincalla

---

[61] El próspero comerciante Gabriel M. Maluf insistió en la llegada de su hermano Botros para que lo ayudase en las tareas de su comercio, véase al respecto Amin Maalouf, ob. cit., p. 200.

[62] Entrevista realizada por el autor a Berta Katrib Katrib, La Habana, 7 de marzo de 2005.

[63] Menéndez Paredes, *Los árabes en Cuba,* ob. cit., pp. 74-75.

— Perfumería
— Almacenes de tejidos
— Importación de tejidos
— Quincallerías al por menor
— Platería
— Sastrerías y camiserías
— Carpintería y juguetería
— Tiendas mixtas

Los miembros de la comunidad árabe de Cuba se caracterizaron fundamentalmente por desarrollar un comercio afín al género textil, por el cual parte de la población cubana los recuerda. Ese tipo de actividad proporcionó a un grupo de ellos la adquisición de un capital que supliera las carencias materiales que los impulsó a emigrar. La razón del éxito en esta esfera se debió probablemente a la existencia de condiciones propicias para explotar el sector: familiares o amigos que desde otras colonias árabes del continente podían proveer a sus paisanos árabes de Cuba de productos con posibilidades de venta entre la población del país.

La forma de comercio tipificada por la comunidad árabe de Cuba generó gradualmente un capital económico que al crecer y desarrollarse hizo ascender en la jerarquía social de este país a un sector de la comunidad, que se convirtió en una élite dentro del grupo diaspórico árabe. Sin embargo, no todos los que se dedicaron a actividades comerciales lograron el mismo éxito de los integrantes del sector comercial más favorecido de la comunidad: existió el infortunado comerciante que no logra erradicar la pobreza como el «libanés sin plata» evocado en la novela cubana *La caja está cerrada*[64].

El comercio constituyó una de las vías que a la postre permitió la inserción de los miembros de la comunidad árabe en la sociedad cubana gracias al establecimiento de relaciones personales con clientes que formaban parte de las clases poderosas de la isla. En sentido general, la sociedad le otorgaba un reconocimiento y acogía favorablemente al inmigrante árabe en la medida en que los miembros comunitarios se tornaban importantes eslabones en la estructura socioeconómica

---

[64] A. Arrufat, *La caja está cerrada,* La Habana, Letras Cubanas, 1984, p. 167.

de la nación. Se produjeron, por ejemplo, relaciones de compadrazgo entre notables comerciantes árabes y personalidades relevantes de la sociedad cubana[65], lo cual refleja aspectos de integración de los inmigrantes a su espacio de acogida.

En 1927 se observan árabes en esferas no vinculadas a las confecciones textiles como las mueblerías y las farmacias[66]. También a partir de esta fecha es común observar, principalmente en La Habana, la apertura de diversos establecimientos gastronómicos donde se consumía comida típica de la región de procedencia de los inmigrantes, como el caso de la fonda de Nazira Nemer, quien nos narró algunos aspectos vinculados con su establecimiento: «Mi madre Adle y yo abrimos una fonda en la calle San Nicolás adonde acudían muchos de nuestra tierra, le decían la fonda de los libaneses, aunque allí también iban gente de Palestina y algunos sirios. Teníamos empleados libaneses y cubanos. Recuerdo a Elías Fer, el cocinero. Los hombres se sentaban en grupo y mientras comían el hummus[67] o el kibbeh[68], conversaban animadamente sobre el Líbano, la política o hablaban de poesía»[69].

En el asentamiento árabe de la calle Monte y sus alrededores, en La Habana, se localizaban la mayoría de los establecimientos atávicos de comidas y dulces: el café El Árabe de Rachid Torbey (existía en 1932), la dulcería de Toufik Zamlut, en San Nicolás 230 entre Monte y Corrales (ya existía en 1932), la del libanés José Curí en San Nicolás 907[70], el restaurante El Árabe, abierto en la década de los años cincuenta y que perteneciera sucesivamente a los libaneses Camel Baydun,

---

[65] Gabriel M. Maluf sostuvo relaciones de amistad con Fernando Figueredo Socarrás, uno de los organizadores de la revolución independentista cubana de 1895, quien llegó a ser padrino de uno de sus hijos y confraternizó con el mencionado inmigrante en el ámbito de la militancia masónica (véase Amin Maalouf, ob. cit., pp. 161, 163-164).

[66] R. Menéndez Paredes, *Componentes árabes en la cultura cubana,* ob. cit., p. 82.

[67] Pasta típica de la dieta de Líbano, Palestina y Siria, preparada a base de garbanzo molido, salsa tahine, ajo y aceite de oliva.

[68] Alimento cuyos ingredientes fundamentales son la carne de carnero molido, trigo y especias, común en la culinaria de Líbano, Palestina y Siria.

[69] Entrevista realizada por el autor a Nazira Temer, La Habana, 28 de junio de 1997.

[70] R. Menéndez Paredes, *Los árabes en Cuba,* ob. cit., pp. 84, 87-88.

Yussef Abbas Chahine y Antonio Baiter Raad y La Estrella de Oriente, de Abdel Karim Charara, de sobrenombre El Sheik. La existencia de restaurantes típicos en las colonias árabes de Cuba posibilitó al inmigrante mantener con regularidad las costumbres culinarias de sus pueblos de nacimiento en un país donde las características de la alimentación son diferentes. Estos establecimientos también fueron frecuentados por cubanos que no tenían ascendencia árabe: «Yo era asiduo a un restaurante pequeño —nos informó Severo Otero—, de unas cinco mesas y luz mortecina, donde vendían *kibbe* frito y crudo, yogurt con pepinos y otros platos árabes. El dueño era un hombre robusto, no tan alto, con un acento descosido y gracioso, que nos atendía personalmente y nunca aceptaba propina»[71].

El comercio constituyó un importante medio de integración del inmigrado árabe a la sociedad cubana. Hacia el final de la década de los años cincuenta puede identificarse un grupo árabe cristiano dentro de la gran burguesía de la isla y este sector incluyó comerciantes e industriales: importadores de efectos eléctricos, joyeros, industriales del cemento y la madera, banqueros, propietarios de fábricas textiles y de compañías hoteleras. En 1958 algunos de los propietarios libaneses, palestinos y sirios estaban ubicados en lo más encumbrado de la escala social cubana.

V. LOS DESCENDIENTES EN EL SIGLO XX: LA COMUNIDAD
    DE PROFESIONALES

Tanto en Cuba como en el resto de los países del hemisferio americano las colectividades árabes constituyeron un modelo de integración característico: los padres se dedicaron al comercio y los hijos a profesiones científicas, a la cultura y la política. La tendencia creciente y generalizada de que los hijos de inmigrantes árabes se ocuparan de sectores y profesiones de índole científica, se explica en buena medida por la holgada situación de sus padres comerciantes e industriales,

---

[71] Entrevista realizada por el autor a Severo Otero, La Habana, 31 de julio de 2008.

que así trataban de asegurar para sus familias una posición destacada dentro de la esfera socioclasista del país receptor.

Desde inicios del siglo XX se produce el ingreso de alumnos árabes o descendientes en las aulas de la Universidad de La Habana para cursar diversas carreras (Medicina, Farmacia, Derecho, Periodismo y otras disciplinas). En ese sentido habría que comenzar por aquellos inmigrantes que llegaron a Cuba siendo niños o jóvenes; en tal caso el pionero del movimiento hacia las profesiones universitarias fue el doctor Juan B. Kourí, nativo de Hadschit, Líbano. Llegó a Cuba en 1904 con sus padres, destacados comerciantes radicados en Santiago de Cuba. La siguiente anécdota narrada por su hija Ada ilustra cómo su padre se decidió por la medicina: «Al finalizar sus estudios de bachillerato, él decidió hacerse médico y venir a estudiar a la Universidad de La Habana. Al conocerse su decisión, no faltó quien, en el mundo sirio-libanés santiaguero, expresara que el joven Kourí era un vago que no quería trabajar. Creo que mi padre abrió el camino hacia los estudios superiores que siguieran muchos jóvenes de familias árabes, distinguiéndose más de uno por su capacidad y talento en diferentes profesiones»[72].

Otro nativo graduado de Medicina fue Antonio Assad Ayub, de Basquinta, Líbano, de quien su hija Olga manifestó:

Mi padre emigró con sus hermanos en 1920, después que su madre Foumille murió de fiebre amarilla en Basquinta al final de la guerra mundial. Vinieron en el vapor Virginia, reclamados por mi abuelo Assad Yussef. Primero vivieron en Manatí y después se trasladaron para Esmeralda, donde papá trabajó como joyero para ayudar a la familia. De ahí vino para La Habana, donde estudió el bachillerato y consolidó el idioma inglés. Todo eso sin dejar de trabajar. Me contaba que tenía que recoger anuncios de los comercios para llevarlos al programa La Hora del Líbano. Se ganó el derecho a matricular Medicina debido a las excelentes notas que obtuvo como bachiller. Se graduó en 1947 de médico general. En 1950, con las acciones de los libaneses de recursos, fundó la clínica Nuestra Señora del Líbano[73].

---

[72] M. Grant, «Latidos para el recuerdo, con Ada Kourí», *Opus Habana,* vol. VIII, núm. 3, dic. 2004/mar. 2005, p. 16.

[73] Entrevista realizada a Olga Ayub Coca, La Habana, 28 de septiembre de 2000.

Dentro del grupo de los nativos graduados de Medicina se incluyen también Filomena Bared, de Gazir, quien en 1931 fungía como jefa de sala de operaciones del hospital habanero Calixto García[74]. Sin embargo, es entre los hijos de los inmigrantes donde se forma un núcleo extenso de profesionales. En la Facultad de Medicina y Farmacia de la Universidad de La Habana, se graduaron un número significativo de estudiantes de cepa libanesa-palestina-siria[75]. En muchas ciudades cubanas hubo y hay graduados de ascendencia levantina. Una cifra relevante de familias árabes del país contaban con un graduado universitario o más.

El aporte árabe a las ciencias médicas lo corroboró el testimonio de la doctora María del Carmen Amaro, quien estudió con un grupo de descendientes en primera generación y aún mantiene vínculos laborales con algunos de ellos:

La presencia árabe en la Medicina cubana fue y es muy importante. Yo estudié con varios hijos de libaneses: el doctor Dip, que actualmente trabaja conmigo en la Facultad Calixto García; los hermanos Yapur. También conocí al moro Assef, quien presidió una comisión municipal médica en La Habana. Puedo mencionar a otro médico de ascendencia libanesa: el doctor Elías Jalil, miembro de una extensa familia del Líbano y que fue director del Centro de Investigaciones Médicas. En la actualidad la Unión Árabe agrupa a muchos de estos descendientes graduados de Medicina en una organización específica[76].

La institución a que refiere la informante es la Comisión Médica de la Unión Árabe de Cuba que incluye como miembros, además de los médicos de origen levantino, a aquellos que cumplieron misión internacionalista en países árabes. Esa agrupación está presidida actualmente por José Luis Libera, descendiente de libanés.

También hubo algunos descendientes en primera generación destacados en el campo del periodismo, como el mártir de la Revolución

---

[74] Semanario *Al-Faihaa,* núm. 221, 23 de enero de 1931, p. 5.

[75] Véase Archivo Central de la Universidad de La Habana. *Libro núm. 12 de Registro de títulos de la Facultad de Medicina y Farmacia.*

[76] Entrevista realizada por el autor a María del Carmen Amaro, La Habana, 8 de abril de 2006.

Félix Elmuza Agaisse, quien fuera expedicionario del yate *Granma*. José Alejandro Ache Llapol, Antonio Apud Aued y Emiliano Danger fueron otros periodistas inscritos en los directorios de fines del periodo neocolonial[77]. En la contemporaneidad existen nombres de descendientes destacados en la prensa como Magda Resik, Juan Duflar Amel, Reynold Rassi, Moisés Saab y Arnaldo Musa, entre otros.

Otra profesión muy extendida entre los hijos de árabes fue la abogacía. En ese grupo es insoslayable la figura de Alfredo Yabur Maluf, de padres libaneses, quien desde su época como presidente de la Asociación de Estudiantes del Instituto de Segunda Enseñanza en Santiago de Cuba combatió las injusticias de los gobiernos de turno. Después de su graduación como abogado en 1952, se convirtió en un defensor militante de los miembros del Movimiento 26 de julio, del Partido Socialista Popular y del Directorio Estudiantil Universitario. Al triunfo de la Revolución fue designado Secretario de Justicia y posteriormente Ministro del ramo[78]. Otro jurista que desempeñó su labor en la década de los cincuenta del siglo XX fue Eduardo Eljaiek Eldidy, quien participó en el juicio por el asalto a los cuarteles Moncada y Carlos Manuel de Céspedes en 1953 como abogado defensor de los encartados Ángel Eros Sánchez y Fernando Fernández Catá[79].

VI. PARTICIPACIÓN DE LA COMUNIDAD Y SUS DESCENDIENTES EN LA VIDA POLÍTICA, REVOLUCIONARIA Y CULTURAL DEL PAÍS EN EL SIGLO XX

Los inmigrante árabes y sus descendientes cubanos se insertaron en la vida política del país como un modo de integración a la nación recep-

---

[77] *Directorio profesional de periodistas de Cuba,* La Habana, 1957, 1.ª ed., pp. 15, 26, 325.

[78] Menéndez Paredes, *Componentes árabes en la cultura cubana,* ob. cit., p. 119.

[79] Marta Rojas, *La generación del centenario en el juicio del Moncada,* La Habana, Editorial de Ciencias Sociales, 1979, p. 338. Debe aclararse que en dicha fuente los apellidos del referido abogado de origen árabe están escritos como Eljaick Eldidi, pero en entrevista realizada a su viuda Gloria Márquez Mañero el 17 de junio de 2005 en La Habana, corroboramos que se trata de la misma persona.

tora. Ya habíamos citado el caso de Gabriel M. Maluf, quien tejió amplias redes de relaciones políticas basadas en su poderío económico, y trabó amistad y relaciones de compadrazgo con figuras de la vida nacional, la masonería y la lucha independentista como Aurelio Miranda y Fernando Figueredo Socarrás.

Según esbozó Yussef Al-Eid, algunos inmigrantes árabes y sus descendientes llegaron a ocupar puestos en el parlamento cubano anterior a 1959. Por ejemplo, Hasan Youssef Shomon, de quien el mencionado autor opinó que apenas leía el español y el árabe pero llegó a ser miembro del Consejo de la Nación [80]. No hemos comprobado si este parlamentario y el libanés José Chamán Milla, electo representante por el partido ABC a las elecciones generales de 1940 por la provincia de Las Villas [81] y natural de Nabatiye eran la misma persona.

Hubo otros políticos de origen árabe que fueron representantes a la cámara de la época republicana neocolonial, como el descendiente de libanés Primitivo Rodríguez Rodríguez [82], miembro del PRC (auténtico) quien resultó vencedor en las elecciones parciales de 1946 habiéndose postulado por La Habana [83]. A la lista se sumaron otros parlamentarios de ascendencia libanesa como Ofelia M. Khouray, del PPC (ortodoxo), electa en 1948 [84] y Digna Elías Ríos [85] y Ramón Cabezas Abraham [86], representantes a nombre del Partido Acción Progresista por Bayamo y La Habana respectivamente, en las ilegítimas elecciones generales de 1954 convocadas por el gobierno dictatorial de Fulgencio Batista.

Es loable destacar que algunos árabes y una cantidad importante de miembros de la primera generación de descendientes desempeñaron un papel protagónico en la lucha antibatistiana como miembros del Movimiento 26 de Julio, el Directorio Revolucionario y otras agrupaciones donde manifestaron una actitud patriótica e identificada con nuestro país. Merece citarse entre los naturales de Líbano destacados

---

[80] Y. Al-Eid, ob. cit., p. 3.
[81] M. Riera, *Cuba política. 1899-1955,* La Habana, 1955, p. 503.
[82] *El Cercano Oriente,* año XII, núm. 131, enero de 1955, La Habana, pp. 4, 26.
[83] Riera, ob. cit., p. 551.
[84] *Ibid.,* p. 573.
[85] *Ibid.,* p. 619.
[86] *Ibid.,* p. 609.

en ese proceso al doctor Antonio Assad Ayub[87]. Casos paradigmáticos de descendientes con activa participación revolucionaria fueron el de Alfredo Yabur Maluf[88], Félix Elmuza Agaisse, Pedro Zaidén Rivera y José Assef Yara, asaltantes al Palacio Presidencial el 13 de marzo de 1957; Pedro Rogena Camay, José Ramón López Tabrane, Badi Saker Saker[89] y muchos otros revolucionarios de estirpe árabe a los que se suman José Buajasán Maarawi, coronel de los órganos de la Seguridad del Estado, y Manif Abdala.

Descendientes eminentes en el campo cultural fueron Fayad Jamis, poeta y artista plástico de padre libanés, nacido en México, cuya niñez y gran parte de su vida transcurrieron en Cuba. En la música se destacaron la concertista Ñola Sahig, el pianista Kemal Kairuz, el cantante lírico Raúl Camayd y Baz Tabrane, integrante del trío Taicuba; además la vedette Silda Legrand, cuyo verdadero nombre era Jaddy Halap, nacida en Palma Soriano e hija de libaneses[90]. Asimismo es de origen árabe por línea materna el novelista y dramaturgo Antón Arrufat Maarat, Premio Nacional de Literatura. En el campo de la actuación televisiva recordamos a los actores Luis Felipe Bagos, Paula Alí, sus sobrinos Félix y Omar, Yamil Jaled y los locutores Marta Yabor, Ibrahim Apud y Modesto Agüero Yabor.

En el campo político de la Cuba contemporánea se distinguen dirigentes de origen arábigo como Juan Contino Aslam, presidente del gobierno de Ciudad de La Habana; Misael Enamorado Dager, primer secretario del Partido Comunista en Santiago de Cuba, y los diplomáticos Isabel Allende Karam y Raúl Roa Kourí, hijo de Raúl Roa García (canciller cubano entre 1959 y 1976) y nieto de Juan B. Kourí. Los ejemplos mencionados son el resultado del proceso integracionista y asimilativo de la comunidad árabe cubana.

---

[87] El doctor Ayub fue miembro fundador de la Columna Elpidio Aguilar desde el 12 de enero de 1957, y por sus servicios médicos le fue otorgado el grado de Capitán Médico (Información tomada del carné de combatiente del Movimiento 26 de julio del referido inmigrante libanés).

[88] R. Menéndez Paredes, *Componentes árabes en la cultura cubana,* ob. cit., p. 119.

[89] Entrevista realizada a José Gómez Fresquet (Fremez), Beirut, 28 de octubre de 2000.

[90] *Carteles,* 3 de junio de 1956, p. 35.

La formación de una comunidad de profesionales, políticos y artistas entre los descendientes de los inmigrantes árabes ilustra cómo la tendencia de los miembros de los nativos era procurar un oficio universitario para sus hijos, un intento integrador dentro de la sociedad a la que estos últimos sí pertenecían como ciudadanos *de jure* y *de facto*. El profesional de origen árabe en primera generación aunque se vincula a la comunidad de donde procedía por vía paterna y/o materna, tanto desde el punto de vista familiar, asociativo o de otras esferas como le correspondía en su condición de descendiente, era y es cubano, miembro pleno de la sociedad donde nace y se desarrolla y que sus padres habían escogido para vivir.

Dentro de los factores que determinaron que la comunidad árabe contara con una significativa cantidad de profesionales está, a nuestro modo de ver, el interés de muchos inmigrantes en que sus hijos tuviesen una profesión y fueran reconocidos por la sociedad circundante. Estas aspiraciones de los árabes para sus hijos cubanos posiblemente se relacionen con la necesidad del inmigrante de que su familia pudiera ascender en la escala social del país con más facilidad. El estímulo hacia la profesionalización de los descendientes, que por supuesto debe venir acompañado con la voluntad y capacidad de la persona, fue un medio para la inserción de la familia árabe en la sociedad cubana.

VII. UN SOLO DIOS Y MUCHAS CONFESIONES:
      EL MOSAICO RELIGIOSO DE LA COLECTIVIDAD

El colectivo humano árabe asentado en Cuba abarcó a representantes de la mayoría de las confesiones del Medio Oriente como ejemplo de la diversidad religioso-comunalista que identifica la región. En el bloque migratorio de referencia hubo componentes del cristianismo: maronitas libaneses, griego-ortodoxos de Líbano, Palestina y Siria, y melquitas y protestantes libaneses; los dos grupos religiosos del Islam (sunitas y chiitas) también tuvieron representación en la Isla. De Líbano emigró además una exigua minoría de drusos.

Los maronitas fueron mayoría entre los libaneses emigrados al país y fue el colectivo que más cohesión logró entre todos los grupos confesionales, debido, entre otras causas al envío de cinco clérigos de ese rito a Cuba desde fines del siglo XIX hasta 1960. La entrada de sacerdotes maronitas a Cuba desde finales del siglo XIX responde inicialmente a la actividad misionera desplegada por el patriarca Elías Hoyek aprovechando la creciente presencia de emigrados maronitas libaneses en el hemisferio americano. Estaban autorizados para celebrar diferentes sacramentos entre sus conciudadanos y aunque en un principio bautizaban solo a los niños de su credo, posteriormente lo practicaban también con árabes de rito griego ortodoxo o griego católico, pues las misiones lo designaban como visitadores apostólicos de los cristianos orientales. Ejercían su ministerio en iglesias de La Habana y de otras ciudades con mayoritaria confesión maronita como Matanzas y Sagua La Grande, sin embargo la principal parroquia en la que oficiaron estos prelados fue la hoy nombrada Iglesia de San Judas Tadeo y San Nicolás de Bari, que está ubicada en una plazoleta donde confluyen las calles Rayo, San Nicolás y Tenerife y está muy cerca de la principal arteria comercial donde comerciaban los árabes radicados en la capital. Las otras parroquias donde estos párrocos oficiaron sacramentos, fueron en Jesús María y José y en la de Santo Cristo del Buen Viaje, ambas cercanas también a la principal zona de asentamiento de los libaneses, palestinos y sirios en nuestro país.

CUADRO 4. *Sacerdotes libaneses de rito maronita que oficiaron en Cuba*

Nombre y apellidos	Periodo en que ofició
Mateo Noemí	fines del siglo XIX
Martinos Delebtani...........................	1899-1931
José K. Aramuni	década de los treinta-1952
Juan Elías Korkemaz	1952-1955
Botros Abi Karma	1955-1960

El monseñor José K. Aramuni es el sacerdote maronita más recordado por los inmigrantes y descendientes líbano-palestino-sirios, pues desarrolló su mandato en uno de los periodos de consolidación de la comunidad árabe en Cuba. Dentro de su actividad debe destacarse la gestión llevada a cabo en 1942 con algunas personalidades de la colectividad (Emilio Faroy, Antonio Juelle, el doctor Antonio Faber Jal, Jorge Daly y otros) con el propósito de construir un panteón en la capitalina necrópolis de Colón para los cristianos libaneses de Cuba [91]. El sacerdote también gestionó junto al comerciante Faroy la adquisición de una imagen de San Marón que se conserva actualmente en la parroquia de San Judas y San Nicolás [92] y en 1950 publicó una plegaria al patrón del credo maronita en la que se divulgaba la celebración de cultos de esa fe y la escucha de confesiones en lengua árabe en la iglesia de referencia.

Según la descendiente Marta Hassein Peláez, el citado párroco libanés también dirigió misas en un local cercano a la Iglesia de San Judas y San Nicolás: «A mi padre Adham sus paisanos del Líbano lo invitaban a unas misas que daba el padre José Aramuni en un local en altos que pertenecía a la parroquia y estaba en Monte entre San Nicolás y Antón Recio, por donde ahora está la pescadería. Esa era una reunión religiosa de maronitas, allí consagraban el pan como hacen en su país» [93].

El hecho de contar por varias generaciones con un presbítero que los congregaba propició que los maronitas ejercieran la fe de forma colectiva, una especie de maronitismo público, que, sin embargo, estuvo restringido principalmente a La Habana y otras ciudades de Cuba. Los feligreses se integraban en las diversas ceremonias (misas, bautizos y matrimonios), guiadas por un sacerdote de su credo, lo cual les facilitaba la continuación de la tradición ritual que habían traído de su territorio de origen.

Hubo un grupo de factores que impidieron que el maronitismo cubano se independizara y continuara su autonomía religiosa por largos periodos como sucedió en Argentina, México y otros estados latinoamericanos. Primeramente, debido a la existencia de una parroquia en la capital, en el corazón mismo del principal asentamiento árabe en

---

[91] ANC. *Registro de Asociaciones,* legajo 634, expediente 17276.

[92] Entrevistas realizadas por el autor a Nazira Nemer y Amelia Zeus, La Habana, 28 de junio de 1997 y 11 de mayo de 1998 respectivamente.

[93] Entrevista realizada por el autor a Marta Hassein Peláez, La Habana, 3 de enero de 2006.

La Habana, donde los sacerdotes libaneses oficiaban como vicarios cooperadores o párrocos auxiliares, no prosperó la probabilidad de fundar una iglesia de denominación específicamente maronita. Hubo algunos intentos por parte de clérigos y personalidades libanesas que pretendieron convertir la Iglesia de San Judas Tadeo y San Nicolás en el templo de los fieles del credo de San Marón [94], pero el propósito no fructificó y de hecho las funciones litúrgicas propias del rito se desarrollaron con plena libertad. Además, el catolicismo maronita apenas difiere en lo esencial del apostólico y romano que predomina en Cuba; varios libaneses residentes en la isla practicaron la modalidad católica tradicional cubana. En este sentido es destacable cómo entre los nativos árabes algunas actividades vinculadas al credo católico funcionaron como vehículos para transmitir a los hijos algunas variantes de enseñanza religiosa:

— Asistencia con sus padres a las misas de los domingos.
— Los padres bautizaban a los hijos con los párrocos maronitas.
— Inscripción de los hijos en escuelas religiosas.
— Involucrar a los hijos en las reuniones de paisanaje.

Estos elementos no significaron que los hijos de matrimonios endogámicos maronitas se mantuvieran como practicantes activos del catolicismo, pues en ese sentido el espectro es variado y en la actualidad hay descendientes en primera generación que ejercen la fe católica, pero también los hay agnósticos o ateos. Sin embargo, la costumbre de sumar a sus hijos a sus actividades sociales y religiosos denotó el interés de los padres por preservar la cultura original.

El cese del envío de clérigos de fe maronita a Cuba en 1960 contribuyó a debilitar el carácter congregacionista de la comunidad religiosa, al despojarla de su instrucción teológica. Además, ese año ya había comenzado la emigración hacia otros países de muchos feligreses maronitas, comerciantes en su mayoría, a causa de las leyes revolucionarias de nacionalización, lo cual generó una disminución sensible del grupo religioso. Nazira Nemer solo recuerda que «creía

---

[94] *Ibíd.*

en San Marón» y mantiene su devoción cristiana pero diluida en las creencias en el santoral popular cubano (San Judas, San Lázaro, la Caridad del Cobre y Santa Bárbara) [95]. Estos elementos son un reflejo de la progresiva asimilación experimentada por el componente maronita de la isla.

Dentro del bloque cristiano se destacó también la presencia de un porcentaje significativo de creyentes del rito griego ortodoxo de Líbano, Palestina y Siria. La mayoría de los libaneses que profesaban ese credo al llegar a Cuba eran oriundos de los distritos de El Kura y Metn, mientras los palestinos que ejercieron esa fe eran naturales de Jerusalén y Nazaret y los sirios de la ciudad de Homs. Un segmento de los representantes de este grupo se mezcló rápidamente con los creyentes maronitas en las diferentes iglesias, fundamentalmente en las de La Habana.

Sin embargo, el mayor logro de los feligreses árabes de rito griego ortodoxo fue la creación, junto con correligionarios de otras nacionalidades, de la Colectividad Cristiana Ortodoxa de Cuba en 1958 y la terminación de la Iglesia de Santa Elena y San Constantino en el reparto Hidalgo, en La Habana, templo en el que ofició como sacerdote el palestino José Azar [96]. Sin embargo, la exigua duración de la Colectividad Cristiano Ortodoxa de Cuba (1958-1960) y de la Iglesia de Nuevo Vedado conduce a pensar que estas instituciones apenas dejaron huellas en la sociedad cubana. En sentido general, con este rito también se produjo una asimilación a la religión más practicada en Cuba, y hubo incluso casos de inmigrantes de religión ortodoxa que empleaban sus casas para veladas propias de la devoción popular cubana. Ricardo Munir Selman Hussein ilustra en su descripción de las familias libanesas de Cárdenas el elemento anteriormente indicado: «Otra casa muy peculiar era la [...] de Tía Emilia, Emilia era una libanesa de religión cristiana ortodoxa, [...] no se sabe por qué todo el mundo con respeto le decía "Tía Emilia", ella tenía en la pared de la saleta de su casa los iconos de "San Marón" y otros santos y en la sala tenía un altar con la virgen de la "Caridad del Cobre" patrona de Cuba

---

[95] Entrevista realizada por el autor a Nazira Nemer, La Habana, 28 de junio de 1997.

[96] Menéndez Paredes, *Los árabes en Cuba,* ob. cit., p. 110.

y todos los días 8 de septiembre mientras estuvo en Cuba velaba a la virgen y su casa se llenaba de personas de diferentes religiones»[97].

De manera que el segundo colectivo, desde el punto de vista numérico, de más importancia en la cristiandad árabe de Cuba, tampoco logró una vida confesional duradera, lo que limitó a su vez la conservación de la identidad de este segmento de la comunidad.

Los inmigrantes árabes que profesaban otras vertientes del catolicismo, como los melquitas o griegos católicos, y los que practicaban alguna variante de la fe protestante, fueron muy escasas en el país. En el primer caso, estas personas procedían de ciudades libanesas —Machrach, Muaser el Chuf, Halay, Bserrin y Aitanit— y también se mezclaron con facilidad al rito católico practicado en Cuba. Los protestantes eran naturales de Líbano y Palestina, países donde un segmento de familias originalmente ortodoxas o católicas se convertía fundamentalmente a causa de la labor proselitista de los misioneros norteamericanos y europeos durante el siglo XIX. Algunos miembros de la familia Maluf radicada en Cuba eran prebisterianos y una de las pruebas documentales de la presencia de árabes de fe protestante la ofrece el archivo de la Catedral Episcopal de La Habana[98], que reflejan la celebración de ocho matrimonios en el periodo 1913-1925, de los cuales siete eran entre parejas de nacionalidad árabe y la mayoría procedía de Palestina. Najeli Hakim, uno de mis entrevistados e hijo de un inmigrante palestino nos corroboró que él fue bautizado por el rito católico por un matrimonio español y por el protestante sus padrinos fueron dos tíos palestinos[99].

Por su parte, el porcentaje de inmigrantes árabes de fe musulmana en el país fue muy inferior numéricamente al de sus coterráneos cristianos y no sobrepasó el 30%. Existe un grupo de causas de la minoritaria presencia islámica entre los emigrados árabes a las Américas y su inca-

---

[97] R. Munir Selman Hussein, *La herencia libanesa en la familia cubana,* La Habana, 2001, p. 3 (automatizado, inédito).

[98] Todas las referencias vinculadas al archivo de esta institución religiosa fueron ofrecidas al autor por el investigador Michael Cobiella, especialista de la Fundación Fernando Ortiz.

[99] Entrevista realizada por el autor a Najeli Hakim Tabraue, La Habana, 29 de abril de 2008.

pacidad para conformar un poderoso colectivo religioso. En primer lugar los inmigrantes musulmanes fueron incapaces de mantener sus tradiciones litúrgicas en una sociedad cristiana occidental. Además, es importante para un grupo de recién llegados constituir una fuerte colectividad si se quiere atraer la migración de otros correligionarios. La falta de liderazgo de las comunidades islámicas, así como la carencia de guía y apoyo, incidió en su debilidad y en su rápida declinación. Entre los inmigrantes árabes de fe musulmana hubo pocas mujeres, lo cual redujo la posibilidad de constituir familias como principal medio de transmisión de patrones y valores culturales. Estas razones coadyuvaron a que los inmigrantes islámicos fueran proclives a la conversión y la asimilación [100], y en ese sentido debe analizarse el proceso de desarrollo del referente islámico dentro de la inmigración árabe en Cuba.

Es necesario apuntar, partiendo de elementos como el alto porcentaje de masculinidad y la falta de liderazgo, que en Cuba las causas asimilatorias funcionaron para el grupo islámico de manera distinta a las de la colectividad maronita. Si en esta última el ejercicio público y organizado de su rito y la similitud de este con el cristianismo mayoritario en la isla conllevó a una asimilación a la sociedad católica receptora, en el caso musulmán fue la debilidad del grupo la que impidió mantener una religión organizada y duradera, lo cual propició de manera más rápida el proceso asimilativo. Se trató de una comunidad en la que muchos de los individuos llegaban muy jóvenes a Cuba, solteros, con poca posibilidad de transmitir sus autóctonas reglas religiosas en un país de cultura occidental, heredero de la hispánica, donde el Islam era una religión totalmente desconocida en la sociedad cubana. Máximo Hassan Selim, inmigrante palestino residente en El Cotorro, refrendó esta afirmación: «Yo vine siendo casi un niño, con 13 años. Mi religión era el Islam y al principio hacía los rezos aquí, pero figúrese, vine para buscarme la vida y con el tiempo todo se olvidó. Fui más bien masón y cristiano. Y pensar que mi tío era el alcalde del pueblo allá en mi país y siempre estaba en la mezquita» [101].

---

[100] N. Dallas, *Perspective on the Arab Presence in Cuba,* 1994 (automatizado inédito), p. 4.

[101] Entrevista realizada por el autor a Máximo Hassan Selim, La Habana, 28 de junio de 1999.

Dentro del grupo musulmán comprobamos que los sunitas libaneses eran nativos de algunos pueblos del Valle de la Bekaa (Sultan Yacub, Al Lau, Mduja, Jerbet Ruha), de Bar Elías y zonas cercanas a Trípoli y Beirut; los palestinos procedían de los poblados de Bet Ur, Beit Yala, Nablus, Arura, Ramala, Turmosaya. Los egipcios practicantes del sunismo eran naturales de Alejandría y Wadi Halfa[102].

Los musulmanes chiitas eran oriundos de aldeas campesinas del sur libanés (Yarun, Sur, Nabatiye, Bint Jbail)[103] y de Bhabuch, entre otras ciudades. La mayoría de los miembros de este grupo entraron a Cuba en la oleada de 1920 a 1931 y en los primeros años de la década de los años cincuenta del siglo XX.

En Cárdenas, ciudad donde hubo notable presencia islámica, se observó la práctica de algunas festividades sagradas de la religión iniciada por Mahoma, lo cual ejemplificó Ricardo Munir Selman Hussein, hijo de musulmanes libaneses: «Al finalizar el mes del Ramadán Karim, hacían una gran fiesta, muy similar a la noche buena cristiana. Sacrificaban un carnero con el rezo musulmán y hacían la carne en pincho en tres hornillas de carbón que se ponían en el patio [...]. Se servían frutas y dulces árabes que eran delicias de niños y mayores. Recuerdo a Alí Brojim, que vendía pan tradicional árabe. A los niños, los mayores les brindaban aguinaldos con algunas monedas y regalos, y por la tarde y noche se visitaban los musulmanes para felicitarse y desearse salud, prosperidad y felicidad eterna»[104].

La fiesta religiosa a la que hace referencia Selman Hussein es el llamado Aid el Fitr o Aid el Seguir (la fiesta pequeña) y consiste en la celebración del final del ayuno del mes de Ramadán. Se observa el primer día de Chawal (décimo mes del año islámico). Como se ilustró en la cita anterior, un elemento típico de esta festividad musulmana es el reparto de alimentos, regalos o limosnas en el pueblo o la comunidad donde se celebre. El descanso posterior al Ramadán puede prolongarse hasta tres días.

La información de Selman sobre las prácticas musulmanas en Cárdenas en los años veinte y treinta del siglo XX refiere otras costum-

---

[102] Menéndez Paredes, *Componentes árabes en la cultura cubana,* ob. cit., p. 56.

[103] *Ibid.,* p. 57.

[104] *Ibid.*

bres y fiestas de la religión: «Una visita obligada [...] era a la casa de la familia Esmein, Abbez y Abdilatif Esmein, dos hermanos también musulmanes, casado Abbez con Latifa, una magnífica señora que tenía siete hijas y Abdilatif era como un patriarca, alto, con siete pies de estatura, muy blanco, su bigote blanco, y tenía una inteligencia natural extraordinaria; se sabía el Corán de memoria: en su casa se efectuaron varias bodas con el ritual tradicional musulmán y los bailes árabes, fundamentalmente la conocida danza árabe que se llama dapka [105] y bailes con pañuelos. También esa casa estaba de fiesta el día del Id Kebir, la fiesta musulmana mayor» [106].

Resulta interesante cómo los árabes musulmanes asentados en Cárdenas celebraron el Aid el Kebir, también llamado Aid el Adha (la gran fiesta), que comprende el sacrificio de un cordero el día 10 del mes de Dul-Higyah, último del Islam y es parte fundamental de los ritos de peregrinación a La Meca y Medina. Esta festividad está relacionada con el sacrificio que se dispuso hacer Abraham con su hijo Ismael, mandado por Dios. En lugar del hijo, la divinidad mandó colocar un cordero para su sacrificio. El Aid el Kebir se concibe también como un periodo de descanso en todo el mundo islámico y se extiende durante cuatro días.

Pero el ejemplo cardenense fue uno de los casos aislados dentro de la tónica general. Los descendientes de las familias islámicas de Cárdenas, como los del resto del país, no heredaron la religión ancestral de sus padres; solo les queda una remembranza de las formas en que se practicaba ese credo en Cuba, y algunas frases árabes de raigambre islámica como as salamu aleikom, u otras, que un segmento minoritario de los hijos de musulmanes pronuncian cuando dictan conferencias, encabezan una reunión familiar y amistosa, o presiden algún evento cultural [107].

El alto porcentaje de soltería fue una de las condiciones principales para la no transmisión de la conducta religiosa doméstica del Islam

---

[105] Baile colectivo en círculo, propio de Líbano.
[106] R. Munir Selman Hussein, ob. cit., pp. 1-2.
[107] Las familias de descendientes de Cárdenas pronuncian esa frase y otras de procedencia árabe que evidencian hospitalidad como ajlan wa sajlan, que es una forma de dar la bienvenida en lengua arábiga.

y pudo comprobarse en un estudio muestral que hicimos basados en los formularios de matriculación de los libaneses de Cuba: de los 152 musulmanes residentes que fueron censados (incluyendo sunitas y chiítas), 50 permanecían solteros, para un 32,89% del total[108]. Comparado con la colectividad maronita de Cuba el porcentaje resultó muy alto; en esta, de un total de 396 residentes, 50 eran solteros, para un 12,62%.

Es probable que el elevado porcentaje de soltería entre los musulmanes libaneses, en comparación con sus compatriotas maronitas, respondiera a que, en sentido general, la porción islámica de la colectividad árabe era de más bajo nivel económico y social, y el escaso nivel monetario de un grupo de ellos imposibilitó la adquisición de una casa permanente y la formalización del matrimonio. Aunque hubo igual número de maronitas en estado célibe, en comparación con la cifra de inmigrantes de su misma fe casados el porcentaje era mucho menor que entre los musulmanes.

Para varios creyentes islámicos emigrados desde Palestina la causa del no casamiento fue la misma, y aunque no contamos con una fuente de consulta que nos permitiera confirmar estadísticamente el nivel de soltería entre ellos, la información brindada por Dajud Llevara Sosa ilustró lo antes afirmado y añadió otro elemento: «En Vertientes, Camagüey, conocí a varios musulmanes que nunca se casaron. Había dos razones principales a mi modo de ver. Primeramente porque eran vendedores ambulantes, se movían constantemente por los pueblos y algunos determinaban que era difícil contraer matrimonio. En segundo lugar, porque no tenían capital suficiente para comprar o alquilar una casa apropiada para mantener una pareja. Alquilaban cuartos muy baratos que costaban tres pesos, y donde sólo se podía vivir en solitario. En ese caso conocí a Zacarías, amigo de mi padre, también a Narciso y Alí Said Nobani, pero hubo otros más»[109].

Existieron inmigrantes musulmanes que se convirtieron al catolicismo en nuestro país. Juan Dufflar Amel, nieto de libaneses y actual

---

[108] Porcentaje calculado en base a la consulta de Consulado de Líbano en Cuba. Formularios de matriculación de la persona de origen libanés y su familia.

[109] Entrevista realizada por el autor a Dajud Llevara Sosa. La Habana, 7 de noviembre de 2005.

miembro del ejecutivo de la Unión Árabe de Cuba, nos planteó refiriéndose a su abuelo José Amel: «Mi abuelo era un caso curioso, era musulmán pero al parecer se convirtió al cristianismo. En los registros del consulado aparece inscrito como griego-católico. Llegó a Cuba en 1900 y se radicó en Holguín. Perteneció a la organización católica Caballeros de Colón de manera activa»[110].

El grupo druso constituyó, según el muestreo realizado, sólo el 2,2% de los libaneses de Cuba censados por la sección consular[111]. Llegaron esencialmente de la región de Chuf, en el centro-oeste de Líbano (Badaran, Muaser Chuf, Nija, Beit Eddine), Ras el Metn, Bakifa y Hasbaya. Los drusos residieron en La Habana, la antigua provincia de Las Villas, Cárdenas y Santiago de Cuba principalmente. No se tiene conocimiento de que practicaran su religión en Cuba o tuviesen un movimiento asociacionista como sucedió en Argentina[112], lo que puede explicarse por la escasez numérica de drusos en la isla. Ese ínfimo número a la postre hizo que se disolvieran, sin distingo religioso, dentro de la comunidad árabe cubana. Sin embargo, en una de las entrevistas que efectuamos nos confirmaron su presencia en el principal asentamiento árabe habanero: «Aquí, en el barrio de nosotros, había drusis o drusos. Eran muy pocos. Yo recuerdo a Yusef Asal que vivía en la calle Gloria»[113].

En Cárdenas residieron dos miembros de ese credo: el billetero Geni Zidán y su pariente Bachir Kasem Azzam Al-Maadud[114].

En nuestra revisión de los formularios de matriculación en el consulado libanés de Cuba, constatamos que un total de 17 drusos libane-

---

[110] Entrevista realizada por el autor a Juan Dufflar Amel. La Habana, 24 de mayo de 2005.

[111] Menéndez Paredes, *Componentes árabes en la cultura cubana,* ob. cit., p. 59.

[112] En Argentina, donde la comunidad drusa alcanza actualmente los 20.000 miembros, han existido dos instituciones fundadas por inmigrantes de ese credo: la Asociación de Beneficencia y el Consejo de la Comunidad Drusa (L. Cazorla, *Presencia de inmigrantes sirios y libaneses en el desarrollo industrial argentino,* Buenos Aires, Fundación «Los Cedros», Buenos Aires [s.f.], p. 40).

[113] Entrevista realizada por el autor a Nazira Temer, La Habana, 28 de junio de 1997.

[114] Entrevista realizada por el autor a José Buajasán Maarawi, La Habana, 4 de diciembre de 2000; Consulado de Líbano en Cuba, *Formularios de matriculación de la persona de origen libanés y su familia.* Expediente de Bachir Kasem Azzam.

ses se inscribieron en los registros de la embajada en los años cincuenta del siglo XX. Debido a que no todos los nativos de Líbano radicados en la isla se afiliaban al consulado, no es descartable la posibilidad de que existieran otros miembros de este colectivo confesional en el territorio cubano.

VIII. OTROS ASPECTOS DE LA CONDUCTA CULTURAL DEL INMIGRANTE

En el marco de la vida familiar, los inmigrantes mantuvieron un grupo de costumbres típicas propias de su cultura de origen. Las tradiciones culinarias de la región libanesa, palestina y siria fueron seguidas en Cuba por los árabes, debido en gran medida, a la existencia de establecimientos gastronómicos tradicionales que importaban los ingredientes necesarios para la preparación de los platos típicos. En ese tipo de comida regional son básicos componentes alimenticios como el trigo *(burgol),* el carnero, la leche, el aceite de oliva y el pan, este último es un complemento indispensable de las comidas diarias.

Los platos principales de la cocina regional mantenida por el árabe en Cuba fueron el *kibbeh, el hummus, kafta* [115], la berenjena rellena y otros cuya preparación fue transmitida a sus hijos y nietos, que aún conservan esa tradición. La familia libanesa Hussein-Abdo de Cárdenas y la palestina Hakim-Tabraue de La Habana utilizaban en sus casas, al igual que muchos coterráneos, morteros de mármol para la maceración de la carne de carnero al preparar el *kibbeh* [116].

En materia de repostería los árabes de la isla adquirían en las dulcerías de sus paisanos o confeccionaban en sus casas los pasteles de hojaldre u otras delicias de los postres orientales.

Algunos inmigrantes entrevistados evidenciaron la adquisición de rasgos alimentarios propios de la cultura cubana; así lo constató

---

[115] Pequeñas bolitas de carne molida.
[116] Gracias a la generosidad de Ricardo Munir Selman Hussein y su hermana Inés, y de Najeli Hakim, esos objetos forman parte de las colecciones del museo Casa de los Árabes en La Habana.

Alberto Beydun, uno de los inmigrantes libaneses que retornó a Yarún, su pueblo de origen: «Viví en Cuba 17 años, aprendí a cocinar frijoles negros. Hoy en mi casa se cocinan platos árabes y platos cubanos»[117].

Ese testimonio nos brinda la idea del fruto del intercambio cultural que experimenta un inmigrante y que mantiene incorporados a sus tradiciones elementos de la cultura cubana, pese al hecho de retornar definitivamente a su país de nacimiento.

Algunos árabes traían como parte de su equipaje un *narguile*[118], la familia Chediak-Ahuayda (de los antiguos Laboratorios Chediak en El Vedado) conservaba uno que fuera donado en 1995 a la Casa de los Árabes. Ese tipo de objeto se usaba en muchas casas por los inmigrantes para fumar a la usanza tradicional.

Asimismo, resulta curioso cómo algunos inmigrantes, principalmente mujeres, conservaron en Cuba algunas prácticas de carácter adivinatorio muy comunes en su región de origen como es el caso de la lectura del porvenir en los posos del café.

El comportamiento de la enseñanza del idioma dentro de la comunidad es otro elemento a tener en cuenta cuando se analiza la asimilación del colectivo, pues, como afirmara María Eugenia Espronceda, la lengua es uno de los elementos constitutivos de la transmisión cultural[119]. Cuando este componente no se transmite de manera estable a los descendientes, se deshace la posibilidad de legar un vehículo clave de la cultura de la madre patria.

Un aspecto comprobado en el proceso de desarrollo de la colectividad fue la deficiente enseñanza del idioma materno de los padres a sus hijos. Entre las causas aducidas por los familiares de los inmigrantes se incluye la carencia de tiempo del padre para esa instrucción básica, pues se dedicaba esencialmente a las labores comerciales para asegurar la manutención de la familia[120]. Esta deficiencia se observa

---

[117] Entrevista realizada por el autor a Alberto Beydun, Yarún, Líbano, 28 de octubre de 2000.

[118] Pipa árabe para fumar tabaco aromatizado propio de los países árabes. El nombre es de origen turco.

[119] M. Eugenia Espronceda, *Por los senderos del parentesco,* Santiago de Cuba, Ediciones Santiago, 2002, pp. 80-81.

[120] Información obtenida de la entrevista realizada a Alfredo Deriche Gutiérrez, presidente de la Unión Árabe de Cuba, La Habana, 28 de julio de 2000.

principalmente en los hogares donde el matrimonio era mixto, lo cual permitía que se heredara únicamente la lengua de la madre criolla, que al cabo resultara determinante. También habría que añadir la existencia de otros factores como el hecho de que algunos nativos, en su mayoría mujeres, eran analfabetos y otros olvidaron su idioma de origen, como le sucedió a Gabriel M. Maluf, quien le escribe a su hermano Botros desde Cuba: «Debes saber que se me ha olvidado el árabe, que, además, aprendí muy mal de joven»[121].

Solo en algunas familias de padre y madre árabes los hijos lograron aprender a comunicarse en la lengua ancestral: «Mis padres eran libaneses. Actualmente yo me puedo entender en árabe con cualquier nativo, pero soy uno de los pocos ejemplos que existen. La causa está en que mis padres hablaban en árabe en la casa y se dirigían en su idioma a mí y a mis hermanos mayores, que habían nacido en el Líbano. El problema estaba en la calle, mi padre me hablaba en árabe y yo le contestaba en español. La gente se reía. Es que la casa era árabe, pero la calle era cubana y los hijos traíamos al hogar las costumbres de la sociedad donde nacimos y nos desarrollamos. Mis padres se sentían libaneses pero tuvieron que integrarse. Yo soy cubano[122].

El testimonio citado pone de manifiesto la contradicción que enfrenta un inmigrante como el árabe, a quien le resultó muy difícil hacer efectiva la transmisión del idioma a sus hijos, y refleja asimismo la dificultad de los descendientes para mantener en su país las costumbres de sus antepasados levantinos. Es cierto que generalmente todas las comunidades de inmigrantes de lengua distinta a la castellana no legaron a las generaciones siguientes el idioma ancestral, pero hubo colectividades como la china, donde, en algunos casos, los mecanismos de enseñanza fueron más eficientes y duraderos, lo que no ocurrió con la lengua arábiga.

Otro factor que contribuyó a la no transmisión de la lengua árabe fue la mayoritaria ausencia en los hogares del inmigrante de la figura del abuelo o anciano, quien podía aplicar un ortodoxismo más efectivo en la enseñanza de la lengua arábiga a sus nietos cubanos. De un es-

---

[121] A. Maalouf, ob. cit., p. 29.
[122] Entrevista realizada por el autor a Pablo Resik Habib, La Habana, 29 de diciembre de 2005.

tudio muestral realizado sobre la base de la recopilación de datos archivísticos en la parroquia de San Judas Tadeo y San Nicolás, se verificó que de 27 bautismos donde aparecían registrados los nombres de los abuelos paternos, solo en un caso estos vivían con su familia en nuestro país, y en la mayoría (25) permanecían residiendo en sus países de origen; en el otro ejemplo el abuelo vivía en Cuba pero no en el mismo hogar de sus descendientes nacidos en la isla [123].

Quizá una de las condiciones más favorables para la transmisión del idioma árabe a un grupo al parecer minoritario de descendientes fue la efímera existencia de los colegios para niños en la década de los años treinta acerca del funcionamiento de estas escuelas es muy difusa, pero hay indicios de su operatividad durante el periodo mencionado. Se estima que posiblemente el primer lugar de nuestro país donde se enseñó la lengua árabe fue la Sociedad Palestina Árabe de Cuba [124].

La aludida presencia del archimandrita Al-Azar en la isla desde fines de los años veinte vinculada a la fundación de «un gran colegio (...) al que tendrían acceso los que en él deseen ser educados e instruidos sin distinción de nacionalidades» [125]. Probablemente la prueba de que esa escuela fue creada la ofrece el artículo 3 del reglamento de la sociedad Damas Árabes de Cuba, fundada en 1932, en la que se hace referencia al Colegio Árabe de Cuba [126].

A esto debe añadirse que la Sociedad Líbano-Siria de Santa Amalia tenía por objetivo la fundación de una escuela para la enseñanza en árabe y en castellano, aunque tuvo, como la mayoría, una breve duración. Este hecho lo corroboró uno de los entrevistados: «Aprendí algo de árabe en una escuela de Santa Amalia. El profesor era Felipe Dip, natural de Ras Maska. Era muy amigo de mi padre. Pero el colegio duró poco, y ya hoy solo se me han quedado grabadas en la memoria algunas frases» [127].

---

[123] Menéndez Paredes, *Componentes árabes en la cultura cubana,* ob. cit., p. 70.

[124] J. Salim Tabranes Potts, *Las sociedades árabes de Cuba,* La Habana, Unión Árabe de Cuba, 1989, p. 2.

[125] Semanario *Al-Faihaa,* núm. 223, 6 de febrero de 1931, p. 15.

[126] ANC. *Registro de Asociaciones,* legajo 234, expediente 6.135.

[127] Entrevista realizada por el autor a Miguel Katrib Katrib, La Habana, 7 de marzo de 2005.

Haded hizo referencia al profesor José Gorayeb, oriundo de Ad-Damur, Líbano, a quien calificó de «ilustre maestro del idioma árabe en La Habana»[128].

Sin embargo, la vida de los colegios de lengua árabe quedó trunca prematuramente, y al no contar con los recursos necesarios y un apoyo más sostenido de las asociaciones, no concretaron el propósito de transmitir a la numerosa comunidad de descendientes la lengua hablada por sus ancestros. En ese sentido en 1943, Monseñor Aramuni, refiriéndose a los miembros de la Sociedad Libanesa de La Habana, se lamentaba de que sus compatriotas no hablaran el idioma de sus progenitores[129] y un año más tarde la redacción de *El Cercano Oriente,* por entonces la única publicación de la comunidad, informaba a uno de sus suscriptores que la juventud, refiriéndose a los descendientes, no tenía donde aprender el árabe ni la probabilidad de aprenderlo y señalaba la «falta de unión» como la causa de que ya en esa época no existieran colegios árabes[130]. La comunidad árabe de Cuba fue convirtiéndose paulatinamente en una colectividad cuyos miembros aprendieron la lengua castellana por motivos ocupacionales y para comunicarse con sus esposas, en caso de que fueran cubanas, y sus descendientes nacidos en la isla. La élite étnica que ocupó puestos directivos en las asociaciones necesariamente tenía que hablar el idioma español para entenderse con las autoridades políticas de la sociedad receptora, lo cual quedó evidenciado en los reglamentos societarios. Además debe comprenderse que a los descendientes debió de inspirarles escasa motivación el aprendizaje del idioma de sus padres porque no apreciaban (tampoco lo hacen en la actualidad) la necesidad de conocer una lengua que apenas tendrían la oportunidad de practicar.

---

[128] T. Haded, ob. cit., p. 107.

[129] *El Cercano Oriente,* año I, núm. 6, junio de 1943, p. 12.

[130] *Ibid.,* año II, núm. 14, febrero de 1944, p. 20.

IX. COMPORTAMIENTO DE LA ESTRUCTURA FAMILIAR
     DE LOS INMIGRANTES

Existieron árabes con el mismo apellido paterno que entraron a Cuba en una misma década y de manera escalonada, lo que corrobora el funcionamiento de la cadena migratoria para atraer a familiares y amigos. Distintos individuos de apellido Kaba, nacidos en Homs, Siria, arribaron a la isla en el periodo 1920-1926: Alberto (1920), Badih (1921), Sheker (1923), Wachih (1924), Musa y Habib (1926) [131].

También las fuentes informaron sobre la concentración de personas de un mismo apellido en una unidad residencial: una red parentelar de origen palestino y apellido Salman vivía en 1947 en el número 170 de la calle Figuras: Félix, Santo, Jorge (viudo), Saleh (soltero, nacido en Nazaret, de 53 años) y Assad (casado, nativo de Nazaret, de 56 años) [132].

La laberíntica estructura confesional descrita en páginas anteriores, apunta hacia lo difícil de un análisis monolítico en el comportamiento de las relaciones de parentesco, la organización familiar, el carácter de los matrimonios y otros aspectos ligados a la estructura social intrínseca al inmigrante árabe.

La variada procedencia étnica y aldeana influyó en gran medida en la forma inicial de agrupación de los recién llegados. La pertenencia a comunidades tradicionales vinculada a una economía, cultura y rito determinados propició el mantenimiento durante algunas décadas de los matrimonios endogámicos, costumbre que fue variando debido a la imposibilidad de encontrar pareja dentro de la misma colectividad, y especialmente en la medida en que las generaciones de descendientes no vieron en el matrimonio endógeno la significación y tradicionalidad que tuvo para sus ancestros árabes.

El matrimonio, como base de la estructura familiar, constituyó en Cuba el núcleo vinculado a la tradición y los rasgos culturales del inmigrante. La endogamia matrimonial fue el componente predominante en las primeras décadas del proceso migratorio arábigo, y puede distinguirse en ella una variada clasificación:

---

[131] A. Hassan Mattar, ob. cit., p. 12.
[132] *Ibid*., pp. 13-14.

— La endogamia confesional: matrimonios celebrados entre miembros de un mismo colectivo religioso.

— La endogamia étnica: matrimonios en los cuales los cónyuges son miembros de la colectividad sin atender a la misma pertenencia religiosa o familiar.

— La endogamia familiar: aquellos matrimonios efectuados entre primos de distintos grados.

Para entender otro de los aspectos del tránsito del inmigrante de la adaptación primaria hacia la integración y finalmente a la asimilación etnocultural, debe analizarse cómo se comportó el proceso de unión matrimonial dentro de la comunidad religiosa de pertenencia. Este análisis, al igual que en las otras clasificaciones endogámicas, se realizará basándose en las parejas que contrajeron nupcias en Cuba. En el corte muestral que se realizó partiendo de los formularios de matriculación de libaneses verificamos que entre los maronitas casados en nuestro país, 45 se unieron con practicantes de la misma religión nacidas en Líbano, 14 lo hicieron con descendientes de maronitas nacidas en Cuba, 6 con libanesas pertenecientes a otros credos y 46 con cubanas que no tenían ascendencia árabe [133].

Asimismo hubo diferencias entre el comportamiento en el interior de una familia descendiente de inmigrante árabe musulmán que las que tenían ascendencia católica-maronita. Juliet Arrue [134] demostró en su trabajo de campo que en los primeros casos persistieron prácticas que implicaron limitaciones para las mujeres o las hijas en lo referente a ser sujetos de opinión, participar en determinadas actividades y utilizar espacios que se consideraban privativos del sexo masculino. Al entrevistar a Dajud Llevara, hijo de inmigrante musulmán palestino, este le manifestó que en su hogar había mucha rectitud y las mujeres no podían participar de las reuniones masculinas y «estaba establecido que no tuvieran mucho contacto con personas ajenas al hogar». Sin

---

[133] Datos calculados sobre la base de Consulado de Líbano en Cuba, *Formularios de matriculación de la persona de origen libanés y su familia (1955-1958)*.

[134] J. Arrue González, *La familia transmisora de tradiciones culturales. Un estudio de caso en familias de origen árabe en Ciudad de La Habana*, tesis de diploma, La Habana, 2008, pp. 98-99.

embargo, Humberto Chediak, hijo de un matrimonio endogámico maronita afirmó que en su casa no se manifestó ninguna segregación de sexo en las reuniones domésticas. Resulta interesante observar que aunque en la isla no se constituyó un colectivo musulmán compacto, los códigos tradicionales de sus representantes sí se manifestaron al interior de sus familias.

Respecto al porcentaje de los libaneses que realizaron matrimonios endogámicos y mixtos el resultado fue el siguiente:

CUADRO 5

Grupo confesional	% de casados con miembros de la comunidad árabe	% de casados fuera de la comunidad
Maronitas...........	63,5	37,5
Ortodoxos.........	50,0	50,0
Musulmanes......	15,0	85,5

Fuente: Consulado de Líbano en Cuba. *Formularios de matriculación de la persona de origen libanés y su familia (1955-1958).* Elaboración del autor.

El cuadro refiere el porcentaje (según el grupo religioso) de inmigrantes libaneses casados con miembros de su misma nacionalidad o árabes de otros países (palestinos y sirios). Esos datos demuestran cómo se produce en algunos colectivos un nivel de relación conyugal fuera de la comunidad, que facilita la asimilación religiosa a la sociedad cubana.

En sentido general, si bien la endogamia fue débil principalmente en el colectivo musulmán libanés, como demuestra la tabla, la tendencia de casarse dentro de la comunidad árabe se mantuvo en los momentos de consolidación comunal; casarse con un paisano que hablara el mismo idioma y compartiera las mismas costumbres e idiosincrasia era una característica que por un periodo de tiempo fue conservada en la colectividad. Para demostrar el inicial carácter endógeno de los matrimonios, escogimos los libros de bautismo y matrimonios de las tres parroquias habaneras con mayor presencia poblacional árabe. Desde luego, este muestreo refleja solo el comportamiento del factor endogámico en el mayoritario bloque cristiano árabe.

Entre 1895 y 1947 se efectuaron un total de 57 matrimonios endógenos o intraétnicos en las tres parroquias estudiadas, de ellos 38 se celebraron en la iglesia de San Judas Tadeo, 12 en la de Jesús, María y José, y 7 en la parroquia de Santo Cristo del Buen Viaje. Del total se comprobó que 36 fueron entre libaneses, 3 entre palestinos y solamente una unión fue efectuada entre una pareja natural de la actual Siria. En el resto de las cifras no se comprobó el país específico de origen por no expresarse en las fuentes consultadas.

Sin embargo, a partir de 1947 las actas de los archivos parroquiales seleccionados denotan un descenso notable del porcentaje de endogamia y un incremento de matrimonios entre árabes y miembros del etnos cubano principalmente, al interactuar representantes de dos étnoses no ligados por su parentesco. Es a partir del desarrollo de esa mixtura étnica cuando comienza a producirse una asimilación y se constituye una nueva comunidad étnica, en este caso un conjunto de descendientes que son portadores de una nueva autoconciencia: la cubana.

Entre 1947 y 1957 se efectuaron en la parroquia de San Judas y San Nicolás un total de 12 matrimonios en los que participaron como cónyuges miembros de la comunidad o sus descendientes. De ellos 9 eran mixtos y 3 fueron celebrados entre integrantes de la colectividad [135]. El dato expresado demuestra también el debilitamiento de la antes visible arabidad del principal asentamiento árabe de La Habana.

De los matrimonios endogámicos registrados en las tres parroquias escogidas, pudo corroborarse que cinco de esas uniones eran de parentescos de distintas clases, incluidos los enlaces consanguíneos, lo que constituyó una forma de prolongar en Cuba los patrones de conducta de la cultura originaria del migrante.

Entre los matrimonios de parentesco tradicionales en Medio Oriente existe aún hoy el celebrado por un hombre con la hija de su

---

[135] Archivo de la iglesia de San Judas Tadeo y San Nicolás de Bari. Libros generales de matrimonios.

tío paterno [136]. Esta variante de unión endogámica es muy común entre los musulmanes, con un matiz casi preferencial en aquellos individuos y grupos que dicen descender genealógicamente del profeta del Islam, como es el caso de algunas familias chiitas del sur de Líbano, para quienes este enlace consanguíneo logra mantener cerrados los intereses del grupo [137].

Aunque para los cristianos de Líbano el matrimonio con la hija del tío paterno no es de los más comunes, Cresswell demostró que en una aldea maronita del Chuf donde realizó un trabajo de campo con seis familias campesinas, ese tipo de unión alcanzó el 13%, porcentaje similar al que reportan las comunidades musulmanas [138]. El propio autor supone que ese vínculo conyugal esté relacionado con el mantenimiento de la posesión de la tierra dentro del grupo genealógico [139].

Cuando las familias árabes emigradas eran casi completas y tenían un adecuado equilibrio de sexos, las uniones entre primos se mantenían como una tradición, aunque ya no existiese la misma condicionante económica del área de origen. En el Medio Oriente estos matrimonios eran arreglados muchas veces por los padres de los contrayentes para buscar un mecanismo de compensación. Por ejemplo: en un hogar donde las hijas contraían matrimonio y pasaban a residir a la casa de sus esposos (virilocalidad), el hijo era casado con rapidez con alguna joven conocida que generalmente vivía cerca de la casa de *ego* [140] o era su pariente.

En la siguiente relación se muestran los cinco matrimonios de parentesco, tres de carácter consanguíneo y dos por afinidad [141] celebrados en las parroquias habaneras seleccionadas. Aunque estas uniones

---

[136] En árabe el término empleado para designar a la hija del tío paterno es *bint 'amm* y a la inversa el utilizado para referirse al hijo del tío es *ibn 'amm*. Esta terminología es usada también por los matrimonios cristianos maronitas de Líbano aunque no exista parentesco alguno entre ellos.

[137] Consultar E. L. Peters, «Aspects of Affinity in a Lebanese Maronite Village», en J. G. Peristiany (ed.), *Mediterranean Family Structures,* Cambridge, 1977.

[138] R. Cresswell, «Lineage Endogamy among Maronite Mountaineers», en J. G. Peristiany (ed.), ob. cit., p. 105.

[139] *Ibid.,* p. 107.

[140] En antropología «ego» es el sujeto considerado como punto de referencia en términos de parentesco.

[141] Afinidad: Parentesco que mediante el matrimonio se establece entre cada cónyuge y los parientes consanguíneos de su pareja.

estaban nominalmente prohibidas por la Iglesia católica, podían efectuarse si se pagaba una dispensa al obispado:

CUADRO 6

Fecha	Nombres de los cónyuges	Clasificación antropológica
14/12/1912	Cayetano Acar Abraham Emilia Abraham Name	primos hermanos cruzados [a]
03/09/1913	Pedro Minna Marón Izaquías Miguel Mata	afinidad (sororato) [b]
05/09/1923	Nicolás Chara Abigantur Chafia José Abigantur	primos segundos paralelos [c]
19/12/1923	Francisco Nader Gobairo Salma Mattar	afinidad
30/10/1927	Jamil Gorayeb Afife Gorayeb	primos hermanos paternos paralelos [d]

[a] Primos hermanos cruzados: Hijos de dos hermanos de distinto sexo. Para un ego masculino sus primos hermanos cruzados son la hija de la hermana de su padre y la hija del hermano de su madre.
[b] Sororato: Término antropológico que clasifica al sistema por el que un hombre reemplaza a la esposa muerta por la hermana menor de esta.
[c] Primos segundos paralelos: Refiere a la hija del hijo del hermano del padre de la madre de ego.
[d] Primos hermanos paternos paralelos: Hijos del hermano del padre de ego.
Fuente: Rigoberto Menéndez Paredes, *Componentes árabes en la cultura cubana,* La Habana, Boloña, 1999, pp. 66-68, 107, 111.

Mediante la consulta e interpretación de los datos en los registros parroquiales pudimos reconstruir una red parentelar constituida en La Habana a partir de dos matrimonios celebrados por inmigrantes libaneses en la parroquia de Santo Cristo del Buen Viaje en la década de los años treinta del siglo XX. En esa red quedaron emparentados por afinidad personas oriundas de Zgarta y Achache, como se observará en el esquema siguiente:

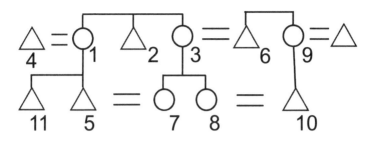

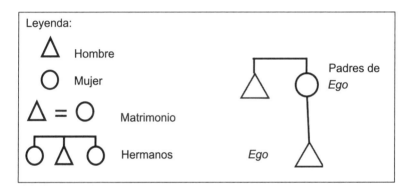

1 = Nayiba Juelle
2 = José Juelle
3 = Mariana Juelle
4 = Barbar Salup
5 = Alfredo Salup Juelle
6 = Elías Isa
7 = Rosa Isa Juelle
8 = Barbara Isa Juelle
9 = María Isa
10 = Antonio Carán Isa
11 = Emilio Salud

Obsérvese que 5 y 10 se casaron con dos hermanas (7 y 8). El matrimonio de 5 con 7 es una unión de primos hermanos maternos paralelos[a] y el de 8 con 10 un enlace de primos hermanos cruzados. A la vez 5 y 10, que estaban emparentados por consanguinidad antes de sus respectivos matrimonios, ahora son concuñados[b] —término que en árabe se designa con el nombre de 'adail—, con lo cual se crea un parentesco por afinidad.

[a] Primos hermanos maternos paralelos: hijos de la hermana de la madre de ego.
[b] Cónyuge de una persona respecto del cónyuge de otra persona hermana de aquélla.
Fuente: Archivo de la Parroquia de Santo Cristo del Buen Viaje, *Libros generales de matrimonios.* Elaboración del autor.

X. ASOCIACIONISMO E INTEGRACIÓN

Como sucede con otras asociaciones étnicas, para analizar el proceso formativo de las sociedades árabes en Cuba y el comportamiento de cada tipo de institución, debe resaltarse el hecho de la existencia de una élite en sus cargos directivos, ocupados por inmigrantes con una destacada posición económica y un papel relevante dentro de la colectividad, que les permite contar con el financiamiento necesario para estimular la creación de la asociación [142].

Precisamente, los objetivos benéficos que caracterizaron a muchas de las asociaciones fundadas por la comunidad surgieron como respuesta del sector más favorecido de la inmigración ante los desequilibrios producidos por el fenómeno migratorio y la carencia por parte de los recién llegados de los mínimos servicios sociales, lo que ameritaba el auxilio de las instituciones de beneficencia creadas por sus paisanos.

Bajo esa óptica y entendiendo el asociacionismo como una de las formas de construir la identidad diaspórica, debemos comprender el movimiento asociativo del árabe que residió en Cuba, fenómeno que fue privativo del siglo XX pues no se conoce que en la etapa colonial se fundase alguna sociedad oficial levantina; el proceso asociacionista de la colectividad comenzó a inicios del periodo republicano neocolonial.

Algunas de estas asociaciones, como es el caso de la Sociedad Líbano-Siria de Santa Amalia, extendían el derecho de ingreso no sólo a los asociados de habla árabe, sino a miembros de otras nacionalidades. Este sentido aperturista se explica por la necesidad de integración de los miembros de estos colectivos, que pese a defender ante todo su cultura original y crear, a través de las sociedades, espacios propios donde expresar sus manifestaciones atávicas, no tuvieron nunca un carácter exclusivista.

---

[142] Puede verse al respecto, para el caso de las sociedades españolas, Dolores Guerra López «Las sociedades regionales de beneficencia de los inmigrantes hispanos en Cuba» (resumen de la tesis en opción al grado de doctor en Ciencias Históricas), La Habana, 2003, p. 16.

Varias asociaciones árabes instituidas en La Habana en las décadas de los años veinte y treinta del siglo XX —la Sociedad Palestina Árabe de Cuba y la Sociedad Líbano-Siria de Santa Amalia, entre otras— fundaron colegios para la enseñanza del idioma árabe a los hijos de los inmigrantes o a los inmigrantes mismos que no tuvieran el suficiente nivel de instrucción, sin embargo, este aspecto como ya observamos, no prosperó. También la escasez de recursos, en muchos casos afectó la adquisición de locales propios y en su mayoría las asociaciones radicaron en espacios alquilados o casas de algunos de sus miembros.

En sentido general, estas instituciones sociales celebraban en sus sedes o en los locales que alquilaban para reunirse, un grupo de actos dirigidos a recordar la tierra natal, celebrar actividades y danzas típicas de su cultura original e incluso la puesta en escena de obras teatrales. Las veladas orientales eran muy comunes en estas asociaciones como es el caso del Centro Palestino [143].

La mayoría de las sociedades árabes fundadas en las décadas de los años veinte y treinta del siglo XX fueron cerradas en los años cincuenta, pues las autoridades opinaron que no cumplían con el reglamento asociativo, por falta de pago, entrega de actas y otros deberes societarios que hacen pensar en las difíciles condiciones financieras en que muchas de ellas se desenvolvían y que dieron al traste con su durabilidad.

Asimismo fue apreciable el carácter patriótico de algunas instituciones sociales que se crearon para adoptar una posición de defensa de sus intereses respecto a las patrias de origen. En ese caso es destacable el Comité de Liberación Líbano Sirio, creado en 1917 bajo la presidencia de la Legación Francesa en Cuba en la coyuntura de la Primera Guerra Mundial con el propósito de liberar a Líbano y Siria del tutelaje turco otomano [144]. En 1945 un conjunto de 12 asociaciones libanesas y sirias firmaron un documento titulado *La colonia libanesa-siria de Cuba ante los acontecimientos del Cercano Oriente,* donde los firmantes exigían la retirada de las tropas francesas de los territorios de referencia en cumplimiento de la promesa de independencia que Francia, antigua potencia mandataria, había hecho a esos países.

---

[143] ANC. *Registro de Asociaciones,* legajo 357, expediente 10.762.
[144] R. Menéndez Paredes, *Los árabes en Cuba,* ob. cit., p. 175.

La siguiente asociación creada por un segmento de la comunidad en solidaridad con su tierra de origen fue el Comité Pan Árabe de Cuba surgido en 1947, en momentos en que la Organización de las Naciones Unidas (ONU) se encontraba debatiendo el problema de Palestina [145] y los sionistas presionaban en diversos lugares para provocar una votación favorable a la división del legendario territorio en dos estados étnicos (uno árabe y otro hebreo), lo cual determinó que se produjera una acción patriótica efectiva entre un grupo de miembros de la colectividad y sus descendientes independientemente de su nacionalidad.

Según hemos comprobado en la consulta de una de las actas del Centro Palestino, el Comité se creó a propuesta del asociado Mario Tabraue, quien en una Junta General Extraordinaria de la organización celebrada el 29 de agosto de 1947, sugirió crear el Comité Panarábigo para la Liberación de Palestina [146]. En una de las entrevistas realizadas en el trabajo de campo, nos informaron que hubo otros impulsores de esa acción pro-palestina: «Un gran amigo de mi padre, Sari Abdala Jatel, que fue concejal de Jiquí, en Camagüey, estuvo en La Habana por esos días del año 47 cuando se discutía el problema palestino en la ONU. Esto no lo recogen los documentos pero debe reflejarse. Él estuvo en contacto con los líderes de las sociedades de la capital. Hablaba mucho de la necesidad de crear algo para oponerse a la división del país» [147].

Este movimiento, que se propuso influir en el gobierno del presidente cubano Ramón Grau San Martín para que se conociese la invalidez del proyecto particionista e impedir la creación de un estado hebreo de corte sionista, se institucionalizó en el llamado Comité Pan

---

[145] Después de la derrota turca en la Primera Guerra Mundial, Palestina se convirtió en un territorio ocupado por las tropas de Gran Bretaña, que a través de la llamada Declaración Balfour de 1917, veía positivamente la creación de un Hogar Nacional Judío en suelo palestino y al comenzar su periodo de mandato en el país, otorgado por la Liga de las Naciones en 1922, favoreció la entrada anual y estable de decenas de miles de hebreos, lo que generó desde los inicios de la ocupación inglesa conflictos interétnicos entre árabes y judíos.

[146] ANC. *Registro de Asociaciones,* legajo 357, expediente 10.762.

[147] Entrevista realizada por el autor a María Deriche Gutiérrez, La Habana, 19 de abril de 2002.

Árabe de Cuba, que agrupó a destacadas personalidades arábigas o descendientes, entre ellos 12 profesionales de la medicina, la abogacía y el periodismo, así como importantes comerciantes de la colectividad, con el objetivo de redactar un documento titulado *Al Gobierno y pueblo de Cuba*. El manifiesto fue concebido y escrito el 8 de septiembre de 1947 en un local de la calle Monte núm. 618, sede del Centro Palestino, y publicado el 14 de septiembre del propio año en el periódico *El Mundo* [148]. Algunos de sus fragmentos llaman la atención por la vigencia que hoy cobra el tema en momentos en que se agudiza la masacre del pueblo árabe palestino por parte de los gobernantes sionistas.

El 28 de mayo de 1958 fue constituido en La Habana el Comité Nacional Pro Defensa de la Independencia del Líbano, integrado principalmente por los comerciantes maronitas de la capital cubana ante la crisis política libanesa. Ese año se acentuó el carácter antiimperialista y panarabista de la política seguida por el presidente egipcio Gamal Abdel Nasser. Siria y Egipto se habían mancomunado en la llamada República Árabe Unida (RAU), y Líbano, estado al que intentaban incorporar al proyecto unionista sirio-egipcio, fue objeto de una contienda civil incrementada por el confesionalismo comunitario sancionado y prohijado por Francia. Se sucede en el país una fuerte actividad popular contestataria contra el presidente Camille Chamun, quien se opuso a la corriente naserista y apoyó la intervención extranjera en el país.

Las capas maronitas de La Habana apoyaron incondicionalmente la política del presidente Chamun, algo muy común tanto en las comunidades de ese rito emigradas de Líbano como en las que permanecieron en el país. Debe recordarse que la responsabilidad del poder ejecutivo en ese país lo ocupa hasta la actualidad un maronita debido a la estructura confesionalista que rige en la constitución libanesa. Este era el elemento que Fuad I. Khuri denominaba la «lealtad sectaria», analizado en su trabajo de campo acerca del comportamiento político de las clases libanesas en dos suburbios de Beirut.

El Comité, que duró dos años (1958-1960), radicaba en Monte núm. 518, sede de los almacenes El Líbano, de Jorge Elías Dergan. El presidente del grupo era el comerciante José Curí y en las declaracio-

---

[148] «Al Gobierno y pueblo de Cuba», *El Mundo,* La Habana, domingo 14 de septiembre de 1947, p. 4.

nes de la institución se expresaba que los libaneses y sus descendientes en Cuba, dada la situación que afectaba la República Libanesa, fundaron el Comité para «evitar en todo lo posible que influencias extrañas traten de perturbar el orden y quebrantar la unidad política de aquel país legendario» [149].

Una de las últimas asociaciones constituidas por los árabes y sus descendientes cubanos fue el Centro Árabe. Se creó en 1974 y estaba compuesto por libaneses, palestinos y sirios. En la Junta Directiva del Centro se nuclearon dirigentes y asociados del resto de las instituciones levantinas que en ese periodo existían en Cuba (Salin Tabranes, 1989: 4). Radicó en el mismo edificio donde está actualmente la Unión Árabe de Cuba, heredera del movimiento asociativo de los inmigrantes pero integrada casi exclusivamente por descendientes cubanos de varias generaciones.

El 4 de abril de 1979, después de los esfuerzos de dirigentes de varias instituciones, se crea la Unión Árabe de Cuba, cuando los presidentes de las tres asociaciones árabes entonces existentes en el país (la Sociedad Palestina Árabe de Cuba, la Sociedad Libanesa de La Habana y el Centro Árabe) firmaron la unificación. Esta es la única agrupación social de antecedentes árabes vigente en Cuba y está dirigida exclusivamente por cubanos de ascendencia arábiga. Haciendo una valoración del comportamiento de la Unión en el periodo 1979-2004, su presidente Alfredo Deriche expresa como méritos los siguientes: la creación y mantenimiento de las comisiones médicas y de periodistas de origen árabe, la existencia de un Centro de Documentación e Información y la realización alterna de los Premios Abdala de Literatura y Fayad Jamis de Pintura [150], entre otros logros societarios de la institucionalizada descendencia cubana de raíces árabes.

La emisión de prensa escrita y radial también constituyó un elemento de preservación de la identidad comunal entre los inmigrantes árabes en nuestro país, pero al mismo tiempo fue un paso favorecedor

---

[149] J. L. Massó, «Hablan los libaneses de Cuba», *Bohemia*, año 50, núm. 27, La Habana, 6 de julio de 1958, p. 71.

[150] Información tomada del discurso pronunciado por el ingeniero Alfredo Deriche Gutiérrez, presidente de la Unión Árabe de Cuba el 6 de abril de 2004 en ocasión del 25 Aniversario de la constitución de esa institución, en *El Árabe,* núm. 56, edición especial 25 Aniversario, La Habana, 2004, p. 16.

para el reconocimiento social por parte del país anfitrión. En las páginas de los periódicos árabes podía conocerse acerca de los acontecimientos políticos e históricos del Medio Oriente y además se editaban artículos dedicados a la historia cubana, lo que pudiera interpretarse como una forma de expandir entre los inmigrantes los conocimientos sobre el país de residencia de la comunidad.

Los primeros periódicos se editaron en lengua árabe pero algunos tenían también un carácter bilingüe y se editaban en francés, inglés o castellano, por ser estas lenguas de fácil comprensión de los inmigrantes. A los largo del siglo XX se publicaron en el país un total de cuatro periódicos: *El Cedro del Líbano* (1917) [151], *La Unión* (1918), *La Unión* (1929) y *Al Faihaa* (fundado en 1931) y dos revistas *El Cercano Oriente* (fundada en 1943) y *El Árabe* (fundada en 1980), que han divulgado siempre valiosa información a los miembros de la comunidad.

En la década que sigue al triunfo revolucionario cubano de 1959 (1960-1970) se produce una disminución notable de la comunidad, debido al efecto generado por las leyes revolucionarias de nacionalización de propiedades que afecta a un segmento de la comunidad. Un grupo de la élite permaneció fiel al proceso revolucionario en los primeros años, haciendo incluso aportes a las reformas populares, pero marcharon del país a medida que se radicalizaba el proyecto socialista cubano.

Algunos propietarios de comercios minoristas emigraron de la isla a partir de las leyes interventoras de 1968, y en ese grupo había dueños de restaurantes árabes y tiendas de tejidos. Esa emigración posterior a la Revolución se produce hacia diversos puntos: Estados Unidos, Puerto Rico, otros estados de América con colectividades árabes y hacia los países de origen. De este último grupo conocimos en Líbano algunos ex inmigrantes naturales de Beirut y Yarún que emigraron de nuestro país en la segunda mitad de la década de los sesenta del siglo XX y viven actualmente en las ciudades mencionadas.

En el Censo Nacional realizado en Cuba en 1970, último en tener en cuenta la pertenencia étnica del empadronado, se hizo mucho más visible la reducción comunal [152]. En ese proceso censal Siria aparece

---

[151] Cuando no se aclara, el año entre paréntesis no significa el de fundación sino el primero que aparece registrado en las fuentes.

[152] Menéndez Paredes, *Componentes árabes en la cultura cubana,* ob. cit., p. 80.

reflejada como el único país de procedencia de los inmigrantes árabes de Cuba con 421 miembros, lo que corrobora la ocurrencia de una masiva emigración libanesa en la década anterior.

En el empadronamiento cubano de 1970 se comprueba que la población árabe mayor de 65 años constituía el 69,5% del total de residentes de la comunidad en Cuba. En la interpretación de las estadísticas censales se nota una casi absoluta ausencia de población infantil y de adultos jóvenes de nacionalidad arábiga, lo que evidencia el cese de la inmigración masiva desde épocas anteriores y constituyó otro factor que inhabilitaba la continuidad de la comunidad étnica.

En las causas de la notable reducción comunal podría enunciarse la incidencia de dos factores que actuaron en el seno de la comunidad en sentido inverso: la emigración y la asimilación; a medida que en la comunidad árabe se producen signos de indiferencia étnica, asentamientos no compactos, matrimonios mixtos y cese de la inmigración, también acontece la salida del territorio cubano de numerosos miembros de la colectividad arábiga cubana que a partir de este fenómeno queda integrada por muy pocos árabes y por muchos descendientes en los cuales, en un mayoritario porcentaje, opera la inercia asociativa. En el año 2004 estaban asociados a la Unión Árabe de Cuba y sus filiales provinciales cerca de 10.000 árabes y descendientes, que representan aproximadamente la cuarta parte de la población de ese origen en nuestra isla [153].

Un grupo de los individuos de origen árabe recogieron el legado de sus padres y continuaron militando en las asociaciones árabes y sus filiales como directivos o simples asociados, otros no están afiliados a ninguna variante de institucionalización arábiga y sólo conservan en sus memorias la información genealógica: «mi padre era sirio» o «me han dicho que mis abuelos nacieron en Siria o Turquía». Esta última frase la escuchamos principalmente de algunos nietos de inmigrantes, menos interesados en rescatar su pasado de arabidad.

En la actualidad no existe una comunidad árabe en nuestro país sino una colectividad cubano-árabe con un segmento asociado a la

---

[153] Información tomada del discurso pronunciado por el ingeniero Alfredo Deriche Gutiérrez, presidente de la Unión Árabe de Cuba, el 6 de abril de 2004 en ocasión del 25 Aniversario de la constitución de esa institución, en *El Árabe,* núm. 56, edición especial 25 Aniversario, La Habana, 2004, p. 16.

Unión Árabe de Cuba, que protagoniza actos de solidaridad con la patria de sus ancestros. Esos hijos y nietos de inmigrados se sienten cubanos en plenitud; heredaron de sus antepasados inmigrantes rasgos psicológicos y, en algunos casos, rescatan algunas tradiciones culinarias [154] y fomentan, en los espacios societarios, la danza árabe u otras costumbres, pero solo como herencia de una colectividad que mediante un proceso gradual se asimiló a la sociedad cubana y cuyos descendientes son portadores de nuestra autoconciencia nacional.

Además de la Unión Árabe de Cuba, existe otra institución que desde su fundación en 1983 se dedica a divulgar los más variados aspectos de la cultura y el patrimonio de los pueblos árabes y su influencia en el país: se trata de la Casa de los Árabes de la Oficina del Historiador de la Ciudad de La Habana. Es un museo con variadas salas expositivas compuesta por colecciones procedentes de países árabes y con una sala dedicada a la impronta de la inmigración árabe en el país. Realiza además variados actos culturales que incluyen conferencias, galas culturales, espectáculos danzarios y otras variedades y que otorga una importancia esencial al estudio de la inmigración árabe en Cuba y su contribución a la identidad cubana.

A modo de resumen es oportuno destacar que aunque en el país, a diferencia de otros Estados de Iberoamérica, predomina una comunidad de descendientes de árabes en diversas generaciones y apenas existen ya nativos de los que protagonizaron la etapa migratoria, nuestro país mantiene una inalterable posición de solidaridad con todos los pueblos árabes y sus causas patrióticas y existe también una comunidad árabe temporal de becarios de diversos países árabes del Medio Oriente que también han ligado su destino al de nuestra historia. Sin embargo, las generaciones de descendientes mantienen el «murmullo de su apellido», del que hablara Amin Maalouf y, los pocos nativos que se quedaron para siempre en esta maravillosa tierra que acogió sus melancolías, sienten como aquel personaje libanés de una novela cubana que nunca más pudo volver a su tierra y prefirió verla en sueños porque perdió las fuerzas para el regreso o «los hijos y los deberes

---

[154] Existen casos como el de Silvia Resik, que heredó de su padre la preparación de algunos platos de la cocina de sus ancestros árabes. Entrevista realizada por el autor a Silvia Resik, La Habana, 30 de marzo de 2001.

se lo impidieron»[155], pero muchos hijos y nietos de los protagonistas de la historia han sido asaltados seguramente por los mismos zarpazos de añoranza que experimentó la descendiente Lissy Sarraf, quien hablando de la tierra de sus antepasados dijo en frase memorable: «tengo nostalgia por ese mundo que es mío y no conozco»[156].

BIBLIOGRAFÍA

ACOSTA, Dalia, «La voz de la tierra», *Juventud Rebelde,* La Habana, 2 de junio de 1991.

AL-EID, Yussef, *Rahalat Fi Al Alam al Yadid,* Buenos Aires, Roustom Hermanos.

ARRUE GONZÁLEZ, Juliet, *La familia transmisora de tradiciones culturales. Un estudio de caso en familias de origen árabe en Ciudad de La Habana,* tesis de diploma, La Habana, 2008.

ARRUFAT, Antón, *La caja está cerrada,* La Habana, Letras Cubanas, 1984.

BARNET, Miguel, *Biografía de un cimarrón,* Barcelona, Ariel, 1968.

BURDIEL DE LAS HERAS, María Cruz, *La emigración libanesa en Costa Rica,* Madrid, CantaArabia, 1991.

CAZORLA, Liliana, *Presencia de inmigrantes sirios y libaneses en el desarrollo industrial argentino,* Buenos Aires, Fundación «Los Cedros» (s.f.).

CHARÓN, Eurídice, «El asentamiento de emigrantes árabes en Monte (La Habana, Cuba), 1890-1930», *AWRAQ,* vol. XIII, Madrid.

—, *Inmigración y asentamiento de los inmigrantes árabes en Cuba,* 1996 (automatizado).

CRESSWELL, R. «Lineage Endogamy among Maronite Mountaineers», en J. G. Peristiany (ed.), *Mediterranean Family Structures,* Cambridge, 1977.

DALLAS, Nick, *Perspective on the Arab Presence in Cuba,* 1994 (automatizado inédito).

DOLLERO, Adolfo, *Cultura cubana,* La Habana, Imprenta El Siglo XX, 1916.

EMRYS LLOYD, Peters, «Aspects of Affinity in a Lebanese Maronite Village», en J. G. Peristiany (ed.), *Mediterranean Family Structures,* Cambridge, 1977.

ESPRONCEDA, María Eugenia, *Por los senderos del parentesco,* Santiago de Cuba, Ediciones Santiago, 2002.

---

[155] A. Arrufat, ob. cit., p. 257.
[156] D. Acosta, «La voz de la tierra», *Juventud Rebelde*, 2 de junio de 1991, p. 9.

FARNÓS MOREJÓN, Alfonso y CATASÚS CERVERA, Sonia, *La fecundidad,* La Habana, Centro de Estudios Demográficos.

FERNÁNDEZ, Pablo Armando, *Los niños se despiden,* La Habana, Casa de las Américas, 1968.

GRANT, María, «Latidos para el recuerdo, con Ada Kourí», *Opus Habana,* vol. VIII, núm. 3, dic. 2004/marzo 2005.

GUERRA LÓPEZ, Dolores, «Las sociedades regionales de beneficencia de los inmigrantes hispanos en Cuba» (resumen de la tesis para optar al grado de doctor en Ciencias Históricas), La Habana, 2003.

HADED, Teófilo, *Cuba y Líbano,* La Habana, 1957.

HASSAN MATTAR, Ahmad, *Guía social de las comunidades de habla árabe (libanesas-palestinas-sirias),* Nueva York (s. e.), 1947.

LE RIVEREND BRUSONE, Julio, *Historia económica de Cuba,* La Habana, Pueblo y Educación, 1974.

MAALOUF, Amin, *Orígenes,* Madrid, Alianza, 2004.

MASSÓ, José Luis, «Hablan los libaneses de Cuba», *Bohemia,* año 50, núm. 27, La Habana, 6 de julio de 1958.

MAZORRA RODRÍGUEZ, Óscar y CASTELLÓN HERNÁNDEZ, Raúl, «El crecimiento de la población», en *La población de Cuba,* La Habana, Centro de Estudios Demográficos, Editorial de Ciencias Sociales, 1976.

MENÉNDEZ PAREDES, Rigoberto, *Componentes árabes en la cultura cubana,* La Habana, Boloña, 1999.

—, *Los árabes en Cuba,* La Habana, Boloña, 2007.

MUNIR SELMAN HUSSEIN, Ricardo, *La herencia libanesa en la familia cubana,* La Habana, 2001 (automatizado, inédito).

PALAU VIVANCO, Cayetano, *Directorio Criticón de La Habana,* La Habana, Imprenta de Montiel, 1883.

PÉREZ DE LA RIVA, Juan, *La conquista del espacio cubano,* La Habana, Fundación Fernando Ortiz, 2004,

PERISTIANY, J. G. (ed.), *Mediterranean Family Structures,* Cambridge, 1977.

RIERA, Mario, *Cuba política: 1899-1955,* La Habana, 1955.

ROJAS, Marta, *La generación del centenario en el juicio del Moncada,* La Habana, Editorial de Ciencias Sociales, 1979.

SALIM TABRANES POTTS, Jorge, *Las sociedades árabes de Cuba,* La Habana, Unión Árabe de Cuba, 1989.

SÁNCHEZ PORRO, Reinaldo, *Aproximaciones a la historia del Medio Oriente,* La Habana, Félix Varela, 2004.

VV AA, *Presencia árabe en Cuba,* La Habana, Ediciones GEO, mapa plegable. Histórico Nacional, 2001.

OTRAS FUENTES

ANC. Registro de Asociaciones, legajo 234, expediente 6135; legajo 357, expediente 10762; legajo 634, expediente 17276.

Archivo Central de la Universidad de La Habana. Libro núm. 12 de Registro de Títulos de la Facultad de Medicina y Farmacia.

Archivo de la Iglesia de San Judas Tadeo y San Nicolás de Bari. Libros generales de matrimonios.

Archivo de la Parroquia de San Judas y San Nicolás. Libro 7 de Bautismo de blancos, folios 611 y 612, núms. 1.131, 1.132 y 1.133.

Archivo Histórico del Museo de la Ciudad, Palacio de los Capitanes Generales. Cabildo del 19 de marzo de 1883. Libro 180 de las Actas originales del Ayuntamiento de La Habana, pp. 332-332v.

Archivo Nacional de Cuba. Miscelánea de Libros. Libro de Pasaportes núm. 10.729.

Decreto núm. 743 del 20 de agosto de 1910.

Directorio mercantil de la Isla de Cuba para el año de 1892 a 1893, La Habana, Imprenta del Avisador Comercial, 1892.

Directorio mercantil de la Isla de Cuba para el año de 1901, La Habana, Imprenta del Avisador Comercial, 1900.

Directorio profesional de periodistas de Cuba, La Habana, 1957, 1.ª ed.

Formularios de matriculación de la persona de origen libanés y su familia (1955-1958) (Consulado de Líbano en Cuba).

Al Faihaa, núm. 221, 23 de enero de 1931; núm. 223, 6 de febrero de 1931; núm. 224, 13 de febrero de 1931, La Habana,

El Árabe, núm. 56, edición especial 25 Aniversario, La Habana, 2004.

El Cercano Oriente, año I, núm. 6, junio de 1943; año XII, núm. 131, enero de 1955, La Habana.

El Mundo, «Al Gobierno y pueblo de Cuba», La Habana, domingo 14 de septiembre de 1947.

Secretaría de Hacienda. Sección de Estadísticas. Informe de inmigración y movimiento de pasajeros. Rambla y Bouza, La Habana, 1902-1936.

ANEXO

1. La Unión Oriental. Santiago de Cuba. 1904.
2. Sociedad Siriana. Santiago de Cuba. 1909.
3. El Monte Líbano. Sagua La Grande. Existía en 1916. Beneficencia.
4. Progreso Sirio. La Habana. Existía en 1916. Beneficencia.
5. Comité de Liberación Líbano-Sirio. La Habana. 1917.
6. Juventud Libanesa de Holguín. 1923.
7. Unión Libanés Siria de Bejucal. 1928.
8. Sociedad Palestina Árabe de Cuba. La Habana. 1929. Beneficencia y recreación.
9. Sociedad Líbano Siria de Santa Amalia, 1929. Mejoramiento y beneficencia.
10. Sociedad Libanesa de La Habana. 1930. Beneficencia.
11. Unión Libanesa de Santa Clara. 1930. Instrucción y recreo.
12. Centro Al-Etehad de Cuba. 1931. Instrucción y recreación.
13. Unión Siria de Cuba. Existía en 1932.
14. Damas Árabes de Cuba. 1932.
15. Mártires Árabes. 1932. Masónica.
16. Unión Monte Líbano de Puerto Padre. Existía en 1934.
17. Unión Sirios y Libaneses de Cueto. 1935.
18. Club Levantino Pensamiento. La Habana. Existía en 1935.
19. Centro Palestino. La Habana. 1937. Recreo y sport.
20. Club Sirio-Líbano-Palestino (Club Árabe a partir de 1959). La Habana. 1938.
21. Comité Pro-Damnificados Árabes de Palestina. 1939.
22. Sociedad Sirio-Libanesa de Santiago de Cuba. 1940.

---

* En el listado consignamos después del nombre de la asociación, la ciudad donde radicó, el año y sus objetivos sociales en caso de constatarse en la investigación.

23. Asociación Cultural Líbano-Francesa de La Habana. 1941.
24. Asociación Libanesa Siria de Guantánamo.
25. Unión Arabia. Santiago de Cuba. 1945.
26. Comité Pro-ayuda a Francia combatiente. Existía en 1945.
27. Club Cedros del Líbano. Santiago de Cuba. Década de los años cincuenta, siglo xx.
28. Unión Líbano-Cubana. La Habana. 1951.
29. Comité Nacional Pro-defensa de la Independencia del Líbano. La Habana. 1958.
30. Comité Nacional Libanés Pro-Reforma Agraria. 1958.
31. Federación Internacional de Entidades Libanesas (filial).
32. Unión de los Libaneses en el Mundo (filial).
33. Federación de Sociedades Árabes de Cuba. Existía en 1972.
34. Centro Árabe. 1974.
35. Unión Árabe de Cuba **. La Habana y filiales en Santiago de Cuba, Camagüey y Ciego de Ávila. 1979.

** Es la única asociación vigente y ha unificado a los árabes de todos los orígenes y sus descendientes cubanos en un solo colectivo social.

8. LOS ÁRABES EN CENTROAMÉRICA

Roberto Marín Guzmán *

Los primeros inmigrantes árabes comenzaron a llegar a Centroamérica a finales del siglo XIX. La mayoría procedían del Levante mediterráneo —el Líbano, Palestina y Siria—, eran cristianos, de origen campesino y con poca preparación intelectual. Los árabes se dirigieron a esta parte del mundo en búsqueda de mejores oportunidades económicas. Muchos buscaban además la libertad política y religiosa que estos países les brindaban. Muy pocos se dedicaron a la agricultura, aunque, paradójicamente, fuera la actividad que durante generaciones habían desempeñado en los países de origen y, por tanto, la que mejor conocían. Su principal actividad en los países de acogida fue el comercio y, posteriormente, para algunos, la industria, principalmente la textil.

Los descendientes de inmigrantes árabes en Centroamérica se integraron por completo en las sociedades de acogida, adoptando nombres castizos y estudiando en las escuelas oficiales de estos países. Muchos de ellos han obtenido títulos en las universidades locales y han participado en todos los ámbitos profesionales, artísticos, políticos y deportivos. Mientras que la segunda generación perdió el uso de la lengua árabe, la tercera, como ha ocurrido con otras comunidades en esta región geográfica y en otras latitudes, es la que más se ha interesado por rescatar las tradiciones culturales y la lengua de sus antepasados. Algunos descendientes de árabes han viajado a los países de origen de sus abuelos, principalmente al Líbano y Palestina, a estudiar el árabe. Los *centros culturales árabes,* las *casas libanesas* o *centros culturales libaneses* en los distintos países del área, han tratado, por su parte, de satisfacer estas necesidades y han ofrecido a los descen-

---

* Es doctor en historia del Medio Oriente y estudios islámicos en la Universidad de Costa Rica.

dientes de inmigrantes árabes grandes oportunidades para rescatar los valores culturales de sus antepasados.

El propósito de este ensayo es reconstruir, a partir de análisis de casos, los procesos de la inmigración árabe en Centroamérica, sus actividades políticas, económicas, sociales y culturales. También se estudiará el aporte económico y cultural de los árabes, así como los mecanismos de su integración en las sociedades de acogida, para posteriormente desarrollar una descripción detallada, en la medida de lo posible, de los vínculos de los inmigrantes árabes o sus descendientes en Centroamérica, con los inmigrantes árabes o sus descendientes en México. Las relaciones que se estudiarán entre ambas comunidades en dichas regiones serán principalmente económicas, culturales y familiares. Finalmente se harán algunas reflexiones sobre aspectos de islamofobia y sentimientos antiárabes en Centroamérica, sobre todo a partir de los trágicos acontecimientos del 11 de septiembre de 2001.

I. LOS LIBANESES EN COSTA RICA

Debido a la limitación de espacio de que disponemos, no nos es posible realizar un análisis detallado de los inmigrantes árabes en cada país de Centroamérica en el periodo de estudio. Por ello, sólo se expondrán los grandes lineamientos y algunos estudios de caso que ilustran sus actividades y principales aportes económicos y culturales, así como las organizaciones que fundaron. El análisis de la aportación libanesa a Costa Rica sirve de ejemplo para toda la región centroamericana.

Los primeros inmigrantes libaneses empezaron a llegar a Costa Rica en 1887, de forma aislada. Pablo Sauma Aued y Susana Tajan Mekbel fueron los primeros registrados. En 1892, llegó José Tabush Fallat, pero fue a partir de 1896 cuando lo hicieron en mayor número, incluido el periodo de la Primera Guerra Mundial, durante el cual el número ascendió a 120 inmigrantes [1]. En el periodo entre las dos gue-

---

[1] Para más información, véase la detallada reconstrucción de la inmigración libanesa en Costa Rica, realizada por María Cruz Burdiel de las Heras, *La emigración liba-*

rras, llegaron 109 inmigrantes libaneses. Durante y después de la Segunda Guerra Mundial, se observa una disminución considerable del número de libaneses inmigrantes pues, entre 1938 y 1947, sólo se registraron diez inmigrantes procedentes del Líbano. Sin embargo, el número vuelve a aumentar hacia finales de la década de los años sesenta y después del estallido de la Guerra Civil en el Líbano, aunque sin alcanzar las dimensiones de principios del siglo XX.

En Costa Rica, los libaneses se dedicaron al comercio, especialmente al comercio ambulante y, posteriormente, establecieron tiendas fijas. Según se menciona en dichos populares, los libaneses en Costa Rica se dedicaron a la venta de ropa, mientras que los costarricenses vendían frutas y verduras. Algunos libaneses se dedicaron a la agricultura y la ganadería, como la familia de Flora Marun y la de los Esna, en Limón, quienes, por un tiempo, cultivaron el banano y el cacao. Tras abandonar esta actividad, se dedicaron al comercio, que les proporcionaría mayores beneficios. Los libaneses que se dedicaron a la agricultura y la ganadería en la provincia de Guanacaste tuvieron más éxito, como es el caso de Juan Julián Marun, establecido en Santa Elena de Abangares, así como el de Celim Mekbel y el de las familias Aiza y Ayales[2]. En general, muy pocos libaneses se dedicaron a vender frutas y hortalizas. Los casos más conocidos son los de los Aiza, en San José; los Nasar, en Turrialba, y Jorge Ayub Dau, en Limón. Desde un principio, los libaneses enviaron remesas al Líbano, lo que contribuyó al progreso de sus pueblos de origen.

Hoy día en Costa Rica, los descendientes de inmigrantes libaneses se encuentran totalmente integrados en la sociedad costarricense, como lo están también en los demás países del istmo. Desde su llegada a Costa Rica, los libaneses se preocuparon por aprender el español, por leer y escribir este idioma y por dar a sus hijos la mejor y más esmerada educación que el país podía proporcionarles. En Costa Rica, desde 1869, la educación ha sido obligatoria, gratuita y costeada por

---

nesa en Costa Rica, Madrid, CantArabia (s.f.), pp. 65-74. Véase también, Roberto Marín Guzmán, «El aporte económico y cultural de la inmigración árabe en Centroamérica en los siglos XIX y XX», en VV AA, *El Mundo Árabe y América Latina,* Madrid, UNESCO y Libertarias/Prodhufi, 1997, pp. 155-198.

[2] Para más detalles, véase Burdiel, ob. cit., pp. 140-141.

el Estado, por lo que los descendientes de libaneses, ya costarricenses, pudieron disfrutar de estas ventajas y lograr un grado avanzado de instrucción. Muchos de ellos fueron luego a la universidad, a la que siguen asistiendo las siguientes generaciones para superarse en el nivel educativo. Los más afortunados pudieron también realizar estudios en otros países.

Los descendientes de libaneses participan hoy día en todos los niveles profesionales: hay médicos, abogados, farmacéuticos, odontólogos, biólogos, economistas, contadores públicos, enfermeras, arquitectos, ingenieros, microbiólogos, químicos, periodistas, psicólogos, profesores universitarios; otros han incursionado en actividades artísticas, como es el caso del poeta Osvaldo Sauma, laureado en 1985 con el premio de la Editorial de las Universidades de Centroamérica (EDUCA) en Costa Rica por su poemario *Retrato en familia.* Sauma nació en Costa Rica en 1949. Su padre, Antonio Sauma, era de origen libanés y nacido en Cuba. Desde muy joven, Osvaldo Sauma empezó a escribir poesía y a rescatar sus raíces árabes sobre todo después de su viaje a España, en especial a la ciudad de Granada y a Marruecos donde estuvo principalmente en la ciudad de Tetuán. Aquí pudo vivir como árabe y sentirse árabe entre los árabes. Su poesía muestra entonces una añoranza por la tierra, las costumbres y la cultura de sus ancestros libaneses. Tales asuntos y hasta una nostalgia por lo árabe que se percibe en su poesía, quedan reflejados en sus poemarios *Huellas del desencanto* (1982) y *Asabis* (1993)[3].

También se pueden mencionar otros creadores y artistas descendientes de libaneses como la pintora Antonieta de Sauma, quien ha realizado ya varias exposiciones de sus cuadros en Costa Rica y en otros países. Otros descendientes de libaneses han participado en los deportes, como Teófilo Tabush, Mayyid Nassar, Antonio Tahan, Oscar Fiatt, Miguel Barzuna, Fernando Sauma y Farid Beirute[4]. Este último jugó con el Orión que llegó a ser campeón nacional de fútbol. Más recientemente, encontramos los casos de los jugadores José Jaikel Aguilar, del Deportivo Saprissa, de finales de la década de los años ochenta, y Carlos Sauma, más recientemente jugador de la Asociación

---

[3] Véase, Marlen Calvo Oviedo, «Biografía de Osvaldo Sauma», inédito.
[4] Burdiel, ob. cit., p. 164.

Deportiva San Carlos. Otro jugador de origen libanés es Pablo Nassar, que en la temporada del año 2008, se encuentra en las filas del equipo la Liga Deportiva Alajuelense.

Desde una temprana etapa, algunos inmigrantes libaneses participaron ya en la política nacional, lo cual es sintomático de las grandes oportunidades que les ofrecía el sistema democrático de esta república centroamericana. Desde entonces hubo diputados en la Asamblea Legislativa, afiliados a los distintos partidos políticos. El primer diputado de la colonia libanesa costarricense fue Miguel Al Mekbel Carón, quien salió elegido varias veces desde 1930 hasta 1938. En las siguientes décadas hubo otros diputados de origen libanés en la Asamblea Legislativa, como Miguel Asís Esna (1970-1974), Rosa Alpina Aiza Carrillo (1970-1974), José María Chajud (1982-1986) y otros [5]. Más recientemente Evita Arguedas Macklouf, también de origen libanés, salió electa por el Partido Libertario para el periodo 2006-2010. Posteriormente se separó del Partido Libertario y actúa como diputada independiente. Los descendientes de libaneses mostraron una gran diversidad ideológica, afiliándose a los distintos partidos políticos del país, tanto de extrema derecha, como de centro o socialdemócratas [6].

Ilustrativo de esta pluralidad política es el caso más reciente del industrial Miguel Barzuna, quien se presentó en 1981 como precandidato de la Unificación Nacional, entonces Democracia Cristiana. El señor Barzuna no ganó la primera etapa de la elección, pero su actividad refleja la participación de los descendientes de libaneses en las altas esferas de la política nacional. Además de las actividades políticas destacan también los cargos diplomáticos, como es el caso de Miguel Yamuni, quien ha desempeñado varios puestos diplomáticos como representante de Costa Rica en el Líbano, Kuwait, Egipto, España, Panamá y otros países, o el caso de Farid Ayales Esna quien, después de haber ocupado varios puestos diplomáticos, llegó a ser embajador de Costa Rica en Nicaragua, durante el gobierno de Óscar Arias (1986-1990). El señor Farid Ayales Esna ocupó asimismo el alto cargo de Ministro de Trabajo del gobierno de José María Figueres (1994-1998).

---

[5] Para más información, véase Burdiel, ob. cit., pp. 169-170.

[6] No ha sido posible determinar si algunos libaneses o descendientes de inmigrantes libaneses en Costa Rica se involucraron en el Partido Comunista.

Sin embargo, por corrupción y por cargos de peculado, cayó en desgracia política y social y debió de renunciar a su cargo para enfrentar la causa penal. El tribunal lo condenó a prisión [7], pero logró que le conmutaran esa pena por arresto domiciliario. El cambio de la pena se debió al supuesto padecimiento de una enfermedad terminal. Muchos cuestionan esa enfermedad pues, violando las restricciones de salir de su casa, logró escaparse, pero las autoridades lo encontraron consumiendo licores en un bar en Tibás [8], en la parte norte de la ciudad de San José.

No obstante, de todas las actividades que han desempeñado los descendientes de libaneses en Costa Rica, la fundamental ha sido, sin duda, la comercial. Esta ocupación no sólo les proporcionó grandes ganancias, sino que también les permitió contribuir considerablemente al desarrollo económico del país. Muchas de las mayores tiendas comerciales de San José y de las principales ciudades del país fueron fundadas por libaneses y se encuentran en la actualidad en manos de sus descendientes. Entre ellas hay tiendas de ropa y calzado, como el Centro de Novedades, El Chic de París, El Palacio de las Camisas, El Palacio de los Palacios, El Ibis, cuyo primer dueño y fundador, Antonio Simon, anunciaba con frecuencia su tienda ya desde los años cuarenta en *El Sheik (Al-Shaykh)* [9]; distribuidoras, como la Distribuidora Yamuni; industrias, como Industrias Barzuna, Industrias Rurales, Industrias Textil; además de ópticas, farmacias, urbanizaciones, como la

---

[7] Sobre las acusaciones y el largo juicio a Farid Ayales Esna, véanse, Basilio Quesada, «Farid Ayales deja cargo para enfrentar causa penal. Renunció Ministro de Trabajo», *La República,* 24 de abril de 1998, p. 6; Carlos Villalobos, «Farid Ayales a tribunales comunes», *La Nación,* 28 de abril de 1998, p. 18; *La Nación,* 10 de junio de 1998, p. 5; *La República,* 3 de diciembre de 1998, p. 13; Carlos Villalobos, «Farid Ayales acusado de 9 delitos», *La Nación,* 19 de mayo de 1999, p. 4; William Méndez Garita, «Ocho años para Ayales», *La Nación,* 27 de julio de 2000, p. 16; «Adrián Meza Granados, ex Ministro Ayales irá a prisión», *La Nación,* 22 de marzo de 2003, p. 14; Carlos Arguedas, «Farid Ayales preso en la Reforma», *La Nación,* 27 de marzo de 2003.

[8] Para mayores detalles al respecto véase, Irene Vizcaíno y Otto Vargas, «Detienen a Ayales en un bar en Tibás», *La Nación,* 21 de marzo de 2004, p. 8.

[9] Para mayores detalles, véase *El Sheik,* San José, 1944, *passim.* Agradezco a mi colega de la Escuela de Historia de la Universidad de Costa Rica, M. A. Iván Molina, por haberme facilitado una copia de la colección de *El Sheik (Al Shaykh)* informativo de la comunidad libanesa en Costa Rica.

Urbanización *Cariari*. A ello hay que agregar que fue Miguel Barzuna, un descendiente de libaneses, quien fundó, en 1976, la Bolsa de Valores de Costa Rica. Muchos de los mejores hoteles de San José pertenecen a libaneses, como el Hotel Cariari, el Hotel Corobicí y el Hotel Plaza. Según los cálculos suministrados por los mismos descendientes de libaneses, estos negocios han generado cerca de 12.000 empleos, cifra muy significativa para países pequeños como Costa Rica, cuando un solo grupo de gran actividad económica genera, para el medio costarricense, tan elevado número de empleos. Es importante señalar que éstos son, fundamentalmente, puestos urbanos, por ser en las ciudades donde están instaladas sus tiendas y fábricas[10].

Los descendientes de libaneses en Costa Rica han tenido también interés en rescatar los valores tradicionales de la cultura árabe. Sin embargo, como ya se señaló, es la tercera generación de libaneses la que se ha preocupado más por rescatar esas tradiciones culturales, que abarcan las danzas, la lengua, las comidas, etc. El interés por la difusión de la cultura libanesa y el rescate de las tradiciones árabes, indujo a algunos de ellos a entrar en contacto cultural y a intercambiar libros, revistas, periódicos y otros materiales con las comunidades libanesas de otros países del área y también con México, así como a fundar La Sociedad Libanesa, en 1931[11]. Esta sociedad cambió luego de nombre y se llamó La Casa Libanesa, con el propósito de mantener informada a la comunidad libanesa, tanto de las actividades dentro de Costa Rica, como de los acontecimientos que tenían lugar en el Líbano. Asimismo se intentaba mantener unida a la comunidad y preservar muchos de los valores culturales. Al lado de estos objetivos, el señor Said Simón Aued publicó, de 1944 a 1946, el periódico *El Sheik (Al-Shaykh)* que mostraba no sólo las actividades de la comunidad de ascendencia libanesa en Costa Rica, sino también la labor de traducción al castellano de poesía árabe y de algunas obras de Gibrán Jalil Gibrán[12]. En el primer editorial de este periódico se publicaron los obje-

---

[10] Entrevista a Miguel Barzuna, citado por Burdiel, ob. cit., p. 140.

[11] Véase, «Bejos M. Yamuni y la colonia libanesa», *El Sheik,* año 1, núms. 8, 9, agosto, septiembre de 1944, p. 2.

[12] *El Sheik,* año 1, núm. 1, enero de 1944, p. 8 y p. 15. También véanse fragmentos de Gibrán Jalil Gibrán, «El Profeta», en *El Sheik,* año 1, núms. 10, 11, 12, octubre, no-

tivos de este informativo. Así decía: «Este periódico se propone realizar, hasta donde Dios lo permita, una obra de confraternidad y amor de más amplias y sólidas relaciones intelectuales dentro y fuera de Costa Rica» [13].

En este periódico también colaboraron intelectuales costarricenses como Roberto Brenes Mesén, Manuel Formoso, Alejandro Aguilar Machado y el profesor Joaquín García Monge [14]. *El Sheik,* que editaba la destacada escritora Vera Yamuni, sobre quien volveremos más adelante, también contenía las noticias más relevantes del momento, sin descuidar valiosas informaciones relacionadas con diversos temas de la cultura árabe, la historia del Líbano [15] y los asuntos relacionados con los procesos para lograr la independencia de este país del dominio

---

viembre, diciembre de 1944, p. 7; año 2, núms. 13, 14, 15, enero, febrero, marzo de 1945, pp. 2-3; año 2, núms. 19, 20, 21, julio, agosto, septiembre de 1945, pp. 11-12. De Gibrán Jalil Gibrán también se tradujeron fragmentos de «Arena frente a la tempestad», en *El Sheik,* año 3, núms. 22 al 29, octubre de 1945 a mayo de 1946, p. 6. De igual forma se publicó un fragmento de «Las lágrimas invisibles», en *El Sheik,* año 3, núms. 22 al 29, octubre de 1945 a mayo de 1946, p. 11. Estos últimos fragmentos de dos obras de Gibrán Jalil Gibrán eran traducciones de Benedicto Chuaqui. También dentro de la sección de *Necrologías* del periódico, se recuerda la muerte del gran poeta libanés en el *mahjar,* Gibrán Jalil Gibrán, acaecida en Nueva York en 1931. Al respecto véase, *El Sheik,* año 2, núms. 13 14, 15, enero, febrero, marzo de 1945, p. 3. De igual forma se conmemora la muerte de José Bey Karam, héroe del Líbano que luchó por la libertad de su país. Karam murió en 1889. Al respecto véase, *El Sheik,* año 2, núms. 13, 14, 15, enero, febrero, marzo de 1945, p. 3.

[13] Véase, *El Sheik,* año 1, núm. 1, enero de 1944, p. 2.

[14] Véanse, Alejandro Aguilar Machado, «La nueva sociología», en *El Sheik,* año 1, núm. 1, enero de 1944, p. 3; *ídem.,* «La sociología y el espíritu», en *El Sheik,* año 1, núm. 2, febrero de 1944, p. 3; *ídem.,* «Nuevo método sociológico», en *El Sheik,* año 1, núm. 3, marzo de 1944, p. 1 y p. 3. Véase también, Roberto Brenes Mesén, «República del Líbano», en *El Sheik,* año 1, núm. 1, enero de 1944, p. 2. *El Sheik* hace un homenaje al profesor Joaquín García Monge, año 1, núms. 8, 9, agosto, septiembre de 1944, p. 8. Véase también, Isaac Felipe Azofeifa, «Joaquín García Monge, maestro de América», en *El Sheik,* año 1, núms. 8, 9, agosto, septiembre de 1944, p. 9.

[15] Véase, «Líbano antes de 1914», en *El Sheik,* año 1, núm. 1, enero de 1944, p. 6. Véase también, «Las ruinas de Baalbek», en *El Sheik,* año 1, núm. 3, marzo de 1944, p. 5 y p. 8, artículo de difusión cultural tomado de la *Enciclopedia Universal.* También, «El Pensamiento de Gibrán Jalil Gibrán», en *El Sheik,* año 1, núm. 1, enero de 1944, p. 8 y p. 15. Sobre otros asuntos culturales de los árabes véase, «La ciencia bajo los califas», en *El Sheik,* año 1, núm. 2, febrero de 1944, pp. 1-3.

francés [16]. Vera Yamuni, Gladys Malick, George Malick, Farid Beirute [17], entre muchos otros, fueron los libaneses o descendientes de libaneses que colaboraron con artículos y ensayos en este informativo. En *El Sheik* se publicaron muchos artículos sobre la historia del Líbano, [18] sobre los libaneses destacados [19], sobre la situación política del país, sobre los reconocimientos internacionales del Líbano [20] y otros temas árabes [21].

La publicación de leyendas y otros aspectos culturales y literarios libaneses fueron frecuentes. Por ejemplo, la leyenda de un joven que se enamora de una bella pero malvada mujer que no corresponde a su amor. Un día él le dice que le pida lo que quiera que él se lo traerá, no importa su costo, ni las dificultades que deba soportar para conseguirlo. Todo ello lo hacía con el propósito de demostrarle su gran adoración. Le implora que no lo rechace, ni le niegue su amor. La malvada mujer le impone una gran prueba: le pide que le traiga el corazón de

---

[16] Véase, «Lucha del Líbano por su libertad», en *El Sheik,* año 1, núm. 1, enero de 1944. Véase la continuación de este artículo bajo el título «Consideraciones de índole moral y cultural», en *El Sheik,* año 1, núm. 2, febrero de 1944, p. 8. Sobre la independencia del Líbano véase también Farid Beirute, «Una opinión», en *El Sheik,* año 1, núm. 2, febrero de 1944, p. 8.

[17] Al respecto véanse, Gladys Malick, «Tierra Oriental», en *El Sheik,* año 1, núm. 2, febrero de 1944, p. 5; *ídem.,* «El carácter árabe», en *El Sheik,* año 2, núms. 19, 20, 21, julio, agosto, septiembre de 1945, p. 8; George Malick, «La leyenda del café», en *El Sheik,* año 2, núms. 19, 20, 21, julio, agosto, septiembre de 1945, p. 8; Farid Beirute, «Una opinión», en *El Sheik,* año 1, núm. 2, febrero de 1944, p. 8.

[18] Al respecto véanse por ejemplo: William Nimeh, «El Líbano», en *El Sheik,* año 1, núms. 8, 9, agosto, septiembre de 1944, pp. 1, 2, 3 y 5 (Este artículo incorpora una ilustrativa fotografía del puerto de Beirut, que pudo haber traído alguna añoranza a los inmigrantes libaneses radicados en Costa Rica); Félix Palavicini, «El Líbano de ayer, de hoy y de mañana», en *El Sheik,* año 1, núms. 10, 11, 12, octubre, noviembre, diciembre de 1944, p. 4 (tomado de *El Emir,* México, 1944).

[19] Véase por ejemplo la biografía de Miguel Casiri, «Miguel Casiri», en *El Sheik,* año 1, núms. 8, 9, agosto, septiembre de 1944, p. 3 (tomado de la *Enciclopedia Espasa*), es una corta biografía de la labor de este destacado arabista libanés en la clasificación y estudio de los manuscritos árabes contenidos en la *Biblioteca de El Escorial.*

[20] Véase por ejemplo: «Estados Unidos reconocen al Líbano», en *El Sheik,* año 1, núms. 10, 11, 12, octubre, noviembre, diciembre de 1944, p. 15.

[21] Véase por ejemplo: Ibrahim H. Hallar, «Arabia y los árabes», en *El Sheik,* año 1, núms. 10, 11, 12, octubre, noviembre, diciembre de 1944, p. 5.

su madre. Así el joven mata a su madre, le extrae el corazón, que todavía caliente y aún palpitando se apresura a llevárselo a su amada. En su carrera por llegar a donde ella se encontraba, tropieza y cae. El corazón entonces le pregunta: «¿Te has hecho daño, hijo mío?»[22]. Esta leyenda libanesa, entre muchas otras que se publicaron en *El Sheik,* muestran aspectos culturales y tradiciones my arraigadas en la sociedad libanesa.

El Sheik de igual forma con frecuencia publicó poesía de algunos libaneses radicados en Costa Rica, como por ejemplo algunos de los poemas de Said Simón Aued[23], de Jorge Adoum[24] y de otros poetas no de origen libanés como Héctor Marín Torres[25]. Se publicaron algunos artículos sobre los aportes de los árabes, como por ejemplo tomado del libro de Gustav Le Bon, titulado *La civilización de los árabes,* la sección «Los árabes: creadores de la farmacia», con lo cual daban a conocer tanto dentro de la comunidad libanesa, como en general en el pueblo costarricense, los aportes de los árabes en diversos campos[26].

También este informativo anunciaba las actividades culturales y las sociales en la Casa Libanesa y aprovechaba las ocasiones para felicitar al pueblo costarricense, con motivo de las celebraciones de la independencia[27]. Asimismo se solicitó a la comunidad libanesa su cooperación para formar una biblioteca en la Casa Libanesa. Se informó que la Casa Libanesa contaba con el mueble para colocar los libros, con el espacio para la lectura, pero se necesitaban los libros y se le pedía a cada miembro de la comunidad libanesa que donara uno o dos libros sobre variadas temáticas como historia, filosofía, artes, literatura, etc.[28]. De igual forma se reproducían artículos publicados en otras

---

[22] Véase, *El Sheik,* año 1, núms. 8, 9, agosto, septiembre de 1944, p. 3.

[23] Véase, *El Sheik,* año 2, núms. 13, 14, 15, enero, febrero, marzo de 1945, pp. 3-4.

[24] *Ibid.,* p. 4.

[25] Para mayores detalles véase *ibid.,* p. 5, también su poema «Dos Alas», en *El Sheik,* año 3, núms. 22 al 29, octubre de 1945 a mayo de 1946, p. 9.

[26] Véase, Gustav Le Bon, «Los árabes: creadores de la farmacia», tomado de *La civilización de los árabes,* Buenos Aires, Arábigo Argentina, «El Nilo», 1932, en *El Sheik,* año 2, núms. 13, 14, 15, enero, febrero, marzo de 1945, p. 5 y p. 8.

[27] Para mayores detalles véase, *El Sheik,* año 1, núms. 8, 9, agosto, septiembre de 1944, p. 6.

[28] Véase, *El Sheik,* año 1, núms. 10, 11, 12, octubre, noviembre, diciembre de 1944, p. 6.

revistas o periódicos libaneses de otros países latinoamericanos, en especial de México, Colombia y Chile, que difundían asuntos específicos del Líbano, que fueron de gran utilidad para la comunidad libanesa en Costa Rica. También este periódico informó y felicitó a un miembro de la comunidad libanesa radicada en Costa Rica, el señor Pedro Asís Karam, por la condecoración que recibió de parte del Gobierno de la República del Líbano. La condecoración la recibió por su incansable lucha en defensa de los principios democráticos y «por el profundo cariño demostrado a la Patria lejana en diversas ocasiones. [...] Asimismo el Gobierno Provisional francés, presidido por el General Charles de Gaulle, al tener conocimiento de que el señor Asís abrazaba la causa de la Francia libre, combatiendo enérgicamente al quintacolumnismo, abarcando en la lucha contra él cuanto medio valedero hay, radio y prensa y de haber participado activamente con la Legión Francesa en los años 1921-1922, en Damasco, contra los moros, dispuso conferirle una valiosa Medalla de plata cuya cinta ostenta la Bandera del Líbano. Ambas condecoraciones fueron entregadas a nuestro compatriota por el Representante de la Francia Libre en Costa Rica, Sr. Henry Bougarel»[29].

El Sheik también publicó muchos otros artículos referentes a temas culturales, como por ejemplo «El Corán y el Islam». En este artículo hay algunos errores de concepto. Algunas opiniones también manifiestan una percepción equivocada, asuntos que eran típicos de la época, como por ejemplo llamar a los seguidores del Islam con el nombre de mahometanos, en vez de musulmanes. En general este corto ensayo explica la importancia del libro sagrado de los musulmanes y de la religión islámica[30]. En el último número de este periódico se publicó asimismo un interesante y detallado artículo de Simón Saad S., de la comunidad libanesa de Colombia, titulado «Trascendencia del idioma

---

[29] Para mayores detalles véase, *El Sheik,* año 2, núms. 13, 14, 15, enero, febrero, marzo de 1945, p. 6.

[30] Véase, «El Corán y el Islam», en *El Sheik,* año 2, núms. 13, 14, 15, enero, febrero, marzo de 1945, p. 7. El referirse a los musulmanes como mahometanos implica que los seguidores del Corán adoran a Mahoma, lo cual está equivocado, pues el predicador del Islam es un profeta y los musulmanes sólo adoran a Alá (Dios). Los musulmanes resienten que los llamen mahometanos, pues es un concepto equivocado.

árabe»[31], en el que explica la importancia de la lengua árabe para el castellano y asegura, equivocadamente, que el castellano tiene un 20% de palabras de origen árabe, cuando en realidad es el 9%[32]. Insiste en la importancia de este idioma y en la necesidad de que se abran cátedras de árabe en diversas universidades para la enseñanza de este idioma, así como para el estudio de la literatura hispano-arábiga. Menciona que por fortuna en los Estados Unidos el profesor Philip K. Hitti, enseña el árabe en la Universidad de Princeton, donde también investiga e imparte lecciones de historia y de cultura árabes, al lado del estudio de las contribuciones de los árabes al conocimiento universal. Para el caso de América Latina, Simón Saad menciona la labor en la enseñanza del árabe del profesor Osvaldo A. Machado en Buenos Aires[33]. Asimismo este artículo puntualiza los grandes logros, progresos técnicos, médicos, astronómicos, químicos, etc. de los árabes y cómo muchas palabras técnicas de química, astronomía, matemáticas y otras ciencias y disciplinas entraron al castellano. Otro punto importante que analiza es el de las grandes contribuciones al pensamiento universal de los filósofos del calibre de Ibn Tufayl, Ibn Hazm y sobre todo de Averroes.

Es oportuno señalar que la Casa Libanesa de Costa Rica ya para entonces impartía cursos del idioma árabe[34], los que se ofrecieron por primera vez en el país en especial para los descendientes de inmigrantes libaneses que no sabían la lengua de sus antepasados, pero de igual forma se dirigió a toda la comunidad costarricense. A esas clases tam-

---

[31] Simón Saad S., «Trascendencia del idioma árabe», en *El Sheik,* año 3, núms. 22 al 29, octubre de 1945 a mayo de 1946, p. 5.

[32] *Ibid.*

[33] *Ibid.* Philip K. Hitti fue sin duda uno de los grandes exponentes de la enseñanza de los estudios árabes e islámicos y del idioma árabe en los Estados Unidos. Sus obras alcanzaron un gran renombre y difusión y se tradujeron a varios idiomas. Entre sus obras se recomiendan, por ejemplo, Philip K. Hitti, *History of the Arabs,* Macmillan Company, Londres, 1950 (traducido al castellano, *Historia de los árabes,* Madrid, Razón y Fe, 1952). Osvaldo Machado tradujo algunas partes de la obra de Ibn Khaldun, *Al Muqaddima,* publicados en la revista de estudios medievales fundada y dirigida por el gran medievalista español Claudio Sánchez-Albornoz, titulada *Cuadernos de Historia.*

[34] Para mayores detalles véase *El Sheik,* año 2, núms. 19, 20, 21, julio, agosto, septiembre de 1945, p. 12.

bién asistían algunos profesores costarricenses interesados en el aprendizaje de ese idioma. Esos cursos de árabe los impartió a partir del 22 de marzo de 1945 el señor don Antonio F. Breedy, en la Casa Libanesa, con el horario de martes y viernes de 8:00 p.m. a 9:00 p.m.[35].

Con el propósito de difundir algunos temas libaneses y árabes en general *El Sheik* con frecuencia publicaba artículos que contribuían al conocimiento de los grandes aportes de los árabes al saber universal. Algunas veces eran artículos escritos por algún miembro de la comunidad libanesa de Costa Rica, pero a menudo se reproducían ensayos publicados en otras latitudes de América, pero siempre bajo esa perspectiva. Por ejemplo se reprodujo el artículo del señor Moisés Moussa, titulado «La sociología árabe y el más grande de sus representantes: Abu Zed Er-Rahman Ibn Jalidun», tomado de *Al-Watan,* periódico de la comunidad árabe de Chile[36]. El ensayo tiene numerosos errores, que son perceptibles desde el nombre mismo de Ibn Jaldún, hasta otros aspectos de contenido e interpretación. No obstante lo anterior, este artículo significó en la época un importante aporte para difundir el conocimiento y lo que los árabes lograron en la Edad Media. Asimismo se reprodujeron algunos poemas de George Saidah, poeta de Damasco y muy conocido en el Mundo Árabe, quien a su vez escribió desde Caracas, hacia donde inmigró, uno de sus más importantes poemas «Vino y Canto en los Jardines de Damasco», se publicó en el último número de *El Sheik*[37].

De igual forma se publicaron numerosos artículos sobre la historia y los acontecimientos que estaban teniendo lugar en esos años, en

---

[35] *Ibid.*

[36] Moisés Moussa, «La sociología árabe y el más grande de sus representantes: Abu Zeid Er Rahman Ibn Jalidun», tomado de *Al Watan,* Santiago de Chile, agosto de 1945, en *El Sheik,* año 3, núms. 22 al 29, octubre de 1945 a mayo de 1946, pp. 10-11. Para mayores detalles sobre Ibn Khaldun, véanse «'Abd al Rahman Ibn Khaldun», *Al Muqaddima,* editado por Wafi 'Ali 'Abd al Wahid, El Cairo, 1965; Roberto Marín Guzmán, «Ibn Khaldun (1332 1406) y el Método Científico de la Historia», en *Cuadernos de Historia,* San José, Escuela de Historia, Universidad de Costa Rica, núm. 43, 1982; Nassif Nassar, *El pensamiento realista de Ibn Jaldún,* México, Fondo de Cultura Económica, 1980, *passim.*

[37] George Saidah, «Vino y canto en los Jardines de Damasco», en *El Sheik,* año 3, núms. 22 al 29, octubre de 1945 a mayo de 1946, p. 9.

especial los referentes a la política y a la lucha libanesa por la independencia. Así por ejemplo, en un sugestivo artículo del director del periódico, Said Simón Aued, se felicita a todos los que han luchado por la libertad del Líbano y Siria[38]. Todo esto se debió a que a raíz de los levantamientos nacionalistas libaneses y sirios y a sus aspiraciones por la independencia, Francia envió nuevos contingentes militares para dominar esos territorios y acallar los intentos nacionalistas por la libertad, lo que provocó nuevos y muy violentos enfrentamientos entre los franceses y los libaneses y entre los franceses y los sirios[39]. También en *El Sheik* se reprodujeron artículos de libaneses y sirios publicados en otros países de América Latina, que se pronunciaban en favor del panarabismo y de la independencia del Líbano y de Siria[40].

Un gran aporte de *El Sheik* fue la publicación de todos los nombres de los libaneses o los descendientes de libaneses en Costa Rica que eran profesionales, se encontraban en esos años estudiando en la Universidad, o bien cursaban la secundaria o la primaria, según los casos. Con todo lo anterior se pueden observar las distintas profesiones que desempeñaron en los años cuarenta y los procesos de integración en la sociedad costarricense. Esto se lograba al estudiar en las escuelas nacionales y en la Universidad de Costa Rica, donde se graduaron sobre todo abogados y farmacéuticos. Muchos de ellos cursaron y concluyeron la secundaria en el Liceo de Costa Rica y en el Colegio de

---

[38] Para mayores detalles véase Said Simón Aued, «Triste y amarga lección que no aprendió Francia», en *El Sheik,* año 2, núms. 16, 17, 18, abril, mayo, junio de 1945, p. 3.

[39] *Ibid.* Véase también el llamado que hace la comunidad libanesa en Costa Rica para que Francia «abandone su obsesionante avaricia sobre las tierras levantinas», en *El Sheik,* año 2, núms. 19, 20, 21, julio, agosto, septiembre de 1945, p. 3. Véanse más detalles y noticias sobre estos acontecimientos políticos en el Líbano y Siria en *El Sheik,* año 2, núms. 19, 20, 21, julio, agosto, septiembre de 1945, p. 7. También, *El Sheik,* año 3, núms. 22 al 29, octubre de 1945 a mayo de 1946, pp. 1 y 2. También, «Los acontecimientos de Siria y Líbano» (reproducido de *La Nación,* de Santiago de Chile), en *El Sheik,* año 3, núms. 22 al 29, octubre de 1945 a mayo de 1946, p. 15. Para mayores detalles sobre estos acontecimientos véase: Roberto Marín Guzmán, *La Guerra Civil en el Líbano. Análisis del contexto político económico del Medio Oriente,* San José, Texto, 1985 (2.ª ed. San José, 1986), *passim.*

[40] Véanse por ejemplo los publicados en *El Sheik,* año 3, núms. 22 al 29, octubre de 1945 a mayo de 1946, p. 4.

Señoritas. Algunos otros lo hicieron en distintos colegios de provincia, o bien en el Colegio Seminario de San José. Otras profesiones que algunos obtuvieron fueron teneduría de libros, contabilidad, mecanografía, estas últimas en pequeñas academias privadas. Algunos otros se graduaron como maestros de primaria y profesores de secundaria en diversas materias [41]. Aquellos que deseaban estudiar medicina salían del país e ingresaban en universidades en las que se ofrecía esta carrera, en especial en los Estados Unidos. Vera Yamuni, como se verá más adelante, se trasladó a México para estudiar filosofía. Luego cursó también la carrera de Medicina.

Con la misma perspectiva e iguales propósitos, la comunidad de origen libanés fundó la revista *Al-Kalima* que intentó, como parte del rescate cultural y de la labor de los descendientes de esta comunidad, reconstruir las biografías de los primeros inmigrantes y una mayor difusión de las tradiciones libanesas en Costa Rica. Más recientemente, los descendientes de inmigrantes libaneses, así como otros descendientes de árabes, se matriculan y siguen con gran interés cursos de lengua árabe y de historia del Medio Oriente en la Universidad de Costa Rica. Desde que en 1982 esta universidad ofreció por primera vez cursos de árabe básico en dos semestres, así como clases de historia del Medio Oriente, ha habido como mínimo un 10% de descendientes de árabes matriculados en estos cursos (algunos asisten como oyentes), principalmente de origen libanés y palestino [42].

---

[41] Véanse las listas completas en *El Sheik,* año 2, núms. 19, 20, 21, julio, agosto, septiembre de 1945, p. 5 y p. 12.

[42] En 1982, tuve la oportunidad de ofrecer a la Escuela de Lenguas Modernas de la Facultad de Letras de la Universidad de Costa Rica un curso de árabe básico, y a la Escuela de Estudios Generales, como colaboración con la entonces Escuela de Historia y Geografía de la Universidad de Costa Rica, un curso de Historia General del Medio Oriente Islámico. En aquel año, las directoras de estas escuelas, doctora Ana Lucía Salazar, directora de la Escuela de Lenguas Modernas, y doctora Rose Marie Karpinsky de Murillo, directora de la Escuela de Estudios Generales, acogieron con gran entusiasmo mi propuesta. A ambas expreso mi gratitud por su apoyo y por la oportunidad que me dieron de impartir tales cursos, que realmente abrieron un nuevo campo en la Universidad de Costa Rica. Para ello seguí los sólidos pasos de la ilustre profesora emérita de la Universidad de Costa Rica, M. A. Hilda Chen Apuy, quien impartió por primera vez los cursos de historia, arte y literatura de Asia en especial India, China y Japón en la Universidad de Costa Rica. También expreso mi profundo agradecimiento

Entre los diversos proyectos de difusión de aspectos culturales libaneses, cabe mencionar el programa de danza, integrado por un pequeño grupo, que creó Antonio Zaghlul a principios de la década de 1980, con el objeto de mantener y difundir las danzas tradicionales del Líbano, aunque esta iniciativa no parece que haya tenido aún el impacto esperado. Aún antes de él, un inmigrante libanés se preocupó por difundir en castellano una de las obras del gran poeta y filósofo libanés, Gibrán Jalil Gibrán, con lo cual se daba a conocer uno de los muchos aspectos y aportes culturales libaneses de gran trayectoria internacional. Así Wajib Zaghlul y Reinaldo Soto tradujeron de Gibrán Jalil Gibrán, *Alas Rotas.* Esta obra tuvo una amplia difusión en el medio costarricense[43].

Es oportuno tener presente que también otros libaneses o descendientes de libaneses han tenido una activa participación cultural, además de los ya mencionados, tanto dentro de Costa Rica, como en otros países vecinos. Entre esos descendientes de inmigrantes árabes cabe mencionar el caso de Vera Yamuni Tabush, quien nació en San José, Costa Rica, en 1917 y murió en México en el año 2004. Vera Yamuni fue una destacada profesora e investigadora de origen libanés que se trasladó de Costa Rica a México, en donde estudió y desarrolló toda

---

a doña Hilda Chen Apuy por sus enseñanzas y por haberme interesado y guiado en los estudios de Asia. Sobre la participación de estudiantes de origen árabe en estos cursos, véase Roberto Marín Guzmán, «La situación de los Estudios de Asia y África en la Universidad de Costa Rica», ponencia presentada en el *Coloquio Oriente Occidente y Octava Reunión de COCIESORAL,* organizado por el P. Ismael Quiles, S. J., Universidad del Salvador, Buenos Aires, del 6 al 9 de diciembre de 1982. Véase Roberto Marín Guzmán, «La presencia de lo árabe e islámico en la Universidad de Costa Rica. Estudio sobre su situación actual en docencia, investigación y acción social», en *Revista Estudios,* núms. 12-13, 1995-1996, pp. 139-167; *ídem.,* «La difusión de los estudios árabes e islámicos en la Universidad de Costa Rica», en *Revista del Instituto Egipcio de Estudios Islámicos en Madrid,* vol. XXXIV, 2002, pp. 131-179.

[43] Sobre *Alas Rotas* se pueden ver tanto publicidad para la venta de la obra, como un artículo de comentario en *El Sheik,* año 3, núms. 22 al 29, octubre de 1945 a mayo de 1946, p. 7. También en las noticias sociales de este periódico se informa sobre esta obra y su venta en todas las librerías del país, *El Sheik,* año 3, núms. 22 al 29, octubre de 1945 a mayo de 1946, p. 13. Véase también Juan Jacobo Luis, «Ligero comentario sobre *Alas Rotas*», en *El Sheik,* año 3, núms. 22 al 29, octubre de 1945 a mayo de 1946, p. 16.

su carrera docente y académica. Después de sus estudios secundarios y tras escribir algunos de sus primeros ensayos para el *Repertorio Americano* y para *El-Sheik,* Vera se trasladó a México en 1945 para estudiar la carrera de Filosofía, dado que la recientemente fundada Universidad de Costa Rica (1941) no impartía. En 1949 Vera Yamuni obtuvo su diploma de maestría en la Universidad Nacional Autónoma de México (UNAM) y en 1950 obtuvo su doctorado en Filosofía, bajo la tutela del filósofo español, radicado en México, doctor José Gaos [44]. Vera Yamuni estuvo siempre muy interesada en los estudios de idiomas, y por ello aprendió el francés y el inglés, además del árabe que deseaba rescatar debido a sus raíces libanesas. El árabe y la literatura árabe los aprendió en París y los continuó en Argelia y en el Líbano. De la misma forma también estudió el Islam, su historia, su expansión, así como la cultura islámica y el *Qur'an.* Aunque sus títulos académicos eran en filosofía, ella dedicó muchos años de su vida y grandes esfuerzos por dar a conocer la historia de los pueblos árabes, la cultura islámica y la civilización árabe, con especial énfasis en la historia, cultura y literatura del Líbano.

Desde muy joven, Vera Yamuni empezó a publicar sus ensayos en Costa Rica, en la famosa revista que editaba el profesor Joaquín García Monge, titulada *El Repertorio Americano.* Algunos de sus más destacados artículos y libros que publicó posteriormente en México versaron sobre temas árabes y sobre los problemas contemporáneos del Medio Oriente. Entre esos ensayos se pueden mencionar: *El Mundo de las Mil y Una Noches,* un trabajo sobre aspectos culturales e históricos de los árabes, como se describen en la famosa obra literaria *Alf Layla wa Layla* [45]. *El despertar de los países árabes* [46], y *Los países árabes en su lucha por la independencia* [47], ensayos en los que retoma de forma

---

[44] Grace Prada Ortiz, *El ensayo feminista en Costa Rica,* Costa Rica, Editorial de la Universidad Nacional, Heredia, 2005, pp. 56 ss.

[45] Vera Yamuni Tabush, «El mundo de las Mil y Una Noches», en *Anuario de Filosofía,* año I, México, Universidad Nacional Autónoma de México, 1961.

[46] Vera Yamuni Tabush, «El despertar de los países árabes», en *Anuario de Estudios Orientales,* año I, México, Universidad Nacional Autónoma de México, 1968.

[47] Vera Yamuni Tabush, «Los países árabes en su lucha por la independencia», en *Anuario de Estudios Orientales,* año 3, México, Universidad Nacional Autónoma de México, 1971.

crítica y erudita los grandes problemas del colonialismo y la dependencia económica y política de los países árabes, al lado de la lucha de los árabes por su independencia.

En medio de su vida académica, de profesora de Filosofía en la Universidad Nacional Autónoma de México y de investigadora sobre los temas árabes que servían para dar a conocer la situación del Medio Oriente en el público mexicano y en general latinoamericano, Vera Yamuni asimismo estudió Medicina. Entró a la Facultad de Medicina de la UNAM en 1969 y se graduó de doctora en Medicina en 1975, ya que, como lo aseguró en una entrevista, para ella «la filosofía no podía ya ser otra cosa que Filosofía de la Ciencia»[48].

Una de sus más importantes obras fue su traducción del árabe al español de *Cuentos de la Montaña Libanesa,* obra con la que dio a conocer muchos aspectos históricos, culturales, sociales y políticos del Líbano. Estos cuentos muestran también una añoranza por este país, la tierra de sus antepasados[49].

De igual forma, Vera Yamuni escribió numerosas obras filosóficas y tradujo ensayos filosóficos del inglés al castellano, en especial los de Alfred North Whitehead, publicados asimismo en México en 1964. Vera Yamuni también ordenó, codificó y publicó las obras completas de su maestro, el doctor José Gaos. En el caso de Vera Yamuni es factible observar una descendiente de inmigrantes libaneses que se destacó en la academia y que publicó numerosos trabajos sobre el Líbano, los árabes, la cultura islámica y los problemas contemporáneos del Medio Oriente, con el propósito de dar a conocer y difundir el conocimiento de los árabes, del Islam y del Medio Oriente actual, tanto en México como en los países de Centroamérica, en especial en Costa Rica. Al respecto bástenos recordar también que Vera Yamuni escribió la «Introducción» a la traducción del Corán de Rafael

---

[48] Entrevista a Vera Yamuni, citada por Prada, *El ensayo feminista en Costa Rica,* p. 57.

[49] Véase para mayores detalles: Vera Yamuni Tabush, *Cuentos de la Montaña Libanesa,* México, Editorial de la Universidad Nacional Autónoma de México, 1961. Para más información sobre *Cuentos de la Montaña Libanesa,* véase Roberto Marín Guzmán, «Vera Yamuni (1917 2003) a Woman of Lebanese Origin: Philosopher, Essayist and Writer in Costa Rica and Mexico», de próxima publicación.

Cansinos Assens, obra reeditada y publicada en México en 1991 y luego en 2001 [50].

Finalmente, es factible mencionar el caso de otra inmigrante libanesa que se ha destacado en Costa Rica. Se trata de Carmen Chakhtoura, radicada en San José, que funge como traductora oficial del árabe al castellano y viceversa del Ministerio de Relaciones Exteriores y Culto de Costa Rica. Este es un ejemplo más de la labor destacada que han tenido los inmigrantes libaneses y sus descendientes en distintos campos políticos, sociales, económicos, culturales y académicos.

II. LOS PALESTINOS EN CENTROAMÉRICA

Los primeros inmigrantes palestinos en Centroamérica llegaron a finales del siglo XIX y principios del XX, cuando todavía existía el Imperio otomano. Debido a que entraron en Centroamérica con pasaporte otomano, fueron identificados como turcos, lo que aún se perpetúa en el sentido popular de considerar turcos a los inmigrantes árabes llegados a esta región con documentos otomanos. Lo mismo ocurrió con muchos libaneses y otros inmigrantes árabes, como los sirios, que llegaron a América Latina durante la época del dominio otomano del Levante árabe.

En el primer periodo de inmigración, los palestinos se ubicaron en los distintos países del istmo, con muy pocos casos en Costa Rica. Muchos palestinos habían empezado a emigrar ya desde la década de 1860, cuando salieron con el propósito de vender sus productos de artesanía de madera y de madreperla. A Centroamérica empezaron a llegar en la década de 1890, al oír decir que en esta región la gente compraría sus artículos, así como muchos otros objetos que hubiesen sido fabricados en Tierra Santa.

Algunas tradiciones orales señalan que al principio muchos palestinos llegaron a Centroamérica a través de El Salvador. Una tradición

---

[50] Véase, *El Corán,* traducción al español por Rafael Cansinos Assens, «Introducción» de Vera Yamuni Tabush, México, Cien del Mundo y Conaculta, 1991 (reimpresión, México, 2001, pp. 11-25).

oral afirma que el primer palestino que llegó al istmo, de quien no se conoce el nombre ni la procedencia exacta, entró en El Salvador por el puerto de Cutuco y salió por el puerto de Acajutla, con destino a otro país del área. Esto lo confirman algunos descendientes de inmigrantes palestinos en San Pedro Sula, quienes manifiestan que muchos de sus antepasados estuvieron primero en El Salvador antes de trasladarse, por tierra, a Honduras.

En el primer periodo de la inmigración, los palestinos se establecieron principalmente en Honduras, adonde llegaron en mayor número; luego, en El Salvador y Nicaragua y, por último, en Guatemala y Belice. A Costa Rica, llegarán más tarde[51]. El siguiente cuadro, que representa el número de apellidos palestinos en Centroamérica, ilustra elocuentemente este proceso:

CUADRO 1. *Número de apellidos palestinos localizados por viajeros en Centroamérica**

País	Núm. de apellidos
Honduras	255
El Salvador..................	199
Nicaragua	25
Guatemala	23
Costa Rica	2

* En los datos estadísticos de los viajeros, reseñados en esta tabla, no figuraba el caso de Costa Rica. Sin embargo, es necesario señalar que para esos años existían ya dos apellidos de origen palestino en Costa Rica: el de la familia Bakit (Bakhit) y el de la familia Hasbun, que hemos incluido con el propósito de completar esa tabla estadística.
Fuente: Nasri Salomón Jacir, *Boletín de la Sociedad Caritativa de Belén,* Jerusalén, Commercial Press, 1955-1957, citado por González Dollar, p. 62, ampliado y adaptado por el autor.

---

[51] También llegaron muchos palestinos a Panamá. Esta inmigración será objeto de otra investigación.

II.1. *Los palestinos en Honduras*

Los primeros inmigrantes palestinos empezaron a llegar hacia finales del siglo XIX, registrándose el primer caso en 1899. Después de algunos casos aislados, los palestinos, principalmente de Belén y de las aldeas de Beit Sahur y Beit Jala (región de Efrata), llegaron a Honduras de forma más numerosa y sistemática, coincidiendo con el hecho de que en 1906 el gobierno hondureño aprobó una serie de leyes que resultaban favorables para los inmigrantes. El periodo de mayor inmigración fue el transcurrido entre 1922 y 1931. Poco después va a decaer, debido a la depresión de los años treinta, aunque el proceso de inmigración en este país nunca se detuvo. Algunos emigraron a Honduras con el propósito de visitar a parientes y trabajar por algún tiempo, pensando luego en regresar ricos a Palestina.

A raíz de la depresión de 1929 y las consiguientes dificultades económicas, se promulgaron en Honduras, en 1929 y en 1934, varias leyes, tendientes a restringir la llegada de inmigrantes extranjeros, incluidos los palestinos. Los que llegaron durante la entrada en vigor de estas leyes tuvieron que pagar elevadísimas tasas de inmigración y a otros muchos se les obligó a dedicarse a la agricultura o a crear nuevas industrias [52]. Por otro lado, el Mandato Británico en Palestina fomentaba el retorno de los palestinos emigrados, restringiendo, al mismo tiempo, el éxodo. Para ello, las autoridades británicas crearon nuevas oportunidades de empleo, como lo revela *The Statistical Abstract of Palestine* [53]. Para el periodo de 1933-1934, había en Honduras 592 palestinos documentados como residentes extranjeros. La cifra ascendió a 812 en 1936-1937, a lo que hay que agregar la inmigración clandes-

---

[52] Ya entonces se sabía que algunos árabes habían creado nuevas industrias desde principios de siglo, como el caso de la primera fábrica de cigarrillos que un árabe (cuyo origen se desconoce, pero se menciona que pudo haber sido libanés, sirio o palestino) fundó en 1914 en San Pedro Sula. Asimismo, se sabía que fueron los árabes, tal vez de origen palestino, los primeros en vender café molido por las calles de San Pedro Sula. Para más información, véase Nancie L. González Dollar, *Dove and Eagle, One Hundred Years of Palestinian Migration to Honduras,* The University of Michigan Press, Ann Arbor, 1992, p. 93.

[53] Véase *The Statistical Abstract of Palestine, 1944 1945, passim.*

tina[54]. La mayoría de estos inmigrantes eran cristianos, de rito ortodoxo, aunque algunos estudios señalan que entre el 15 y el 20% eran
musulmanes. Debido a que existen muy pocos registros donde cons-
tan inscritos como musulmanes, se podría pensar que o bien salieron
de sus países de origen sin manifestar su religión, o bien se convirtieron al cristianismo después de su llegada a Centroamérica[55]. Sólo se
han podido encontrar 17 familias palestinas musulmanas en Honduras. Los palestinos musulmanes se mantienen como un grupo aislado
de los demás palestinos, con quienes no comparten los lugares de origen ni la religión. Es probable que las cifras de palestinos musulmanes
en Honduras se hayan incrementado considerablemente, pero los datos son inciertos.

La costa norte de Honduras experimentó enormes transformaciones económicas a partir de la década de 1870, con la producción
del banano. Debido a que esta zona del país necesitaba un gran número de servicios para su rápido crecimiento económico, atrajo a inversionistas, productores y comerciantes, entre los que se encontraban
los palestinos, además de muchos otros extranjeros[56]. En esta zona, los

---

[54] Para más información, véase William K. Crowley, «The Levantine Arabs: Dias-
pora in the New World», en *Proceedings of the Association of American Geographers,*
vol. VI, 1974, pp. 137-142.

[55] Para más información, véase González, ob. cit., *passim,* en especial pp. 23 ss. y
pp. 54 ss. Véase también, Kemal H. Kaspart, «The Ottoman Emigration to America,
1860-1914», en *International Journal of Middle East Studies,* vol. XVII, 1985, pp. 175-
209, en especial p. 180 y pp. 188,189. Con relación a los porcentajes de palestinos musulmanes, véase Karpat, artículo citado, *passim,* en especial p. 180.

[56] Se han señalado muchas razones para que estos palestinos, en su mayoría cristianos, emigraran hacia nuevas tierras. Uno de los motivos principales parece haber sido
el que por primera vez, en 1909, los otomanos establecieron el servicio militar obligatorio para los cristianos. Este servicio militar realmente significó que los cristianos tenían que ir a los frentes de guerra. Muchos emigraron para evitar esa experiencia militar. Al respecto se puede consultar: Vanessa Barahona, «Jacobo Kattan, textilero de la
moda», *Summa,* núm. 172, 2008, pp. 7 36, en especial p. 7. En esta entrevista el empresario Jacobo Kattan asegura: «Por los barcos que atracaban, [mis abuelos] se dieron
cuenta de que en América Central las bananeras generaban empleo y necesitaban traductores. Mis abuelos hablaban varios idiomas, aquí compraron productos como pimienta y café, que exportaron a Estados Unidos y Europa. Una de las primeras marcas
registradas de café fue JDK iniciales del nombre de abuelo (Jacobo David Kattan)»
(p. 27).

palestinos iniciaron sus actividades comerciales, mientras que un número muy reducido se dedicó a la producción del banano o a trabajar en las compañías bananeras[57].

En los primeros años de su llegada a la costa norte de Honduras, casi a comienzos del siglo XX, los palestinos se asentaron cerca de los puertos La Lima, El Progreso y Puerto Cortés, donde había gran flujo económico[58]. Los primeros inmigrantes palestinos no invirtieron, al principio, mucho dinero en viviendas grandes y cómodas, sino que vivieron modestamente. Los hombres solteros, cuando se dedicaban a la venta ambulante en las zonas rurales, alquilaban un cuarto que con frecuencia no tenía por mueble más que una cama. Este comercio itinerante lo observó ya desde 1928 el viajero Karl Sapper[59]. Tras contraer matrimonio, los palestinos se instalaban con su familia en una vivienda, situada casi siempre encima del local comercial o en la trastienda.

Los inmigrantes palestinos empezaron a asentarse en otros muchos pueblos y ciudades, principalmente en San Pedro Sula que ha sido, sin duda, uno de sus centros de actividad más importante. También se asentaron en La Ceiba y Trujillo, contribuyendo desde el principio al progreso de la costa norte hondureña. No está del todo claro si la ciudad de San Pedro Sula creció tan rápidamente debido a la labor de los inmigrantes palestinos que crearon grandes negocios, o si fue su crecimiento lo que atrajo a los inmigrantes palestinos a asentarse en esta ciudad y en las áreas cercanas. Los palestinos también se instalaron en un gran número de pequeños poblados, sobre todo los

---

[57] Para más información, véanse Nellie Ammar, «They Came from the Middle East», *Jamaica Journal,* vol. IV, núm. 1, 1970, pp. 2-6, especialmente p. 4, y González, ob. cit., p. 69.

[58] Desde un principio, la costa norte de Honduras se convirtió en un verdadero enclave bananero, más relacionado con el exterior que con el interior del país. A principios de siglo, por ejemplo, un viaje de La Ceiba a Nueva Orleans duraba tres días, y para la misma época, de La Ceiba a Tegucigalpa podía demorarse una semana, o más, si se hacía a lomo de mula. Para más información, véase Mario Posas, «La plantación bananera en Centroamérica (1870-1929)», en Víctor Hugo Acuña, *Historia General de Centroamérica,* tomo IV *(Las repúblicas agroexportadoras),* San José, FLACSO, 1994, pp. 111-165, en especial, pp. 111, 112.

[59] Para más información, véase Karl T. Sapper, *Mexico, Land, Volk und Wirtschaft,* Viena, L.W. Seidel, 1928, pp. 429-430, citado por González, ob. cit., pp. 70-71.

situados junto a los distintos ramales del ferrocarril, adonde llevaban muchos productos como alimentos, ropas y las herramientas necesarias para la producción del banano. Entre los poblados más importantes, cabe mencionar Santa Rita, Villa Nueva, Pimienta, San Manuel, El Porvenir, Olanchito, El Urraco, Chamelecón, Cofradía y Choloma. En esta última ciudad del Departamento de Cortés se asentaron ya desde principios de los años 1920 los Kattan, procedentes de Belén, que luego llegaron a tener una próspera industria textilera, en especial la que en la actualidad dirige Jacobo Kattan Salem[60]. El hecho de que se hubieran asentado en poblados no les impidió seguir practicando el comercio ambulante, sobre todo a larga distancia. A principios de siglo, las dificultades de comunicación hacían que muchos palestinos tuvieran que caminar grandes distancias, empleando mulas, canoas, y hasta trenes, donde los había. Estas dificultades de transporte encarecían notablemente los productos que los comerciantes palestinos transportaban, con lo cual las ganancias eran aún mayores[61]. En 1988, e incluso en nuestros días, hay constancia de que algunos palestinos continúan practicando el comercio itinerante y transportando ciertos productos en automóviles a otros pueblos y ciudades. Con frecuencia venden a crédito a sus clientes[62]. Después de 1948, los palestinos se dieron cuenta de que su retorno al país natal era cada vez más incierto. A partir de entonces, muchos decidieron invertir masivamente e instalarse de forma más permanente en esta zona, sin que ello signifique que no hubiesen tenido anteriormente tales planes.

El siguiente cuadro muestra la concentración de los palestinos en las grandes ciudades durante los periodos más recientes, de 1955 y 1986. En estas grandes ciudades han fundado también sus mayores negocios y tienen sus actividades comerciales e industriales:

---

[60] Véase, Barahona, art. cit., pp. 27-36.

[61] Para más detalles, véanse González, ob. cit., *passim,* en especial pp. 93-95, y Ramiro Luque, «Memorias de un sanpedrano» (inédito), p. 16, citado por González, ob. cit., p. 93.

[62] González, ob. cit., p. 95. En Costa Rica hay todavía algunos palestinos que practican una forma moderna del comercio itinerante, tal es el caso de 'Abd al Karim Tahir.

CUADRO 2. *Número de palestinos asentados*
en Honduras en 1955 y 1986

Ciudad	1955	1986
San Pedro Sula	87	531
Santa Rita....................	2	—
Comayagua	1	—
Comayagüela..............	1	—
Santa Rita de Copán ..	1	4
Potrerillos	5	—
El Urraca	3	—
Tegucigalpa	61	476
El Progreso	28	48
La Ceiba	17	45
Villa Nueva..................	4	—
Olancho	5	—
La Lima	13	9
Choluteca....................	11	10
Tela.............................	10	9
Puerto Cortés..............	6	17
TOTALES.....................	255	1.149

Fuente: Jacir, *Boletín de la Sociedad Caritativa de*
Belén, citado por González Dollar, p. 63. Se nota su
concentración en las ciudades más importantes.

Desde 1900 hasta la actualidad, en un proceso paulatino, los inmigrantes palestinos crearon una gran cantidad de negocios, generando nuevas e importantes fuentes de trabajo. En el periodo comprendido entre 1900 y 1949, se observa que en el Departamento de Cortés son los palestinos, después de los hondureños, los que tienen el mayor número de negocios, incluso por encima de muchos otros centroamericanos, como se puede constatar en el siguiente cuadro:

CUADRO 3. *Negocios establecidos en el Departamento de Cortés (1900-1949)* (por nacionalidad)

Nacionalidad	Núm. negocios	Porcentaje
Hondureños........	240	46
Palestinos...........	153	29,5
Salvadoreños	15	3
Guatemaltecos....	6	1
Nicaragüenses...	4	0,7
Libaneses...........	3	0,6

Fuente: González Dollar, p. 70. El resto de las nacionalidades lo constituyen México, las naciones del Caribe, Estados Unidos, Inglaterra, Francia y otros países europeos.

En el Departamento de Cortés y en el periodo de 1900 a 1950, el 40% de las inversiones provenía de inmigrantes palestinos [63]. Para el caso de San Pedro Sula, en el periodo de 1900 a 1986, el 75% de las tiendas frente a las seis cuadras más importantes del distrito comercial han estado en manos de comerciantes palestinos.

Además, los palestinos son dueños del 27% de las 900 tiendas situadas en todo el distrito comercial de San Pedro Sula. Asimismo, son dueños del 50% de las ferreterías existentes en el distrito comercial de esa ciudad. Estos datos prueban su gran predominio económico. A todo ello hay que agregar que, en estas zonas de Honduras, los palestinos adquirieron tierras, sobre todo durante la Segunda Guerra Mundial. Desde entonces, los precios de la propiedad han aumentado con rapidez [64]. El siguiente cuadro amplía el periodo y la información de la anterior:

---

[63] *Ibid.,* p. 106.
[64] Para más información, *ibid.,* p. 99.

CUADRO 4. *Número de negocios palestinos en el Departamento de Cortés su porcentaje para San Pedo Sula (1900-1986)*

Periodo	Núm. negocios	% San Pedro Sula
1900-1939...	66	29
1940-1947...	69	45
1948-1955...	116	60
1956-1972...	87	89
1973-1986...	239	85

Fuente: González Dollar, p. 70. El resto de las nacionalidades lo constituyen México, las naciones del Caribe, Estados Unidos, Inglaterra, Francia y otros países europeos.

Las actividades económicas de los palestinos en Honduras siguieron la tradición de formar empresas familiares, tanto en el comercio como en la industria. Son incontables las referencias de hermanos o sobrinos que llegaron a Honduras para unirse en el negocio que un hermano mayor o un tío había iniciado años antes [65]. Algunos inmigrantes en Honduras fueron a Palestina a buscar nuevos ayudantes entre sus parientes y, con frecuencia, aprovecharon el viaje para buscar una esposa, normalmente emparentada, siguiendo los lazos patrilineales. Las mujeres han ayudado a sus maridos en las empresas familiares y han sido siempre muy activas en las ocupaciones económicas. En las empresas palestinas se ha dado una tendencia, claramente reconocible, a asociarse con parientes en la creación de sociedades económicas. Durante el periodo 1948-1988, esta tendencia se manifestó en el 51% de los casos. La unión con árabes no parientes, en ese mismo periodo, alcanzó un 10,6%; y con no árabes fue de un 38,4% [66].

En la actualidad existe en Honduras una próspera industria textilera que pertenece a la familia de los Kattan, ubicada en la ciudad de

---

[65] *Ibid.,* p. 103.
[66] González, ob. cit., p. 103.

Choloma en el Departamento de Cortés. Esta actividad industrial genera el 60% del producto interno bruto del país[67]. El grupo Kattan abrió desde la década de 1990 la zona libre Inhdelva que para el año 2008 ha atraído a treinta compañías a las que les arrienda las instalaciones en veinte edificios diferentes. Dentro de esa zona libre los Kattan asimismo tienen seis de sus siete plantas de manufactura «para costura en tejido de punto y plano, bordado, serigrafía, corte, lavandería y acabado. Maquila a marcas como Van Heusen, Tommy Hilfiger, Arrow, Chaps, Izod, DKNY, Donald Trump, Oxford, Men's Warehouse, Hanes, Gildan, Gap, Ralph Lauren, Vanity Fair, Dickies, Nike, JC Penny, Best Uniforms y Bass»[68]. Esta industria genera asimismo 3.000 empleos, por lo que es una de las principales compañías proveedoras de trabajo en este país. Hoy día (2008) esta empresa es la mayor fabricante de camisas de vestir en América Latina[69].

En Honduras, los palestinos viven una confluencia de culturas. Muchos de ellos, o sus descendientes, construyen casas siguiendo formas tradicionales del Medio Oriente, como el uso de techos planos, y de ventanas y puertas en forma de arco. Los ornamentos de santos de madera y de iconos, siguiendo la forma tradicional de los cristianos ortodoxos del Medio Oriente, se combinan con decoraciones de motivos mayas. En los mercados se venden gran cantidad de productos típicamente árabes como cardamomo, pistachos, higos, aceitunas, hojas de vid, semillas de girasol, etc. En las visitas a amigos o familiares se siguen las formas de cortesía y hospitalidad palestinas, mezcladas con otras de Honduras. Así, por ejemplo, el servir el café al principio de la visita, en Honduras no conlleva el mensaje de que la visita debe partir (como en la sociedad árabe), sino que refleja la hospitalidad latinoamericana[70].

Los palestinos, o los descendientes de palestinos, interpretan con frecuencia música del Medio Oriente en sus festividades, celebraciones, bodas, bautizos y cumpleaños, en los que suele también haber danzarinas del vientre. No obstante, la confluencia cultural se advierte

---

[67] Véase, Barahona, art. cit., pp. 27-36.
[68] *Ibid.*
[69] Para mayores detalles véase *ibid.*
[70] Para más información al respecto, véase González, ob. cit., p. 77.

en que en muchas ocasiones alternan en las mismas fiestas música árabe con otros tipos de música.

Los inmigrantes palestinos en Honduras han fundado varias asociaciones con el propósito de preservar algunas de sus tradiciones y mantener su unidad. Entre estas asociaciones se pueden mencionar las relacionadas con la religión ortodoxa, que en concreto son tres: el Comité Ortodoxo, el Comité de Damas Ortodoxas y el Club Juvenil. La primera iglesia ortodoxa de Centroamérica se fundó en San Pedro Sula en 1963. La mayoría de los inmigrantes palestinos en Honduras son griegos ortodoxos y frecuentan esta iglesia, que consideran como la única institución puramente árabe en Honduras, donde todavía se conservan las mismas tradiciones que en las iglesias ortodoxas del Medio Oriente, como el empleo de iconos y lámparas votivas, así como otras decoraciones y prácticas religiosas tradicionales del Medio Oriente. Entre éstas se pueden mencionar, por ejemplo, el uso del calendario juliano, en vez del gregoriano. Por esta razón, la Pascua se celebra una semana después que la de los católicos, tanto en Belén como entre los palestinos en Honduras. La Iglesia ortodoxa en Honduras ha tenido también una destacada participación política en defensa de los derechos del pueblo palestino, efectuando grandes colectas de dinero para ayudar a los refugiados palestinos, oficiando con frecuencia misas para los militantes de la Intifada y pagando páginas en los periódicos locales en defensa de los palestinos.

Entre las otras asociaciones se encuentran el Club Deportivo Palestino, la Asociación Femenina Hondureña Árabe, agrupación esencialmente social, donde se puede conversar, oír música árabe y disfrutar de las danzas árabes. El Centro Cultural Hondureño Árabe es una entidad creada para recreo de las familias palestinas con danzas, picnics y reuniones sociales. Existe también uno de estos centros en Tegucigalpa[71].

Los palestinos belenitas fundaron en 1985, en Filadelfia, la Asociación Belenita, con el propósito de publicar informaciones sobre los acontecimientos en Belén y en la región de Efrata en general, y sobre la Intifada, así como sobre las muertes, nacimientos y bodas de sus

---

[71] González, ob. cit., p. 139.

miembros. Muchos palestinos hondureños pertenecen a esta asociación que esperan tenga una sede en San Pedro Sula con fines semejantes. Los palestinos también han organizado una asociación de características económicas, llamada simplemente Inversiones S. A.

En términos generales, los descendientes de palestinos en Honduras se encuentran integrados en la sociedad de este país de acogida, como lo prueba la participación de muchos de ellos en los más diversos campos profesionales, culturales, deportivos, etc., siendo el económico donde su aporte ha sido mayor. Es importante señalar que los descendientes de palestinos han participado de forma activa en la política. Carlos Roberto Flores Facussé, un descendiente de palestinos, por ejemplo, fue candidato a la presidencia de la República y finalmente presidente de la República de Honduras por el Partido Liberal de Honduras, 1998-2002. Muchos otros han alcanzado, por ejemplo, altos grados militares en el ejército hondureño[72]. Desde la segunda generación, los palestinos ya no hablan el árabe y se consideran hondureños. Muchos se han convertido al catolicismo, religión a la que pertenece la casi totalidad de los hondureños. Los hay que mantienen interés por las tradiciones y costumbres palestinas y, sobre todo, un enorme compromiso en la defensa de los derechos del pueblo palestino. A ello contribuye, sin duda, la llegada de nuevos inmigrantes palestinos en los últimos años, sobre todo después del estallido de la Intifada (1987-1993) y la segunda *Intifada* (2000-). Recientemente, han llegado muchos inmigrantes de Beit Sahur y de Beit Jala, poblaciones que se han convertido en verdaderos símbolos de la resistencia palestina.

II.2. *Los palestinos en El Salvador*

La llegada de los inmigrantes palestinos a El Salvador, desde finales del siglo XIX y principios del siglo XX, coincidió también con su llegada a Honduras. Por ello, algunas de las familias palestinas en El Salvador tienen parientes en Honduras, como es el caso de los Handal, los Siman,

---

[72] *Ibid.,* p. 142.

los Salume y otros[73]. El periodo de mayor inmigración de palestinos en El Salvador se produjo entre los años 1910 y 1925. Las estimaciones del número de familias palestinas son inciertas, ya que con frecuencia los registros son escasos o inexistentes, por lo que se hace imposible una reconstrucción exacta de su número[74]. La mayoría procedían de la zona de Belén, eran cristianos ortodoxos y por varias generaciones se habían dedicado a la agricultura. Algunos habían sido comerciantes antes de emigrar. Su llegada a El Salvador les brindó nuevas oportunidades económicas que supieron aprovechar. Con grandes esfuerzos personales, no tardaron en ascender en la escala social. Los inmigrantes palestinos en El Salvador se establecieron por todo el país, en especial en San Salvador, San Miguel, Santa Ana y La Unión. Desde los primeros tiempos se dedicaron al comercio, sobre todo a la venta de ropa y calzado. La familia Handal, en La Unión, en la parte oriental del país, se dedicó a la explotación de las salinas, actividad que mantiene con gran éxito hasta la fecha. Otros, como los Khouri, se dedicaron al cultivo del algodón en la zona de San Miguel, negocio en el que han alcanzado gran prosperidad. Otros palestinos y algunos de sus descendientes han participado en el comercio alimentario. La familia Safie, por ejemplo, compró la Gerber. Los Salume, que llegaron a El Salvador en 1914, tuvieron cadenas de supermercados y más recientemente se han dedicado a la venta al por mayor, en una próspera empresa llamada Distribuidora Salume[75]. Algunos alcanzaron tal grado de prosperidad económica que pudieron establecer sus propios centros comerciales, como la familia Siman, propietaria de las Galerías Escalón[76]; otros han practicado diversas actividades, como la familia Salume, propietaria del negocio de curtidos de

---

[73] Entrevista a Estrella Mu'ammar, San José, 11 de marzo de 1995. La señora Mu'ammar señala que su padre, sus tíos y muchos otros de los primeros inmigrantes árabes en El Salvador, llegaron entre 1910 y 1924. Tenían en mente trasladarse a Chile, pero, según la tradición, debido a que el barco que los transportaba ancló en El Salvador, descendieron para conocer el lugar. El buque zarpó sin que ellos se enteraran de su salida. Viéndose entonces en un nuevo país, y lejos de su destino final, decidieron quedarse allí y emprender sus actividades comerciales.

[74] *Ibid.*

[75] *Ibid.* Véase también, Roberto Marín Guzmán, *A Century of Palestinian Immigration into Central America,* San José, Universidad de Costa Rica, 2000, *passim,* en especial pp. 42-45.

[76] *Ibid.*

cueros y de un gran número de peleterías en El Salvador. Otros miembros de la familia Salume se trasladaron a Guatemala, donde han fundado, también con gran éxito, algunas fábricas de café soluble. Isa Miguel, también de origen palestino, ha obtenido grandes triunfos financieros dentro y fuera de El Salvador y es, en la actualidad, dueño del 40% del Banco de la Vivienda, en Guatemala[77].

Como consecuencia de sus éxitos económicos, los palestinos lograron concentrarse, desde los primeros tiempos, en la elegante zona residencial de La Flor Blanca. Sin embargo, conforme este barrio se fue transformando en una zona comercial, se trasladaron a otras zonas residenciales, como El Escalón, más hacia las montañas, pues la ciudad de San Salvador se ha ido extendiendo en esa dirección. En los primeros tiempos, tuvieron interés en mantener la unidad de grupo y preservar muchas de sus tradiciones y costumbres. Por ello fundaron el Club Palestino, luego transformado en Club El Prado. A pesar de los repetidos intentos de enseñar el árabe y de desarrollar actividades culturales, estos proyectos fracasaron, tanto en el Club Palestino como en El Prado, al no encontrar un eco favorable en la comunidad palestino-salvadoreña. El club se ha convertido en un centro de actividades sociales en el que se preservan sólo algunas tradiciones culturales como la música y las danzas árabes[78].

Actualmente, los descendientes de palestinos se han integrado totalmente en la sociedad del país de acogida, no hablan el árabe, se consideran salvadoreños y participan en todos los ámbitos profesionales. Hay comerciantes, industriales, médicos, abogados, ingenieros, etc. Sin embargo, este proceso de integración no fue fácil, pues se dieron en el pasado muchas restricciones, tanto para los inmigrantes palestinos como para sus descendientes. Algunos palestino-salvadoreños han podido participar en la política, llegando a ocupar importantes cargos, como José Arturo Zablah que fue ministro de Economía de 1989 a 1993[79], Eduardo Zablah Touche, ministro de Economía

---

[77] *Ibid.* Es oportuno indicar que no me ha sido posible corroborar la información suministrada por los entrevistados de ese 40% del Banco de la Vivienda en Guatemala.

[78] *Ibid.*

[79] Información suministrada por José Alberto Brenes León, embajador de Costa Rica en El Salvador, en carta fechada 14 de febrero de 1996.

de El Salvador 1994-1998, dos descendientes de palestinos ocuparon la posición de Alcalde de Zacatecoluca: Jaime Fager de 1924 a 1925 y Federico Alberto Hirezi de 1953 a 1956[80]. José Arturo Zablah asimismo ocupó la posición de director de CEPA (Comisión Ejecutiva Portuaria Autónoma) de 1994 a 1998. Juan José Dabdoub Abdallah, también de origen palestino, fue presidente de ANTEL (Administración Nacional de Telecomunicaciones).

Los problemas políticos y la guerrilla en este país, en la década de los ochenta, tuvieron hondas repercusiones en los descendientes de palestinos. Algunos fueron víctimas de las actividades de la guerrilla, resultando heridos, y otros, menos afortunados, murieron en atentados. Esto provocó un éxodo hacia otros países del área y también hacia Miami. La bastante reciente firma de paz entre la guerrilla y el gobierno salvadoreño brinda nuevas oportunidades para los palestino-salvadoreños, quienes están regresando al país. Otros, instalados en Costa Rica, como por ejemplo los hijos de Estrella Mu'ammar, han iniciado recientemente prósperos negocios en El Salvador[81]. En la década de 1990 el FMLN, entonces dirigido por Shafik Handal, descendiente de palestinos, depuso las armas y se convirtió en un partido político en El Salvador. Fue Handal el que más influyó en estos asuntos de terminar las actividades guerrilleras y convertir al FMLN, a raíz de los acuerdos de 1992, en un partido político, no obstante haber sido por muchos años el negociador de la línea fuerte[82], con el entonces

---

[80] *Ibid.*

[81] Entrevista a Estrella Mu'ammar, San José, 11 de marzo de 1995.

[82] Para más información sobre la participación guerrillera de Shafik Handal y luego su participación en el proceso de paz, véanse: *La Nación* (San José, Costa Rica), 20-21-22 de junio de 1990; 21-23-26-27 de julio de 1990; 26 de agosto de 1990; 1 de septiembre de 1990; 29 de octubre de 1992; 17 de diciembre de 1992. *El Diario Extra* (San José, Costa Rica), 24-25-27 de julio de 1990. *La Gaceta* (San José, Costa Rica), 29 de enero de 1992. *La República* (San José, Costa Rica), 21 de mayo de 1993.

Véase también, Víctor Hugo Murillo, «El Salvador: el poder es el problema», *La Nación,* 26 de agosto de 1990. En estas negociaciones, los guerrilleros insistieron en que el Gobierno redujera las fuerzas armadas, lo que entonces para las autoridades significaba dejar al gobierno en una posición muy débil. Para Handal, tal como lo expresó en una entrevista publicada por el periódico *La Nación,* de San José, Costa Rica: «La desmilitarización y la reducción del Ejército será el tema principal. Es el nudo gordiano para resolver la paz en nuestro país» (*La Nación,* 20 de junio de 1990). Por otra par-

presidente Alfredo Cristiani[83]. La guerra civil que se vivió en El Salvador durante muchos años de la década de 1980 cobró muchas víctimas y causó serios problemas económicos al país, además de una intervención a veces directa y con frecuencia solapada de los Estados Unidos en apoyo al gobierno con entrenamiento militar, tácticas antiguerrillas, armamentos y asesoría militar en contra de la guerrilla. Los guerrilleros contaban con el apoyo de los sandinistas de Nicaragua y del Gobierno de Cuba[84].

Posteriormente en el año 2004 Handal fue candidato a la presidencia de El Salvador y su contendiente por el oficialista Partido Arena fue Antonio Saca, igualmente descendiente de inmigrantes palestinos a El Salvador. Saca ganó la elección presidencial para el periodo 2004-2009, convirtiéndose en el primer presidente salvadoreño de origen palestino. Actualmente Saca es el presidente en ejercicio del Gobierno salvadoreño y se caracteriza por su ideología de derecha,

---

te, el editorial del periódico *La Nación,* al respecto señalaba: «Como ha trascendido, Handal y el ala dura de la jerarquía del Frente lo que virtualmente exige es que el Gobierno se quede indefenso, y ello para Cristiani es inaceptable, sobre todo por el ritmo de lentitud que lleva la desmovilización de los insurgentes» (*La Nación,* 29 de octubre de 1992). Para mayores detalles véase, Leslie Bethell (ed.), *Historia de América Latina. Centroamérica desde 1930,* Cambridge University Press, Barcelona, Crítica, 2001, *passim,* en especial, pp. 87-113.

[83] Para mayores detalles véase *La Nación,* 20 de junio de 1990. Véase también, Marín Guzmán, *A Century of Palestinian Immigration into Central America,* ob. cit., p. 47. Es oportuno observar en medio de todas estas negociaciones durante los años de la guerrilla en El Salvador, cómo los Estados Unidos estuvieron involucrados en el apoyo hacia el Gobierno de El Salvador y de las Fuerzas Armadas. Al respecto podrán verse: *La Nación,* 21-22 de junio de 1990; 21-23 de julio de 1990. *El Diario Extra,* 24-25 de julio de 1990. Véase también, George P. Shultz, *Turmoil and Triumph. My Years as Secretary of State,* Nueva York, Scribner's Sons, 1990, pp. 290-291. También, Bethell (ed.), *Historia de América Latina. Centroamérica desde 1930, passim,* en especial pp. 87-113.

[84] Sobre estos asuntos existe una amplia literatura e informes constantes de la prensa centroamericana e internacional. Al respecto se recomiendan las siguientes obras: Gladdis Smith, *The Last Years of the Monroe Doctrine, 1945-1993,* Nueva York, Hill and Wang, 1994, *passim,* en especial pp. 188-193; Mark Danner, «The Truth of El Mozote», *The New Yorker,* 6 de diciembre de 1993, pp. 50-133; Shultz, *Turmoil and Triumph. My Years as Secretary of State,* pp. 290-291. Para un análisis periodístico de la situación de la guerra civil en El Salvador, véanse también: *La Nación,* 7-8-9-10 de enero de 1990. Para mayores detalles véase, Bethell (ed.), *Historia de América Latina. Centroamérica desde 1930, passim,* en especial pp. 87-113.

neoliberal y en favor del Tratado de Libre Comercio (TLC) de Centroamérica con los Estados Unidos. Es oportuno recordar que este TLC ha sido muy polémico en varios de los países de Centroamérica, en especial en Costa Rica y en El Salvador, sobre todo entre los sectores intelectuales del país que se opusieron a este tratado. Por otra parte, los sectores industriales y empresariales han apoyado ampliamente el TLC.

En el gobierno actual, hasta el año 2009 hay dos diputados de origen árabe en El Salvador. Se trata de los diputados por el Partido Cambio Democrático, Héctor Miguel Dada Hirezi, representante de San Salvador y el diputado por Sonsonate, Óscar Abraham Kattan Milla. De igual forma se puede mencionar a Gerard Nasser Hasbun, el regidor suplente, en el Concejo Municipal de San Salvador, para el periodo 2006-2009.

En términos generales, el aporte más importante de los palestinos y de sus descendientes en El Salvador fue económico, por sus numerosos negocios de ropa, calzado, alimentación, industrias textiles y salinas, así como fincas para la producción agrícola. También se han destacado en los asuntos políticos, tanto por la participación en puestos administrativos, como por la dirección de las guerrillas en la década de 1980. La participación política culmina cuando finalmente un descendiente de inmigrantes palestinos logró alcanzar la presidencia de la República.

II.3. *Los palestinos en Nicaragua*

Los inmigrantes palestinos que llegaron a Nicaragua procedían de zonas rurales, principalmente de aldeas próximas a Ramallah, Jerusalén, Beit Jala y Belén. La mayor parte eran cristianos, como la familia de la destacada poetisa palestino-nicaragüense Suad Marcos Frech [85] y las

---

[85] Algunos miembros de esta familia procedían de Belén y otros de Jerusalén. Para más detalles sobre esta familia palestino-nicaragüense, véase Karla Oloscoaga D., «Suad Marcos: dos herencias y una misma causa», *Aljama, Revista Árabe Centroamericana,* año 1, núm. 2, 1990, pp. 15, 16. Para más información sobre la estructura y distribución de la población en Palestina, véase Albert Hourani, *Minorities in the Arab*

familias Zogaib, Dajer, Farach, Karam, Aquel, Salty, Zarruck, Hasbani, etc. [86]. Algunos, en menor número, eran musulmanes: sólo se conocen los casos de las familias Hasan y Abdallah [87]. A pesar de su origen rural y experiencia en las actividades agrícolas, en Nicaragua se dedicaron al comercio, principalmente de ropas, calzado y adornos, actividad que les proporcionó importantes ganancias. Se asentaron en las principales ciudades como Managua, Granada y Masaya, donde ejercieron su actividad comercial; ejemplo de ello es el de los abuelos de Suad Marcos Frech [88], quienes se dedicaron al comercio en Managua [89]. Algunas de las principales tiendas en manos de palestinos o de sus descendientes son: Tienda París Londres, Camisería Marcos, Almacén Dajer, La Media Luna, Almacén Mónaco, etc. [90]. Sólo unos pocos lograron comprar tierras y dedicarse a la agricultura, principalmente en Sabana Grande, donde desde un principio produjeron algodón, además de varias frutas, en especial manga china [91]. Es importante señalar que posteriormente algunos de ellos participaron en actividades industriales, en especial en el ramo textil, donde ocupan un lugar des-

---

World, Londres, Oxford University Press, 1947, pp. 52-58; sobre la distribución de la población cristiana en Palestina, sus actividades económicas y educación, así como la distribución de los campesinos cristianos en Palestina, véanse pp. 55-57. Entrevista a Suad Marcos Frech, Managua, 19 de abril de 1995.

[86] Se mantiene la ortografía original de la forma en que fueron inscritos esos apellidos en los registros de Nicaragua.

[87] Entrevista a Yusuf Samara, comerciante palestino nacionalizado nicaragüense y radicado en San José, Costa Rica, 2 de enero de 1994. Entrevista a la poetisa palestino nicaragüense, Suad Marcos Frech, Managua, 19 de abril de 1995. Agradezco a mi amigo Christopher Boyd su ayuda para obtener mucha de la información aquí contenida. Véanse también: Entrevista a 'Abd al Fattah Sa'sa', San José, Costa Rica, 10 de octubre de 2007 y entrevista a 'Abd al Fattah Sa'sa', San José, Costa Rica, 20 de junio de 2008.

[88] Véase K. Oloscoaga, art. cit., p. 15, en donde la poetisa entrevistada da estas informaciones. Asimismo, entrevista a Suad Marcos Frech, Managua, 19 de abril de 1995.

[89] *Ibid.* Entrevista a Suad Marcos Frech, Managua, 19 de abril de 1995. Véanse también, entrevista a 'Abd al Fattah Sa'sa', San José, Costa Rica, 10 de octubre de 2007. Entrevista a 'Abd al Fattah Sa'sa', San José, Costa Rica, 20 de junio de 2008.

[90] Entrevista a Suad Marcos Frech, 19 de abril de 1995.

[91] Suad Marcos Frech, en su entrevista, Managua, 19 de abril de 1995, señaló que las propiedades de los palestinos en esa zona eran muy pequeñas y que su producción agrícola, obviamente, fue muy limitada.

tacado las familias Samara y Shijab. Crearon también otras industrias como, por ejemplo, una fábrica de salsa de tomate[92].

Es difícil determinar el número de palestinos que llegaron a Nicaragua en las primeras décadas del siglo XX. Los registros son escasos, confusos y erróneos en lo que respecta a la nacionalidad turca atribuida a muchos de ellos. Nuestras fuentes señalan que es probable que, desde finales del siglo XIX hasta 1917, cuando desaparece el Imperio otomano durante la Primera Guerra Mundial, llegaran a Nicaragua 40 familias[93]. Actualmente, se calcula en 500 el número de familias palestinas o descendientes de palestinos[94].

Desde finales de la década de los años cincuenta, los palestinos en Nicaragua crearon un club, al que dieron el nombre de Club Árabe (fundado el 15 de mayo de 1958), con el propósito de atraer a otros árabes no palestinos. A pesar de que el 80% de sus miembros eran palestinos, hubo también, según nuestras fuentes, algunos sirios y libaneses[95]. Este club les permitió preservar cierta identidad cultural y mantener vivos sus orígenes étnicos. Esta parece que fue también la tendencia de algunos palestino-nicaragüenses que se trasladaron a Palestina con el propósito de educarse, empaparse de la cultura palestina y aprender la lengua árabe, como lo hicieron el abuelo y el padre de la poetisa palestino-nicaragüense Suad Marcos Frech[96], Jacobo Marcos y Jorge Jacobo Marcos Bendeck, respectivamente. Al lado de la edu-

---

[92] *Ibid.* Véanse también, las entrevistas a ʻAbd al Fattah Saʻsaʻ, San José, Costa Rica, 10 de octubre de 2007 y a ʻAbd al Fattah Saʻsaʻ, San José, Costa Rica, 20 de junio de 2008.

[93] Entrevista a Yusuf Samara, San José, 2 de enero de 1994. Entrevista a ʻAbd al Baqi Samara, hijo de Yusuf Samara, San José, 2 de enero de 1994. Entrevista a Suad Marcos Frech, Managua, 19 de abril de 1995.

[94] Entrevista a Suad Marcos Frech, 19 de abril de 1995. Véanse también, entrevista a Yusuf Samara, San José, Costa Rica, 2 de enero de 1994. Entrevista a ʻAbd al Baqi Samara, San José, Costa Rica, 2 de enero de 1994. Entrevista a ʻAbd al Fattah Saʻsaʻ, San José, Costa Rica, 10 de octubre de 2007. Entrevista a ʻAbd al Fattah Saʻsaʻ, San José, Costa Rica, 20 de junio de 2008.

[95] Entrevista a Suad Marcos Frech, 19 de abril de 1995.

[96] *Ibid.,* véanse también, Oloscoaga, art. cit., p. 15; Alfredo Guzmán, «Los nicaragüenses árabes», *Aljama. Revista Arabo-Centroamericana,* vol. I, núm. 4, 1991, pp. 16, 17, en especialista última; Moisés Hasan, «Los árabes en la vida nicaragüense», *Aljama. Revista Arabo-Centroamericana,* vol. I, núm. 4, 1991, pp. 17, 18.

cación también adquirieron una formación política y tomaron conciencia de los problemas y derechos de los palestinos [97]. Lo mismo es cierto también para 'Issa Frech, que viajó a Palestina y radicó allá entre 1972 y 1976, con el propósito principal de aprender la lengua árabe [98]. Sin embargo, a pesar de sus planteamientos culturales, este Club Árabe en Nicaragua, como ocurrió en otros países, tuvo un limitado alcance y se convirtió, principalmente, en un centro social. En otras latitudes de América Latina, los palestinos con frecuencia enviaban a sus hijos a educarse a Palestina, comprender la cultura, aprender la lengua árabe y conocer de cerca los problemas políticos de Palestina. Entre ellos se puede mencionar el caso, por ejemplo, de Ahmad Aburish, un inmigrante palestino en Haití, quien después de su visita a Palestina en 1946 dejó a sus hijos Khalil, de 16 años de edad, a Daoud de 14 años y a Suleiman de 12 años, con el propósito de que aprendieran el árabe. Ellos asimismo adquirieron una clara consciencia política en defensa de los derechos de los palestinos. Este caso lo documentó Said K. Aburish en su libro [99].

La mayoría de los palestinos son profesionales ya desde la segunda generación, se han casado con nacionales de Nicaragua, tienen la nacionalidad nicaragüense, no saben el árabe y están totalmente integrados en la sociedad del país de adopción. Los Abdallah, por ejemplo, se casaron con mujeres de Masaya y, a pesar de ser musulmanes, sus hijos recibieron formación católica, lo cual refleja un proceso de

---

[97] Para más detalles, véase esta entrevista en Oloscoaga, art. cit., p. 15. Véase también, Guzmán, «Los nicaragüenses árabes», p. 17, donde al respecto escribió: «Cuando el abuelo de Jacobo Marcos envió desde Nicaragua a su hijo Jorge Jacobo Marcos Bendeck a "criarse a Palestina", no se imaginó que a su regreso traería semillas de nacionalismo que fructificarían en la ideología patriótica y revolucionaria de sus nietos: Suad, Zuhayla y Jacobo Marcos Frech» (p. 17).

[98] Entrevista a 'Issa Frech, San José, Costa Rica, 7 de febrero de 1996. El señor Frech indicó en su entrevista que aprendió a hablar el árabe, mas no a leerlo ni a escribirlo. Para mayores detalles véanse también, entrevista a 'Abd al Fattah Sa'sa', San José, Costa Rica, 10 de octubre de 2007 y entrevista a 'Abd al Fattah Sa'sa', San José, Costa Rica, 20 de junio de 2008.

[99] Véase, Said K. Aburish, *Children of Bethany. A Story of a Palestinian Family*, Bloomington, Indiana University Press, 1988, p. 98. Al respecto escribió: «While their mastery of Arabic is far from complete they still speak an amusing, broken variety to this day» (p. 98).

aculturación. Entre los profesionales hay ingenieros, como los casos de Musa Hasan, quien ocupó incluso el prestigioso cargo de Decano de la Facultad de Ingeniería de la Universidad de Nicaragua en los años setenta; el del ingeniero Carlos Zarruck y el del también ingeniero Salvador Abdallah [100]. Hay también neurocirujanos, médicos, como los casos de los doctores Jacobo Marcos Frech, Moisés Hasan, Amin Hasan, Foad Hasan, William Abdallah, William Yudat Frech y otros; abogados, como el caso de James Zablah; periodistas, como Anuar Hasan; y escritores, como la poetisa Suad Marcos Frech [101].

La enorme conciencia política de los palestinos como grupo, en Nicaragua, es un aspecto de gran importancia que debemos señalar. El padecimiento de sus antepasados y parientes, que sufrieron persecuciones, discriminaciones, expulsiones y confiscación de bienes [102] en los territorios ocupados por Israel [103], llevó a muchos palestinos a par-

---

[100]   De esto nos informó Yusuf Samara en la entrevista del 2 de enero de 1994. Asimismo, entrevista a Suad Marcos Frech, Managua, 19 de abril de 1995.

[101]   Entrevista a Suad Marcos Frech, Managua, 19 de abril de 1995. También, entrevista a 'Abd al Fattah Sa'sa', San José, Costa Rica, 10 de octubre de 2007. Entrevista a 'Abd al Fattah Sa'sa', San José, Costa Rica, 20 de junio de 2008.

[102]   Para más información sobre este tema, véase el detallado estudio de Rawhi al Khatib, *Judaization of Jerusalem, Filastin al Muhtalla* (s. l., s.f.), *passim,* en especial pp. 16-19 y 38-44. Véase también Donald Neff, «Jerusalem in US Policy», *Journal of Palestine Studies,* vol. XXIII, núm. 1 (89), otoño, 1993, pp. 20-45, en especial pp. 29-42. Para una distinta comprensión del tema relativo a la confiscación de propiedades árabes en Jerusalén, véase Gideon Weigert, *Israel's Presence in East Jerusalem,* Jerusalén, Jerusalem Post Press, 1973, pp. 93-95. Para mayores detalles, véase, Roberto Marín Guzmán, *La ocupación militar israelí de Cisjordania y Gaza,* San José, Cuadernos de Historia de la Cultura, Editorial de la Universidad de Costa Rica, 2003 (2.ª reimpresión, 2007, *passim).*

[103]   Para más información sobre las medidas de defensa y emergencia impuestas por los británicos durante la época del mandato, véanse las siguientes obras: Ann Mosely Lesch, «The Palestine Arab Nationalist Movement under the Mandate», en William B. Quandt, *The Politics of Palestinian Nationalism,* Berkeley, University of California Press, 1973, pp. 5-42; Sabri Geries, *Les arabes en Israël,* París, François Maspero, 1969, *passim,* en especial pp. 95-100; Fouzi el Asmar, *To be an Arab in Israel,* Beirut, The Institute for Palestine Studies, 1978, *passim,* especialmente pp. 93, 94; Roberto Marín Guzmán, *La Guerra Civil en el Líbano. Análisis del contexto político económico del Medio Oriente,* San José, Texto, 1985, *passim,* especialmente pp. 315-326; ídem, «Conflictos políticos en Palestina durante el mandato británico: el origen del dilema árabe judío», *Estudios de Asia y África,* vol. XXII, núm. 73, 1987, pp. 355-385; ídem, *La ocupación militar israelí de Cisjordania y Gaza,* ob. cit., *passim.*

ticipar activamente en la política nicaragüense. La segunda generación intervino directamente en la lucha contra las injusticias sociales del régimen de Anastasio Somoza Debayle (1967-1972; 1974-1979).

Algunos descendientes de palestinos en Nicaragua, como Selim y Alberto Shibli, participaron activamente al lado de los sandinistas antes de que este grupo derrotara a los somocistas y tomara el poder, en junio de 1979. Habría que señalar también el importante papel que desempeñó la poetisa palestino-nicaragüense, Suad Marcos Frech, en favor de la revolución sandinista [104]. Algunos descendientes de palestinos, como Musa Hasan, llegaron a ocupar importantes cargos dentro de la Junta de Gobierno sandinista. Otros ocuparon cargos ministeriales, como Jacobo Marcos Frech que fue ministro de Salud; Carlos Zarruck, ministro de Defensa; James Zablah, ministro de Economía, y Suad Marcos Frech, subdirectora del Sistema Penitenciario Nacional, oficina dependiente del Ministerio del Interior [105]. Esta última posición Suad Marcos Frech la tuvo de 1979 a 1980 [106]. Otro descendiente de inmigrantes palestinos que ocupó una importante posición político-administrativa fue Sucre Frech, que actuó como ministro de Deportes. Sucre Frech murió el 29 de enero de 1991. Inclusive Yassir Arafat envió sus condolencias a la familia Frech, en carta fechada el 29 de enero de 1991, y enviada desde Túnez [107]. Por otro

---

[104] Véase la entrevista a esta poetisa en Oloscoaga, «Suad Marcos Frech», pp. 15, 16. Para ella, su posición de revolucionaria es doble: por la causa palestina y por la revolución sandinista. Suad Marcos afirmó en su entrevista: «Yo no soy un accidente dentro de la Revolución palestina. Mi formación de sandinista es la que me lleva a poder manejar mi participación dentro de la Revolución palestina». El Gobierno de los Estados Unidos tuvo una clara reacción contra la Revolución sandinista, sobre todo el presidente Reagan. Al respecto puede consultarse, por ejemplo, Shultz, *Turmoil and Triumph. My Years as Secretary of State, passim,* en especial pp. 291 y ss. Véase también, Peter Kornbluh, *Nicaragua: the Price of Intervention,* Washington, D.C., Institute for Policy Studies, 1987, *passim,* en especial pp. 163-165.

[105] Entrevista a Suad Marcos Frech, Managua, 19 de abril de 1995.

[106] Para mayores detalles véanse, entrevista a Suad Marcos Frech, Managua, 19 de abril de 1995; carta del señor Álvaro Herrera Martínez, ministro consejero de la Embajada de Costa Rica en Nicaragua, nota ECR 200 96, Managua, 28 de febrero de 1996.

[107] Para mayores detalles véanse, *Aljama. Revista Arabo Centroamericana,* vol. I, núm. 4, 1991, p. 15; Marín Guzmán, *A Century of Palestinian Immigration into Central America,* pp. 56, 57.

lado, las confiscaciones y los procesos de nacionalización del gobierno sandinista provocaron el éxodo de algunos palestino-nicaragüenses, como la familia Samara cuyas propiedades y negocios fueron confiscados por ese régimen [108]. La familia Samara se trasladó entonces a Costa Rica, donde mantiene un próspero comercio de ropas, calzado y baratijas.

Los sandinistas abrieron por primera vez una representación diplomática de la OLP en Managua, la primera en Centroamérica y la única hasta la fecha. Esta sede diplomática refleja los cambios y la apertura internacional de Nicaragua hacia los derechos del pueblo palestino. En cambio, otros países del área centroamericana, en concreto Costa Rica [109] y El Salvador, trasladaron, a principio de la década de los años ochenta, sus sedes diplomáticas de Tel Aviv a Jerusalén, reconociendo a esta ciudad como capital de Israel, en contradicción con los acuerdos de las Naciones Unidas que preconizan la internacionalización de Jerusalén [110]. Finalmente el Gobierno de Costa Rica, acatando las diversas resoluciones de las Naciones Unidas que pedían al país trasladar la Embajada de Jerusalén a Tel Aviv, la administración de Óscar Arias ordenó este cambio en agosto del año 2006, cuando el

---

[108] Los sandinistas procedieron, como se sabe, a nacionalizar los bienes de la familia Somoza y los de otras familias sospechosas, con razón o sin ella, de colaborar con el régimen de Somoza.

[109] Para más detalles sobre el traslado de la Embajada de Costa Rica a Jerusalén y sus implicaciones políticas, diplomáticas y económicas para Costa Rica, véanse Roberto Marín Guzmán, «Nuestra Embajada en Jerusalén y sus implicaciones en la política exterior de Costa Rica», *Revista Estudios,* núm. 5, 1984, pp. 169-172; *ídem.,* «La Embajada de Costa Rica en Jerusalén es una burla a nuestra política de neutralidad», *Relaciones Internacionales,* núms. 8-9, 1984, pp. 45-51.

[110] Para más detalles sobre la declaración de la internacionalización de Jerusalén, véanse 'Abd al Hamid al Sa'ih, *Ahammiyyat al Quds fi l Islam,* Ammán, Wizarat al Awqaf wa 1 Shu'un al Muqaddasat al Islamiyyah, 1979, *passim;* Fawzi Asadi, «Algunos elementos geográficos en el conflicto árabe israelí», *Estudios Árabes,* año 1, núm. 3, 1982, pp. 117-130; Roberto Marín Guzmán, «La importancia de Jerusalén para el Islam», *Crónica,* núm. 1, 1983, pp. 72-78; *ídem, La Guerra Civil en el Líbano,* pp. 296, 297; *ídem,* «Conflictos políticos en Palestina», pp. 376-378; *ídem, El Islam: ideología e historia,* San José, Alma Mater, Editorial de la Cooperativa de Libros de la Universidad de Costa Rica, 1986, *passim,* en especial pp. 123-133; Roger Louis, *The End of the Mandate in Palestine,* Austin, The University of Texas at Austin, 1988, *passim;* Neff, «Jerusalem in US Policy», *passim,* especialmente pp. 21-24.

mundo era testigo de las atrocidades israelíes y los ataques masivos sobre el Líbano y en particular contra el grupo del Hizb Allah.

El Hizb Allah además de grupo terrorista, guerrillero y fundamentalista islámico shiita libanés, es también un partido político y defendió militarmente al Líbano de los ataques israelíes, con más fuerza y con mejores armamentos que el propio ejército libanés. Por estos asuntos algunos analistas internacionales inclusive notan que este grupo es un Estado dentro del Estado, o aún más, un Estado dentro de un no-Estado[111].

Poco después también El Salvador siguió los pasos de Costa Rica y acató las resoluciones de Naciones Unidas en estos asuntos y trasladó su Embajada de Jerusalén a Tel Aviv.

La representación de la OLP en Managua y más recientemente de la Autoridad Nacional Palestina, a raíz de la Declaración de Principios de 1993, cuenta hoy día con pocos funcionarios, a lo sumo son cinco, lo que constituye un número reducido, si se compara con los treinta y cinco que llegó a tener en tiempos del gobierno sandinista. Los embajadores han cumplido en Nicaragua importantes tareas, como las que llevaron a cabo Marwan Tarbub (1981-1989), ‘Abd al-‘Aziz al-Aftal (1989-1990), Musa Amer Odeh (1990-1992), George ‘Isa Salamah[112], que empezó en 1992 y más recientemente (2008) las que desempeña el actual embajador Walid al-Mu'aqat[113].

---

[111] Sobre el *Hizb Allah* véanse: Daniel Sublaman, traducción al árabe de ‘Amad Fawzi Sha‘ibi, *Qawa‘id Jadida li'l La‘ba. Isra'il wa Hizb Allah ba‘da al Insihab min Lubnan,* Beirut, al Dar al ‘Arabiyya li'l ‘Ulum, Maktaba Madbuli, 2004, *passim;* Marín Guzmán, *La Guerra Civil en el Líbano. Análisis del contexto político económico del Medio Oriente, passim,* en especial pp. 268 y ss.; *idem, El fundamentalismo islámico en el Medio Oriente contemporáneo,* ob. cit., pp. 279-360. Para mayores detalles sobre el *Hizb Allah* visto como un Estado dentro del Estado, o como un Estado dentro de un no-Estado, véase: Zidane Zéraoui (coord.), «Medio Oriente: la nueva geopolítica regional», en *Paz y espiritualidad. La paz y las regiones del mundo,* Monterrey, Fondo Editorial de Nuevo León, Forum Universal de las Culturas, 2007, pp. 73-104.

[112] Información suministrada por Mario Rodríguez, funcionario del Ministerio de Relaciones Exteriores de Nicaragua, citado por Álvaro Herrera Martínez, ministro consejero de la Embajada de Costa Rica en Managua, carta nota ECR 200 96, Managua, 28 de febrero de 1996. Véase también, Marín Guzmán, *A Century of Palestinian Immigration into Central America,* ob. cit., pp. 57, 58.

[113] Entrevista a ‘Abd al Fattah Sa‘sa‘, San José, Costa Rica, 1 de agosto de 2008.

II.4. *Los palestinos en Costa Rica*

La primera etapa de inmigración árabe en Costa Rica, es decir, desde finales del siglo XIX hasta la Primera Guerra Mundial, estaba formada principalmente por libaneses y sirios. Fueron muy pocos los palestinos que llegaron a Costa Rica en ese primer periodo. Sólo se conocen los casos de Salvador Hasbun y de Zacarías Bakit, procedente este último de 'Ayn Karim, cerca de Jerusalén, quien llegó en 1909 con su hermano [114]. Ambos iniciaron un negocio en Puerto Limón, pero debido a que su hermano regresó a Palestina, Zacarías se trasladó a San José, donde se dedicó a la representación de casas farmacéuticas. También fue dueño del elegante Royal Bar, que atrajo durante muchos años a los más destacados políticos, académicos y periodistas del país a importantes tertulias intelectuales. Bakit era cristiano católico, y como tal, fue inscrito en los registros en Costa Rica, aunque se le dio la nacionalidad siria. Salvador Hasbun llegó a Costa Rica procedente de El Salvador, a principios de los años treinta. Con su familia se asentó en Limón, donde fundó un aserradero, que mantuvo durante muchos años como un próspero negocio [115]. Son, pues, muy pocos los costarricenses descendientes de palestinos instalados en Costa Rica durante los dos primeros periodos de la emigración árabe a América Latina [116].

No se saben las razones por las que no llegaron más palestinos a Costa Rica en la misma época en que muchos de sus compatriotas se asentaban en otros países centroamericanos. Toda explicación de este fenómeno sería pura especulación. Posiblemente, lo que motivó su

---

[114] Entrevista a Óscar Bakit, San José, 30 de noviembre de 1994. Véanse también, entrevista a 'Abd al Fattah Sa'sa', San José, Costa Rica, 10 de octubre de 2007. Entrevista a 'Abd al Fattah Sa'sa', San José, Costa Rica, 20 de junio de 2008.

[115] Entrevista a 'Abd al Fattah Sa'sa', San José, Costa Rica, 23 de diciembre de 1993. Entrevista a Óscar Bakit, hijo de Zacarías Bakit, San José, Costa Rica, 30 de noviembre de 1994. Entrevista a Estrella Mu'ammar, San José, Costa Rica, 11 de marzo de 1995. Véanse también, entrevistas a 'Abd al Fattah Sa'sa', San José, Costa Rica, 10 de octubre de 2007 y a 'Abd al Fattah Sa'sa', San José, Costa Rica, 20 de junio de 2008.

[116] Entrevista a Oscar Bakit, San José, Costa Rica, 30 de noviembre de 1994.

emigración a los demás países del área fue que éstos les ofrecían mejores condiciones. A este respecto, hay que señalar que, en 1904, el entonces presidente de la República, Ascención Esquivel, aprobó el Decreto núm. 1, del 10 de junio de 1904, en el que prohibía el ingreso en Costa Rica de árabes, turcos, sirios, armenios y gitanos de cualquier nacionalidad, lo que pudo haber actuado como impedimento para que muchos más llegaran al territorio costarricense[117].

Los inmigrantes palestinos en Costa Rica, que forman 22 familias, llegaron después de la ocupación israelí de los territorios de Gaza y Cisjordania en 1967, en especial a principios de la década de los años setenta, aunque se dieron también antes de ese año algunos casos esporádicos, como el de Alberto Bakit, primo de Zacarías, quien llegó en 1963, también procedente de 'Ayn Karim[118]. Alberto Bakit permaneció poco tiempo en Costa Rica y se trasladó muy pronto a Chile.

A diferencia de los inmigrantes libaneses en Costa Rica, los palestinos que han llegado más recientemente son de origen urbano, profesionales y musulmanes. 'Abd al-Fattah Sa'sa', por ejemplo, después de muchos intentos, logró obtener, a finales de 1994, la cédula

---

[117] Véase *Colección de Leyes, Decretos, Acuerdos y Resoluciones,* San José, Imprenta Nacional, 1904, pp. 308, 309. Este decreto está basado en la ley núm. 6 del 22 de mayo de 1897, y textualmente dice lo siguiente:

Ascención Esquivel, Presidente Constitucional de la República de Costa Rica, considerando: Que es urgente que el Gobierno dicte medidas preventivas para evitar la inmigración de gentes que por su raza, sus hábitos de vida y su espíritu aventurero e inadaptable a un medio ambiente de orden y de trabajo, serían en el país motivo de degeneración fisiológica y elementos propicios para el desarrollo de la holganza y del vicio. Por tanto, De conformidad con el artículo 2 de la ley núm. 6 del 22 de mayo de 1897, y sin perjuicio de lo en ella dispuesto con respecto a los individuos de raza amarilla, Decreta: Artículo 1) Prohíbase el ingreso a la República de árabes, turcos, sirios, armenios y gitanos de cualquier nacionalidad. Artículo 2) Los Capitanes de puerto, al practicar la visita sanitaria de cada nave, tomarán nota, con vista de los papeles respectivos, de la raza y nacionalidad de los individuos, del pasaje destinado al país, y si entre ellos hubiere individuos a quienes alcance la calificación del artículo anterior, les comunicará sin demora la prohibición de desembarcar, dando de ello noticia al propio tiempo al Capitán del barco. Artículo 3) En tal caso, el funcionario dicho comunicará lo ocurrido al Gobernador del lugar, para hacer efectiva la prohibición y aun ampararla por los medios de ley, si fuere necesario. Dado en la ciudad de San José, a los diez días del mes de junio de mil novecientos cuatro. Ascención Esquivel. El Secretario de Estado en el Despacho de Policía, José Astúa Aguilar.

[118] Entrevista a 'Abd al Fattah Sa'sa', San José, Costa Rica, 27 de diciembre de 1993. Entrevista a Oscar Bakit, San José, Costa Rica, 30 de noviembre de 1994.

jurídica para la Asociación Cultural Islámica de Costa Rica. Esta asociación logró fundar una mezquita, que es la primera en este país. Cuatro han sido los *imames* de esta mezquita, desde su fundación hasta el presente: el marroquí Muhammad Bakkali (2002-2003), 'Abd al-Rahman Akadau (2003-2005), también de Marruecos y los dos egipcios Ibrahim al-Alfi (de junio a agosto de 2005) y Al-Safi 'Abd al-'Aziz Hamida (2008-) [119]. Todo ello marca ya una clara diferencia entre esta inmigración palestina reciente y la inmigración libanesa y siria de las primeras décadas del siglo XX. Esta diferencia se advierte, entre otras cosas, en el tipo de profesión que ejercen, su gran preparación intelectual y su participación en actividades políticas y culturales, sin olvidar las económicas, con las que también contribuyeron, aunque en modesta escala, al progreso de ciertas zonas del país. A este respecto, cabe mencionar la pequeña finca de producción de café y algunos cítricos —limones y naranjas—, que posee 'Abdal-Fattah Sa'sa' en Turrialba, o la finca ganadera de Estrella Mu'ammar en la zona de San Carlos. Esta última tiene una extensión de 100 hectáreas y cuenta con unas 100 cabezas de ganado [120]. Otros han generado también trabajo en sus negocios, como los joyeros Mauricio y Elías Sayegh y su sobrino Raja Bakkar [121]. También mencionaremos el caso de Hajj Hanna Frech, dueño de una prestigiosa fábrica de telas en San José y de una importante tienda de ropa, calzado y utensilios para el hogar [122], así como el de Michael Qanawati, importante industrial palestino asentado en Costa Rica, dueño de la fábrica Lovable, de ropa interior femenina. Yusuf Samara, desaparecido recientemente (23 de agosto de 2008), participó también en ac-

---

[119] Entrevista a 'Abdal-Fattah Sa'sa', San José, Costa Rica, 1 de agosto de 2008.

[120] Entrevista a 'Abdal-Fattah Sa'sa', San José, Costa Rica, 27 de diciembre de 1993. Entrevista a Estrella Mu'ammar, San José, Costa Rica, 11 de marzo de 1995.

[121] Entrevista a 'Abdal-Fattah Sa'sa', San José, Costa Rica, 21 de febrero de 1995. Véanse también: Entrevista a 'Abdal-Fattah Sa'sa', San José, Costa Rica, 10 de octubre de 2007. Entrevista a 'Abdal-Fattah Sa'sa', San José, Costa Rica, 20 de junio de 2008.

[122] Es importante señalar que Hanna Frech se convirtió al Islam en una avanzada edad. Sus hijos siguieron sus pasos en el cambio de religión, mientras que sus hijas continuaron siendo cristianas. Entrevista a 'Abdal-Fattah Sa'sa', San José, Costa Rica, 21 de febrero de 1995.

tividades industriales con su fábrica Creaciones Yiris, en especial de ropa interior femenina. Todas estas empresas han contribuido a generar empleos en Costa Rica [123].

Muchos palestinos están casados con costarricenses. Al respecto, se pueden mencionar los casos de Muhammad Hasan Abed, 'Abd al-Fattah Sa'sa' y 'Abd al-Karim Tahir, así como el de Noha Ahmad Salame, palestina casada con el cineasta costarricense Fernando Montero. A pesar de que en la actualidad han optado por la nacionalidad costarricense, beneficiándose de las consiguientes ventajas, muchos siguen activos en los programas de defensa de los derechos del pueblo palestino, por medio de mesas redondas y conferencias en las diversas universidades del país y en los colegios profesionales. Han sido frecuentes también sus debates en la radio y televisión nacionales. 'Abd al-Fattah Sa'sa' ha desarrollado durante muchos años en Costa Rica una intensa actividad política en defensa de los derechos de los palestinos.

Algunos descendientes de palestinos han llegado a Costa Rica procedentes de otros países del área centroamericana. A esta inmigración más local han contribuido varios factores, entre ellos los matrimonios con nacionales costarricenses, así como las dificultades políticas y los conflictos internos que encontraron en los demás países del área. Este fue el caso de la familia Samara, que se trasladó de Nicaragua a Costa Rica, o el de la familia Marcos Frech, también emigrada de Nicaragua a consecuencia de la guerra civil en ese país durante la década de los años ochenta, y los casos recientes de las familias Hasbun, procedentes de El Salvador y Guatemala y de la familia Bukele procedente de El Salvador. Kamal Rishmawi llegó en la década de los noventa procedente de Honduras para dedicarse a actividades comerciales [124]. Algunos descendientes de palestinos han ocupado importantes puestos diplomáticos, como Jorge Hasbun que fue Ministro Con-

---

[123] Entre los profesionales palestinos que trabajaron por algún tiempo en Costa Rica, se puede mencionar también el caso de Jihad Abed, hermano de Hasan Abed, quien fue profesor de computación en la Universidad Veritas de San José. Véanse también, entrevistas a 'Abdal-Fattah Sa'sa', San José, Costa Rica, 10 de octubre de 2007 y 20 de junio de 2008.

[124] Entrevista a Kamal Rishmawi, San José, Costa Rica, 13 de marzo de 1995.

sejero en la Embajada de Costa Rica en Argentina, de 1990 a 1992, y, posteriormente, nombrado Embajador de Costa Rica en Rumanía, de 1993 a 1994 [125].

La segunda generación no tiene, en su gran mayoría, conciencia política, ni interés por la defensa de los derechos de los palestinos. Tampoco conocen el árabe —salvo vagas expresiones—, ni en el caso de los musulmanes, los preceptos de la religión islámica, con excepción del Ramadán y las prohibiciones coránicas de consumo de alcohol y cerdo. Está totalmente integrada en la cultura y valores costarricenses, como ha ocurrido con otros descendientes de árabes en Costa Rica. A todo ello pudo haber contribuido la pérdida, de una generación a otra, de la lengua árabe como principal vehículo de comunicación y preservación de los lazos culturales. Los palestinos de la segunda generación son principalmente el resultado de la mezcla, por enlaces matrimoniales, de palestinos con costarricenses. Muchos de ellos han estudiado en Costa Rica. Nombraremos a Mahmud Sa'sa' biólogo que investiga varias de las numerosas especies animales del bosque tropical; es también profesor en la Universidad de Costa Rica y fue asimismo profesor del programa de biología tropical de la Universidad de California, donde realizó investigaciones sobre el bosque tropical húmedo de Costa Rica [126]. Existen otros muchos casos de descendientes de palestinos que realizan estudios a nivel universitario y muchos otros ya se han graduado en distintas profesiones como profesores de inglés, en psicología, en arquitectura, en química, entre otras profesiones.

La segunda generación de descendientes de palestinos busca en la educación el medio de superarse, con la consiguiente contribución a la sociedad, la cultura y la economía del país. No hay duda de que la instrucción ha sido el medio más rápido y eficaz para lograr su plena integración en la sociedad costarricense.

---

[125] Entrevista a Fernando Guardia Alvarado, funcionario del Ministerio de Relaciones Exteriores de Costa Rica y ex embajador de Costa Rica en la República Dominicana (1990 1992) y en Argentina (1992 1994), San José, 24 de febrero de 1995. Posteriormente don Fernando Guardia Alvarado fue embajador de Costa Rica en Paraguay de 1998 a 2006.

[126] Entrevista al biólogo Mahmud Sa'sa', San José, Costa Rica, 29 de diciembre de 1993.

Las informaciones anteriores nos permiten hacer un cuadro para Costa Rica de los apellidos palestinos, su lugar de origen en Palestina y los países de procedencia:

CUADRO 5

Apellido	Lugar de origen en Palestina	País de procedencia a Costa Rica
Abed	Gaza	Jordania, ex Unión Soviética
Shahin	Belén	Honduras
Tahir	Ramallah	Palestina-Panamá
Sayegh	Jerusalén	Colombia
Bakit (Bakhit)	ʻAyn Karim	Palestina
Bakkar	Jafa	Jordania
Bandak	Belén	El Salvador
Frech	Belén	Nicaragua
Nadal	Belén	Honduras
Hasbun	Belén	Palestina-El Salvador
Marcos	Belén	Nicaragua
Muʻammar	Belén	Palestina-El Salvador
Qanawaiti	Belén	Honduras
Rishmawi	Belén	Palestina-Honduras
Salame	Jafa	El Líbano, ex Unión Soviética
Samara	Ramallah	Palestina-Nicaragua
Saʻsaʻ	Jafa	Jordania-España
Bukele	Belén	El Salvador

Fuente: Información recopilada por el autor por medio de entrevistas y consulta de archivos.

Por último, es necesario mencionar que existen también otros inmigrantes árabes en Costa Rica, procedentes de otros países árabes, tanto del Levante como del Norte de África, que, a pesar de su reducido número, son una prueba de la diversidad de la inmigración más reciente en el territorio costarricense. Al respecto baste mencionar algunos casos como por ejemplo el iraquí Anwar al-Ghassani, destacado poeta y profesor de Comunicación Colectiva en la Universidad de Costa Rica; el del argelino Nacer Ouabbou, filósofo, profesor y destacado investigador en la Universidad de Costa Rica. También más recientemente han llegado a Costa Rica nueve egipcios. La mayoría de ellos se han casado con costarricenses y radican en San José [127]. Entre ellos se puede mencionar el caso de ʿAbd al-Rahman Muhammad Hasan Wahba, procedente de El Cairo y que se dedica a organizar grupos de turistas costarricenses y de extranjeros radicados en Costa Rica, para visitar Egipto [128]. Por extensión de todo lo explicado anteriormente para los inmigrantes árabes en Costa Rica, puede observarse un proceso paralelo en los demás países de Centroamérica.

II.5. *Los palestinos en Guatemala y Belice*

Los palestinos comenzaron a emigrar a Guatemala a finales del siglo XIX y, sobre todo, a principios del XX. Sin embargo, llegaron de forma reducida y no consiguieron mantener una unidad de grupo ni una fuerte identidad cultural [129], como se ha podido comprobar en el caso de los que llegaron a Honduras y Nicaragua y de los que llegaron, más recientemente, a Costa Rica.

En el caso de Guatemala, estos emigrantes permanecieron un corto espacio de tiempo, para elegir después otros destinos, especialmente América del Sur. Tal es el caso de la familia Yasser, que se trasladó a Argentina donde se encuentra actualmente instalada en la ciudad de Córdoba [130]. Este reducido número de palestinos en Guatemala ha desarrollado una destacada labor económica, principalmente en el comercio y la industria textil. En el caso del comercio, por ejemplo, la familia Abularach, la primera de origen palestino en llegar a Guatemala, tuvo desde un principio mucho éxito en los negocios, sobre todo en el comercio de importación y exportación [131]. Tan temprano como el año 1914, Garza Abularach solicitó la exoneración del impuesto de im-

---

[127] Entrevista a ʿAbd al-Rahman Muhammad Hasan Wahba, San José, Costa Rica, 2 de septiembre de 2008.

[128] *Ibid.*

[129] Para mayores detalles, véase González, ob. cit., p. 96.

[130] Entre los miembros de esta familia destacó el caso del poeta Juan Yasser, uno de los más renombrados poetas de origen palestino en América Latina. Yasser radicó por muchos años, hasta su muerte, en Argentina.

[131] González, ob. cit., p. 173.

portación de 50 telares, además de otras 25 máquinas y una caldera que funcionaba a vapor, máquinas que emplearía en la industria de telas[132]. Todo esto constituye una prueba clara del rápido progreso económico de esta familia de origen palestino.

La familia de los Zibara se dedicó al comercio desde una temprana época de su arribo a Guatemala y miembros de esta familia ubicaron sus comercios en el Portal del Señor, donde actualmente se ubica el Palacio Nacional de Guatemala. Por otro lado, la familia Safie asimismo ha sido exitosa tanto en diversos negocios en Guatemala, como en la industria textil. La familia Safie todavía es la dueña de una de las principales industrias de telas en Centroamérica, llamada La Estrella. Los hijos de los Zibara, así como de las familias Abularach y Dacaret, también se dedicaron al ramo textil y de almacenes y participaron en la política y en la administración pública en algunas entidades gubernamentales. De igual forma incursionaron en diversas profesiones liberales a partir de la década de los años cuarenta y desde entonces han tenido una destacada labor en diversos campos profesionales, lo que les ha facilitado la integración a la sociedad guatemalteca. Con frecuencia se casaban con nacionales guatemaltecos, sobre todo por la escasa presencia de palestinos o descendientes de inmigrantes palestinos radicados en este país[133]. Sin embargo, la llegada de más inmigrantes palestinos, así como de libaneses y de otras localidades del Medio Oriente árabe, quedó limitada a raíz de la Ley de Extranjería de Guatemala de 1936, que restringió la entrada al país de los «individuos, cualquiera que fuera su nacionalidad, de raza turca, siria, libanesa árabe, griega, palestina, armenia, egipcia»[134], lo que provocó que los diferentes movimientos migratorios de todos estos ciudadanos del Medio Oriente se desplazaran hacia El Salvador y Honduras, donde

[132] Véase, *El Guatemalteco,* LXXIX, núm. 25, 15 de enero de 1914.

[133] Información proporcionada por el historiador guatemalteco doctor José Cal Montoya, profesor en la Universidad San Carlos de Guatemala, en carta fechada el 13 de agosto de 2008, p. 1. Aprovecho esta oportunidad para expresarle al doctor José Cal Montoya mi agradecimiento por su ayuda y por el envío de la información solicitada.

[134] *Ley de Extranjería de Guatemala,* 1936, citado por Nancie L. González, «Los palestinos», en José Daniel Contreras, director de *Época Contemporánea,* colección *Historia General de Guatemala,* Guatemala, Fundación para la Cultura y el Desarrollo, 1997, tomo V, pp. 289-292.

hasta hoy, como se ha explicado anteriormente, tienen una presencia comercial y política relevante.

Es oportuno indicar que en Guatemala la industria textil ha estado dominada por inmigrantes libaneses, sirios y palestinos y, más recientemente, por algunos inmigrantes judíos. La familia judía de los Habié, es la propietaria de Listex, uno de los grupos textiles más poderosos de Centroamérica y del complejo Comercial Tikal Futura [135]. Los comerciantes, industriales y diversos empresarios judíos en Guatemala han establecido una estratégica alianza con las poderosas familias tradicionales, muy ricas e influyentes de Guatemala, como los Novella, Botrán y Castillo [136].

Hoy día, los descendientes de palestinos en Guatemala no hablan el árabe, se consideran guatemaltecos y están totalmente integrados en la sociedad de este país. Los descendientes de inmigrantes palestinos en Guatemala no tienen un marcado interés de proseguir su diferenciación social y cultural como palestinos en relación con la población guatemalteca. La creación del Estado de Israel en 1948 y posteriormente la derrota palestina y árabe en la Guerra de los Seis Días de 1967, mostró a los inmigrantes palestinos y a sus descendientes en Guatemala, que las posibilidades de regresar a su patria eran cada vez más lejanas. Estos fracasos militares en el Medio Oriente dificultaban cada vez más la viabilidad de la fundación de un Estado palestino, por lo que los inmigrantes y los descendientes de los inmigrantes palestinos incrementaron los mecanismos de integración a la sociedad guatemalteca. Sin embargo, esto no quiere decir que no hayan apoyado y favorecido mayoritariamente a la OLP y más recientemente a la Autoridad Nacional Palestina (ANP) y a la posible creación de un Estado palestino. No obstante esto, no se han pronunciado públicamente sobre estas temáticas como colectivo, aduciendo que la circunstancia de vivir en Guatemala no debe replicar las hostilidades contra los judíos residentes en el país. Es oportuno indicar que la comunidad judía en Guatemala es sumamente influyente tanto desde el punto de vista eco-

---

[135] Información proporcionada por el historiador guatemalteco doctor José Cal Montoya, profesor en la Universidad San Carlos de Guatemala, en carta fechada el 13 de agosto de 2008, p.1.

[136] *Ibid.*

nómico como desde el quehacer político. A pesar de todo lo anterior, en Guatemala no se han dado conflictos públicos entre las comunidades palestinas y las judías.

Algunos descendientes de inmigrantes palestinos han destacado en diversos ámbitos culturales y artísticos, como el caso del renombrado pintor Rodolfo Abularach. También han participado en la política y algunos han logrado ocupar importantes posiciones políticas y administrativas, como por ejemplo el caso de Emilio Saca Dabdoub, que resultó electo diputado por el derechista Partido de Avanzada Nacional (PAN) para el periodo 1996-2000 bajo la presidencia de Álvaro Arzú Irigoyen, quien a su vez lo designó Secretario Privado de la Presidencia. Otro caso reciente de un descendiente de inmigrantes árabes es el caso de Emilio Táger Castillo, descendiente de una familia libia (Táger Daruch) emigrada a Petén (norte de Guatemala) a finales del siglo XIX. Emilio Táger Castillo ganó las elecciones, también por el derechista partido PAN, para el periodo 2008-2012 y llegó a ser alcalde de la Ciudad de Flores, cabecera del Departamento de Petén [137]. En el actual Parlamento (elegido para el periodo 2006-2010) hay dos diputados de origen árabe, aunque no necesariamente descendientes de palestinos: Edgar Dedet Guzmán del partido GANA y Fredy Ramón Elías Velázquez, del partido UNE [138].

Durante los últimos años de la década de los setenta y durante la década de los ochenta llegaron a Guatemala algunos palestinos musulmanes, tal como lo informa Jamal Mubarak, presidente de la comunidad islámica de Guatemala [139]. Mubarak arribó a Guatemala en 1984, en búsqueda de mejores condiciones socioeconómicas, pues había residido muchos años en Cisjordania bajo la ocupación militar israelí. Su familia, originaria de Palestina, vivía cerca de Tel Aviv, pero todos tuvieron que salir hacia Nablus en Cisjordania

---

[137] *Ibid.*

[138] Infomación proporcionada por el historiador guatemalteco doctor Arturo Taracena, en carta fechada el 11 de agosto de 2008. Aprovecho esta oportunidad para expresar mi más profundo agradecimiento al doctor Arturo Taracena por la información enviada.

[139] Julieta Sandoval, «Musulmanes en Guatemala», *La Prensa Libre,* Guatemala, 5 de junio de 2005.

debido a la guerra de 1948. A su llegada a Guatemala ya estaban radicados en este país su hermano y su tío que habían logrado fundar un negocio de venta de ropa, alimentos y otras diversas mercancías.

Otros palestinos musulmanes de reciente arribo a Guatemala son Yad Radi y su primo Wael Radi [140]. El primero tiene una tienda de lencería y el segundo una tienda de bolsos. Iman, la esposa de Wael Radi llegó más recientemente a Guatemala y ha tenido algunas dificultades de adaptación y de integración a la sociedad de acogida, lo que es común entre las poblaciones musulmanas en los distintos países de inmigración en Centroamérica [141]. Amin Omar, el *imam* de la mezquita de Guatemala, asegura que en este país hay cerca de 100 familias musulmanas, de las cuales el 95% son de origen palestino y el restante 5% son de origen libanés, sirio, jordano y egipcio [142].

Debido a que se han dedicado al comercio es posible inferir que ésta ha sido la principal actividad de los palestinos musulmanes que llegaron a Guatemala en las últimas décadas del siglo XX, huyendo de la represión militar israelí y en búsqueda de mejores condiciones de vida. Para un mayor éxito comercial han ubicado sus tiendas en los distritos comerciales más importantes de la ciudad de Guatemala [143].

Del mismo modo, los palestinos comenzaron a emigrar a Belice (concretamente, seis familias), junto con numerosos libaneses, a principios del siglo XX, especialmente en los años veinte y treinta [144]. La mayoría profesaba la fe cristiana, aunque algunos eran musulmanes. Sin embargo, ni unos ni otros fundaron en este país iglesias o mezquitas.

---

[140] Se conserva la ortografía de estos nombres tal como se inscribieron en los registros en Guatemala.

[141] Para mayores detalles véase Sandoval, art. cit.

[142] *Ibid.*

[143] Información proporcionada por el historiador guatemalteco doctor José Cal Montoya, profesor en la Universidad San Carlos de Guatemala, en carta fechada el 13 de agosto de 2008, p. 1.

[144] Información que me suministró el señor Sa'id Musa, en carta fechada el 23 de febrero de 1995. Por el envío de esta carta y por proporcionarme toda esta información le estoy sumamente agradecido.

Los palestinos que llegaron a Belice procedían de la zona de Cisjordania, principalmente de Al Bireh, Nablus y Beit Hanina[145]. Antes de su emigración, algunos se dedicaban a la agricultura, como las familias Musa y Shuman[146]. Otros eran comerciantes y algunos tuvieron éxito en las finanzas, como una de las familias Shuman, que se trasladó posteriormente a los Estados Unidos, donde fundó a principios de la década de los años treinta The Arab Bank[147]. Cuando llegaron, se dedicaron principalmente al comercio. Dos de éstos se han convertido en empresarios del negocio de goma de mascar y de la explotación maderera, generando así fuentes de empleo para la población local e importantes ganancias. Cuatro descendientes de palestinos se han dedicado también a la agricultura y producen cítricos y bananos[148].

Se calcula que el número de descendientes de palestinos asciende actualmente a cerca de cuarenta, frente a los 2.000 descendientes de libaneses en este país. Los descendientes de palestinos se han casado con nacionales de Belice[149], se encuentran totalmente integrados en la sociedad de este país de acogida y se consideran beliceños.

Algunos descendientes de palestinos son profesionales. En la actualidad hay en Belice dos abogados. También un historiador, Assad Shuman, autor de un importante libro de la historia de Belice, titulado *Thirteen Chapters of the History of Belize,* publicado en 1994. Es importante recordar que Assad Shuman se involucró activamente en los procesos de independencia del país y llegó a ocupar dos importantes posiciones administrativas durante el primer gobierno independiente de Belice: Ministro de Salud y posteriormente Procurador General. Poco después Assad Shuman participó en la Society for the Promo-

---

[145] *Ibid.,* p. 1. Véase también, Marín Guzmán, *A Century of Palestinian Immigration into Central America,* ob. cit., pp. 84, 85.

[146] Entrevista a Kaldone Nuweihed, Granada, España, 27 de marzo de 1994. Relacionado con la familia Shuman es oportuno recordar que Abdul Hamid Shuman fundó en 'Amman una asociación para la propagación de la cultura árabe, en donde se han realizado asimismo importantes estudios sociológicos.

[147] *Ibid.* Véase también, Marín Guzmán, *A Century of Palestinian Immigration into Central America,* ob. cit., pp. 84, 85.

[148] Carta del señor Sa'id Musa, 23 de febrero de 1995, p. 1. Véase también, Marín Guzmán, *A Century of Palestinian Immigration into Central America,* ob. cit., pp. 84, 85.

[149] Carta del señor Sa'id Musa, 23 de febrero de 1995, p. 1.

tion of Education and Research (SPER) [150]. Belice asimismo cuenta con Yasser Musa, un aclamado poeta de origen palestino [151]. Otros descendientes de inmigrantes palestinos han intervenido en la política nacional, ocupando importantes cargos, como Sa'id Musa, quien fue ministro de Relaciones Exteriores, de 1979 a 1984, y luego ministro de Educación y Desarrollo Económico, de 1989 a 1993 [152]. El aporte más significativo de los descendientes de inmigrantes palestinos en Belice ha sido en los campos de la historia, la administración pública y la política.

III. REFLEXIONES SOBRE EL IMPACTO DE LOS ATENTADOS
       DEL 11 DE SEPTIEMBRE EN CENTROAMÉRICA

A raíz de los atentados y trágicos acontecimientos del 11 de septiembre de 2001, del 11 de marzo de 2004 y del 7 de julio de 2005, que tuvieron lugar en Estados Unidos, España y Gran Bretaña, respectivamente, se desataron violentas reacciones populares y se publicaron numerosas opiniones negativas en la prensa internacional contra los musulmanes, los árabes, los fundamentalistas y todo lo que tuviera relación con el Islam. El mundo fue testigo asimismo de manifestaciones de violencia contra mezquitas, madrasas, negocios y propiedades de musulmanes y árabes en esos países, y por extensión en muchas otras naciones [153]. En algunas ocasiones turbas enardecidas golpearon a ára-

---

[150] Entrevistas a Melanie Quigley, San José, Costa Rica, 2 de septiembre de 1996 y 9 de septiembre de 1996. Véase también: Marín Guzmán, *A Century of Palestinian Immigration into Central America,* ob. cit., pp. 84, 85.

[151] *Ibid.*

[152] Carta del señor Sa'id Musa, 23 de febrero de 1995, p. 2. Para mayores detalles sobre estos asuntos véase también, Marín Guzmán, *A Century of Palestinian Immigration into Central America,* ob. cit., pp. 84, 85.

[153] Véanse para mayores detalles: *The New York Times,* 23 de enero de 2004; *La Nación,* 8 de enero de 2002, 28 de mayo de 2002, 13 de septiembre de 2002. También véanse los websites: mundoarabe.org; terra.com (13 de septiembre de 2001); Human Rights Watch (hrw.org), 14 de noviembre de 2002, 15 de agosto de 2002. También véanse: *The Washington Post,* vol. XVIII, 2001, Mohammad Sammak, «The Arab

bes y musulmanes residentes en países occidentales y gritaron consignas antiislámicas como queriendo responsabilizar a estas comunidades islámicas de los excesos y violencia de los grupos extremistas musulmanes. El caso extremo se dio cuando mataron a una familia egipcia en New Jersey[154]. En Londres apedrearon mezquitas y en Madrid, algunos fanáticos de extrema derecha, indignados por los atentados terroristas, lanzaron insultos contra los musulmanes, injurias llenas de racismo y xenofobia. En España entre ciertos sectores de la población se experimenta una seria discriminación y rechazo a los «moros», proceso que ya cuenta con varias décadas de existencia. En Gran Bretaña, se vivieron también manifestaciones de rechazo y odio hacia musulmanes residentes en el país, como el caso de una turba de jóvenes de 16 a 18 años de edad que atacó a golpes en septiembre de 2004 a tres descendientes de inmigrantes musulmanes en Odham, ciudad ya famosa por sus disputas raciales del año 2001[155].

Todo lo anterior nos hace pensar en la importancia de estudiar los procesos migratorios contemporáneos de poblaciones árabes y musulmanas hacia Europa, así como hacia otras latitudes de la tierra. Las comunidades musulmanas en Europa proceden de distintos países árabes, pero también de naciones no árabes como Turquía, India, Pakistán, Irán, Indonesia y de muchas regiones africanas, donde se practica asimismo el Islam. Tanto los procesos de inmigración de árabes como de musulmanes en Europa, deben estudiarse dentro de su contexto histórico. Esto es con el propósito de comprender más fácil-

---

Muslim World after September the 11th», *Islamochristiana,* vol. XXVIII, 2002, pp. 1-11. Para más información véanse también, Roberto Marín Guzmán, «The Doctrines of *al 'Uzla al Shu'uriyya* and *al Hijrah* among Egyptian Muslim Fundamentalists: Ideals and Political Praxis», *Oriente Moderno* (Istituto Carlo Nallino, Roma), vol. XIV (LXXXV), núm. 1, 2005, pp. 1-35; *ídem,* «Fanaticism: A Major Obstacle in the Muslim Christian Dialogue. The Case of Twentieth Century Islamic Fundamentalism», *Arab Studies Quarterly* (Eastern Michigan University, USA), vol. xxv, núm. 3, 2003, pp. 63-96.

[154] Véase: *The New York Times,* 23 de enero de 2004.

[155] Para mayores detalles véase la información contenida tras el juicio a los culpables de estos ataques en «Thugs Locked up over Mob Attack on Asian Pupils», *Daily Mail,* sábado 6 de agosto de 2005, p. 39. Véase también, Zidane Zéraoui y Roberto Marín Guzmán, *Árabes y musulmanes en Europa. Historia y procesos migratorios,* San José, Universidad de Costa Rica, 2006, *passim.*

mente las razones de la emigración de sus países de origen, así como las causas de la inmigración en los distintos países europeos de acogida.

Los movimientos de poblaciones musulmanas fueron principalmente de comerciantes, peregrinos y viajeros. Hacia Europa se dirigieron sobre todo comerciantes, viajeros y también diplomáticos durante la Edad Media y la época moderna. Más recientemente estos movimientos de población musulmana, así como árabe hacia Europa, se han caracterizado sobre todo por ser individuos pobres, de escasos niveles educativos y arriban a este continente como mano de obra no calificada, no obstante las muchas excepciones que puedan mencionarse. Deciden emigrar con el propósito de mejorar en los países europeos sus condiciones de vida, tener mayor seguridad social, laboral y económica, así como tranquilidad si se huye de represiones políticas, de persecuciones militares, o de guerras internas en sus países de procedencia. Muchos buscan en los países europeos lo que no tienen o no logran en sus propios lugares de origen.

Comparativamente es posible observar procesos similares para los inmigrantes musulmanes que han empezado a llegar a los distintos países de Centroamérica, en especial a raíz de los conflictos armados en el Medio Oriente, como por ejemplo las guerras árabe-israelíes, la Guerra Civil en el Líbano (1975-1990) y los conflictos en el Golfo, la Guerra Irak-Irán (1980-1988), la Guerra del Golfo (1991) y la invasión dirigida por Estados Unidos, con un gran número de aliados, contra Irak para deponer a Saddam Hussayn, desde el año 2003. Ya se han señalado las características de los inmigrantes árabes a Centroamérica hacia finales del siglo XIX y las primeras décadas del siglo XX. A diferencia de ese primer proceso es factible observar que han llegado en las últimas décadas del siglo XX y en los primeros años del siglo XXI un mayor número de profesionales, mano de obra calificada y muchos son musulmanes. También han llegado comerciantes, los que con frecuencia han tenido éxitos económicos. Al respecto se pueden mencionar el número de palestinos musulmanes que se han ubicado con sus tiendas y otros negocios en las zonas fronterizas entre Costa Rica y Panamá, tanto en Paso Canoas, como en Sixaola. A ellos hay que agregar un pequeño número de inmigrantes iraquíes musulmanes que asimismo se han ubicado en esas zonas fronterizas, en especial en Sixaola. De igual forma han llegado a Centroamérica otros árabes musulmanes, asimismo dedicados al comercio en Guatemala, así como árabes cristianos.

Debido a que algunos inmigrantes musulmanes en Europa se adhieren a las tradiciones islámicas, a los textos religiosos y a todas sus costumbres, la integración y asimilación a las sociedades de acogida no solo es difícil, sino que con frecuencia es asimismo nula. Indudablemente este proceso es menos visible para el caso de Centroamérica. Al aferrarse al Islam y sus costumbres, se da entonces un aislamiento de la sociedad anfitriona y en algunas ocasiones, hasta cierto punto, un rechazo de esa sociedad. Es en este ambiente donde algunos de ellos pueden llegar a formar parte de los grupos extremistas, de aquellos radicales que defienden el Islam de cualquier ataque y en esa aspiración pueden inclusive apelar a métodos agresivos contra la sociedad de acogida. Algunos otros musulmanes extremistas y agresivos contra la sociedad anfitriona, llegan al punto de que aún cuando hayan nacido en Gran Bretaña, por ejemplo, se hayan educado en este país, hayan disfrutado de todos los beneficios que les ofrece el gobierno y la sociedad, rechazan a esta sociedad y prometen una lucha contra el Gobierno británico y contra su gente, para lo cual acuden a la violencia y al terrorismo, como quedó evidenciado en los atentados del 7 de julio de 2005 en Londres, donde ciudadanos británicos musulmanes de origen pakistaní, fueron aparentemente los responsables de estos atentados.

En Centroamérica no se han tenido estas vivencias. No hay grupos musulmanes violentos, ni radicales, ni partidarios de un separatismo dentro de la sociedad. Aunque la asimilación para muchos de ellos a las sociedades de acogida en los distintos países del Istmo ha sido difícil, no han llegado a posiciones extremistas, quizá como resultado también de que no ha habido persecuciones contra ellos, ni ataques a sus mezquitas, viviendas, comercios, etc. La situación en Centroamérica ha sido más pacífica y de mayor asimilación para los musulmanes que lo que éstos han experimentado en varios países europeos recientemente.

La reacción contra el Islam en Europa, así como las respuestas radicales y violentas de algunos grupos musulmanes en distintos países de este continente, se debe al temor que siente Europa de que esta región está llamada a cambiar y posiblemente de forma radical, en especial debido a un asunto demográfico. De igual forma se espera que haya grandes cambios culturales. Si continúan las condiciones como están, es probable que en los próximos 100 o 150 años Europa sea mayoritariamente musulmana y desde el punto de vista étnico posiblemente será negra, árabe, turca y otras muchas mezclas. Esto parece ser el proceso inevitable y el futuro de Europa.

Como ya se ha señalado, en Centroamérica no se han dado grupos radicales ni violentos de musulmanes. Tampoco se han vivido persecuciones, ni temores de los habitantes locales de que los musulmanes puedan llegar a ser la mayoría de la población en un futuro quizá no muy lejano, como ocurre en Europa Occidental. Por ello los casos de islamofobia en Centroamérica son escasos y muy sutiles y obedecen mayoritariamente a las políticas internacionales trazadas por Washington de temor al Islam, a los musulmanes, a los árabes y a los fundamentalistas. Se vive principalmente en el nivel de la propaganda, de la ideología que el ex presidente Bush de Estados Unidos se ha encargado de difundir. Inclusive algunos analistas internacionales señalan que la ideología de los «halcones» que gobernaba Estados Unidos, durante los mandatos de Bush, es la ideología difundida por Samuel Huntington en su artículo «The Clash of Civilizations?», que posteriormente amplió y transformó en un libro [156]. En Centroamérica estos asuntos se viven sobre todo en el nivel de la prensa y la televisión y en menor medida en persecuciones reales, directas contra individuos o grupos de musulmanes. Sin embargo, hay algunos casos que pueden considerarse ejemplos de islamofobia, así como se han vivido en otras

---

[156] Samuel Huntington, «The Clash of Civilizations?», *Foreign Affairs,* vol. LXXII, núm. 3, 1993, pp. 22-49; *ídem, The Clash of Civilizations and the Remaking of the World Order,* Nueva York, Simon and Schuster, 1999. Para más información véanse las atinadas y convincentes opiniones del profesor Manuel Ruiz Figueroa, «Islam y Occidente ¿un choque de civilizaciones?», *Estudios de Asia y Africa,* vol. XXXI, núm. 3, 1996, pp. 543-556. El profesor Manuel Ruiz afirma: «Otros analistas piensan que la característica fundamental del futuro serán las guerras religiosas. A nadie se le escapa que el surgimiento de fundamentalismos en varias religiones podría ser una amenaza para la estabilidad del orden internacional. Más que nada se augura una confrontación entre Occidente y el Islam. La presentación que los medios masivos de comunicación hacen del Islam como una religión militante e intransigente, la transforma en el enemigo por excelencia de Occidente y sus valores» (p. 544).

latitudes de este continente. Es oportuno recordar que en Argentina, por ejemplo, dos pacifistas, pero decididos líderes musulmanes, que representan a dos organizaciones musulmanas diferentes en Argentina, han tenido que salir públicamente a defender el Islam de los ataques de que es víctima esta religión en la prensa internacional. Se trata de Omar Abboud, secretario del Centro Islámico de la República Argentina y de Muhammad Hallar (Hajjar), secretario General de la Organización de Entidades Islámicas de América Latina [157]. Estos dos musulmanes han tenido que aclarar al público argentino y en general en toda América Latina, que el Islam es una religión de paz, de comprensión, de tolerancia y no una religión agresiva, violenta y partidaria de la confrontación, como la caracterizan con frecuencia los medios de comunicación.

Para el caso concreto de Costa Rica, se pueden mencionar muchos ejemplos de islamofobia y de sentimientos antiárabes, que son el resultado tanto de la incomprensión como de la psicosis creada por el alarmismo, la desinformación, las opiniones negativas y los prejuicios que provienen de los Estados Unidos contra el Islam. A raíz de los atentados del 11 de septiembre de 2001, por ejemplo un ilustre medico de origen palestino y musulmán, lo cesaron de su trabajo como médico de una famosa compañía norteamericana, sin razones aparentes, excepto el hecho de que es musulmán y además palestino. No ha sido factible determinar los verdaderos motivos para esta decisión; pero todo quedó muy oscuro y se dio como una respuesta inmediata a los atentados contra las Torres Gemelas y contra el Pentágono. Como es posible observar del ejemplo anterior, fue una forma muy sutil de islamofobia y de sentimientos antiárabes [158]. Otro musulmán, de origen palestino también, nacido en Costa Rica y de madre costarricense, después del 11 de septiembre de 2001 y por la psicosis internacional desarrollada a partir de esos trágicos acontecimientos, en las revisio-

---

[157] Para mayores detalles véanse por ejemplo las publicaciones periódicas del *Centro Islámico de la República Argentina* tituladas: *Voz del Islam* y *Realidad y Reflexión.* Véase también, Roberto Marín Guzmán, «Interreligious Dialogue in Argentina. A Search for Peace, Understanding and Tolerance», *Islamochristiana,* vol. XXXII, 2006, pp. 195-223.

[158] Entrevista a 'Abdal-Fattah Sa'sa', San José, Costa Rica, 1 de agosto de 2008.

nes policíacas de rutina, que se realizan en Costa Rica para corroborar que los chóferes porten sus licencias de conducir y los permisos necesarios de circulación de los vehículos, la policía lo retuvo y lo interrogó indebidamente, sin que mediara ninguna sospecha, solo por su nombre árabe. Un tercer caso, tuvo lugar esa vez en 2003 en el aeropuerto de San José. A otro musulmán, también de madre costarricense, no le tramitaron el abordaje para subir al avión de la línea aérea KLM con el propósito de trasladarse a Holanda a donde asistiría a una reunión de trabajo. La línea aérea adujo extrañas razones como por ejemplo que no había reconfirmado su viaje y que por ello había perdido ese vuelo [159]. Además, la funcionaria de KLM le informó que su nombre no figuraba en la lista de pasajeros para ese día. Luego se supo que altos funcionarios de la Embajada de Israel en Costa Rica viajaban en esa aeronave, un ejemplo más de la islamofobia que muchas veces va también ligada a sentimientos antiárabes y antipalestinos.

También se puede mencionar el caso de un musulmán, que por su apariencia física, semeja rasgos árabes y debido también a que en una oportunidad vestía un bonete parecido a los que con frecuencia portan los musulmanes, le condicionaron entrar a un centro comercial en San José vistiendo de esa forma [160]. Esto es también un ejemplo sutil y solapado de islamofobia y sentimientos antiárabes, asimismo cargados de aspectos negativos y de prejuicios.

Como la prensa y la televisión en los distintos países de Centroamérica no cuentan con corresponsales para informar sobre los distintos acontecimientos en el mundo, excepto los pocos casos de algunos periodistas que viajaron a los Estados Unidos para enviar desde allá sus reportajes de primera mano sobre los acontecimientos del 11 de septiembre de 2001, las noticias que se presentan en los medios de comunicación en Centroamérica provienen de Estados Unidos y muestran muchas de las opiniones negativas, prejuicios y desinformación que difunde esa potencia. Con frecuencia se lee en la prensa centroamericana lo que Estados Unidos manifiesta contra el Islam, los musul-

---

[159]   Entrevista a Kifah Sa'sa, San José, Costa Rica, 4 de agosto de 2008.
[160]   Véase, entrevista a la profesora de la Universidad de Costa Rica, doctora Isabel Avendaño, San José, Costa Rica, 13 de agosto de 2008.

manes, los fundamentalistas y los árabes. Al respecto se puede mencionar la forma en que la prensa y la televisión en Centroamérica cubrieron las noticias de los atentados del 11 de septiembre de 2001. Se repitieron las mismas frases del ex presidente Bush de que «quien no está conmigo está contra mí», así como «Dios está de nuestra parte», frases de Bush que conllevan prejuicios, desinformación, ignorancia y opiniones negativas. A menudo los medios de comunicación en Centroamérica no solo informan sobre esos acontecimientos, sino que manifiestan tácitamente de qué lado está la verdad y la justicia [161]. Con frecuencia la prensa en Centroamérica utiliza, como en la prensa estadounidense, conceptos equivocados, como por ejemplo la traducción de *Jihad* por «guerra santa», tal como lo presenta *La Nación* y *La República* en Costa Rica [162], o bien el empleo de generalizaciones como «terrorismo islámico» y «extremistas islámicos», como los utiliza *La Prensa Libre* de Guatemala [163]. De igual forma un artículo de Sadio

---

[161] Al respecto existe una extensa lista de artículos, editoriales, informaciones y traducciones de artículos publicados en Estados Unidos que se reproducen en la prensa centroamericana. Sin embargo, se recomiendan los siguientes publicados en Costa Rica: *La República,* 12 de septiembre de 2001, artículo en el que inclusive se presentan errores de percepción de los asuntos islámicos, como la traducción de *Jihad* por guerra santa, por solo citar un ejemplo. *La Nación,* 13 de septiembre de 2001, en donde se da la información, proveniente de Estados Unidos, de que se descubrieron unos manuales en árabe para pilotar aviones y muchos otros instructivos, que poco después se supo que era información manipulada, pues no existen dichos manuales en árabe. *La Nación,* 13 de septiembre de 2001 publica un artículo proveniente de Estados Unidos, en donde el Gobierno de Washington justifica el uso de la fuerza contra los terroristas y en particular contra Osama Ben Laden, dando por hecho que Osama Ben Laden fue el culpable de los atentados. *La Nación,* 15 de septiembre de 2001, donde se informa que el Congreso de Estados Unidos apoya la guerra contra los talibanes. *La Nación,* 15 de septiembre de 2001, donde se reproducen las opiniones negativas y llenas de prejuicios del presidente Bush en contra no sólo de los terroristas, sino de los árabes y musulmanes. Bush asegura que va a «sacar a los terroristas de sus madrigueras». *La Nación,* 16 de septiembre de 2001. *La Nación,* 24 de septiembre de 2001. También se tradujeron y publicaron en español varios artículos de los periódicos de Estados Unidos. Por ejemplo: *La Nación,* 29 de septiembre de 2001 publica un artículo del *The Washington Post. La Nación,* 30 de septiembre de 2001 publica un artículo del *The New York Times.* Véase también, *La Nación,* 30 de septiembre de 2001.

[162] *La República,* 12 de septiembre de 2001.

[163] Véase por ejemplo, *La Prensa Libre (Revista Domingo, Revista Semanal de La Prensa Libre),* Guatemala, 13 de octubre de 2002, p. 10.

Garavini di Turno, publicado en *La Prensa Libre* de Guatemala, manifiesta algunas opiniones contrarias a la verdad y en claro seguimiento de las líneas trazadas por Washington y por Israel, cuando considera al Hizb Allah exclusivamente como un grupo terrorista y no como partido político, que también lo es [164]. Tampoco lo considera como un grupo guerrillero, como ha actuado asimismo por muchos años [165]. Estas opiniones se publicaron a raíz de los enfrentamientos entre Israel y el Hizb Allah en el Líbano en el verano del año 2006. La opinión de Franklin Graham, hijo del predicador protestante Billy Graham, de que el Islam «is a very evil and wicked religion», tal como lo publicó *The Washington Post,* muestra la ignorancia y los prejuicios en contra del Islam [166], los que asimismo se manifiestan en la prensa centroamericana.

Igualmente se puede observar la forma en que algunos gobiernos de Centroamérica han sido partícipes de las acciones bélicas contra Irak, dirigidas por los Estados Unidos y sus aliados. Así, en Centroamérica se repitieron en la prensa y en la televisión las posibilidades de ataque de Irak, así como el poder bélico y de destrucción masiva que poseía Saddam Hussayn, cosas que después se supo que eran falsas [167]. Por ejemplo en *La Prensa Libre* de Guatemala se informó en los meses anteriores a la invasión de Estados Unidos y sus aliados a Irak, que Saddam Hussein contaba con armas de destrucción masiva. Estas informaciones procedían directamente de Washington y *La Prensa Libre*

---

[164] Para mayores detalles véase, Sadio Garavini di Turno, «Terrorismo y Tecnología. Los criminales y los terroristas tienen su base en los Estados fracasados», *La Prensa Libre,* Guatemala, 18 de septiembre de 2006.

[165] *Ibid.* Sadio Garavini di Turno escribió al respecto: «como Hizbulá tiene en su arsenal 12 mil cohetes, además de una impresionante infraestructura de búnkeres en un territorio que controla, es evidente que el Estado libanés no sólo ha perdido la soberanía sobre ese territorio, sino sobre todo la cualidad fundamental de cualquier Estado: el monopolio de la violencia legítima».

[166] Véase *The Washington Post,* vol. XVIII, 2001. Véanse también, Mohammed Sammak, «The Arab Muslim World after September 11th», *Islamochristiana,* vol. XXVIII, 2002, pp. 1-11; Marín Guzmán, «Interreligious Dialogue in Argentina. A Search for Peace, Understanding and Tolerance», ob. cit., pp. 195-223.

[167] Sobre todos estos asuntos se puede consultar: William Vargas Mora, «Medios de comunicación y guerra: cuando la mentira se vende como la verdad», *Revista Estudios,* núm. 17, 2003, pp. 15-33.

hacía propias estas opiniones e informaba con preocupación y temor sobre las posibilidades de que el dictador iraquí podía emplear esos armamentos. Al citar también las aseveraciones de algunos senadores y de otros políticos de los Estados Unidos, difundía en el medio guatemalteco esos temores. Por ejemplo en *La Prensa Libre* de Guatemala se publicaron el 13 de octubre de 2002, los argumentos del senador republicano Richard Lugar, miembro del comité de relaciones internacionales y de inteligencia, que dijo:

Se deben encontrar y destruir las armas nucleares o de destrucción masiva y donde se producen. No es aceptable que existan, que no se permitan inspecciones y que haya terroristas con deseo de usarlas. Hay siete mil armas nucleares, químicas y biológicas en las ex repúblicas soviéticas y 40.000 toneladas métricas de material nuclear no destruido por falta de recursos económicos. Saddam puede apoderarse de ese material, y Estados Unidos debe establecer acuerdos con otros países, además de Rusia, para evitarlo [168].

Relacionado con lo mismo, el entonces embajador de Estados Unidos en Costa Rica, John J. Danilovich, escribió en el periódico *La Nación,* el de mayor circulación en el país, que para garantizar la paz para las generaciones futuras no quedaba más remedio que desarmar a Saddam Hussayn por la fuerza y que Estados Unidos lo haría «con rapidez, y de manera que minimice la pérdida de vidas civiles o la destrucción de sus propiedades» [169] y además señaló que «Estados Unidos de América es un país amante de la paz, la democracia y la libertad, y reconoce que todo esfuerzo para defenderlas vale la pena» [170].

Más recientemente, a raíz de las supuestas amenazas de Osama Bin Laden al Papa, el periódico *El Heraldo* [171] de Honduras publicó

---

[168] Para mayores detalles véase *La Prensa Libre,* Guatemala, 13 de octubre de 2002.

[169] Véase *La Nación,* 16 de marzo de 2003.

[170] *Ibid.,* véase también, Fernando Contreras Castro, «Respuesta a un Embajador que hace votos por un mundo mejor», *Revista Estudios,* núm. 17, 2003, pp. 53-56. Para mayores detalles se recomiendan también las siguientes obras: Noam Chomsky, *Estados canallas,* Buenos Aires, Paidós, 2001, *passim; ídem, 11/9/2001,* México, Océano, 2001, *passim, ídem, El miedo a la democracia,* Barcelona, Biblioteca de Bolsillo, 2001, *passim.*

[171] *El Heraldo,* Tegucigalpa y San Pedro Sula, Honduras, 2008.

esa información y los temores de que pueda ser cierto que Bin Laden mate al Papa, debido a los ataques verbales de Benedicto XVI contra el Islam durante la conferencia que el Pontífice Romano dictó en Ratisbona el 12 de septiembre de 2006. Sobre esta conferencia volveremos más adelante.

Por otra parte, y en honor a la verdad, es importante señalar que también se escribieron algunos artículos críticos y otros muy bien balanceados y objetivos. Algunos, como el artículo de Jeffrey Sacks, publicado originalmente en los Estados Unidos, se tradujeron y se publicaron, por ejemplo, en la prensa de Costa Rica. En los tensos tiempos después de los atentados del 11 de septiembre de 2001, Sacks fungía como director del Centro para el Desarrollo Internacional de Harvard y en su balanceado artículo «Estrategia económica mundial» llama a la moderación, a la prudencia y que en última instancia el terrorismo no se puede detener con terrorismo ni con guerras [172]. Otro artículo publicado en el periódico *La Nación* mantiene una posición ambivalente, pues por una parte asegura, citando a Bush, que hay estados terroristas que planearon los atentados del 11 de septiembre de 2001 y por otro lado critica a Estados Unidos que ha actuado como Estado terrorista, cuando afirma que «el Gobierno de Estados Unidos también ha recurrido al terrorismo. No hace mucho, cuando se le hizo ver que el embargo comercial a Irak había ocasionado la muerte de medio millón de niños, la ex Secretaria de Estado, Madeleine Albright, respondió que ese era un precio alto pero que estaban dispuestos a pagarlo» [173]. En otros periódicos de Centroamérica de igual forma se han publicado artículos de crítica y más objetivos sobre toda esta problemática. Al respecto se puede mencionar la traducción y publicación de las opiniones de Hafez al-Mirazi, de la agencia noticiosa qatarí Al-Jazeera, dadas a conocer en *La Prensa Libre* de Guatemala, donde afirma:

Algunos periodistas occidentales aún viven en la Guerra Fría y son descuidados con el lenguaje. Por ejemplo, la palabra cruzada para los árabes implica

---

[172] Véase: Jeffrey Sacks, «Estrategia Económica Mundial», en *La Nación,* 30 de septiembre de 2001.

[173] *La Nación,* 30 de septiembre de 2001. Para mayores detalles véase también, Mario Alberto Cañas Castro «9/11, terrorismo», *La Nación,* 12 de septiembre de 2001.

conquista. La prensa occidental no busca las razones de las acciones criminales. Habla de «ellos y nosotros», «buenos y malos», y ese lenguaje lleva a más problemas. Cuando dicen «ganamos en Afganistán», hablan en nombre del Gobierno. En la Guerra del Golfo la prensa fue escoltada para que reportara lo que los militares querían. Por aparte se trivializó. El *US Today* dijo que Baghdad parecía el 4 de julio. ¿Qué pasaría si la prensa árabe dijera lo mismo del 9/11? A John Walker no se le dice el terrorista, sino el «talibán americano». A veces veo menos prejuicios en la prensa israelí. Con prejuicios no puede haber neutralidad. Se menciona «violencia» cuando hay bajas israelíes, no cuando mueren sólo árabes[174].

A pesar de lo que se ha dicho de la prensa centroamericana con relación a los prejuicios y opiniones negativas sobre el Islam, los musulmanes y los fundamentalistas, es importante tener presente que de igual forma se han publicado algunos artículos críticos, como los ya señalados, así como uno más recientemente publicado en *La Tribuna*, en Tegucigalpa, Honduras. Se trata de una crítica a la lista de más de un millón de personas que tiene Estados Unidos en la llamada «lista de vigilancia antiterrorista». Entre esos sospechosos de tener conexiones con terroristas aparecen, entre muchos otros nombres, el cantante Cat Stevens, por su conversión al Islam y por haber adoptado un nombre musulmán, Yusuf Islam, como debe hacerlo todo aquel que se convierta a esta religión[175]. También en esa lista aparece una monja, debido a que un afgano había usado como sobrenombre su apellido, sin tener ella ningún conocimiento al respecto[176]. Asimismo esa lista contiene el nombre del piloto Robert Campbell, a quien paradójicamente se le permite pilotear un avión, pero tiene el impedimento de viajar en cualquier aeronave en calidad de pasajero[177].

De igual forma se puede mencionar el artículo crítico de toda la situación mundial publicado en *El Heraldo* de Honduras el 23 de

---

[174] Hafez al Mirazi, agencia noticiosa Al Jazeera, citado por *La Prensa Libre (Revista Domingo, Revista Semanal de La Prensa Libre),* Guatemala, 13 de octubre de 2002, p. 10.

[175] Para mayores detalles, véase *La Tribuna,* Tegucigalpa, Honduras, 22 de julio de 2008.

[176] *Ibid.*

[177] *Ibid.*

diciembre de 2006, titulado «Los 10 villanos» [178]. Entre esos diez villanos figuran Donald Rumsfeld, Ehud Olmert, Tony Blair, así como el ex presidente de Estados Unidos, George W. Bush, todo lo que refleja una posición crítica, decidida y valiente de denunciar asimismo a los grandes causantes de guerras, represión y terrorismo de Estado [179].

Debido a estos asuntos, los prejuicios y las opiniones negativas, muchos árabes, descendientes de árabes y musulmanes en Centroamérica, conscientes de las dificultades de paso migratorio por los Estados Unidos, evitan ir por este país si viajan a Europa. Muchos prefieren hacerlo vía Caracas o vía México hacia Europa y de ahí a sus destinos finales. Esta es una respuesta simple de parte de las poblaciones musulmanas y árabes, pero es una actitud clara de la consciencia que se tiene de la islamofobia y de los sentimientos antiárabes que se viven en los Estados Unidos. Son muchas las historias que se conocen de los vejámenes a que someten a los árabes y a los musulmanes en las oficinas de migración de los Estados Unidos, solo por el hecho de ser árabes, de haber nacido en los países árabes o bien por ser musulmanes [180].

No debemos olvidar que muchas opiniones antiislámicas y antiárabes llenas de prejuicios e incomprensiones que publica la prensa

---

[178] *El Heraldo,* Tegucigalpa, Honduras, 23 de diciembre de 2006.

[179] *Ibid.*

[180] Ha habido muchos casos e inclusive abusos. Se cuenta de un salvadoreño que estuvo retenido e incomunicado por tres días en las oficinas de migración del aeropuerto de Los Ángeles, en los Estados Unidos, sólo porque su apariencia física semejaba la de un árabe, por tanto era sujeto de ser sospechoso de terrorismo y de actos subversivos. Esta información me la suministró la profesora emérita de la Universidad de Costa Rica, doña Hilda Chen Apuy en septiembre de 2001. El profesor Zidane Zéraoui, argelino nacionalizado mexicano y profesor en el Instituto Tecnológico de Monterrey, en una oportunidad en que viajaba de Monterrey a Houston y de Houston a San José, Costa Rica, en abril del año 2004, con el propósito de impartir un ciclo de conferencias en la Universidad de Costa Rica, estuvo retenido en el aeropuerto internacional de Houston y en interrogatorios por algunas horas, sólo porque su pasaporte mexicano dice que nació en Argelia. Inclusive el interrogatorio cayó en el ridículo de preguntarle las razones por las que había nacido en Argelia. El proceso se demoró tanto que por poco pierde su conexión hacia San José. Información suministrada por el doctor Zidane Zéraoui, en carta por correo electrónico fechada 21 de julio de 2008.

internacional, movió a varios políticos centroamericanos a favorecer y apoyar la intervención estadounidense en Irak para deponer a Saddam Hussayn. Al respecto el hecho de que El Salvador enviara un contingente de soldados dentro de la coalición, o las opiniones del entonces presidente Abel Pacheco de Costa Rica, son elocuentes por sí mismas. El Salvador envió un grupo de 280 soldados que están agrupados en el décimo contingente del batallón Cuscatlán. Costa Rica no declaró la guerra a Irak, pero el presidente Pacheco habló en favor de las actividades bélicas de Estados Unidos y sus aliados contra el dictador Saddam, sin embargo, Costa Rica se ha caracterizado por ser un país pacífico, respetuoso de los derechos humanos y que abolió el ejército hace 60 años. Estos asuntos son reflejo de las múltiples contradicciones que caracterizaron al gobierno de Pacheco en Costa Rica. Recientemente el presidente Antonio Saca de El Salvador anunció que retirará las tropas salvadoreñas de Irak[181]. Esto lo hará paulatinamente y conforme se vayan organizando las instituciones administrativas iraquíes[182].

Es muy importante llamar la atención sobre el hecho de que la gran mayoría de la población centroamericana es católica y por lo tanto sigue los dictados y acepta las opiniones del Papa. Así, los viajes y la comprensión hacia las otras religiones que llevó a cabo el papa Juan Pablo II, dentro de los programas del Vaticano para el diálogo Cristianismo-Islam, tuvieron un gran impacto en Centroamérica, al punto que los encuentros ecuménicos que reúne a representantes de todas las religiones, bajo la dirección de la Iglesia católica, han sido frecuentes en las distintas capitales de Centroamérica.

En los últimos años del largo pontificado del papa Juan Pablo II, debido a sus viajes y al perdón que ofreció en distintas oportunidades a los musulmanes, se robustecieron las posibilidades del diálogo interreligioso Cristianismo-Islam. Entre sus viajes destaca su visita a

---

[181] Véase, *La Nación,* 4 de agosto de 2008, p. 44 A, artículo titulado «Retiro de tropas en 2009. Saca anuncia salida de El Salvador de Irak».

[182] Para mayores detalles véase *ibid.* Es oportuno indicar que El Salvador asimismo ha enviado tropas al Líbano para integrarse a la Fuerza Interina de Naciones Unidas para el Líbano. Al respecto véase, Rosa María Pastrán, «Saca despide a tropa slavadoreña que irá a Líbano», *elsalvador.com,* 17 de junio de 2008.

al-Azhar en El Cairo en enero del año 2000, a Tierra Santa en marzo de 2000 y el viaje que realizó a Siria con su famosa visita a la mezquita omeya de Damasco en mayo de 2001, donde señaló: «Por todas las veces que los musulmanes y los cristianos nos hemos ofendido uno al otro necesitamos buscar el perdón del Todopoderoso y ofrecernos perdón mutuamente» [183].

De igual forma es factible observar que los católicos en Centroamérica siguen las opiniones y obedecen las órdenes del papa Benedicto XVI. El papa Benedicto XVI ha hablado también en favor del diálogo interreligioso. Sin embargo, algunas de sus opiniones, como las que manifestó en Ratisbona durante una conferencia en la principal universidad de esa ciudad, el 12 de septiembre de 2006, generaron oposición del mundo islámico. En esta conferencia el papa Benedicto XVI expuso, sin mayores explicaciones y quizá un poco fuera de contexto, las observaciones contra el Islam del emperador bizantino Manuel II en el siglo XIV.

Las opiniones del papa Benedicto XVI y toda la polémica que se desató influyeron directamente sobre las poblaciones mayoritariamente católicas de Centroamérica. ¿Hasta qué punto muchos católicos de Centroamérica compartieron con el Papa esas observaciones y aceptaron que Mahoma no había traído nada bueno y que ordenaba la difusión de la religión por la espada? ¿No quedan estas observaciones pontificias fuera de contexto? ¿No son estas opiniones rasgos de islamofobia, que pueden influir en muchos católicos si las manifiesta la máxima autoridad eclesiástica y vicario de Cristo? Pensemos en lo que todo ello puede significar o pudo haber significado sobre todo entre las poblaciones de menor preparación educativa en los países de Centroamérica.

---

[183] Para mayor información véanse: Jeffery L. Sheler, «Healing Old Wounds. A Frail Pope Reaches out to Orthodox Christians, Muslims», *US News and World Report,* 21 de mayo de 2001, pp. 30, 31; Marín Guzmán, «Fanaticism: A Major Obstacle in the Muslim Christian Dialogue. The Case of Twentieth Century Islamic Fundamentalism», ob. cit., p. 83.

CONCLUSIÓN

En conclusión, después de los estudios de caso analizados en este trabajo, es posible observar que los primeros inmigrantes árabes en Centroamérica llegaron a finales del siglo XIX y principios del siglo XX. Eran, en su mayoría, libaneses, aunque a Honduras llegaron sobre todo palestinos, de origen rural, con escasa preparación intelectual y, principalmente, cristianos, que emigraron en busca de mejores condiciones económicas y de libertad religiosa y política. La mayoría, tanto libaneses como palestinos, se dedicaron al comercio, primero ambulante y, luego, con tiendas en las ciudades. Algunos libaneses en Centroamérica, como se vio en el caso de Costa Rica, participaron en actividades industriales, principalmente en el ramo textil, aunque en una escala modesta, pues el comercio ha sido siempre su principal actividad. El éxito económico de estos inmigrantes árabes, principalmente los de origen libanés, les permitió no sólo ascender rápidamente en la escala social en los países de acogida, sino también enviar remesas al Líbano, ya fuera para traer a parientes y amigos o para mejorar las condiciones económicas de los pueblos y aldeas de su país.

Los descendientes de árabes en Centroamérica, especialmente los descendientes de los inmigrantes del primer periodo, se encuentran totalmente integrados en los países que acogieron a sus antepasados. Ya no hablan el árabe, han adoptado nombres comunes españoles y se sienten plenamente identificados con los países de adopción. La educación y sus actividades económicas, políticas o profesionales, contribuyeron poderosamente a acelerar el proceso de integración, al punto que muchos descendientes de inmigrantes árabes han participado en la política y han llegado a ocupar puestos administrativos importantes hasta alcanzar la presidencia de la República de Honduras y El Salvador. Nada de lo anterior ha significado una ruptura total con la cultura de origen, como lo demuestra la creación de diferentes clubes y asociaciones que tratan de mantener vivas, entre la colonia de origen árabe, ciertas tradiciones, particularmente la música y las danzas.

Como se analizó en este ensayo, el caso de Vera Yamuni es relevante como ejemplo del interés por rescatar los valores de la cultura árabe en general y de la libanesa en particular. Los artículos y los libros que Vera Yamuni publicó en México, después de que salió de Costa Rica, reconstruyen importantes aspectos de la historia, las costumbres, la sociedad y los problemas contemporáneos del Mundo Árabe. Por otra parte, la poesía de Osvaldo Sauma muestra una añoranza por el Líbano y por lo árabe, las raíces de la cultura de sus antepasados.

En lo que respecta a la tercera, o incluso la cuarta generación de descendientes de inmigrantes árabes, se observa entre los más jóvenes un interés renovado por rescatar las tradiciones culturales árabes y darlas a conocer en los países centroamericanos, con el objeto de lograr un mayor acercamiento entre las comunidades nacionales y los inmigrantes y descendientes de inmigrantes árabes.

Después de la guerra de 1967 y la ocupación por Israel de nuevos territorios (Gaza y Cisjordania), llegaron a Centroamérica nuevos inmigrantes palestinos. El patrón general que hemos podido observar en este nuevo grupo de inmigrantes que empezaron a llegar a principios de la década de los años setenta es su mayor preparación profesional e intelectual, sus orígenes urbanos y una mayor militancia en la defensa de los derechos del pueblo palestino.

Un último punto desarrollado en este ensayo es el polémico asunto de la islamofobia y de los sentimientos antiárabes que de forma sutil han tenido lugar en los países de Centroamérica. Como se explicó oportunamente, en Centroamérica no existen grupos radicales ni extremistas de musulmanes, ni de árabes. Los inmigrantes o los descendientes de inmigrantes árabes y de musulmanes, son gente pacífica, dedicada a sus labores, sean profesionales o de comercio, tienen sus iglesias y mezquitas a las que acuden según la religión de cada quien. En la mayoría de los casos, estos inmigrantes o sus descendientes están integrados dentro de las culturas de los países de acogida. La islamofobia y los sentimientos antiárabes obedecen a las directrices trazadas por Washington, a las opiniones negativas que manifiestan los medios de comunicación internacionales, a la incomprensión y en gran medida también a la propaganda y a la ignorancia que se tiene del Islam, de los árabes y de los fundamentalistas. En Centroamérica se han dado casos de islamofobia y de sentimientos antiárabes, como los ejemplos analizados en este ensayo que son la evidencia que prueba los argumentos. Estos casos se han dado con frecuencia de una forma sutil, solapada, pero existentes y que han generado temores entre las poblaciones de inmigrantes árabes y musulmanes y sus descendientes. Finalmente la Iglesia católica, representada por el papa Benedicto XVI y debido a algunas de sus opiniones, como las que expresó en la conferencia que dictó en la Universidad de Ratisbona, han contribuido, en alguna medida, a incrementar esos sentimientos de islamofobia.

BIBLIOGRAFÍA

ABURISH, Said K., *Children of Bethany. A Story of a Palestinian Family,* Bloomington, Indiana University Press, 1988.

ACUÑA, Víctor Hugo, *Historia General de Centroamérica,* tomo IV, *Las repúblicas agroexportadoras),* San José, FLACSO, 1994.

AMMAR, Nellie, «They Came from the Middle East», *Jamaica Journal,* vol. IV, núm. 1, 1970.

BETHELL, Leslie (ed.), *Historia de América Latina. Centroamérica desde 1930,* Cambridge University Press, Barcelona, Crítica, 2001.

BURDIEL DE LAS HERAS, María Cruz, *La emigración libanesa en Costa Rica,* Madrid, CantArabia.

CHOMSKY, Noam, *Estados canallas,* Buenos Aires, Paidós, 2001.

—, *El miedo a la democracia,* Barcelona, Biblioteca de Bolsillo, 2001.

EL ASMAR, Fouzi, *To be an Arab in Israel,* Beirut, The Institute for Palestine Studies, 1978.

GERIES, Sabri, *Les arabes en Israël,* París, François Maspero, 1969.

GONZÁLEZ DOLLAR, Nancie, *Dove and Eagle, One Hundred Years of Palestinian Migration to Honduras,* Ann Arbor, The University of Michigan Press, 1992.

HOURANI, Albert, *Minorities in the Arab World,* Londres, Oxford University Press, 1947.

HUNTINGTON, Samuel, «The Clash of Civilizations?», *Foreign Affairs,* vol. LXXII, núm. 3, 1993.

—, *The Clash of Civilizations and the Remaking of the World Order,* Nueva York, Simon and Schuster, 1999.

KASPART, Kemal, «The Ottoman Emigration to America, 1860-1914», *International Journal of Middle East Studies,* vol. XVII, 1985.

LOUIS, Roger, *The End of the Mandate in Palestine,* Austin, The University of Texas at Austin, 1988.

Marín Guzmán, Roberto, «Nuestra Embajada en Jerusalén y sus implicaciones en la política exterior de Costa Rica», *Revista Estudios,* núm. 5, 1984.

—, *La Guerra Civil en el Líbano, Análisis del contexto político-económico del Medio Oriente,* San José, Texto, San José, 1985.

—, «Conflictos políticos en Palestina durante el mandato británico: el origen del dilema árabe-judío», *Estudios de Asia y África,* vol. XXII, núm. 73, 1987, pp. 355-385.

—, *A Century of Palestinian Inmigration into Central America,* San José, Universidad de Costa Rica, 2000.

—, *El fundamentalismo islámico en el Medio Oriente contemporáneo,* San José, Universidad de Costa Rica, 2000.

—, «Fanaticism: A Major Obstacle in the Muslim-Christian Dialogue. The Case of Twentieth Century Islamic Fundamentalism», *Arab Studies Quarterly* (Eastern Michigan University, United States), vol. XXV, núm. 3, 2003.

—, «La ocupación militar israelí de Gaza y Cisjordania», San José, *Cuadernos de Historia de la Cultura,* Editorial de la Universidad de Costa Rica, 2003 (2.ª reimpresión, 2007).

Prada Ortiz, Grace, *El ensayo feminista en Costa Rica,* Costa Rica, Universidad Nacional, Heredia, 2005.

Quand, William B., *The Politics of Palestinian Nationalism,* Berkeley, University of California Press, 1973.

Sammak, Mohammad, «The Arab Muslim World after September the 11th», *Islamochristiana,* vol. XXVIII, 2002.

Sandoval, Julieta, «Musulmanes en Guatemala», *La Prensa Libre,* Guatemala, 5 de junio de 2005.

Sheler, Jeffery, «Healing Old Wounds. A Frail Pope Reaches out to Orthodox Christians, Muslims», *US News and World Report,* 21 de mayo de 2001.

Shultz, George P., *Turmoil and Triumph. My Years as Secretary of State,* Nueva York, Scribner's Sons, 1990.

Smith, Gladdis, *The Last Years of the Monroe Doctrine, 1945-1993,* Nueva York, Hill and Wang, 1994.

VV AA*, El Mundo Árabe y América Latina,* Madrid, UNESCO y Libertarias/Prodhufi, 1997.

Yamuni Tabush, Vera, «El mundo de las Mil y Una Noches», en *Anuario de Filosofía,* año I, México, Universidad Nacional Autónoma de México, 1961.

Zeraoui, Zidane (coord.), *Paz y espiritualidad. La paz y las regiones del mundo,* Monterrey, Fondo Editorial de Nuevo León, Forum Universal de las Culturas, 2007.